잉여
여
향
유

미국이 낳은 위대한 작가 허먼 멜빌이 남긴

최고의 단편 소설『필경사 바틀비』를
그래픽노블로 새로 만나다!

허먼 멜빌 원작 | 호세 루이스 무누에라 각색·그림 | 김희라 옮김

그래픽노블로 처음 만나는 위대한 명작!
개성 넘치는 그림과 참신한 해석으로 새롭게 읽는『필경사 바틀비』

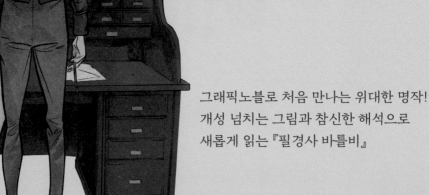

자본주의를 향한 저항

"저는 안 하고 싶습니다"

그래픽노블로 처음 만나는 위대한 명작!
개성 넘치는 그림과 참신한 해석으로
새롭게 읽는 『필경사 바틀비』

잉여향유

당황하지 않는 사람들을 위한 길잡이

슬라보예 지젝 지음 | 강우성 옮김

Slavoj
Žižek

Surplus Enjoyment

 북스힐

잉여 향유

당황하지 않는 사람들을 위한 길잡이

초판 인쇄 2024년 12월 5일
초판 발행 2024년 12월 10일

지은이 슬라보예 지젝
옮긴이 강우성
펴낸이 조승식
펴낸곳 도서출판 북스힐
등록 1998년 7월 28일 제22-457호
주소 서울시 강북구 한천로 153길 17
전화 02-994-0071
팩스 02-994-0073
인스타그램 @bookshill_official
블로그 blog.naver.com/booksgogo
이메일 bookshill@bookshill.com

정가 27,000원
ISBN 979-11-5971-640-9

욕하는 개

철학 체계의 무의미함에 대한 키르케고르의 주장을 떠올려 봅시다(물론 여기서 그 목표물은 헤겔입니다). "대부분의 체계론자들은 자신의 체계와 관련하여 거대한 성을 짓고서 그 근처 판잣집에 사는 사람과 같다." 그들은 자신의 거대한 체계적 건물에 살지 않습니다.[1] 헤겔 비판에서 종종 그러하듯, 키르케고르는 여기서 논점을 놓치고 자신이 얼마나 헤겔과 가까운지 무시합니다. 헤겔주의 운동의 최종 결과는 바로 이 거대한 성이 그것을 지은 주체가 거주해야 하는 작은 오두막집이 동반/보충되어야만 완성된다는 것입니다. 요컨대, 헤겔의 『정신현상학』에 나오는 유명한 강령적 슬로건의 말투로 풀어 보자면, 우리는 절대자를 웅장한 성뿐만 아니라 거기에 붙어 있는 작은 축사로도 생각해야 합니다(또는 기독교 버전으로 하면, 신을 장엄한 창조주나 만물뿐만 아니라 2,000년 전 팔레스타인 지역을 걸어 다니는 비참한 한 인물로도 생각해야 합니다). 카프카 자신도 『성』에서 이 역설을 분명히 예감합니다. 소설의 주인공은 언덕을 오르기로 결심하고 그 꼭대기에 있는 장엄한 성에 다가가지만, 성에 점점 더 가까워질수록 그것이 웅장한 건물로 이루어진 것이 아니라 작고 더러운 판잣집 위에 세워져 있다는 것을 알아차립니다.

언어도 마찬가지입니다. 작고 더러운 판잣집의 언어적 버전에 해당하는 것 없이 모든 고귀한 시적 또는 과학적 진술을 담은 언어라는 거대한 성은 없습니다. 라캉이 반복해서 지적했듯, '원초적' 인술 행위는 외마디 감탄사, 즉 일반적으로 욕설이나 저속한 단어들("젠장," "와!")이며 매우 구체적인 역할을 합니다. 이 말들은 ("북쪽에서 폭풍이 오고 있다"처럼) 현실에서 벌어지는 사태와 과정에 대한 진술도 아니고, (공포, 분노, 기쁨 등) 외부 사건에 대한 우리 내면의 반응을 표현한 것도 아닙니다. 가장 기본적 차원에서 그 말들은 우리가 살고 있는 상징적 질서 안에 우리에게 적합한 장소가 없다는 것을 표현합니다. 우리는 상징적 질서에 그 대상으로 처음 진입합니다. 우리는 다른 사람들이 우리에 대해 이야기하고 있고, 우리가 그들의 관심 범위 내에 있다는 것을 어떻게든 파악하지만, 그들이 무엇을 말하는지, 그들이 우리에게 무엇을 원하는지, 그들이 우리에게서 무엇을 보는지 명확하게 이해하지 못합니다. 매체로서의 언어는 대타자이며, 우리를 다른 사람과 연결하고 동시에 우리를 다른 사람과 분리하는 벽으로 기능합니다.

이런 의미에서 (종종 자신의 개 쥐스틴을 떠올리는) 라캉이 보기에, 개는 말을 하지만 실제로는 언어 속에 살지 않습니다. 언어 안에서 자신을 주관화할 수 없고, 그 안에서 타인에 대해 자기 입장을 취하지 못합니다. 개는 인간의 언어에 당혹스러워하고 언어적 교류에 참여할 수 없는 자신의 무능력에 좌절합니다. 라캉이 말했듯, 개는 언어의 주체가 되지 못한 채 언어로 인해 신경증을 얻고 히스테리를 일으키는 존재입니다. 따라서 개는 단순히 언어 바깥에 있는 것이 아닙니다. 언어 안에서 자신의 자리를 찾을 수 없다는 사실, 자신의 주체적 위치를 언어에 새길 수 없다는 사실이 주는 좌절감을 경험합니다. 인간의 욕설과 감탄사는 여기에 속합니다. 이 말들은 두려움이나 분노, 기쁨을 단순히 표현하는 것이 아니라, 우리가 하고 싶은 말을 명확한 언어로 말할 수 없는 불가능성, '딱 맞는 단어를 찾을' 수 없는 불가능성에서 오는 훨씬 더 기본적인 좌절감을 표현합니다.

개가 말을 할 수 있다면 욕설을 내뱉지 않을까? 어쩌면 그것이 사르트르의 개가 내내 자신도 모르는 채 말하려 했던 것일지도 모른다. 그의 손이 닿는 바로 너머에 있는 진짜 말은 그에게 언어의 세계를 열어 주어서 말하는 존재들의 공동체로 완전히 들어가게 해 주며, 그렇게 해서 그의 암울한 좌절을 끝내 줄 수 있는 말이 아니다. 오히려 말을 놓치는 일이 주는 말할 수 없는 좌절에 이름을 붙이고, 그 좌절을 언어 자체에 풀어낼 수 있게 하는 말이다. 말을 한다는 것은 말하기의 불가능성과 함께 머무는 일, 사르트르의 개가 무기력하게 신음할 수밖에 없는 당혹감, 무기력, 분노—비체적 대상성—에 목소리를 주고 그것들로 무언가를 행하는 것이다. 상징적 질서 안으로 들어간다는 것은 단순히 반려동물의 원原상징적 혼란을 뒤로하고 반려동물의 문화 뒤에 자신의 자리를 차지하는 일을 뜻하지 않는다. 오히려 이 교착 상태를 언어의 차원으로 끌어올려 주체화하는 것이다. 사르트르가 말하는 개의 권태감은 말하는 존재가 되는 데 있어 필수적인 계기로 이해되어야 한다. 무슨 말을 하는지 파악하거나 어떻게 반응해야 하는지 파악도 못한 채, 우리는 거론되는 그 무엇으로서의 언어, 타자의 담론에 사로잡힌 대상으로서의 언어에 처음 진입한다. 이러한 수동성을 극복한다고 해서 우리가 주체가 되는 것은 아니다. 오히려 이 말 없는 대상성으로부터 비로소 주체가 등장할 수 있다. (....) 필요한 것은 이 선제적 불가능성 또는 근원적 배제를 명명할 수 있는 단어이며, 그렇게 해서 주체는 상징적 질서 속에 그 상징적 질서를 벗어난 존재로 그 자신을 새길 수 있다.[2]

더 비근한 사례로 아론 슈스터는 제가 예전에 쓴 책에서 자세히 분석했던 〈와이어〉 시리즈의 1부 4편에 나오는, 저 유명한 '온통 씨발' 수사 장면을 꼽습니다.[3] 6개월 전 살인 사건이 발생했던 텅 빈 1층 아파트에서, 맥널티와 벙크는 침묵하는 가정부가 유일한 목격자인 그 사건의 경위를 재구성하려고 애쓰는데, 그들이 작업하는 동안 입 밖에 내는 유일한 단어는 "씨발"의 온갖 변형된 표현—그들은 각기 다른 말투로 계속해서 38번이나 말합니다—입니다. 이 표현은 짜증나는 지루함에서 벅찬 승리감, 끔찍한 살인이 주는 공포에 대한 고통이나 실망 또는 충격에서 흥겨운 놀라움에 이르기까지 그 모든 것을 담고 있으며, "씨발할 씨발!"이라는 자기반사적 재반복에서 그 절정에 이릅니다.[4] 이를 실감하기 위해 우리는 각 "씨발"이 더 '정상적인' 문구("아니, 또 사진일세!", "아이고, 아파라!", "이제 알겠네!" 등)로 대체되는 동일한 장면을 쉽게 상상할 수 있습니다. 이 장면은 여러 차원에서 작동하지만, 가장 기본적으로는 여러 쓰임새를 갖춘 욕설입니다. 같은 단어가 여러 가지 방식으로 기능할 수 있는 이유는 바로 이 다차원성이 자신의 주관적 태도를 명확하게 표현할 수 없다는 답답한 불가능성에 의해 뒷받침되기 때문입니다. 따라서 이 장면은 언어의 '현실주의적' 기능에 한 차원을 더하는 은유적이거나 반영적 게임을 그려 내는 것이 아닙니다. 오히려 언어의 기본적 제스처, 즉 언어의 기반이 되는 균열, 불가능성을 드러내는 제스처를 그려냅니다. 우리가 언어에서 한 단어를 사용하는 것은 '진짜' 단어가 없기 때문이며, 이 단어가 없는 이유는 말하는 주체인 내가 상징적 영역 안에서 적합한 자리를 갖지 못하고 내가 그 구조물의 균열이기 때문입니다. 욕설과 감탄사는 적절한 단어, 즉 다른 단어들에 주체를 마땅하게 표상할 수 있는 단어의 결핍을 등록하는 단어이며, 상징적 영역에서 주체는 결핍이기 때문에 욕은 이 결핍을 반영적으로 등록합니다.

이런 이유로 나는 개에게 "무의식이 없는 초자아가 있다"고 말하는 라캉의 주장에 문제가 있다고 봅니다. 라캉이 다른 곳에서 초자아가 도덕적 행위자가 아니라 향유하라는 명령이라고 (올바르게) 주장한다면, 개가 충실한 하인으로서 자신을 그 권위에 기꺼이 희생할 태세로까지 복종하는 권위적 인간의 형상은 초자아의 형상이 아니라 오히려 완벽한 주인(의 환상)입니다. 개는 무의식도 초자아도 갖지 않습니다. 외설적 초자아가 게임에 개입하는 것은 오로지 인간의 도착성을 통해서이며, 카프카의 이야기 속 죽음에 이르는 단식에서 (잉여) 향유를 찾는 개조차도 초자아의 압력 때문에 그렇게 하는 것은 아닙니다. 만일 "신경증 환자가 자신을 주인의 필요에서 벗어나게 해서 마침내 자기 마음껏 행동할 수 있게 해 줄 주인을 갈망한다면,"[5] 개는 그런 주인을 물색하기도 전에 이미 그런 주인을 찾았습니다.

잉여향유는 초자아의 개입을 넘어서며, 상징계의 균열이 드러나는, 그 균열을 드러내는 어떤 조짐이고 리듬입니다. 친애하는 벗의 도움으로, 한국의 독자들이 그 잉여향유의 리듬을 맛볼 수 있길 기대합니다.

차례

서곡

뒤죽박죽 세상에서
살아가기

헤겔은 『정신현상학』에서 "혼란스러운 세계*die verkehrte Welt*"라는 용어를 사용했는데, 대체로 영어로는 "뒤죽박죽 세상"으로 번역되며 헤겔 당시 사회 현실의 광기를 가리킨다. "신중하게 세운 계획이 마지막 순간에 엉망이 되어 모두가 어디로 가야 할지 모른 채 사방으로 뛰어다니는 것이 뒤죽박죽의 사례다."[1] "뒤죽박죽"에 대한 유어딕셔너리 사전의 이 설명은 아무리 잘 만들어진 계획이라도 그 반대가 되는 과정, 즉 자유에 대한 꿈이 공포로, 도덕성이 위선으로, 과도한 부가 다수의 빈곤으로 변하는 헤겔적 변증법 과정의 기본적인 반전을 완벽하게 요약하고 있다. 1576년 토마스 로저스는 『마음의 해부학』이라는 제목의 철학 저서에서 "도시를 파괴하는 것도 악마적이지만, 도시를 뒤엎고, 나라를 배신하고, 하인이 주인을, 부모가 자식을, 자식이 부모를, 아내가 남편을 죽이게 하는 것처럼 모든 것을 혼란스럽게 만드는 것이 더 악마적"이라고 썼다. 지배의 세 가지 기본 관계(하인 위에 주인, 자식 위에 부모, 아내 위에 남편)

가 거꾸로 있거나 안팎으로 뒤집혀 있는 것, 이것이 헤겔의 사상을 간결하게 표현한 공식이 아닐까?

그렇다면 이 책은 헤겔에 관한 또 다른 책인가? 프로이트는 부정 Verneinung의 논리를 설명하기 위해 자기 환자 중 하나가 했던 말을 부각시킨다. "당신은 내 꿈속의 **여자**가 누구냐고 묻습니다. 그 여자가 누구든 제 어머니는 아닙니다." (나중에 명언으로 남은) 프로이트의 반응은 이랬다. "그러자 문제가 해결되었다. 우리는 그 여자가 정말로 그의 어머니라고 확신할 수 있었다."[2] 이 책에 대해서도 똑같이 말할 수 있다. 이 책이 무엇을 다루든, 그것은 헤겔에 관한 것이 아니며, 프로이트식 부정이 아니라 문자 그대로 사실이다. 물론 헤겔은 이 책에 항상 내재한다. 직접 언급되지 않을 때도 그는 배경에 숨어 있지만, 책의 주제는 제목이 말하는 것과 정확히 일치한다. 이것은 잉여향유라는 역설이 어떻게 우리 시대의 뒤죽박죽 상태를 밑받침하는지에 관한 이야기다.

대재앙에서 종말까지… 그리고 복귀

이데올로기적 공간에서 서로 다른 입장은 에르네스토 라클라우가 "등가성의 사슬"이라고 부르는 것으로 연결되는데, 예를 들어 코로나-19 팬데믹에 대한 극우파 음모론은 뉴에이지 영성과 결합된다. 그래서 멜리사 레인 라이블리는 웰빙, 자연 건강, 유기농 식품, 요가, 아유르베다 치유, 명상 등에 집중한 나머지 백신을 위험한 오염의 원인으로 보고 격렬하게 거부했다.[3] 오늘날 이 과정은 우리 주변에서 쉽게 볼 수 있다. 우리는 팬데믹, 지구 온난화, 사회적 긴장, 우리의 사유에 대한 디지털의 완전한 통제 가능성 등 여러 재앙이 순위를 다투는 시점, 양적으로뿐만 아니라 어떤 것이 다른 모든 것을 총체화하는 "누빔점(라캉의 푸앙 드 카피통·*point-de-capiton*)"으로서 우위를 점하기 위해 경쟁하는 기이한 시기를 살고 있다. 오늘날 대중 담론의 핵심 후보는 지구 온난화이지만, 적어도 최근 우리 지역에서는 백신 접종 지지파와 백신 회의론자 간의 대립이 가장 중요하게 여겨졌다. 여기서 문제는 코로나-19 회의론자들이 보기에 이 재앙은 사회적 통제와 경제적 착취를 강화하기 위해 권력자들이 조작한 재앙, 즉 가짜 비전 그 자체라는 것이다. 백신 접종에 대한 투쟁이 다른 투쟁(국가 통제에 대한 투쟁, 과학에 대한 투쟁, 기업의 경제적 착취에 대한 투쟁, 우리의 삶의 방식을 방어하기 위한 투쟁…)을 어떻게 압축하는지 자세히 살펴보면, 백신 접종 반대 투쟁의 핵심 역할이 반反유대주의와 유사한 측면에서 이데올로기적 신비화의 결과라는 것이 분명해진다. 반유대주의가 반反자본주의의 변형되고 신비화된 형태인 것과 마찬가지로, 백신 접종 반대 투쟁도 권력자에 대한 계급투쟁의 변형되고 신비화된 형태다.

이 혼란 속에서 길을 찾으려면 우리는 아마도 종말과 재앙을 구분하고, '재앙'이라는 용어는 앤더스가 "적나라한 종말"이라고 불렀던 것을 위해 따로 놔두어야 할 것이다. 아포칼립스(고대 그리스어로 '폭로')는 지식의 드러남 혹은 계시이다. 종교적 표현에서 종말이 드러내는 것은 우리가 평범한 삶에서 보지 못하는 궁극적 진리 혹은 숨겨진 무언가다. 오늘날 우리는 인류나 자연에 대한 대규모 재앙적 사건이나 일련의 해로운 사건을 일반적으로 '묵시록적'이라고 부른다. 종말적 재앙이 없는 종말적 계시(예: 종교적 계시)와 종말적 계시 없는 종말적 재앙(예: 대륙 전체를 파괴하는 지진)을 상상하기 쉽지만, 두 차원 사이에는 내적 연결 고리가 있다. 우리가 더 숭고하고 이제껏 숨겨져 온 어떤 진실을 마주할 때 이 진실은 우리의 일반적 의견과 너무 달라서 우리의 세계를 산산조각 내야 하며, 반대로 모든 파국적 사건은 순전히 자연적인 경우라도 우리의 일상적 존재에서 무시된 것을 드러내며 우리를 억압된 진실과 마주하게 만든다.

앤더스는 『왕국 없는 종말』이라는 에세이에서 **적나라한 종말**이라는 개념을 소개했다. "새로운 긍정적 사태('왕국')의 개시를 뜻하지 않는 단순한 몰락으로 이루어진 종말."[4] 앤더스의 생각에 핵 재앙이 바로 그러한 적나라한 종말로서, 우리 자신과 우리 세계의 소멸 말고는 아무런 새로운 왕국도 생겨나지 않을 터이다. 오늘날 우리가 질문해야 할 것은 현재 우리 모두를 위협하는 복수復數의 재앙으로부터 어떤 종류의 종말이 선포될 것인가 하는 점이다. 지금까지 보이지 않았던 진실의 폭로를 포함하는 완전한 의미의 종말이 결코 일어나지 않는다면 어떨까? 만약 진실이 재앙을 이해하기 위한 시도로서 사후에 만들어지는 것이라면 어떨까? 어떤 사람들은 1990년 동유럽 공산주의 정권의 붕괴가 진정한 종말이라고 주장할 것이다. 사회주의가 작동하지 않는다는 진실, 자유민주주의가 마침내 발견한 최선의 사회경제 체제라는 진실 말이다. 그러나 역사의 종말에 대한 후쿠야마의 꿈은 10년 후인 9월 11일, 예기치 못한 깨달음으로 끝이 났고, 오늘날 우리는 종말의 종말로 가장 잘 특징지을 수 있는 시대에 살고 있다. 즉 원환이 닫혀 버려서 우리는 파국에서 종말로, 그리고 다시 파국에 도달했다. 우리는 인류가 역사의 종말에 이르렀다는 말을 반복해서 듣지만, 이 종말은 계속 이어질 뿐 아니라 그 자체로 쾌락을 가져온다.

재앙에 대한 우리의 일반적인 관념은 지진이나 전쟁과 같은 잔혹한 사건의 침입이 우리의 현실이라는 상징적 허구를 파괴할 때 일어난다는 것이다. 하지만 어쩌면 그에 못지않은 파국은 더 큰 현실이 그대로 유지된 채 현실에 대한 우리의 접근 방식을 지탱하는 상징적 허구만 사라지는 경우다. 섹슈얼리티의 경우를 예로 들어 볼 텐데, 이는 허구가 이보다 더 중대한 역할을 차지하는 곳은 다른 어디에도 없기 때문이다. 에바 와이즈먼은 성관계 시 동의의 역할에 대한 흥미로운 논평에서 인터넷 포르노에 관한 존 론슨의 팟캐스트 시리즈인 〈나비 효과〉의 한 장면을 언급한다. "포르노 영화 촬영장에서 한 배우가 장면 도중 발기를 잃자 이를 되살리기 위해 발가벗은 여성에게서 돌아서서 휴대폰을 들고 포르노허브Pornhub를 검색했습니다. 이 장면이 제게는 뭔가 묵시록적 느낌을 주었습니다." 여기서 '묵시록'이라는 단어에 주목하자. 와이즈먼은 이렇게 결론을 내린다. "섹스의 왕국에 뭔가가 썩었다." 나도 동의하지만, 여기에 정신분석학의 교훈을 덧붙이고 싶다. 즉 인간의 성은 그 자체로 도착적이며 사도마조히즘적 반전, 특히 현실과 환상의 혼합에 노출되어 있다. 파트너와 단둘이 있을 때에도 파트너와의 (성적) 상호작용은 나의 환상과 불가분의 관계에 있고, 모든 성적 상호작용은 잠재적으로 "실제 파트너와의 자위"처럼 구조화되어 있으며, 파트너의 육체와 몸을 소품으로 사용하여 나의 환상을 실현/수행하는 것이다. 파트너의 육체적 현실과 환상의 세계 사이의 이 간극은 가부장제와 사회적 지배 혹은 착취에 의해 벌어진 왜곡으로 환원할 수 없다. 이 간극은 애초부터 거기에 존재한다. 그래서 나는 발기를 되찾기 위해 포르노허브를 검색한 배우를 충분히 이해한다. 그는 자신의 연기에 대한 환상적 버팀목을 찾고 있었던 셈이다.

이 모든 것에서 우리가 도출해야 하는 다소 슬픈 결론은 파국이란 미래에 우리를 기다리는 그 무엇, 신중한 전략으로 피할 수 있는 어떤 것이 아니라는 사실이다. 가장 기본적 존재론적 의미에서(만은 아닌)의 파국은 항상 이미 일어난 일이며, 우리 살아남은 인간만이 모든 수준에서, 심지어 가장 경험적 의미에서 남은 것의 전부이다. 인류의 가장 중요한 에너지원인 석유와 석탄의 막대한 매장량이 인류가 출현하기 전 지구에서 일어난 엄청난 파국들을 증명하지 않았던가? 우리의 일상성은 정의상 종말 이후의 현실이다.

다시 본론으로 돌아오자. 소수의 '합리적 낙관주의자'를 제외하고 우리 대부분은 우리 모두가, 즉 인류가 팬데믹, 지구 온난화, 사회적 시위 같은 다층적 위기에 처해 있다는 데 동의한다. 우리는 새로운 시대에 접어들고 있으며 그렇다는 징후는 넘쳐난다. 나일강 수역에 대한 이용권을 둘러싼 전쟁의 전망은 아마도 앞으로 일어날 전쟁의 한 모델이 될 것이다. 국민국가 주권의 관점에서 에티오피아는 자신이 원하거나 필요한 만큼의 물을 확보하는 것이 정당하지만, 너무 많이 차지하면 나일강에 의존하는 이집트의 생존 자체를 위협할 수 있다. 이 문제에 대한 추상적 해결책은 없으며, 전 세계적 관점에서 타협점을 찾아야만 한다. 이제 최근 발생한 국가 테러로 관심을 옮겨 보자. 벨라루스가 반체제 인사 로만 프로타세비치를 붙잡기 위해 아테네에서 빌니우스로 향하던 라이언에어 비행기를 강제로 착륙시킨 사건이 있다. (이 테러 행위는 분명하게 비난받아야 하지만, 에보 모랄레스 볼리비아 대통령의 비행기가 자국 영공을 통과할 때 오스트리아도 똑같은 짓—영공 통과 비행기의 강제착륙—을 했다는 사실을 기억해야 한다. 이는 에드워드 스노든이 러시아에서 라틴아메리카로 가기 위해 그 비행기에 타고 있다고 의심한 미국의 명령에 따라 이루어진 일이었다.) 두 사건의 공통점은 무엇일까? 두 사건 모두 글로벌 시대를 특징짓는 새로운 유형의 갈등, 즉 국가 주권과 더 큰 공동체의 이해관계 간의 충돌을 예시한다. 자본주의는 위기를 자양분 삼아 그 어느 때보다 더 강력하게 재도약하지만, 이번에는 이 검증된 공식이 통하지 않을 것이라는 의심이 점점 커지고 있다.

이 책의 초점은 서로 다른 위기 그 자체가 아니라 우리가 위기와 싸우거나 재생산하는 방식, 때로는 두 가지를 한꺼번에 동시에 수행하는 방식에 있다. 나의 목표는 우리가 처한 혼란을 분석하는 것뿐만 아니라, 동시에 글로벌 자본주의에 대한 대부분의 비판과 항의가 어떻게 효과적으로 이데올로기적 보완재로 기능하며 그 기본 전제에 의문을 제기하지 않는지 파헤쳐 보는 일이다. 이것이 어떻게 가능한지 알아보기 위해서는 이데올로기를 추상적 원리 체계가 아니라 우리의 실제 삶을 구성하는 물질적 힘으로 분석할 필요가 있다. 그러려면 우리의 일상생활을 규제하는 리비도적 투자를 밝혀 내기 위해 정신분석 이론의 복잡한 장치를 동원해야 한다.

예기치 못한 쾌락Lustgewinn

따라서 우리는 '왜 우리는 억압 자체를 즐기는가'라는 오래된 프로이트의 질문을 제기할 수밖에 없다. 즉, 권력은 단순히 처벌에 대한 두려움에 의해 유지되는 억압뿐만 아니라, 복종과 강제 포기에 대한 뇌물을 제공함으로써 우리를 지배한다. 복종과 포기 대신 우리가 얻는 것은 포기 자체의 도착적 쾌락, 상실 자체가 주는 이득이다. 라캉은 이 왜곡된 쾌락을 "잉여향유"라고 불렀다. 잉여향유는 그 자체에 관해 항상 (그리고 다름 아닌) 과잉인 것, 즉 '정상석' 상태에서는 아무것도 아닌 것의 역설을 함의한다. 이는 라캉이 말하는 잉여향유로서의 **'오브제 a'** 개념으로 이어진다. 잉여향유가 더해지는 '기본 향유'는 존재하지 않으며, 쾌락은 항상 과잉 상태의 잉여이다. 오브제 a는 라캉의 가르침에서 오랜 역사를 가지고 있다. 그것은 마르크스의 『자본』의 상품 분석에 대한 라캉의 체계적 언급보다 수십 년 앞선다. 그러나 의심의 여지없이 라캉이 오브제 a를 잉여향유plus-de-jouir, Mehrlust라는 '완숙된' 개념으로 전개할 수 있었던 것은 마르크스에 대한, 특히 마르크스의 "잉여가치Mehrwert" 개념에 대한 언급 덕분이다. 마르크스의 상품 분석에 대한 라캉의 모든 언급을 관통하는 주된 모티브는 마르크스의 잉여가치와 라캉이 잉여향유라고 이름 붙인 것 사이의 구조적 상동성이다. 프로이트가 "쾌락의 획득"이라고 부르는 이 현상은 쾌락의 상승이 아니라 쾌락을 얻기 위한 주체의 노력에서 바로 그 형식적 우회로가 제공하는 추가적 쾌락을 가리킨다. 쾌락의 포기가 포기(속)의 쾌락으로, 욕망의 억압이 억압의 욕망으로 되돌려지는 식이다. 이러한 반전이 자본주의 논리의 핵심에 놓여 있다. 라캉이 지적했듯이, 현대 자본주의는 (이득을 얻는 일의) 쾌락을 **셈하는 일**에서 시작되었고, 이 쾌락의 셈하기는 곧바로 (이득을) **셈하는 쾌락**으로 회귀한다. 이 모든 경우에서 이득은 "수행"의 차원에서 발생한다. 목표에 도달함으로써가 아니라 목표를 향해 노력하는 바로 그 수행에 의해 쾌락이 생성된다.[5]

포르투갈 출신의 한 풍만한 여성이 멋진 일화를 들려준 적이 있다. 그녀의 가장 최근 애인이 그녀의 나체를 처음 보았을 때, 그녀가 한 2kg만 감량하면 몸매가 완벽해질 것이라고 말했다. 물론 그녀가 살을 뺐다면 실제로 더 평범해 보였을 것이다. 완벽을 방해하는 것처럼 보이는 그 요소는 그것이 방해하는 완벽에 대한 환상을 불러일으킨다. 과도한 요소를 제거하면 완벽함 자체를 잃게 된다. 여기에 **오브제 a** 역설의 가장 순수한 형태가 있다. 매력적이지만 진정한 매력을 만들어 내는 무언가가 부족한 육체미를 지닌 여성이 있다면, 그녀는 어떻게 해야 할까? 자신을 더 완벽하거나 아름답게 만드는 것이 **아니라** 불완전함의 징표, 완벽함을 방해하는 디테일을 도입하는 일, 바로 이 추가 요소가 **어쩌면** (이 영역에서 보장된 것은 없다!) 그녀의 완벽함을 방해하는 요소로 작용하여, 그것이 방해하는 완벽함의 신기루를 만들어 낼 수 있다. 또 다른 (다소 무미건조한) 사례로, 하드코어 포르노 영화를 거론해 보자. 내 직감으로는 아주 가까이 있는 카메라 앞에서 감독의 명령에 따라 쾌감의 소리를 내거나 신체 부위의 위치를 수시로 바꾸는 등 궁극의 은밀한 행위를 하는 일은 분명 매우 불편할 것이다. 이는 황홀한 쾌락에 굴복하는 것을 방해하는 듯한 자신의 상황에 대해 감정적으로 무시하는 훈련을 오랫동안 받은 연기자만이 극복할 수 있는 장애물이 아닐까? 섹스는 우리 대부분이 대중의 시선에서 벗어나야만 할 수 있는 것이 아니었나? 그러나 적어도 일부 사람들에게는 그렇게 자극이 없는 상황에서 자신을 발견한다는 사실이 그 자체로 즐거움을 유발할 수 있다는 가능성을 고려해야 한다면 어떨까? "가장 내밀한 행위를 마치 외부의 명령을 따라야 하는 규제된 활동인 것처럼 수행하는 것이 훨씬 더 즐겁지 않나요?"와 같은 맥락에서 말이다.

그렇다면 모든 쾌락의 포기가 그 포기 자체에서 쾌락을 낳고, 또 '정상적인' 직접 쾌락은 없다면, 그래서 상징적 거미줄에 걸린 모든 쾌락이 이 도착적 뒤틀림으로 낙인찍힌다면, 이 쾌락과 고통의 악순환에서 벗어날 수 있는 방법은 없는 걸까? 라캉이 몇 차례 암시한 답은 "주체적 궁핍"으로서, 우리의 '내면의 자기'라는 자산을 형성하는 모든 것, 내면 깊은 곳에 숨겨진 모든 추함으로부터 거리를 두는 동시에 주체, 즉 '순수한' 텅 빈 주체, 살아 있는 시체를 닮은 주체, 좀비 같은 주체로 남아 있는 신비로운 움직임이다. 이것이 정치적으로 어떤 의미가 있을까? 이 책의 피날레는 이러한 방향으로 몇 가지 가설을 제시한다.

그러나 최종 지점에 도달할 때까지 이 책은 차근차근 나아갈 것이다. 이 책은 우리 세계 광기의 사회적 형태이자 궁극적 근원인 글로벌 자본주의에서 시작하여 마르크스주의의 정치경제학 비판과 생태학 사이의 복잡한 관계를 주시한다. 여기서부터 이 책은 지배와 착취의 사회적 관계를 뒷받침하는 정신적 삶의 심층에 내재된 형태들, 즉 리비도적 경제에 대한 비판으로 나아간다. 그런 다음 리비도적 경제의 기본적 탈구화de-rangement인 잉여향유를 직접적으로 다룰 것이다. 마지막으로 이 책은 이러한 곤경에서 벗어날 수 있는 방법, 즉 주체적 궁핍이라는 급진적 제스처를 제안한다.

　모든 장은 어떤 의미에서 독후감이기도 하다. 각 장은 뛰어난 텍스트에서 자극을 받았다. 사이토 코헤이는 마르크스주의에서 생태학의 핵심적 역할을 새로운 시각으로 바라보게 해 주었다. 가브리엘 투피남바는 라캉주의자뿐만 아니라 라캉 자신의 이념적 한계에 대한 날카로운 분석으로 나의 라캉주의적 안일함을 깨뜨렸다. 야니스 바루파키스는 욕망의 교착 상태가 정치 프로젝트의 핵심에 어떻게 영향을 미치는지 깨닫게 해 주었다. 자유를 폐지하라는 프랭크 루다의 도발적 요구는 해방 프로젝트의 신학적 뿌리를 드러냈다. 마지막으로 사로지 기리는 핵심 정치적 범주로서의 주체적 궁핍이라는 개념으로 나를 즉각 이끌어 주었다. 그렇다면 이 모든 작업에서 헤겔의 자리는 어디일까? 이 저자들은 글로벌 비상사태에 대한 동시대적 대응의 실패를 가시화했지만, 나는 각 저자와 약간의 (그러나 어쩌면 중요한) 의견 차이가 있고, 각각의 경우에 헤겔을 읽는 방법이 어떻게 그 결핍을 채울 수 있는지 알게 되었다.

2 + a

그렇다면 이 책은 새로운 시대의 애매한 징후를 어떻게 다룰까? 첫 두 장은 가시적 질서(사회정치적, 정신적)를 숨겨진 메커니즘(정치경제적, 무의식적)에 의해 규제되는 '그림자 극장'으로 고발한 근대 '의심의 해석학'의 두 창시자, 마르크스와 프로이트를 다룬다. 마르크스는 전통 전체가 뒤죽박죽으로 뒤집힌 자본주의적 근대성을 분석했고, 프로이트는 우리 정신의 길항과 반전을 전개했다. 두 경우 모두, 독서의 목적은 마르크스와 프로이트가 사회생활을 '객관적' 메커니즘에 의해 결정되는 것으로 본다고 주장하는 '환원주의적' 독해를 피하고, 사회적이고 정신적인 과정의 환원 불가능한 주관적 차원을 긍정하는 일이다.

모든 철학 저술이 그렇듯, 이 책은 그 자체의 (이 경우는 우리의) 현재에 대한 존재론이므로, 우리 자신의 역사적 경험에 입각해 고전을 읽게 될 것이다. 마르크스와 프로이트는 어떻게 우리의 현재와 그 교착 상태를 파악할 수 있게 해 줄까? 그들은 모두 정확한 역사적 성좌에 기반을 두고 있다. 마르크스는 전례 없는 자본주의의 팽창을 목격하며 그 파괴적인 영향을 분석했고, 새로운 세기로의 전환기에 프로이트는 "서구의 쇠퇴"와 제1차 세계대전의 충격을 배경으로 인간 정신의 어두운 구석에 대해 탐구했다. 이 책은 동시대의 관점에서 마르크스와 프로이트를 읽는다. 마르크스와 생태 위기. 프로이트와 정신분석의 사회정치학. 마르크스와 프로이트는 우리의 현재를 이해하는 데 없어서는 안 될 과거의 고전이다.

하지만 우리의 현재 자체는 어떠한가? 우리 시대를 개념적 구조로 직접 파악할 수 있는 이론을 제시한 고전적 저자는 없다. 우리는 그 혼란에 완전히 사로잡혀 있고, 인지의 지도 그리기가 부족하기 때문에, 마지막 장은 이 혼란 속으로 직접 뛰어든다. 라캉의 오브제 a 또는 (마르크스의 잉여가치를 모델로 한) 잉여향유라는 개념이 여기서 핵심 참조 지점으로 선택된 이유는 그것이 뒤죽박죽된 상태의 연산자로 기능하기 때문이다. 현상이라는 분야를 취한 뒤 거기에 잉여향유를 더하면 이 연산의 균형은 돌이킬 수 없이 깨지고 모든 것이 뒤집어진다. 고통은 쾌락으로, 결핍은 잉여로, 미움은 사랑으로 등등. 이 장은 이 책의 회전축이며, 요점을 놓치지 않으려면 독자는 중심 논제에 점진적으로 접근하는 방식을 주의 깊게 따라야 한다. '대타자(가상의 상징 질서, 이드-기계)'의 두 가지 대립된 형상에서 시작하여 상징 질서의 구조적 불일치를 상징적 법과 초자아 사이의 이중성과 연결한 다음, 즐기라는 초자아의 명령이 우리 '허용적' 사회의 리비도 경제를 어떻게 규제하는지 제시한다. 이러한 허용성의 피할 수 없는 결과는 우울증이며, 우울증은 욕망의 대상을 자유롭게 이용할 수 있을 때 오히려 욕망이 질식하는 현상으로 정의할 수 있다. 여기서 사라지는 것이 바로 욕망의 대상 원인으로서의 잉여향유다. 이 책의 피날레는 낡은 형태의 근본주의로 회귀하지 않고도 허용성의 교착 상태에서 벗어날 수 있는 실존적 입장을 분명히 하려고 노력한다. 이에 사로지 기리의 연구에 기대어 라캉의 주체적 궁핍 개념에 대한 정치적 읽기를 제안한다.

이 책이 현재에 뿌리를 두고 있다는 말이 역사주의적 상대주의를 뜻하는 것인지 의문이 들 것이다. 여기서 가장 먼저 할 일은 역사주의 자체를 급진화하는 것이다. 브루노 라투르는 중세 시대의 결핵에 대해 이야기하는 것이 무의미하다고 말했다. 결핵은 중세적 사고의 지평에는 존재하지 않는 현대 과학적 범주이기 때문이다. 만약 우리가 그 시대의 사람을 만나서 "당신 형제는 결핵으로 죽었습니다!"라고 말한다면 이는 그에게 아무런 의미가 없었을 것이다. 한 걸음 더 나아가, (라투르에게는 존재하지 않는) 근대는 새로운 이해의 지평을 열었을 뿐만 아니라 전체 분야를 변화시키고 우리에게 '중세 시대'로 보이는 것을 재정의한다. 중세에 대한 우리의 개념은 우리 시대에 뿌리를 두고 있으며, 그것은 항상 이미 우리의 동시대적 경험에 의해 '매개'되기에, 우리는 결코 다른 시대를 비교할 수 있는 역사로부터 면제된 중립적 위치를 차지할 수 없다.

그렇다면 다시 한번 이것은 우리가 역사주의의 함정에서 벗어날 수 없다는 뜻일까? 역사주의의 함정에서 벗어나는 길은 『정치경제학 비판 요강』의 유명한 구절에서 잘 드러나는데, 거기서 마르크스는 보편적 개념이 보편적("영원한", 초역사적, 모든 시대에 유효한)이지만 어떻게 특정 시대에만 그렇게 (우리 경험의 일부인 현실로) 나타나는지 노동 개념을 들어 전개한다. 우리는 특정 시대의 구체적인 특징을 추상화함으로써 보편성에 도달하는 것이 아니라, 문제의 보편성이 그대로 나타나는 특정 시대에 집중함으로써 보편성에 도달하는데, 헤겔에게는 이 지점이 바로 구체적 보편성의 지점이다. 이 책의 가설은 이러한 관점이 인류 역사의 혼란상에도 마찬가지로 적용된다는 것이다. 혼란상은 보편적이지만, 새로운 '탈역사적' 적대성이 폭발한 1990년의 '역사의 종말' 이후의 시대, 즉 우리 시대에서만 일상적 경험의 일부가 된다.

오늘날 헤겔을 해석하는 데 있어 지배적인 관념은 헤겔이 어떤 유용성을 가지려면 헤겔 이후의 이론을 통해 헤겔을 읽어야 한다는 것이다. 상호인정에 초점을 맞춘 자유주의적 헤겔 독자(로버트 브랜덤 등)는 헤겔을 실용주의적-언어학적 읽기에 복속시킨다. (사이토와 같은) 생태 마르크스주의자들에게는 이념의 자기운동에 대한 헤겔의 개념이 자연에 뿌리를 둔 인류의 집단적 생산 과정으로 재해석되어야 한다. 헤겔을 참조하는 정신분석가들(라캉 등)은 헤겔의 변증법에서 무의식의 과정들과 자아에 의한 무의식의 재통합에 대한 왜곡된 표현을 찾아낸다. 현재 진행 중인 이데올로기 정치적 혼란(내전에 가까운 포퓰리즘적 폭력)은 기득권의 경제적 이해관계와 이데올로기적 조작만으로는 설명할 수 없다. 극우파의 카니발리즘적 대중 행사에서 명백히 식별할 수 있는 (인종차별적, 성차별적) 쾌락을 고려해야 한다.

각각의 경우에서 이 책은 헤겔에 대한 동시대의 비평적 독서보다 헤겔에 더 많은 것이 담겨 있다고 주장할 것이다. 헤겔의 자연 개념은 생산 과정에 대한 마르크스주의적 강조보다 우연성에 더 개방적이다. 프로이트를 통해 헤겔을 읽는 대신 프로이트(라캉과 마찬가지로)를 헤겔식으로 읽어야 그의 치명적 한계를 감지할 수 있다. 마지막으로 헤겔은 단순히 개념적 진리를 나타내는 유한한 방법으로 종교를 무시하는 대신 종교의 집단의식에서 잉여향유의 역할, 그것이 가져오는 만족을 분명히 감지했다. 따라서 다시 말하지만, 내 비판의 대상은 이미 언급한 지배적 입장, 즉 헤겔(뿐만 아니라 마르크스와 프로이트) 후대의 어떤 지향적 인물을 통해 읽어야만 헤겔에게서 살아 있는 것을 되찾을 수 있다는 태도이다. 프로이트는 라캉을 통해, 마르크스는 오늘날의 생태학적 문제를 통해, 헤겔 자신은 상호인정이라는 자유주의 이론을 통해 읽어야 한다는 태도 말이다. 하지만 그 반대의 경우도 필수적이라면? 즉 후대의 사건과 사상을 통해 헤겔을 읽은 다음 다시 헤겔로 돌아가 이 새로운 사건과 사상이 실제로 무엇에 관한 것인지 파악해야 한다면 어떨까? 자유로운 상호인정을 향한 점진적 진보라는 렌즈를 통해 헤겔의 자유 개념을 읽는 사람들이 변증법적 과정의 핵심인 급진적 부정성을 놓친다면 어떻게 될 것인가?[6] 헤겔을 통해 마르크스를 읽어야만 마르크스주의와 생태학의 교착 상태를 제대로 파악할 수 있다면 어쩔 것인가? 헤겔을 통해 읽어야만 프로이트와 라캉의 급진적 단절을 파악할 수 있다면 어쩔 것인가?

우리의 바이러스 시대를 헤겔식으로 환영하면서 결론을 내려 보자. 21세기 초, 오늘날의 모든 큰 전쟁은 바이러스와의 전쟁이다. 정신은 인간 동물에 기생하는 바이러스이며, 이러한 기생은 우리의 정신적 과정이 글로벌 디지털 네트워크라는 대타자에 의해 직접 제어되는 접속된 뇌의 전망과 함께 더욱 위험해졌다. 생화학 바이러스가 우리의 생존을 위협한다. 코로나-19 이후에는 분명 다른, 어쩌면 더 심각한 전염병이 뒤따를 것이다. 그리고 마지막으로, 글로벌 자본 자체가 우리를 확장된 자기재생산의 수단으로 무자비하게 이용하는 거대한 바이리스다. 그렇다, 이번 세기는 헤겔의 세기가 될 것이다.

"행운을 빕니다, 헤겔 씨!"

한 전설(아마도 그 이상은 아닐 텐데)에 따르면, 1969년 7월 20일 달에 첫 발을 내디딘 닐 암스트롱이 발언했던 첫 마디는 공식적으로 보도된 "인간에게는 작은 한 걸음이지만 인류에게는 거대한 도약입니다."가 아니라 "행운을 빕니다, 고르스키 씨."라는 수수께끼 같은 말이었다고 한다. NASA의 많은 사람들은 이것이 경쟁 상대인 소련 우주 비행사에 대한 가벼운 발언이라고 생각했는데, 그 수수께끼의 실체는 1995년 7월 5일, 연설 후 질문에 답하는 과정에서야 밝혀졌다. 요지는 이러했다. 1938년 미국 중서부의 작은 마을에서 어린 시절을 보낸 그는 뒷마당에서 친구와 야구를 하고 있었다. 친구가 공을 쳤는데 공이 이웃집 마당에 떨어져

침실 창문 옆으로 굴러갔다. 그의 이웃은 고르스키 부부였다. 공을 주우려고 몸을 숙인 암스트롱은 고르스키 부인이 고르스키 씨를 향해 "섹스! 섹스를 하자고?! 옆집 아이가 달 위를 걷게 되면 섹스하게 될 거야!"[7] 이 것이 바로 31년 후 문자 그대로 일어난 일이다. 이 일화를 듣고 나서 나는 나만의 버전을 상상해 보았다. 헤겔이 아직 잘 알려지지 않았던 1800년 무렵, 어떤 늙은 (지금은 잊혀진) 교수가 헤겔에게 이렇게 외치는 소리가 들렸다면 어떨까? "명성! 유명한 철학 고전이 되고 싶나? 슬로베니아 같은 잘 알려지지 않은 작은 슬라브 국가 출신의 사람이 당신에 관한 엄청나게 두꺼운 책을 써서 다른 많은 언어로 번역된다면 명성을 얻을 수 있을 거야." 1,000장이 넘는 나의 책 『없는 것보다 못한』이 출간되었을 때 이런 일이 벌어졌는데, 몇몇 적대자들은 즉시 "이 책이 지젝에게는 거대한 도약일지 모르지만, 철학에는 작은 발걸음일 따름이다."라고 덧붙였을 게 분명하다.

그 적수들 중에는 몇 년 전에 다음과 같은 글을 쓴 로저 스크루턴도 있었다. "실제로 동유럽 공산주의의 붕괴를 후회할 더 큰 이유가 없다면, 서구 학계에 지젝이 풀려난 것만으로도 이미 충분한 이유가 될 것이다."[8] (수사적 과장의 계기를 감안하더라도) 이 주장의 광기는 잠시 멈추어서 숙고해야만 한다. 공산주의 전체주의의 모든 공포보다 내가 더 파괴적이라는 주장이니까…. (참고로 1990년대에도 비슷한 주장이 많았다. 서구 보수주의자들에게 공산주의가 전통적인 가치보다 대중문화와 성 혁명에 의해 훨씬 더 많이 훼손되었다는 사실을 상기시키자, 그들 중 일부는 이 사실만으로도 공산주의 정권의 붕괴를 후회하게 만든다고 반박했다.) 이런 비난이 내 과대망상증을 어떻게 부추기는지 상상할 수 있겠는가? 헤겔은 펠로폰

네소스 전쟁의 정신적 결과는 투키디데스가 그 전쟁에 관해 쓴 책이라고 했다. 책 한 권이 쓰이기 위해 수천 명이 목숨을 잃었다. 비슷한 방식으로, 숨 막히는 공포를 지닌 공산주의의 정신적 결과는 서구 학계에 내가 풀려난 일이다. 동유럽 전체가 위험한 혼란을 겪어야 내가 서구 학계에 알려질 수 있었다니⋯. 이 과대망상적 광기에서 벗어나면 오늘날 지식인의 역할이 무엇일지에 대한 힌트가 보인다. 소련 공산주의처럼 사라져야 마땅한 체제가 사실상 붕괴하고 (거의) 모든 사람이 그 몰락에 열광할 때, 오늘날 우리의 과제인 사유의 임무는 떠오르는 새로운 질서의 위험한 잠재력을 상상하는 것이다. 다시 말하지만, 비판의 비판을 연마하되 이미 우리 앞에 죽어 있는 체제의 머리를 발로 차 버리는 우쭐한 만족은 어떤 대가를 치르더라도 피해야 한다. 그렇기 때문에 오늘날 극우파의 외설과 사이비 좌파의 PC 도덕주의적 경직성 속에서, 온건 보수주의자들은 (그나마 남아 있는) 급진 좌파의 유일하게 합리적인 파트너가 된다. 최근 온건 보수 성향의 독일 일간지 《Die Welt》 편집자와의 전화 통화에서 나는 그들이 자칭 온건 보수 공산주의자인 내 글을 게재할 준비가 되어 있다는 사실에 놀라움을 표했다. 내가 받은 근사한 대답은 자신들이 온건 공산주의적 보수 신문이기 때문에 그렇게 놀랄 필요가 없다는 것이었다.

그러나 이 책에는 많은 독자들, 심지어 내 생각에 동조하는 일부 독자들의 심기를 건드릴 수 있는 면모가 하나 있다. 스타일이 점점 더 광폭해져서 책 자체가 점차 광기로 빠져드는 것처럼 보일 수 있다는 것이다. 첫 장은 여전히 학술 논문으로 통할 수 있지만, 텍스트는 점점 더 한 예에서 다른 예로, 한 인용문이나 이미지에서 다른 이미지로 혼란스럽게 건너뛰는 것처럼 읽힐 수 있다. (덧붙이자면『정신현상학』에 대한 첫 반응에서 헤겔도 비슷한 비난을 받았다.) 이러한 비난에 대해 유죄를 인정하지만, 그것이 긍정적인 측면이라고 본다는 것, 즉 텍스트와 역사적 시대의 적대를 풀어 내는 데 필수적 전략이라는 것이 내 대답이다. 이 지점에 우리가 인용한 저자가 의도한 의미를 충실히 재구성하려는 노력의 치명적인 한계가 있다. 해석/인용된 저자가 역사적 적대감과 긴장에 사로잡혀 일관성이 없다면, 그래서 진정한 폭력이 이러한 적대감을 모호하게 만드는 읽기라면 어쩔 것인가? 이런 의미에서 나는 폭력적 읽기, 즉 유기적 통일성(처럼 드러나는 것)을 찢어 버리는 읽기, 그리고 그 문맥에서 인용된 구절들을 찢어 버리고 파편들 사이에 예상치 못한 새로운 연결을 설정하는 읽기를 (그리고 실천하기를) 간청한다. 이러한 연결 고리는 연속적이고 선형적인 역사적 진보의 수준에서 작동하는 것이 아니다. 오히려 일종의 초역사적 단락에서 현재의 순간이 과거의 상동적 순간을 직접적으로 반향하는 "정지된 변증법"(벤야민)의 지점들에서 나타난다. 요컨대, 나는『정치적으로 붉은』에서 에두아르도 카다바Eduardo Cadava와 사라 나달-멜시오Sara Nadal-Melsio[9]가 언어적 형태 그 자체에서 정치적이라고 본 읽기, 즉 참여적 읽기라는 유물론적 실천으로 발전시킨 것을 실천하려고 노력한다.

이러한 읽기는 해석된 텍스트에 충실하려고 하는 내재적 읽기와 현재의 이념적, 정치적 조치를 정당화하기 위해 텍스트의 단편만을 사용하는 인용 관행 사이의 표준적 대립의 영역을 벗어난다. 이러한 관행의 모범적인 사례는 스탈린주의에서 찾을 수 있다. (스탈린주의) 이념으로서의 레닌주의의 핵심을 제공한 것은 스탈린 말기부터 고르바초프까지 이데올로기를 담당했던 정치국 위원 미하일 수슬로프다. 흐루시초프와 브레즈네프는 수슬로프가 검토하기 전에는 어떤 문서도 공개하지 않았다. 왜 그랬을까? 수슬로프는 크렘린 집무실에 레닌의 명언을 주제별로 정리한 뒤 도서관 카드에 적어 나무 파일 캐비닛에 보관한 방대한 서고를 가지고 있었다. 새로운 정치 캠페인, 경제 조치 또는 국제 정책이 도입될 때마다 수슬로프는 이를 뒷받침할 적절한 레닌의 명언을 찾아냈다. 수슬로프가 수집한 레닌의 인용문은 원래의 문맥에서 분리되어 있었다. 레닌은 모든 종류의 역사적 상황과 정치적 발전에 대해 논평하는 다작의 작가였기 때문에, 수슬로프는 거의 모든 주장이나 계획에 대해, 때로는 서로 반대되는 경우에도 '레닌주의'로 정당화하는 적절한 인용문을 찾을 수 있었다. "수슬로프가 스탈린 치하에서 성공적으로 인용했고 그 덕분에 스탈린이 그를 매우 높이 평가했던 마르크스-레닌주의 창시자들의 바로 그 인용문을 수슬로프는 나중에 스탈린을 비판하는 데 사용했다."[10] 이것이 소련 레닌주의의 진실이다. 레닌은 궁극적인 기준이 되었고, 레닌의 인용은 모든 정치적, 경제적, 문화적 조치를 정당화했지만, 완전히 실용적이고 자의적인 방식, 즉 하필이면 가톨릭교회가 성경을 인용한 것과 똑같은 방식으로 이루어졌다. 따라서 아이러니하게도 마르크스주의의 두 가지 큰 방향, 즉 스탈린주의 경향과 정통 경향은 두 가지 다른 인용 방식을 통해야만 완벽하게 파악할 수 있다.

벤야민이 (헤겔, 마르크스, 레닌, 브레히트, 제임슨 등과 마찬가지로) 개념화하고 실천한 것은 근본적으로 다른 인용의 실천, 인용된 텍스트 및 작가 자신의 곤경에 맞선 투쟁의 한 형태로서의 인용이었다. 유물론적 인용은 인용된 원본에 대한 외재성을 통해 인용된 원본 속에 내재한다.

원본에 대한 폭력적 변형은 양자를 가로지르는 사회적 투쟁을 반영하기 때문에 어떤 의미에서 원본 자체보다 원본에 더 충실하다.[11] 이것이 내가 헤겔에서 할리우드 코미디로, 칸트에서 대중문화의 뱀파이어와 좀비로, LGBT+에서 슬로베니아의 속된 표현법으로, 혁명적 주체성에서 영화 〈조커〉로 점프하는 이유다. 이런 미친 조합을 통해 적어도 때때로 벤야민이 의도한 바를 실현하는 데 성공할 수 있다는 희망을 품는다.

따라서 이 책은 분명 어리둥절하지 않은 사람들을 위한 안내서이다. 어리둥절한 사람들을 위해 사태를 명확히 설명하려고 노력하지 않는다. 일상의 이데올로기라는 물속에서 편안하게 헤엄치는 어리둥절하지 않는 사람들을 당혹스럽게 만들 뿐만 아니라 그들이 새로 얻은 당혹스러움이 이미 사물 자체에 있음도 보여 준다. 같은 맥락에서 이 책은 인종차별과 성차별에 노출된 사람들에게 결코 '안전한 공간'을 제공하지 않는다. 최근 앨버타대학교에서 발생한 사건에서 인류학부 교수인 캐슬린 로우리는 성이 문화적 구성물일 뿐만 아니라 생물학적 사실이라고 주장했다는 이유로 직장을 잃을 위기에 처했다. 학생들에게 '안전하지 않은' 환경을 조성했다며 인류학과 학부 프로그램의 부학과장직에서 명목상 해촉된 것이다. 어떻게 된 일일까? 간단히 말하면, 이는 그녀가 성이 '사회적 구성물'이라고 믿지 않기 때문이었다.[12] 사태를 명확하게 밝히기 위해, 우리는 여기서 생물학적 사실과 상징적 구성물 사이의 대립이 궁극적 대립이 아니라는 점을 덧붙여야 한다. 제3의 선택지가 있는데, 즉 실재/불가능한 것으로서의 성적 차이 자체를 생물학적 사실이 아니라 완전히 상징화될 수 없는 트라우마적 단절/적대감으로 간주하는 것이다. 하지만 우리가 주목해야 할 것은 "안전하지 않다"는 단어다. "안전하지 않다"는 것은 궁극적으로 (스스로 표명한) 피해자의 견해와 자기 인식을 위협하는 어떤 것을 의미한다. 여성으로 성전환한 남성의 경우를 예로 들어 보자. 젠더 정체성이 (또한) 생물학적으로도 결정되는 경우, 이는 자신의 젠더 정체성을 바꿀 자유를 결코 제한하지 않는다. 성전환이 위협하는 것은 자신의 젠더 정체성이 궁극적으로 자신의 자유로운 결정에 달려 있는 순전히 문화적 구성물이라는 생각, 내가 자유롭게 자신을 재구성하고 여러 정체성을 가지고 놀 수 있다는 생각, 그리고 이러한 가소성에 대한 모든 장애물은 문화적 억압에 있다는 생각이다.

성 정체성의 경우엔 여장女裝 등 한 정체성에서 다른 정체성으로의 전환이 이분법적 논리를 침식하는 진보적인 것으로 환영받는 반면, 인종 정체성의 경우, 특히 백인이 흑인으로 분장하는 등의 전환은 인종차별의 한 형태인 인종 전유로 거부되는 사태에 주목할 수밖에 없다. 최근의 한 사례는 다음과 같다. 브라이트 셩은 1995년부터 미시간대학교에서 학생들을 가르치고 있는 세계적인 작곡가이다. 2021년 9월 10일, 미시간대학교 음악, 연극 및 무용대학의 학장 데이비드 기어는 셩이 자신의 학부 작곡 과목 강의를 중단할 것이라고 발표했다. 이 결정은 셩이 자기 수업에서 흑인 분장을 한 오델로 역의 로렌스 올리비에가 등장하는 1965년 작 〈오셀로〉를 각색해서 상영한 지 한 달 만에 내려진 것이었다. 《미시간 데일리》에 따르면, 1학년 학생 중 한 명인 올리비아 쿡이 올리비에가 검은 분장을 하고 오셀로 역을 연기하는 것을 보고 셩을 '고발했다'고 한다. 그녀는 "다양성을 이야기하고 미국 내 유색인종POC의 역사를 이해하도록 가르치는 학교에서, 무엇보다 안전한 공간이어야 할 곳에서 (셩이) 이런 것을 보여 줬다는 사실에 충격을 받았습니다."라고 썼다. 셍 교수 대신 이 강의를 맡게 된 작곡과 에반 챔버스 교수는 《미시간 데일리》에 보낸 성명서에서 "특히 영화의 실질적 구도 설명, 내용상 주의사항 및 내재적 인종주의에 대한 강조 없이 그 영화를 지금 상영하는 것은 교수의 의도와 상관없이 그 자체로 인종차별적 행위입니다."[13] 라고 말했다.

1970년경 소련에서도 BBC에서 제작한 〈포사이드 사가〉(1967)가 TV를 통해 방영되었을 때 똑같은 일이 벌어졌다. 이념적 오염을 방지하기 위해 각 에피소드에는 '실질적 구도 설명과 내용상 주의사항'을 담은 소련 문학 과학자의 5~10분에 걸친 해설이 소개되었으며, 시청자들에게 보편적 인본주의와 간헐적인 비판적 태도에도 불구하고 이 시리즈가 부르주아 생활 방식을 어떻게 찬양하는지 경고했다. 그리고 더 거슬러 올라가자면, 한 세기 전까지 가톨릭 국가에서는 어린이(경우에 따라서는 성인도)가 '실질적 구도 설명과 내용상 주의사항'을 제공하는 적절한 주석 없이 성경을 직접 읽는 것이 금지되어 있었는데, 그러한 주석이 없으면 많은 구절이 불순하거나 잔인한 생각을 부추길 수 있기 때문이었다(다윗과 밧세바의 이야기를 떠올려 보자…). 이러한 전통이 오늘날 **정치적 올바름**을 대신하여 소생하는 것을 보는 일은 슬프다. 〈오셀로〉의 경우, 챔버스의 의도와는 무관하게 '실질적 구도 설명, 내용상 주의사항 및 내재적 인종주의에 대한 강조'라는 조건을 부과하는 것은 그 자체로 인종차별적 행위다. 그는 극히 선심 쓰는 태도로 시청자를 텍스트의 직접적 영향으로부터 보호되어야 하는 순진한 존재로 취급하고 있다.

자세히 들여다보면 이것이 이중 보호라는 것을 쉽게 알 수 있다. 백인들은 〈오셀로〉와 같은 영화를 보면서 인종차별에 대해 안심하고, 혹인들은 자신들을 모욕하는 인종차별에 유혹되기보다 문화(와 자신들의 일상에서) 인종차별이 벌어지는 방식에 대해 모욕감과 분노를 느낀다. 하지만 여기가 문제의 발단이다. 〈오셀로〉는 백인 인종주의자들에게 안전한 공간을 제공함으로써 공식적으로 인종차별이 없는 문화에서도 그들의 특권이 안전하다는 확신을 준다. 상류 문화에서조차 인종차별에 시달리는 흑인들에게는 안전한 공간으로서의 캠퍼스라는 사실을 침해한다. 하지만 '실질적 구도 설명, 내용상 주의사항 및 내재적 인종주의에 대한 강조'라는 제시된 전략이 효과가 있을까? 아니다. 왜냐하면 피해자에게 영향을 미치는 실질적 모욕은 부정한다고 사라지지 않기 때문이다. 아무리 많은 조건이 붙어도 모욕은 모욕으로 남는다. 다른 말들 중 'N-word'가 금지되고 아무리 많은 제한조건이 붙어도 사용할 수 없는 이유가 여기에 있다. 그러나 누군가에게 모욕으로 인식될 수 있는 모든 작품을 직접 금지하는 것 또한 역효과를 낸다. 엄청난 검열 장치를 양산해 낼 수밖에 없으며, 이는 궁극적으로 피해자로 추정되는 당사자를 빈곤하게 할 뿐만 아니라, 피해자를 더욱 모욕하는 냉소적 아이러니의 공간도 열어 놓을 수 있다. 문제는 바로 '안전한 공간'로서의 학교라는 개념이다. 우리는 학교 **밖의** 세상을 모두에게 안전하게 만들기 위해 싸워야 하며, 학계가 이 싸움에 기여하려면 학교가 모든 인종차별과 성차별적 공포에 공개적으로 맞서는 공간이 되어야 한다. 이 책은 확실히 그렇게 하고 있다.

1장

균열은 어디에 있나?
마르크스, 자본주의, 생태학

수십 년 전 생태학이 중요한 이론적, 실천적 문제로 부상했을 때, 많은 마르크스주의자들과 마르크스주의 비판자들은 자연이, 더 정확하게는 자연의 정확한 존재론적 지위가 가장 조야한 변증법적 유물론조차 서구 마르크스주의보다 우위를 점할 수 있는 주제라는 점을 지적했다. 변증 법적 유물론은 인간을 자연의 일부로 생각할 수 있게 해 주는 반면, 서구 마르크스주의는 사회-역사적 변증법을 궁극적인 지평으로 간주하고 궁극적으로 자연을 역사적 과정의 배경으로 환원한다. 죄르지 루카치의 말처럼 자연은 역사적 범주다. 사이토 코헤이의 『칼 마르크스의 생태사회주의』[1]는 변증법적 유물론의 일반 존재론으로 회귀함이 없이 균형을 회복하고 인류가 자연에 내포되어 있음을 사유하는 가장 최근의 가장 일관된 시도이다.

　서구 마르크스주의의 주요 철학적 참조가 헤겔이기 때문에 사이토가 헤겔의 유산을 공격적으로 거부하는 것은 당연하다. 사이토와 다른 생태사회주의자들과는 달리, 우리의 전제는 지금 우리가 직면한 문제(팬데믹, 지구 온난화)가 헤겔을 버리는 것이 아니라 마르크스에서 헤겔로 돌아가는 일이라는 점이다. 한 가지 단서는 필요하다. **마르크스를 거친 뒤** 헤겔로 돌아가는 것, 즉 그의 정치경제학 비판을 통해 헤겔로 돌아가야 한다는 점이다. 로버트 브랜덤은 헤겔이 궁극적으로 같은 이야기, 즉 근대성의 부상, 전통적인 '유기적' 사회에서 근대 '소외된' 사회로의 이행에 대한 이야기를 반복해서 하고 있다고 지적하면서, 신석기시대 이후 인류 역사상 가장 급진적 이행으로 종교와 철학(개신교, 데카르트적 주체성)의 단절, 그리고 프랑스혁명이라는 두 측면에 초점을 맞춘다. 여기서 무엇이 빠져 있는 것일까? 헤겔은 애덤 스미스를 읽었지만 다른 초기 정치경제학자들과 달리 자본주의와 산업혁명의 핵심적인 역할을 무시한다. 듀에인 루셀은 자본주의의 대안을 필사적으로 찾아 헤매는 일의 근본적 애매성을 예리하게 지적했다.

> 마르크스와 바쿠닌을 비롯한 급진 철학자들이 "대안은 무엇인가?"라는 질문을 던졌다면, 그것은 자본주의가 '대안'의 위치를 차지했다는 사실을 간혹 간과했기 때문이다. 자본주의가 (권위주의, 독단주의, 사회주의 등에 대한) 대안이다.[2]

마르크스가 지적한 것처럼 자본주의는 끊임없는 자기혁명을 통해서만 번창할 수 있다. 그리고 사회생활이 어떤 고정된 형태에 고착될 때 개입하는 역동적인 힘이자 유일한 대안, 즉 앞으로 나아갈 수 있는 유일한 방식으로 거듭 부상하고 있다. 오늘날 자본주의는 복지국가의 오래된 성과를 보호하는 데 집착하는 전통적인 좌파보다 훨씬 더 혁명적이다. 최근 수십 년 동안 자본주의가 우리 사회의 전체 질감을 얼마나 많이 변화시켰는지 기억해 보자. 서구의 많은 좌파는 신자유주의적 자본주의 비판에 너무 집착한 나머지, 신자유주의 자본주의에서 희한한 후기자본주의로의 이행, 즉 일부 분석가들이 "기업 신봉건주의"라고 부르는 큰 변화를 소홀히 하고 있다. 어떻게 이런 상황이 되었을까?

신보수주의적 공산주의

부의 창출에서 '일반 지성'(사회적 지식과 협력)의 중요한 역할로 인해 부의 형태가 생산에 소요되는 직접 노동 시간에 점점 더 비례하지 않게 되면, 그 결과는 마르크스가 예상했던 것처럼 자본주의의 자기해체가 아니라 노동 착취로 발생한 이윤이 '일반 지성' 및 다른 공유재의 사유화에 의해 충당되는 임대료로 점진적으로 전환됨을 뜻한다. 빌 게이츠의 경우를 예로 들어 보자. 그는 어떻게 세계에서 가장 부유한 사람 중 하나가 되었을까? 마이크로소프트는 거의 보편적인 표준으로 자신을 표방하여 분야를 (거의) 독점함으로써 일종의 '일반 지성'의 직접적인 구체화가 되어 버렸다. 제프 베조스와 아마존, 애플, 페이스북 등의 사례도 비슷하다. 이 모든 사례에서 공유재(우리의 사회적 교류와 상호작용의 공간)인 플랫폼 자체가 사유화되었고, 사용자인 우리는 봉건적 주인인 공유지 소유자에게 임대료를 내는 농노의 입장에 처하게 된다. 최근 "일론 머스크 재산의 2%만 있으면 세계 기아를 해결할 수 있다고 유엔 식량부족기구 책임자가 말했다."[3]는 것이 알려졌다. 이것이 바로 기업 신봉건주의의 분명한 증거다. 페이스북의 경우엔, "내부 고발자 프랜시스 하우겐이 영국 의원들에게 마크 저커버그가 페이스북의 최고위직에 있는 무소불위의 위치 때문에 '30억 명에 대한 일방적 통제권'을 갖고 있다며 기술 기업의 경영을 견제하고 사회에 미치는 피해를 줄이기 위해 외부 규제가 시급하다고 촉구했다."[4] 근대의 위대한 성취인 공공 영역이 사라지고 있다.

세계 경제의 이 새로운 국면은 또한 금융 영역의 색다른 기능을 함축한다. 야니스 바루파키스[5]는 2020년 봄에 분명해진 기이한 사실 하나에 주목했다. 미국과 영국의 국가 통계가 대공황 당시의 하락률과 비슷한 수준의 국내총생산(GDP) 하락을 기록하던 날, 주식 시장은 엄청난 상승세를 기록했다. '실물' 경제가 정체되거나 심지어 위축되고 있는데도 주식 시장이 상승한다는 것은 가상의 금융 자본이 '실물' 경제와 분리된 채 자기만의 원환에 갇혀 있다는 것을 나타낸다. 팬데믹으로 인해 정당화된 금융 조치는 전통적인 케인즈주의적 절차를 뒤집는, 즉 '실물' 경제를 돕는 것이 아니라 (2008년과 같은 금융 붕괴를 막기 위해) 금융 영역에 막대한 돈을 투자하는 동시에 이 돈의 대부분이 '실물' 경제로 흘러 들어가지 **않도록** 하는 것—이는 하이퍼인플레이션을 유발할 수 있기 때문에—이 목표였다. 그러나 우리를 새로운 야만으로 몰아넣는 위험한 상황은 사유화된 공유재가 강력한 국민국가 경쟁의 새로운 물결과 공존하고 있으며, 이는 우리 주변과 관계 맺는 새로운 방식을 확립해야 하는 긴급한 필요성, 즉 페터 슬로터다이크가 "야생동물 문화의 길들임"이라고 부르는 급진적인 정치경제적 변화에 정면으로 반한다. 지금까지

각 문화는 구성원들을 규율/교육하고 그들 사이의 시민적 평화를 보장했지만, 서로 다른 문화와 국가 간의 관계는 영구적으로 잠재적 전쟁의 그늘 아래 있기 때문에 각 평화의 시기는 일시적인 휴전에 지나지 않는다. 국가의 전체 윤리는 국가를 위해 목숨을 바칠 준비가 되어 있는 최고의 영웅주의 행위에서 절정에 달하며, 이는 국가 간의 거친 야만적 관계가 국가 내 윤리적 삶의 토대가 된다는 것을 뜻한다.[6]

오늘날 상황은 더욱 악화되고 있다. (문화 간의) 관계를 문명화하기는커녕, 공유재의 지속적인 사유화는 각 문화 내의 윤리적 실체를 약화시켜 우리를 다시 야만으로 몰아넣고 있다. 그러나 우리가 지구라는 우주선에 살고 있다는 사실을 온전히 받아들이는 순간, 모든 인류 공동체 사이에 보편적인 연대와 협력을 구축한다는 과제가 시급히 부과된다. 인류를 이 방향으로 밀어붙이는 더 큰 역사적 필연성은 없다. 역사는 우리 편이 아니며 우리의 집단적 자살을 향해 나아가는 경향이 있다. 발터 벤야민이 말했듯이, 오늘날 우리의 임무는 역사적 진보의 열차를 밀어붙이는 것이 아니라 우리 모두가 자본주의 이후의 야만으로 끝장나기 전에 비상 브레이크를 밟는 일이다. 코로나-19 팬데믹의 위기가 지속 중인 사회적, 정치적, 기후적, 경제적 위기와 얽혀 있다는 사실이 점점 더 분명해졌다. 팬데믹은 지구 온난화, 계급적 반목, 가부장제, 여성 혐오 등 팬데믹과 공명하는 다른 많은 진행 중인 위기와 함께 복잡한 상호 작용을 통해 함께 다루어져야 한다. 이러한 상호 작용은 통제할 수 없고 위험으로 가득 차 있으며, 해결책을 명확하게 상상할 수 있는 천상의 어떤 보증도 기대할 수 없다. 이러한 위험한 상황으로 인해 우리의 시간은 매우 정치적 순간으로 변한다.

이러한 배경을 이해해야만 현재 중국에서 무슨 일이 일어나고 있는지 이해할 수 있다. 최근 중국의 대기업 반대 캠페인과 베이징에 중소기업 육성을 위한 새로운 증권거래소가 개설된 것도 신봉건적 기업주의에 반대하는 움직임, 즉 '정상적인' 자본주의를 되찾으려는 시도로 볼 수 있다. 이 상황의 아이러니는 명백하다. 신봉건적 기업주의라는 위협에 맞서 자본주의를 살리기 위해서는 강력한 공산주의 정권이 필요하다. 이것이 현재 당정치국 상임위원회 위원이자 정신문명건설을 위한 중앙지도위원회 국장인 왕후닝의 글을 큰 관심을 가지고 지켜봐야 하는 이유이다. 왕후닝이 문화의 핵심 역할, 상징적 허구의 영역을 강조한 것은 옳다. "현실의 허구성"('우리가 현실이라고 인식하는 것이 또 다른 허구가 아닌가?'라는 식의 주관주의적 의심)이라는 주제에 반대하는 진정한 유물론적 방법은 허구와 현실을 엄격하게 구분하는 것이 아니라 **허구의 현실성**에 초점을 맞추는 것이다. 허구는 현실 밖에 있는 것이 아니라 우리의 사회적 상호작용, 제도와 관습에 구체화되어 있으며, 오늘날의 혼란에서 볼 수 있듯이 사회적 상호작용의 기반이 되는 허구를 파괴하면 사회적 현실 자체가 무너지기 시작한다.

왕후닝은 자신을 신보수주의자로 규정했는데, 이게 무슨 뜻일까? 중국 대형 언론을 믿는다면 왕후닝은 최근 중국 정치의 새로운 방향에 반대하는 주도적 인물이다. 최근 중국 정부가 '996'을 금지하는 조치를 취했다는 기사를 읽었을 때, 고백컨대 내게 가장 먼저 떠오른 것은 성적인 연상이었다. 시쳇말로 '69'는 남성이 여성에게, 여성이 남성에게 오럴 섹스하는 체위를 의미하므로, '996'은 중국에서 널리 퍼져 있는, (상대적으로 여성이 부족하기 때문에) 남성 둘과 여성 하나가 연루된 변태적 성행위를 가리키는 것이 분명하다고 생각했다. 그러다 '996'이 중국의 많은 기업에서 시행하는 잔인한 근무 리듬(오전 9시부터 오후 9시까지, 주 6일 근무)을 의미한다는 것을 알게 되었다. 하지만 어떤 의미에서 내가 완전히 틀린 것은 아니었다. 중국에서 진행 중인 이 캠페인은 두 가지 목표를 지닌다. 더 나은 근무 조건을 포함한 경제적 평등, 그리고 섹스, 소비주의, 팬덤에 경도된 서구화된 대중문화의 철폐가 그것들이다.

그렇다면 오늘날의 상황에서 신보수주의자가 된다는 것은 무엇을 의미할까? 2019년 10월 중순, 중국 언론은 "유럽과 남미에서 일어난 시위는 홍콩 불안에 대한 서방의 관용의 직접적인 결과"라는 주장을 홍보하는 공세를 펼쳤다. 전 중국 외교관 왕젠은《베이징 뉴스》에 기고한 논평에서 "혼란스러운 홍콩'의 재앙적 영향이 서방 세계에 미치기 시작했다"며 칠레와 스페인의 시위대가 홍콩에서 교훈을 얻고 있다고 썼다. 같은 맥락에서《글로벌 타임스》의 사설은 홍콩 시위대가 "혁명을 전 세계에 수출하고 있다"고 비난했다.

서방은 홍콩의 폭동을 지원한 대가를 치르고 있으며, 이는 전 세계 다른 지역에서 폭력을 빠르게 촉발하고 서방이 감당할 수 없는 정치적 위험을 예고하고 있다. 서구에는 많은 문제와 온갖 불만의 저류가 존재한다. 그중 많은 문제가 결국 홍콩 시위와 같은 방식으로 나타날 것이다. 이 글의 불길한 결론은 "카탈로니아는 아마도 시작에 불과할 것이다"는 말이었다.[7]

바르셀로나와 칠레의 시위가 홍콩에서 시작되었다는 생각은 견강부회지만, 이러한 폭발은 분명히 이미 존재하고 있던 일반적인 불만이 우발적인 계기를 기다리며 숨어 있다가 터진 것이기 때문에, 특정 법이나 조치가 폐지된 후에도 시위는 계속되었다. 공산주의 중국은 반항하는 대중에 대항하는 전 세계 권력자들의 연대를 은밀하게 이용하면서 서방에 자국 내 불만을 과소평가하지 말라고 경고하며, 이념적, 지정학적 긴장 아래 마치 모든 국가가 권력 유지에 대한 동일한 기본 이해관계를 공유하고 있는 것처럼 말하고 있다. 하지만 이러한 방어가 효과가 있을까?

왕후닝은 자신의 임무를 새로운 공통의 윤리적 실체를 제시하는 것으로 보고 있는데, 우리는 이를 사회생활에 대한 공산당의 완전한 통제를 위한 핑곗거리로 일축해서는 안 된다. 왕후닝은 진짜 문제를 다루고 있다. 30년 전 그는 『미국에 대항하는 미국』이라는 저서를 통해 미국식 삶의 방식의 어두운 면, 즉 사회 붕괴, 연대와 공유 가치의 결여, 허무주의적 소비주의와 개인주의 등 그 적대 양상을 날카롭게 지적했다.[8] 트럼프의 포퓰리즘은 잘못된 출구였다. 대중 연설에 외설성을 도입하여 품위를 박탈해 버리는, 중국에서는 금지되었을 뿐만 아니라 전혀 상상할 수 없는 사회적 붕괴의 정점이었다. 중국의 고위 정치인이 공개적으로 자신의 성기 크기에 대해 이야기하고 여성의 오르가즘 소리를 흉내 내는 등 트럼프가 한 짓을 하지는 않을 것이다. 왕후닝이 우려한 것은 같은 질병이 중국으로 퍼질 수 있다는 것이었는데, 이 현상이 현재 대중문화의 대중적 차원에서 일어나고 있으며, 현재 진행 중인 개혁은 이러한 추세를 막으려는 필사적인 시도이다. 다시 말하지만, 이게 효과가 있을까? 현재 진행 중인 캠페인에서 내용과 형식 사이의 긴장감을 쉽게 감지할 수 있다. 사회를 하나로 묶어 주는 안정된 가치에 대한 확립이라는 내용이 동원의 형태로 시행되어 국가 기구에 의해 부과되는 일종의 비상사태로 경험된다. 목표는 문화대혁명과 정반대이지만 캠페인이 진행되는 방식은 문화대혁명과 흡사하다. 위험은 이러한 긴장이 국민에게 냉소적인 불신을 불러일으킬 수 있다는 것이다. 좀 더 일반적으로, 중국에서 현재 진행 중인 이 캠페인은 자본주의적 역동성의 혜택을 누리되 애국적 가치를 내세우는 강력한 국민국가를 통해 그 파괴적인 측면을 통제하려는 전형적인 보수주의적 시도에 너무 가까워 보인다.

바로 여기에 함정이 있다. 카를로 긴츠부르그는 조국에 대한 사랑이 아니라 조국에 대한 수치심이 진정한 소속감의 표시일 수 있다는 관념을 제안했다.[9] 이러한 수치심의 대표적인 사례는 2014년에 홀로코스트 생존자와 생존자의 후손 수백 명이 토요일 자 《뉴욕 타임스》에 "가자지구의 팔레스타인인 학살과 유서 깊은 팔레스타인의 지속적인 점령 및 식민화"를 비난하는 광고를 실은 사건에서 생겨났다. "우리는 이스라엘 사회에서 팔레스타인인에 대한 극단적이고 인종차별적인 비인간화가 극에 달한 것에 놀라움을 금할 수 없습니다."라고 성명서는 말했다. 아마도 오늘날 일부 용기 있는 이스라엘인들은 서안지구와 이스라엘 자체에서 벌어지고 있는 일들에 대해 수치심을 느낄 것이다. 물론 유대인으로서 부끄러움을 느끼는 것이 아니라 반대로 서안지구의 이스라엘 정치 행위가 유대교의 가장 소중한 유산 그 자체에 대해 행하는 수치심을 느낀다는 의미다. "내 나라가 옳든 그르든"은 가장 역겨운 모토 중 하나이며, 무조건적인 애국심이 무엇 때문에 잘못인지를 완벽하게 보여 준다. 오늘날 중국도 마찬가지다. 이러한 비판적 사고를 발전시킬 수 있는 공간은 이성의 공적 사용 공간이다. 임마누엘 칸트는 『계몽이란 무엇인가?』의 유명한 구절에서 이성의 "공적" 사용과 "사적" 사용을 대립시킨다. "사적"은 공동체적 유대와 반대되는 개인의 영역이 아니라 개인의 특정한 정체성이 표현되는 공동체적-제도적 질서 그 자체이며, "공적"은 자기이성 행사의 초국가적 보편성이다.

이성의 공적 사용은 항상 자유로워야 하며, 그것만으로도 인간에게 계몽을 가져올 수 있다. 반면에 이성의 사적 사용은 계몽의 진전을 특별히 방해하지 않는 범위 내에서 종종 매우 좁게 제한될 수 있다. 이성의 공적 사용이란 한 사람이 대중 앞에서 학자로서 이성을 사용하는 것을 뜻한다. 사적 사용이란 어떤 사람이 자신에게 맡겨진 특정 공적 직책이나 직무에서 사용하는 것을 말한다.[10]

그렇기 때문에 칸트의 계몽의 공식은 "복종하지 말고 자유롭게 생각하라!"나 "복종하지 말고 생각하고 반항하라!"가 아니라 "자유롭게 생각하고, 자신의 생각을 공개적으로 말하되, **복종하라!**"이다. 백신에 의구심을 품는 사람들도 마찬가지다. 토론하고, 의구심을 공개적으로 밝히되, 공권력이 규제를 부과하면 순종해야 한다. 이러한 실질적인 합의가 없다면 많은 서구 국가에서 일어나고 있는 것과 같이 우리는 서서히 파벌로 구성된 사회로 표류하게 될 것이다. 그러나 이성의 공적 활용을 위한 공간이 없다면 국가 자체가 사적 이성의 또 다른 사례로 전락할 위험에 처하게 된다. 이성의 공적 사용을 위한 공간은 자유주의적 의미의 서구 민주주의와 다르며, 레닌 자신도 마지막 현역 시절에 이성의 공적 사용을 구현하는 기관의 필요성을 인식했다. 그는 소비에트 정권의 독재적 성격을 인정하면서도 '정치화된' 중앙위원회와 그 기관을 감시하는 기관, 즉 최고의 교사와 기술 전문가들로 구성된 '비정치적' 성격의 독립적이고 교육적이며 통제적인 기구인 중앙통제위원회Central Control

Commission의 설립을 제안했다. 중앙통제위원회가 해야 할 일에 대한 "공상"(그의 표현)에서 레닌은 이렇게 말한다.

> 이 기구는 반쯤 유머러스한 속임수, 교활한 장치, 권모술수 또는 그런 종류의 행위들에 의탁해야 한다. 서유럽의 안정되고 진지한 국가에서는 그러한 아이디어가 사람들을 겁에 질리게 할 것이며 단 한 사람의 괜찮은 관리도 그렇게 하지 않을 것이라고 본다. 그러나 나는 우리가 아직 그렇게까지 관료화되지는 않았고 우리끼리 이 아이디어에 대해 논의하는 것이 다름 아닌 즐거움만을 불러오길 바란다. 실제로 즐거움과 유용성을 결합하는 것이 뭐가 어떤가? 우스꽝스러운 것, 해로운 것, 반쯤 우스꽝스러운 것, 반쯤 해로운 것 등을 드러내기 위해 유머러스하거나 반쯤 유머러스한 속임수에 의탁하는 것이 뭐 어떤가?[11]

어쩌면 중국에도 비슷한 중앙통제위원회가 필요할지 모른다. 중국이 신보수주의로 돌아서면서, 해방적 정치를 향하는 전체 여정이 닫혀버렸다. 위대한 보수주의자 T. S. 엘리엇은 『문화의 정의를 위한 노트』에서 유일한 선택지가 이단과 불신앙 사이에서만 가능한 순간, 종교를 살리는 유일한 방법은 본체에서 종파적 분열을 감행해야만 하는 순간이 된다고 말했다. 레닌은 전통적인 마르크스주의와 관련하여 이 작업을 했고, 마오쩌둥은 자신의 방식으로 이것을 했으며, 이것이 오늘날 해야 할 일이다.

1922년, 온갖 역경을 딛고 내전에서 승리를 거둔 볼셰비키가 시장

경제와 사유재산을 훨씬 더 폭넓게 허용하는 "신경제정책(NEP)"으로 후퇴해야 했을 때 레닌은 〈높은 산에 오르기〉라는 짧은 글을 썼다. 그는 혁명 과정에서 후퇴의 의미, 즉 대의에 대한 충실성을 기회주의적으로 배반하지 않고 후퇴하는 방법을 설명하기 위해, 새로운 산봉우리에 도달하는 과정에서 다시 계곡으로 후퇴해야 하는 등산가의 비유를 사용했다. 레닌은 소비에트 국가의 업적과 실패를 열거한 후 다음과 같이 결론을 내린다. "환상이 없고, 낙담에 빠지지 않으며, 극도로 어려운 과제에 접근하는 데 있어 거듭해서 '처음부터 다시 시작하는' 힘과 유연성을 유지하는 공산주의자는 파멸하지 않는다(그리고 아마 멸망하지 않을 것이다)."[12] 이것은 최고의 베케트주의자로서 레닌의 모습이며, 『최악을 향하여』의 대사 "다시 시도하라. 다시 실패하라. 더 잘 실패하라."의 메아리이다. 처음부터 다시 시작하라는 그의 결론은 단순히 진행 속도를 늦추고 이미 성취한 것을 공고히 하자는 것이 아니라, 정확히 **초심으로 되돌아가는 것**, 즉 이전 노력에서 상승에 성공한 지점이 아니라 "처음부터 다시 시작"해야 한다는 것을 분명히 하고 있다. 키르케고르의 용어로 하자면, 혁명적 과정은 점진적인 진보가 아니라 반복적인 운동, 거듭해서 **시작을 반복하는** 운동이며, 바로 이것이 10월 혁명으로 시작되어 시대의 결정적 종말이 된 1989년의 "모호한 재앙" 이후 오늘날 우리가 서 있는 곳이다. 따라서 우리는 지난 2세기 동안 좌파가 의미했던 것과의 연속성을 거부해야 한다. 프랑스 혁명의 자코뱅 정점이나 10월 혁명과 같은 숭고한 순간은 영원히 우리 기억의 핵심 부분으로 남겠지만, 그 이야기는 끝났고 모든 것을 다시 생각해야 하며, 제로 포인트에서 시작해야 한다.

위에서 언급했듯이 오늘날 자본주의는 복지국가의 성과를 보호하는 데 집착하는 전통적인 좌파보다 더 혁명적이다. 다시 말하지만, 우리는 자본주의가 최근 수십 년 동안 우리 사회를 어떻게 변화시켰는지 기억해야 한다. 그렇기 때문에 오늘날 급진 좌파의 전략은 1920년대 초 소비에트 권력이 어느 정도의 사유재산과 시장경제를 허용했던 레닌의 신경제정책과 마찬가지 방식으로 실용주의와 원칙적인 입장을 결합해야 한다. NEP는 (집권 공산당의 통제 아래) 자본주의 자유시장으로 가는 길을 연 덩 샤오핑 개혁의 원조 모델임이 분명하지만, 중국에서는 이미 반세기 동안 시장 자유화 대신 완곡하게 "중국 특색의 사회주의"라고 부르는 체제가 존재해 왔다. 그렇다면 중국은 반세기 넘게 거대한 신경제정책을 추종한 것일까? 이러한 조치를 조롱하거나 단순히 사회주의의 패배, (권위주의적) 자본주의로 가는 단계라고 비난하는 대신, 우리는 이 논리를 극단적으로 확장하는 위험을 감수해야 할 필요가 있다. 1990년 동유럽 사회주의가 해체된 후 사회주의는 자본주의에서 다시 자본주의로의 이행이라는 농담이 돌았다.

하지만 반대로 **자본주의 자체**를 사회주의적 신경제정책, 즉 **봉건주의(또는 일반적인 전근대적 지배사회)에서 사회주의로 넘어가는 통로**라고 정의한다면 어떨까? 전근대적인 직접적 개인 간 종속과 지배 관계가 폐지되고 개인의 자유와 인권의 원칙이 주장되면서 자본주의적 근대는 그 자체로 이미 사회주의적이다. 근대에 이미 지배 세력에 대항하여 경제적 평등을 지향하는 반란(1500년대 초 독일의 대규모 농민 반란, 자코뱅파 등)이 계속해서 배태된 것은 우연이 아니다. 자본주의는 타협적 형성이라는 의미에서 전근대에서 사회주의로 넘어가는 통로다. 직접적인 지배

관계의 종식, 즉 개인의 자유와 평등의 원칙을 받아들이지만, (마르크스가 고전적 공식에서 제시했듯) 자본주의는 지배를 사람 간의 관계에서 사물(상품) 간의 관계로 전치시킨다. 개인으로서 우리는 모두 자유롭지만 시장에서 교환하는 상품 간의 관계에서는 지배가 지속된다. 그렇기 때문에 마르크스주의에서 진정한 자유의 삶에 도달하는 유일한 길은 자본주의 철폐이다.

물론 자본주의 옹호자들에게는 이러한 해결책이 공상적이다. 자본주의를 철폐하면 자유도 폐지되고 개인 간의 지배가 직접적이고 잔인한 방식으로 되돌아온다는 것이 바로 그 스탈린주의의 교훈이 아니었던가? 그리고 자본주의는 위기에 처했을 때 자신의 생존을 위해 봉건적 요소를 소생시킬 수도 있는데, 오늘날 일부 경제학자와 사회 분석가들이 신봉건적 기업 자본주의라고 말하는 거대 기업의 역할에서 이런 일이 일어나고 있지 않은가? 그렇다면 오늘날 진정한 대안은 '자본주의냐 사회주의냐'도 아니고 '자유민주주의냐 우파 포퓰리즘이냐'도 아닌 **어떤 종류의 탈자본주의**, 즉 기업 신봉건주의냐 사회주의냐다. 자본주의는 궁극적으로 봉건주의의 낮은 단계에서 높은 단계로 넘어가는 통로에 불과할까, 아니면 봉건주의에서 사회주의로 넘어가는 통로일까?

다시 『무엇을 해야 할까?』라는 레닌의 질문으로 돌아온다. "**욕망이 사그라지는 사람만이 무엇을 해야 하는지 묻는다.**" 라캉의 이 놀라운 공식은 레닌에 대한 암묵적인 비판으로 읽어야 할까? 아니다. 제목은 질문이지만, 레닌의 이 책은 무엇을 해야 하는지에 대한 정확한 지침을 제시하는 명확한 대답이다. 그 제목은 입문 교과서의 제목과 비슷하다. 양자물리학이란 무엇인가? 유전자공학이란 무엇인가? 등의 제목 말이다.

오늘날 포스트마르크스주의자들이 무엇을 해야 할지, 누가 급진적 변화의 주체가 될 수 있을지 끝없이 고민하는 논문을 쓸 때, 그들의 절박한 의심과 탐색은 그들이 진정으로 급진적 변화에 착수하려는 욕구가 약해지고 있음을 실질적으로 증언한다. 그들은 변화를 진정으로 원하기보다 자신들도 잘 알다시피 명확한 결과로 이어지지 않을 끝없는 자기비판적 숙고를 즐기고 있을 따름이다.

레닌이 생의 마지막 몇 년 동안 NEP로 전환한 것을 언급하면서, 알바로 가르시아 리네라[13]는 진정한 급진 좌파 정당이 선거를 통해 국가권력을 장악할 때 국가적 결단과 법률을 통해 직접 (자본주의 폐지와 같은) 급진적 조치를 강요해서는 왜 안 되는지 정확한 분석을 제공했다. 그는 국유화(사유재산에서 국가 재산으로의 전환)가 생산자와 생산수단 사이의 격차를 없애 주지 않으며, 자본주의 극복은 매우 신중하게 진행해야 한다고 경고한다. 생산수단의 진정한 사회화는 국가에 의해 강요되어서는 안 되고 시민사회의 자생적 조직화에서 비롯되어야 하며, 그 과정에서 좌파 국가권력은 경제 위기를 막기 위해 민간 기업, 심지어 대기업과도 공존하는 방법을 찾아야 한다. 여성의 평등이 국가의 강요가 아니라 여성의 자기조직화된 투쟁에서 성장해야 하는 것과 같은 이치다. 나는 이러한 전제들을 전적으로 지지하지만, 리네라가 여전히 지역사회의 풀뿌리 민주주의에 또는 일반적으로 사회 대 국가의 대립에 너무 큰 비중을 둔다고 생각한다. 오늘날의 복잡한 사회에서 국가와 **같은** 존재는 자생적인 지역사회의 잘 작동하는 밑바탕(보건 및 교육 서비스, 물과 전기의 글로벌 네트워크 등)을 제공하기 위해 필요하며, 이 네트워크는 지역사회의 생존을 위해 항상 이미 존재해야 하기 때문에 지역사회 간 협력을 통해 '아래로부터' 성장할 수는 없다. 이 네트워크는 또한 지역 공동체나 이익집단이 특권 경쟁에 휘말리는 것을 막기 위해서 필요하다. 즉, 지역 공동체의 과잉을 통제하고 상호작용을 조정할 수 있기 위해서는 아무리 '소외되었더라도' 글로벌한 이해관계는 '물화된' 제도적 형태로 존재해야 한다. 의회 민주주의만이 글로벌 이익을 구체화하는 제도적 형태를 확립하고 통제하는 유일한 방법은 아니다. 오늘날 '민주주의'를 이 용어가 주로 의미하는 것처럼 의회 대의 민주주의parliamentary representative democracy로 이해한다면, 나는 민주주의적 사회주의자가 아니라 비민주주의적 공산주의자가 분명하다. 하지만 우리가 알아야 할 것은 아나키즘의 숙명적 한계이다. 미래 사회의 모습에 대한 긍정적인 모델을 제시하지 못한다는 비난에 대해 한 아나키스트는 "나는 사람들에게 무엇을 생각하라고 말하고 싶지 않다. 그들이 생각하기를 바란다."고 답했다. 이는 수사학적으로 효과적인 답변이지만, '사람'은 기회가 주어지면 스스로 생각하기를 원한다는 잘못된 전제를 깔고 있다. 들뢰즈가 주장했듯이 '사람'은 자발적으로 생각하기를 원하지 않으며, 생각한다는 것은 우리의 자발적 성향에 반하는 노력이기 때문에, 생각하게 하려면 강한 압박이 필요하다.

오늘날 벌어지고 있는 일의 공산주의적 잠재성을 명확하게 인식하고 싶다면, LGBT+와 미투 같은 운동에서 이미 일어나고 있는 두 성 사이 관계의 근본적 단절에 주목해야 한다. 이 운동들은 영구적 정착지가 확립되는 신석기시대 무렵 그리고 계급사회 자체가 등장하기 전에 생겨났던 가장 원초적인 가부장적 질서를 훼손하려고 위협한다. 마르크스는 이 단절의 중요성을 간과했는데, 그 중요성은 자본주의 산업혁명과 맞먹는 수준이다. 인류 역사에서 진정으로 급진적인 단절은 신석기시대와 자본주의 산업혁명 두 번뿐이었다.[14] 가부장제가 여전히 패권적 지위인 것처럼 공격하는 가부장제 비판자들은 150여 년 전 마르크스와 엥겔스가『공산당 선언』의 첫 장에서 쓴 글을 무시하고 있다. "부르주아지는 우위를 점한 모든 곳에서 모든 봉건적, **가부장적**, 목가적 관계를 종식시켰다." 자녀가 방임과 학대를 이유로 부모를 고소할 수 있게 되면, 즉 가족과 부모됨 자체가 독립된 개인 간의 일시적이고 해지 가능한 계약으로 축소되면 가부장적 가족 가치관은 어떻게 될 것인가? 후기자본주의는 여전히 계급사회이지만 계급 이전 사회에서 발생한 가부장적 질서를 약화시키며, 자본주의의 이러한 측면은 급진적 해방의 모든 당파가 무조건적으로 지지해야 한다. (물론 그렇다고 해서 현재 진행 중인 '재난 가부장제'와 같은 일시적인 좌절에 격렬하게 저항해서는 안 된다는 뜻은 아니다. 이 양상은 재난 자본주의와 유사하게 작동한다. "남성이 위기를 악용하여 통제와 지배를 재확인하고 어렵게 얻은 여성의 권리를 빠르게 지우고 있다. 전 세계에 걸쳐 가부장제는 바이러스를 최대한 활용하여 한편으로는 권력을 되찾고, 다른 한편으로는 여성에게 위험과 폭력을 확대하며, 여성의 통제자이자 보호자를 자처하고 있다."[15] 물론 여기서 재난은 코로나-19 팬데믹이라는 재난이다.)

마르크스는 여기서 헤겔보다 더 헤겔적이었다. 그가 본 것은 바로 자본의 재생산이 지닌 "헤겔적" 구조였다. 그러나 여기서 애매함이 생겨난다. 헤겔의 변증법과 자본의 논리가 연결되는 데에는 두 가지 상반된 방식이 있기 때문이다.

정치경제학 비판의 헤겔

대체로 마르크스주의에서 헤겔에 대한 언급에는 네 가지 기본 형태가 있지만, 그중 두 가지는 헤겔 사상에 대한 진지한 연구와 관련이 없는 것으로 간주하고 버려도 무방할 것이다. 새로운 유물론적 일반 존재론("변증법적 유물론")의 전신으로서의 헤겔, 그리고 마르크스가 헤겔과는 완전히 이질적인 관념들(과잉결정 등)을 공식화하기 위해서 헤겔 변증법에 "추파를 던진" 것에 불과하다는 초기 알튀세르의 생각이 그것들이다.[16] 헤겔에 대한 나머지 두 가지 마르크스주의적 읽기는 루카치의 『역사와 계급의식』에서 전개된 것(헤겔의 '본체의 주체되기' 개념은 '혁명의 행위에서 소외된 실체를 재전유하는 역사적 주체로서의 프롤레타리아트'라는 역사적 유물론적 개념의 신비화된 관념론적 버전이라는 입장)과 프랑크푸르트 학파에서 그리고 이후 이른바 '자본의 논리' 경향에서 전개된 것(헤겔의 변증법이 자본의 자기재생산 논리의 신비화된 관념론적 버전이라는 입장)이 있다.

존 로젠탈이 "마르크스는 흥미롭게도 헤겔 형이상학의 독특한 원리를 구성하는 보편과 특수 사이의 역전된 관계가 **실제로** 얻어지는 대상 영역을 발견했다"고 주장할 때, "자본의 논리로서의 헤겔의 논리"라는 개념을 가장 간결하게 공식화한다. 헤겔의 논리를 자본주의에 적용할 수 있다는 사실 자체가 자본주의는 왜곡된 소외의 질서라는 것을 뜻한다. "'마르크스-헤겔 관계'의 전체 수수께끼는 다름 아닌 이것이다. 마르크스가 합리적이고 과학적인 적용을 발견한 대상은 역설적으로 헤겔적인 '논리'라는 **신비로운** 공식이다."[17] 요컨대, 마르크스는 헤겔에 대한 초기 비판에서 헤겔의 사유를 실제 사물의 상태에 대한 정신 나간 사변적 반전으로 거부했지만, 헤겔적 방식으로 작동하는 영역, 즉 자본의 순환 영역이 있다는 것을 깨닫고 충격을 받았다고 할 수 있다.

보편과 특수 사이의 관계에 대한 투기적 반전이라는 고전적인 마르크스주의의 모티프를 떠올려 보자. 보편은 실제로 존재하는 특정 대상의 속성에 불과하지만, 우리가 상품 물신주의의 희생양이 되면 마치 상품의 구체적인 내용(사용가치)이 추상적 보편성(교환가치)의 표현인 것처럼, 즉 추상적 보편의 가치가 일련의 구체적인 대상에서 연속적으로 자신을 육화하는 실제 실체처럼 나타난다. 이것이 마르크스의 기본 논지다. 헤겔적 주체-실체처럼, 일련의 특정한 구체화를 거치는 보편처럼 행동하는 것이 이미 상품의 실질적 세계이며, 이것이 마르크스가 "상품 형이상학", "일상생활의 종교"에 대해 말하는 이유이다. 철학의 사변적 관념론의 뿌리는 상품 세계의 사회적 현실에 존재한다. 즉 마르크스가 『자본』 초판 첫 장의 부록 「가치형태Wertform」에 제시한 것처럼 "이상주의적으로" 행동하는 세계가 바로 이 상품 세계이다.

> 감각적으로 구체적인 것은 추상적으로 일반적인 것의 외양으로만 간주하고 반대로 추상적으로 일반적인 것은 구체적인 것의 속성으로 간주하지 않는 이 반전Verkehrung은 가치의 표현을 특징 짓는다. 동시에, 그 반전은 가치를 이해하기 어렵게 만든다. 로마법과 독일법은 모두 법이라고 말한다면 틀림이 없다. 하지만 법Das Recht, 즉 이 추상성Abstraktum이 로마법과 독일법에서, 이런 구체적 법들에서 **스스로를 실현한다**고 말하면, 둘의 상호연관은 신비롭게 변한다.[18]

이 대목을 읽을 때 매우 주의해서 읽어야 한다. 마르크스는 (그의 젊은 시절 저술, 특히 『독일 이데올로기』의 스타일로) 단순히 헤겔적 관념론을 특징짓는 '반전'을 비판하는 것이 아니라, '실질적으로' 로마법과 독일법은 두 종류의 법이지만, 관념론적 변증법에서는 로마법과 독일법에서 "스스로를 실현하는" 법 자체가 전체 과정의 주체, 즉 능동적인 주체라는 점을 강조하고 있다. 마르크스의 논지는 이러한 '반전'이 자본주의 사회 현실 자체를 특징 짓는다는 얘기인데, 이는 **소외된 반전과 전제된 '정상' 상태라는 두 가지 입장이 모두 관념론적 신비화의 영역에 속한다는 것**을 의미한다. 즉, 로마법과 독일법이 모두 법이 되는 '정상적인' 상태가 소외된 사회의 일상적 모습, 그 사변적 진실의 모습이다. 따라서 이 '정상' 상태를 완전히 실현하려는 욕망은 가장 순수한 이데올로기이며 파국으로 끝날 수밖에 없다. 이를 확인하기 위해 우리는 또 다른 중요한 구분을 해야 한다. 살아 있는 주체인 우리가 가상의 괴물/주인(자본)의 통제하에 있는 '소외된' 상황과 (우리가 객관적 과정을 직접 통제하지 **않는**) 더 근원적인 '소외' 간의 구분 말이다. 근원적 소외는 (투명하게 드러나지만) 다소 단순화해서 말하자면, 아무도 통제하지 못하는 상태이다. 우리 뿐만 아니라 '객관적' 과정도 "탈중심화되어" 일관성이 없다. 또는 헤겔의 공식을 반복하자면, 이집트인의 비밀은 곧 이집트인 자신에게도 비밀이다.

따라서 질문해야 할 사안은, '여기서 환상은 어디에 있는가?'이다. 수많은 분석이 증명했듯이 법(법질서라는 의미에서)은 그 자체로 모순된 개념이며, 불법적인 폭력에 의존해야 한다. 이미 우리가 일상적으로 이해하는 "법은 법이다"는 말은 그 반대의 의미, 즉 법과 자의적 폭력의 일치를 의미한다. "부당하고 자의적일지라도 법은 법이니 어쩔 수 없지, 복종해야 해!" 다양한 형태의 법은 궁극적으로 법에 내재된 긴장을 해소하기 위한 수많은 시도에 불과하다. 이렇게 하나의 특정 형식에서 다른 특정 형식으로 이동하는 것이 변증법적 과정의 핵심이다.

따라서 우리는 물신주의적 효과를 낳는 변증법적 반전의 과정에서 세 가지 다른 수준을 갖게 된다. 로마법과 독일법의 예를 계속 들자면, 먼저 로마법과 독일법을 두 가지 종류의 법으로 보는 일상의 상식적이고 명목주의적 관념이 있다. 그다음에 물신주의적 반전이 있다. 이 추상화된 법은 로마법과 독일법에서 그 자체를 실현한다. 마지막으로 역사적 실재라고 부를 수밖에 없는 것, 즉 법이라는 매우 보편적인 개념에 새겨진 내재적인 '모순'이 있는데, 이 모순으로 인해 하나의 형식에서 다른 특정한 형식으로의 이동이 촉진된다.

그렇기 때문에 마르크스의 교훈은 물신화가 필연적으로 재배가再倍加된다는 것이다. 자본주의 주체는 물신이라는 마법의 세계에 직접적으로 사는 것이 아니며, 그는 자신을 돈이 사회적 생산물 일부에 대한 권리를 주는 종잇조각에 불과하다는 것을 잘 아는 공리주의적 합리주의자라고 생각했다. 즉 물신주의는 사회적 현실, 곧 그가 행동하는 방식에 있는 것이지 그가 생각하는 방식에 있는 것이 아니다. 따라서 분석은 두 단계로 진행되어야 한다. 첫째, 우리의 일상적인 상식적 인식의 밑바닥에 깔려 있고 그것을 지탱하는 '신학적 미묘함'을 끌어내는 일, 둘째, 상품 신학에 의해 가려진 실제 운동을 식별하는 일. 그런데 이 실제 운동에는 상식의 흔적이 전혀 없다.

오늘날 글로벌 자본주의에서는 이러한 물신주의적 역전의 재배가 과정이 그 어느 때보다 만연해 있다. 직접적인 자기인식의 수준에서 우리는 끊임없이 결정하고 선택하는 자유 주체로서 주체화(호명)되며, 따라서 자신의 운명에 책임이 있다. 자유 선택의 이데올로기는 어디에나 존재하며 우리가 숨 쉬는 공기와도 같다. 우리는 선택의 폭격을 받고 있으며 선택의 자유는 자유의 기본 형태로 나타난다. 우리 사회에서는 자유 선택이 최고의 가치로 격상되기에, 사회적 통제와 지배는 더 이상 주체의 자유를 침해하는 것으로 보일 수 없다. 자유 선택이 자유로운 개인의 자기경험 자체로 (그리고 그것에 의해 지탱되는 것으로) 드러난다. 이렇게 정반대의 모습으로 등장하는 비자유는 다양한 형태가 존재한다. 공공 의료보장을 박탈당할 때 우리는 (의료 서비스 제공자를 선택할 수 있는) 새로운 선택의 자유가 주어졌다는 말을 들으며, 더 이상 장기 고용에 의존할 수 없고 몇 년마다 불안정한 새 직장을 찾아야 할 때 우리는 스스로를 재창조하고 숨어 있던 예상치 못한 창의적 잠재력을 발견할 기회가 주어졌다는 말을 듣는다. 자녀의 교육비를 지불해야 할 때 우리는 교육, 건강, 여행 등 우리가 소유한(또는 빌린) 자산을 투자할 방법을 자유롭게 선택해야 하는 '자가 기업가'가 된다는 말을 듣는다. 끊임없이 강요된 '자유 선택'에 시달리고, 대부분 제대로 된 자격도 갖추지 못했거나 충분한 정보도 없이 결정을 강요받으며, 우리는 점점 더 자유를 실질적으로 그렇게 되어 버린 상태, 즉 진정한 변화의 선택권을 박탈하는 부담으로 경험한다. 부르주아 사회는 일반적으로 카스트와 기타 계급을 없애고 모든 개인을 계급 차이로만 구분되는 시장 주체로 평등하게 만들었지만, 오늘날의 후기자본주의는 '자발적' 이념을 내세워 우리 모두를 '자가 기업가'라고 선언함으로써 계급 구분 자체를 없애려고 노력한다.

그 결과 우리 사이의 차이는 단지 양적인 것(대자본가는 투자를 위해 수억 달러를 빌리고, 가난한 노동자는 보충 교육을 위해 몇 천 달러를 빌린다)에 불과하다.

그러나 이 양상에는 그 반대항이 따라오는 경향이 있다. 오늘날 주체성의 기본 특징은 자신의 운명에 궁극적으로 책임이 있는 것으로 자신을 경험하는 자유로운 주체와 자신의 발언의 권위를 스스로 통제할 수 없는 상황의 희생자라는 지위에 근거 짓는 주체의 이상한 조합이다. 다른 사람과의 모든 접촉은 잠재적 위협으로 경험된다(상대방이 담배를 피우면, 혹은 그가 나에게 탐욕스러운 시선을 던지면, 그는 이미 나에게 상처를 준 것이다). 이러한 피해자 논리는 오늘날 보편화되어 성희롱이나 인종차별적 괴롭힘의 일반적인 사례를 훨씬 넘어선다. 미국 담배 산업이 맺은 협정과 나치 독일의 홀로코스트 피해자와 강제 노동자들의 금전적 보상 청구부터 과거 노예제도로 인해 박탈당한 모든 것에 대해 미국이 아프리카계 미국인에게 수천억 달러를 지불해야 한다는 생각에 이르기까지, 피해보상금 지불을 요청하는 금융 산업의 증가를 떠올려 보자. 희생자로서의 주체라는 개념은 극단적 나르시시즘의 관점을 포함한다. 타자와의 모든 만남은 주체의 위태로운 상상의 균형감에 대한 잠재적 위협으로 나타난다. 이 개념은 자유주의적 자유 주체의 내재적 보완물이지 그 반대가 아니다. 오늘날 지배적인 형태의 개인성에서 심리적 주체의 자기중심적 주장은 역설적으로 자신이 상황의 희생자라는 인식과 겹친다.

따라서 우리의 경이로운 자기경험의 세계를 지배하는 것은 (선택의) 자유와 완전한 우연성의 혼합이다. 우리의 성공은 우리에게, 우리의 주도권에 달려 있지만, 동시에 행운도 필요하다. 오늘날 슬로베니아에서 가장 부유한 사람은 응용프로그램(앱)을 고안하여 거의 10억 달러에 중국 회사에 판매한 두 명의 프로그래머이다. 그들은 주도권을 보였지만 동시에 운이 좋았고 적절한 순간에 적절한 장소에서 자신을 발견했다. 그러나 이 주도권과 운 사이의 긴장 이면에 숨어 있는 것은 운명이라는 모호한 영역으로써, 거의 모든 경제학자들을 놀라게 한 2008년의 금융 붕괴가 잘 알려진 사례다. 오늘날 '운명'은 신학적 미묘함으로 가득 찬 자본의 신비로운 글로벌 순환으로 나타나며, 예측할 수 없는 방식으로 언제든 닥칠 수 있다.

　다시 본론으로 돌아가자. 자본의 자생적 투기적 운동은 헤겔이 이해하지 못한, 헤겔 변증법적 과정의 한계를 나타낸다고도 할 수 있다. 이런 의미에서 제라르 르브룅은 마르크스가 제시한 자본의 "매혹적인 이미지", 특히 그의 『정치경제학 비판 요강』에서 나타난 이미지를 언급한다. "자기성장의 전제와 조건을 만들어 내는 좋은 무한성, 위기 극복하기를 멈추지 않고 그 자체의 본질에서 한계를 발견하는 나쁜 무한성, 이 두 가지의 괴물 같은 혼합물."[19] 사실 자본의 순환에 대한 설명에서 헤겔적 언급이 풍부한 곳은 '자본' 자체에 있다. 자본주의에서 가치는 단순히 추상적으로 '침묵하는' 보편성이 아니라, 다양한 상품들 간의 실질적인 연계이다.

　가치는 교환의 수동적 매개체에서 전체 과정의 '능동적 요소'로 변모한다. 가치는 자신의 실제 존재의 두 가지 다른 형태(화폐-상품)를 수동적으로 가정하는 대신, "자신의 생존 과정을 통과하면서 자신만의 동작을 부여받은 주체"로 등장한다. 즉, 자신을 자신으로부터 차별화하고 자신의 타자성을 정립한 뒤 다시 이 차이를 넘어선다. 다시 말해, 전체 운동이 **자신만의** 움직임인 것이다. 이런 정확한 의미에서 "단순히 상품들의 관계를 표상하는 대신에, 가치는 자기 자신과의 내밀한 관계로 진입한다." 가치의 타자와의 관계의 '진실'은 자기관련성, 즉 자기운동에 있어서 자본은 자신의 물질적 조건을 소급적으로 '지양止揚하여' 자신의 '자발적 확장'의 종속적 계기로 바꾼다. 완전히 헤겔식으로 말하면, 자본은 자기 자신의 전제를 정립한다.

이러한 맥락에서 레베카 카슨은 자본의 순환과 관련하여 화폐의 '내재적 외부성'을 주창했다. "돈으로서의 돈은 자본의 축적과 가치화—항상 생산을 통한 순환과 추상적 노동력 추출에 의존하는—를 향해 나아가는 과정으로, 자본의 순환 과정을 단지 형식적으로만 방해하는 상태로 나타난다. 이와 대조적으로 자본으로서의 돈은 끊임없이 움직인다. 가치화를 향한 움직임에서 멈춰 있을 때 돈으로서의 돈이 된다."[20] 일단 자본의 순환이 시작되면 돈은 그 계기 중 하나이지만, 직접적인 물질적 존재감에 있어서 순환의 외부에 남아 있다. 집에 보관하거나 금고에 보관할 수 있으며, 거기서 '보관 상태'로 존재한다. 여기서 질문이 생긴다. 돈이 디지털 공간에서 지폐에 불과할 때 돈의 완전한 가상화는 어떻게 되는 것일까? 그것을 여전히 보관할 수 있는 장소가 있을까?

여기서 결정적인 것은 마르크스가 자본을 "자동화된 주체", 즉 "자동적 주체"로 특징 짓기 위해 사용한 독일어 단어 'automatischem Subjekt'를 부적절하게 영어로 번역한 "자체적으로 능동적인 주체 automatically active subject"라는 표현이다. 이는 살아 있는 주체성과 죽은 자동성을 결합하는 모순이다. 이것이 바로 자본이다. 즉 자본은 주체이되 살아 있는 주체가 아니라 자동화된 주체다. 헤겔은 다시 한번 이 '괴물 같은 혼합물', 즉 말하자면 실질적인 '가짜 무한성'에 갇혀 버린 주관적 자기매개와 전제들의 소급적 정립 과정을 사유할 수 있을까? 그 자체로 소외된 실체가 되는 주체를 사유할 수 있을까?

마르크스가 "정치경제학 비판"에서 헤겔의 변증법을 언급한 것이 애매한 이유가 이 때문이다. 마르크스는 헤겔 변증법을 자본 논리의 신비화된 표현으로 받아들이는 입장과 해방이라는 혁명적 과정의 모델로 받아들이는 태도 사이를 오락가락한다. 그렇다면 이 두 가지 입장 중 어느 것이 옳은 것일까? 마르크스는 헤겔 변증법을 해방이라는 혁명적 과정의 신비화된 공식으로 사용했을까, 아니면 자본주의 지배 논리의 이상주의적 공식으로 사용했을까? 우선 주목해야 할 것은 헤겔의 변증법을 자본주의 지배 논리의 이상주의적 공식화로서 읽는 입장이 끝까지 견지되지 않는다는 점이다. 이 입장에서 보면 헤겔이 전개하는 것은 자본의 순환에 내재하는 **신비화**, 또는 라캉의 용어로 하면 '객관적으로-사회적인' 환상의 신비화된 표현이다. 다소 단순한 용어로 말하자면, 마르크스에게 자본은 자신의 전제와 같은 것들을 스스로 정립함으로써 자신을 재생산하는 주체-실체가 '실제로는' 아니라는 것이다. 자본의 자생적 재생산에 대한 이 헤겔적 환상이 지워 버리는 것은 노동자의 착취다. 자본의 자기재생산 순환이 어떻게 외부 또는 오히려 "외밀한ex-timate" 가치의 원천으로부터 에너지를 끌어오는지, 어떻게 노동자에게 기생해야 하는지를 지워 버린다. 그렇다면 노동자의 착취에 대한 설명으로 바로 넘어가지 왜 자본의 기능을 지탱하는 환상에 미련을 두는가? 마르크스에게는 자본에 대한 설명에 자본주의가 주체—자본의 '신학적 매력'을 모르는 훌륭한 경험적 명목론자들—들에게 경험되는 방식도 아니고, '사물의 실제 상태'—자본에 의해 착취당하는 노동자—도 아닌 중간 단계의 이 '객관적 환상'을 포함시키는 것이 관건이다.

실제 삶 대 실체 없는 주체성

그러나 문제는 헤겔적 자본의 순환과 그 탈중심화된 원인(노동력)을 어떻게 함께 생각할 것인가, 즉 노동자의 생산적 잠재력에 대한 아리스토텔레스적 긍정성에 의탁하지 않고 자본의 순환 외부에 있는 생산적 주체의 인과성을 어떻게 생각할 것인가 하는 점이다. 마르크스에게 출발점은 바로 그러한 긍정성(인간 노동의 생산력)이며, 그는 이 출발점을 생략할 수 없는 것으로 받아들이면서, 헤겔이 말했던 "무에서 무를 통해 무로 나아가는" 변증법적 과정의 논리를 거부한다. 헤겔 이후의 현실주의에 따라 마르크스는 '실제 삶'을 자본의 운동 외부에 있는 긍정적 과정, 그 실질적 전제로 파악한다. 반면 자본의 '생명'은 실제 삶에 기생하는 유령적 유사-생명, 실제 삶에서 생명을 빨아들이는 일종의 뱀파이어라고 생각했다. 따라서 자본의 통치는 실제 삶에서 발생하여 그 삶을 자신의 운동에 종속시키는 괴물 같은 주체Subject의 통치, 즉 자본의 자기위치는 흡혈귀처럼 (자본 외부의) 생명Life에 기생하는 좀비 같은 존재이다. (실제적 삶의) 실체에서 (자본이라는) 주체로의 이행은 우리가 절대자를 실체로서뿐만 아니라 주체로서도 생각해야 한다는 헤겔적 전제의 진리이다.

그러나 자세히 들여다보면, 우리는 소외로 인해 왜곡된 토대로서의 긍정적 삶에 대한 그러한 참조를 거부할 수밖에 없다. 실제 삶은 자신의 긍정적 토대로 기능하는 소외의 외부에 존재하지 않는다. 진정한 물신은 '자연적' 위계의 물신주의적 반전(자본의 유령적 생명의 토대가 되는 실제 생산적 삶 대신, 실제 삶 자체가 투기 자본의 광란의 춤의 종속적 계기로 전락하는 것)이 아니다. **진짜 물신은 소외 이전의 직접적인 긍정적 삶이라는 개념 자체, 자본주의적 소외로 균형이 파괴된 유기적 삶이라는 바로 그 개념이다.** 그러한 개념은 실제 삶의 핵심을 가로지르는 적대성을 부정하기 때문에 물신이다.

엄격한 헤겔적 관점에서 주체 자체는 그것이 발생하여 나오는 실체의 '병리적' 전도이다. 추상화의 폭력적 움직임 속에서, 처음에는 실체의 종속적 요소였던 것이 스스로를 정립하고 그 실질적 전제들을 소급하여 스스로를 보편적인 것으로 자리매김하는 존재다. 다시 말해 주체성을 규정하는 움직임은 주체의 소외와 그 소외된 내용의 재전유가 아니다. 즉 주체는 외부성으로부터 자기 자신으로 귀환하지만, 이 귀환은 자신이 귀환하는 대상을 생산한다. 주체는 소외를 **통해** 출현한다.

실체에서 주체로 이행하는 헤겔적 과정에서, 주체는 실체의 진리이고, 주체의 자유는 실체적 필연성의 진리다. 그러나 여기서 마르크스는 사태를 복잡하게 만든다. 자본이 사회적 삶의 실체로부터 발생하는 주체인 한, 실체/삶을 주체/자본으로 소급적으로 통합하는 일은 실패하고, 생산적 삶의 실체는 자본의 생명 외부에 남게 된다. 이것은 생명의 실체가 주체-자본의 자기매개적 순간으로 환원될 수 없을 뿐만 아니라, 자본의 주체성과 대립되는 생명-실체 자체에 주체성이 있어야 한다는 것을 의미한다. 자본의 삶은 맹목적으로 반복되고, 주체로서의 자본은 기계적으로 자기재생산하는 생명이기에, 필연에서 자유로의 이행은 여기서 작동하지 않는다. 자본은 자유롭지 않으며, 진정한 자유의 잠재력은 자본 외부의 생명 실체에 존재해야 한다는 뜻이다. 따라서 우리는 두 가지 주체성, 즉 자본의 유령적 주체성과 모든 실질적 내용이 자본에 의해 전유될 때 남는 순수한 프롤레타리아트의 주체성을 갖게 된다. 역설은 실체적 생명과 자본의 유령적 주체성 사이의 대립에서 진정한 주체는 실체적 생명의 편에 있다는 것, 즉 생명과 자본 사이의 대립은 생명자체가 이미 적대적이라는 것, 즉 실체적 생명과 순수한 주체성의 공백으로 분열되어 있음을 뜻한다.

그렇다면 우리 세상의 주체-실체는 자본인가 프롤레타리아트인가? 여기서 우리는 헤겔의 교훈을 철저히 따라야 한다. 실체는 소외(외화)의 움직임을 통해 주체가 된다. 즉 프롤레타리아트는 실체가 자신의 생명을 다 빨려 버렸을 때 순수한 주체로 등장한다. 헤겔적 마르크스주의에 헤겔에 대한 두 가지 주요 참조점이 있는 이유가 여기 있다. 해방 논리의 신비화된 형태로서의 헤겔의 논리와 자본 논리의 신비화된 형태로서의 헤겔의 논리. 물론 이 이중성의 진실은 양극단의 감춰진 동일성이다. 즉 자본의 논리는 그 자체로 (잠재적으로) 해방의 논리다. 그러나 이 감춰진 동일성은 "주체는 실체에서 자신을 소외시킨 다음 그 실체적 내용을 재전유한다"[21]는 모델로 헤겔을 환원하는 것이 아니라, 헤겔의 변증법적 과정에 대한 또 다른 독해를 도입할 때만 인식할 수 있다. 이미 수십 년 전 현대 생태학의 발상 초기에, 일부 영리한 헤겔의 독자들은 헤겔의 관념론적 사변이 자연의 절대적인 전유를 의미하지 않는다는 점을 인지했다. 생산적 전유와 대조적으로 사변은 자신의 타자를 그대로 두고 개입하지 않는다는 사실을 말이다.

이를 통해 우리는 허구라는 주제로 옮겨 간다. 현실을 놓아 주고 그대로 있게 하여 스스로 서게 만드는 이 제스처는 우리가 상징적 허구의 네트워크를 벗어나 현실 그 자체를 있는 그대로 받아들인다는 의미인 것인가? 여기서 사태는 더 복잡해진다. 헤겔에게 있어 이렇게 "그냥 두는 것"의 형태는 지식, 즉 대상을 건드리지 않고 단지 그 자체의 자기운동을 관찰하는 (그의 의미에서) 과학적 지식이다. 과학적 지식이 관찰하는 것은 대상 자체가 아니라 대상 자체와 우리의 허구 시이의 상호작용이며, 여기서 허구는 대상 자체의 내재적 부분이다. 허구를 빼면 사회 현실 자체가 붕괴된다는 마르크스의 주장도 마찬가지다. 그러나 오늘날의 실험 과학은 대상에 대해 헤겔과는 정반대의 입장을 취한다. 허구와의 상호작용 속에서 대상의 자기운동을 수동적으로 관찰하는 태도가 아니라 대상에 대한 적극적인 개입과 기술적 조작, 심지어 새로운 대상의 창조(유전공학적 변이를 통한)를 통해 대상과 우리의 상호작용과는 무관하게 대상 자체가 어떻게 존재하는지를 동시에 지향하는 자세를 지닌다. 오늘날 과학의 대표적인 사례인 뇌과학을 예로 들어 보자. 신경생물학자와 인지과학자들은 주관적 자유가 허구라는 주장으로 자율적 자유 주체라는 우리의 상식을 훼손하고 싶어 한다. 실제로 우리의 뇌 과정 자체는 신경 메커니즘에 의해 완전히 결정된다. 이에 대한 헤겔의 대답은 '맞다, 자유는 본질적으로 허구와 연결된다, 하지만 더 미묘한 방식으로 연결되어 있다'는 것이다. 헤겔의 『정신현상학』 서문에 나오는 잘 알려진 구절을 인용하면 이렇다.

분해 활동은 가장 놀랍고 가장 강력한 힘, 즉 절대적인 힘인 지성의 힘과 작용이다. 자기폐쇄적이고 마치 물질처럼 매 계기를 하나로 묶어 내는 원은 즉자적 관계로서, 여기에는 놀라울 것이 하나도 없다. 그러나 자신을 에워싸고 있는 것, 오직 타자와의 맥락 속에 결박되고 실재하는 것으로부터 분리되어 있는 우연적 사건은 그 자체의 존재성과 독자적 자유를 획득해야만 한다. 그것이 바로 부정성의 가공할 힘이다. 사유의 에너지, 순수한 나의 에너지이다.[22]

지성의 힘은 현실에서 함께 속해 있는 것을 마음속에서 떼어 내는 힘, 즉 허구를 창조하는 힘이다. 우리는 헤겔의 인용문에서 핵심 세부 사항에 주목해야 한다. 이 힘은 인간 자유의 기본 형태일 뿐만 아니라, 사물이 자신의 생활 맥락에서 떨어져 나와 그 자체의 독자적 존재감을 획득할 때 대상 자체가 획득하는 '독자적 자유'의 힘이다. 그 자체로 존재하는 것이다. 그런데 이 힘은 우리의 마음속에서만 활성화되고 현실은 그 자체로 그대로 남아 있는 것일까? 다시 말해, 우리는 사르트르가 말한 즉자적 존재의 현실과 대자적 존재의 소용돌이로서의 의식 사이 대립의 새로운 버전을 다루고 있는 것일까? 여기서 우리는 『자본』1권 제7장에 나오는 마르크스의 인간 노동에 대한 정의를 상기해야 한다.

거미는 직공의 작업과 유사한 작업을 수행하고 벌은 자신의 안식처를 건설하는 데 있어 많은 건축가의 뺨을 칠 정도다. 그러나 최악의 건축가와 최고의 꿀벌은 구별되는데, 건축가는 현실에 건축물을 세우기 전에 상상 속에서 그 구조물을 세운다. 모든 노동 과정이 끝나

면 우리는 시작 당시 노동자의 상상 속에 이미 존재했던 결과를 얻게 된다.[23]

물론 이러한 상상, 즉 허구는 노동자의 머릿속에만 있는 것이 아니라 상징적 허구의 질서인 '대타자'를 전제로 하는 노동자들의 사회 상징적 상호작용에서도 비롯된다. 그렇다면 '대타자'는 (우리가 경험하는) 외적 현실과 어떤 관계가 있을까? 이 문제는 우리가 다른 곳에서 다룬 기본적인 철학적 질문이므로, "주체는 실체에서 자신을 소외시킨 다음 그 실체적 내용을 재전유한다"는 표준 버전을 고수하며, 이 입장이 생태학을 다루기에 부적합하다고 거부하는 사이토로 돌아가 보자. 하지만 사이토는 변증법적 유물론의 일반적 존재론인 서구 마르크스주의와 정반대의 길을 택하지는 않는다. 그의 출발점은 자연 그 자체가 아니라 자연의 일부인 인간과 자연환경 사이의 신진대사 과정으로서의 인간 노동이며, 이 과정은 자연 자체의 보편적 신진대사(물질의 교환)의 일부이다. 기본적으로 노동은 인간을 훨씬 더 넓은 자연 과정의 맥락에 위치시키는 물질적 교환 과정이며, 따라서 어떤 형태의 헤겔적 자기매개로도 환원될 수 없다. 추상적으로 보이는 이 점은 우리가 생태적 곤경에 대처하는 방식에 결정적인 영향을 미친다. 사이토는 생태 위기의 근원을 우리의 생명 과정의 물질적 신진대사와 이 신진대사를 위협하는 자본의 자율적 재생산 논리 사이의 균열에서 찾는다. 자신의 책에서 사이토는 자본주의 이전에도 균열은 있었다고 인정한다.

전前 자본주의 사회에서 장기적으로 지속 가능한 생산이 출현했음에도 불구하고 자연과 인간 사이에는 항상 일정한 긴장이 존재했다. 자본주의만이 무로부터 사막화 문제를 발생시키는 것은 아니지만, 자본주의는 자본의 가치화 관점에서 자연의 보편적 신진대사를 근본적으로 재구성함으로써 초역사적 모순을 변형하고 심화시킨다.(250)[24]

그러나 전반적인 구도는 여전히 소외가 선형적으로 발달한다는 관점의 하나다. 그렇기 때문에 마르크스도 말년에 자본주의 이전 형태의 공동체적 삶에 남아 있는 '무의식적 사회주의 경향'에 점점 더 관심을 갖고 그것이 자본주의 이후의 사회로 바로 이어질 수 있다고 추측했다(예컨대 마르크스는 베라 자술리치에게 보낸 유명한 편지에서 러시아의 마을 공동체가 자본주의를 거치지 않고 자본에 저항하는 장소로서 기능하고 사회주의를 확립할 수 있다는 생각을 음미한다). 이러한 자본주의 이전 형태들은 인간과 대지의 친밀한 관계를 더 많이 유지한다. 이러한 맥락에서 사이토의 책 첫 장 제목인 「근대의 출현으로서의 자연의 소외」(25)는 자본주의적 근대의 '균열 지점'을 정확하게 위치 짓는다. "인간과 대지 사이의 본래적 통일성이 역사적으로 해체된 이후, 생산은 오직 이질적 속성으로서의 생산조건과만 관련될 수 있다"(26)는 것이다. 그리고 마르크스의 공산주의 프로젝트는 이 균열을 치유할 것으로 기대된다.

자본주의 사회에서의 소외를 인간과 대지의 본래적 결합이 해체된 것으로 이해해야만 마르크스의 공산주의 프로젝트가 인간과 자연 사이 결합의 의식적 회복을 일관되게 목표로 한다는 것이 분명해진다.(42)

이 균열의 궁극적인 근거는, 자본주의에서 노동 과정이 우리의 필요에 부응하지 않으며, 노동이 환경에 미치는 피해에 상관없이 자본 자체의 재생산을 확대하는 것이 목표라는 사실이다. 생산품은 가치가 있는 한에서만 중요하며 환경에 미치는 결과는 문자 그대로 중요하지 않다. 따라서 우리의 생명 과정의 실제 신진대사는 자본 재생산이라는 인공적인 '생명'에 종속되어 있고, 둘 사이에는 균열이 있으며, 공산주의 혁명의 궁극적인 목표는 착취를 철폐하는 것이 아니라 노동의 가치화를 폐지함으로써 이러한 균열을 없애는 것이 된다.

생태-프롤레타리아트와 가치화의 한계

자본주의에서 불평등한 교환(노동자가 생산한 잉여의 전유)으로서의 착취는 가치화(상품으로 환원된 노동력)의 형태로 이루어진다. 데이비드 하비가 지적했듯이 자본주의를 특징짓는 근본적인 차이는 가치 있는 노동과 가치 없는 노동의 구분인데, 여성의 가사 노동은 가치화되지 않고 상품으로 구매 및 지불되지 않기 때문에 여기에 포함되지 않는다. 물론 그렇다고 해서 여성이 착취당하지 않는다는 의미는 아니다. 여성의 가치 없는 노동은 (예를 들어 남편의) 착취를 가능하게 하고, 미래의 노동자들이 착취당할 수 있는 근거를 제공한다. 자본주의의 모든 시대에는 공식적으로 상품으로 환원된 노동과 계산되지 않은 노동, 즉 (가치가 매겨지지 않아) 비생산적인 것처럼 보이지만 필수적인 노동 사이의 적절한 균형이 필요하다. 해결책은 글로벌 상품화 과정에서 모든 노동을 가치화하는 것이 아니라, 가치화 과정에 포함되지는 않지만 사회적 재생산에 기여하는 노동을 사회적으로 인정하는 것이다.

　교환가치의 우위라는 거의 은폐조차 되지 않은 비합리성은 2세기 전 프랑스에서 "시민 메이틀랜드"로 알려진 8대 로더데일 백작 제임스 메이틀랜드(프랑스 혁명 당시 파리에 있었고 장 폴 마라의 지인이었으며 1792년 영국인민친선협회의 설립에 도움을 주었다)에 의해 가장 잘 공식화되었다. 그는 공공의 부와 사적 부 사이에 반비례 관계가 성립하며, 후자의 증가가 종종 전자를 감소시키는 역할을 한다는 이른바 '로더데일 역설'의 저자로도 유명하다. 그는 "공공의 부는 정확하게 정의하자면 인간이 원하는 모든 것, 즉 유용하거나 즐거움을 주는 것으로 구성될 수 있다"고 썼다. 이러한 재화는 사용가치가 있으므로 부를 구성한다. 그러나 사적 재물은 부와 달리 무언가 추가적인 것이 요구되는데(즉, 추가적인 제한이 있다), 이는 "인간이 유용하다고 욕망하는 모든 것으로, 어느 정도의 희소성이 있는 것"으로 구성된다. 다시 말해, 희소성은 어떤 것이 교환에서 가치를 지니고 사적 부를 증대하기 위해 필수적인 요건이다. 그러나 공공의 부는 그렇지 않은데, 공공의 부는 모든 사용가치를 포괄하므로 희소한 것뿐만 아니라 풍요로운 것도 포함한다. 로더데일은 이러한 역설을 통해 공기, 물, 식량과 같이 이전에는 풍부했지만 생활에 필수적이었던 요소의 희소성이 증가하여 여기에 교환가치가 부여되면, 개인의 사적 부, 나아가 '개인 부의 총합'으로 간주되는 국가의 부를 향상시킬 수 있지만, 이는 공공의 부를 희생하는 대가로만 가능하다고 주장했다. 예를 들어 우물에 요금을 부과하여 무료로 이용할 수 있었던 물을 독점할 수 있다면, 대중의 갈증 증가를 대가로 국가 부의 규모는 증가할 것이다.

마지막 사례는 오늘날 물의 민영화가 신자유주의 의제로 떠오르면서 더욱 현실성을 얻고 있다. 상수도 회사의 소유주는 더 부자가 되고 물을 필요로 하는 대중은 더 가난해진다. 이 역설의 기본 논리는 분명하다. 어떤 것이 시장에 의존하려면 가치가 있어야 하며, 가치는 희소성이 있는 대상의 속성일 뿐 자유롭고 풍부하게 구할 수 있다면 팔 수 없고 가치가 없다. 한 사회에서 가장 소중한 부는 물이나 공기처럼 자유롭게 구할 수 있는 물건으로 구성되지만 부자가 될 수 있는 가치로 간주되지는 않는다. 물을 쉽게 구할 수 있다면 아무도 부자가 되지 못하고, 물의 공급이 사기업에 의해 통제될 경우에만 그 기업을 소유한 사람이 부자가 된다. 이렇듯 가치로 구현된 부의 기술적 의미에서 보자면 자유롭게 구할 수 있는 물은 부로 간주되지 않으므로 사회에 더 많은 부가 존재한다.

그럼에도 불구하고 여기서 이러한 불합리성을 지탱하는 리비도의 논리, 즉 시기심과 비교우위의 역할을 무시하지 않도록 주의해야 한다. 물이나 공기와 같은 자원이 일반적으로 자연의 공짜 선물로 제공되는 경우에는 부로 간주되지 않으며, 그 자원을 (소유하거나 통제하는) 내가 다른 사람과 차별화하여 우월성을 지닐 때만 부로 간주된다. 다시 말해, 부는 부자가 **아닌** 사람들이 있을 때만 부로 여겨진다. 우리는 여기서 에피쿠로스가 이미 공식화한 헤겔식 역설의 정수를 만난다. "빈곤은 자연적 목적으로 측정하면 거대한 부이다. 그러나 부는 제한되지 않으면 커다란 궁핍이다." 물을 자유롭게 이용할 수 있다면 우리는 커다란 부 덕분에 모두 똑같이 가난하지만, 일부 사람들만 물을 소유하고 통제한다면 그들의 과도한 (무한한) 부는 다른 사람들에게 가난을 초래한다.

좀 더 일반적으로, 새로운 마르크스주의 생태사회주의의 위대한 통찰은 (자유 교환에 기초한) 임금노동자 착취가 자본주의의 '진정'하고 '순수'한 형태라는 신화를 불식시키고, 임금노동자에 대한 이러한 '적나라한' 착취가 항상 그리고 필수적인 구조적 이유 때문에 어떻게 직접적인 난폭한 몰수의 형태와 변증법적 긴장 속에서 작동하는지 분석하는 것이다. 이러한 몰수에는 세 가지 기본 형태가 있다. 천연자원의 절취와 환경 파괴, 다른 인종에 대한 수탈과 지배(직접적 노예제 또는 더 세련된 인종차별), 그리고 여성의 노동(재생산과 가사 노동). 이러한 형태들은 가치 관계의 일부가 **아니다.** 노예나 집안일을 하는 여성은 임금을 받지 못하며 급여를 받는 노동자와 같은 방식으로 착취당하지 않는다. (여기에 우리를 통제하는 디지털 기계에 의해 데이터를 '강탈당하는' 방식인 디지털 수탈을 추가해야 한다.) 결론은 자본주의가 구조적으로 **결코** 순수하지 않으며, 임금 착취는 항상 이러한 다른 수탈 방식에 의해 뒷받침되어야 한다는 것이다. 제이슨 무어의 다음 주장은 사실이다: "대부분의 노동이 가치를 인정받는다면 가치는 작동하지 않는다."[25] 그러나 이러한 통찰에서 인간, 동물, 자연 등 모든 과정에 가치를 부여해야 한다는 보편적인 주장, 즉 에너지가 소비되는 모든 곳에서 가치가 창출되므로 노동자뿐만 아니라 동물(말, 소 등)도 착취당하고 심지어 석탄을 태우거나 석유를 사용할 때도 천연자원을 '착취'하고 있다는 주장을 이끌어 내서는 안 된다.

오늘날의 글로벌 상황에서 우리는 일부 분석가들이 생태-프롤레타리아트라고 부르는, 고전적 자본주의적 의미의 착취는 아니더라도 생태적 수탈과 경제적 빈곤을 겪고 있는 제3세계 빈곤층을 전면에 내세워야 한다. 이들의 환경은 외국 시장을 위한 천연자원 약탈로 파괴되고, 전통적인 삶의 방식은 점차 자신의 땅에서 노숙자 난민이 되는 취약한 존재로 대체되고 있다. 부유한 국가가 모든 문제를 더 잘 처리하여 가난한 사람들이 더 부유해지는 것이 해결책이라는 자유주의적 자본주의의 염불은 헤겔이 말한 추상적 사고의 모델이다. 오늘날의 글로벌 세계에서는 선진국과 후진국이 서로 연결되어 있고, 부자는 가난한 사람들과의 상호작용(자원 착취, 값싼 노동력 사용 등)으로 인해 부자가 되기에, 부자가 부자가 되는 것은 가난한 사람이 가난하기 때문이다.

여기서 흥미로운 점은 환경의 식민지회가 노동자의 권리라는 측면에서 어떻게 정당화될 수 있는가 하는 점이다. 위대한 계몽주의 철학자이자 인권 옹호자인 존 로크는 과도한 사유재산에 대해 좌파적으로 들리는 이상한 논리를 적용하여 아메리카 원주민의 땅을 빼앗은 백인 정착민들을 정당화했다. 그의 전제는 개인이 생산적으로 사용할 수 있는 만큼의 토지만 소유할 수 있어야 하며, 사용할 수 없는 넓은 토지는 (결국 다른 사람에게 토지를 빌려주고 임대료를 받는다면 몰라도) 소유할 수 없다는 것이었다. 북미 원주민들은 광활한 토지가 자신들의 땅이라고 주장하지만, 이를 생산적으로 사용하지 못한다. 대부분 가축이 아닌 동물을 사냥하는 데만 사용했기 때문에 그들의 땅은 비생산적으로 낭비되었다. 따라서 집약적인 농업에 이용하려는 백인 정착민들은 인류의 이익을 위해 그 땅을 압수할 권리가 있다는 등의 논리였다.

우리는 생명 과정의 물질적 신진대사와 가치가 더 많은 가치를 창출하는 자본의 순환 사이의 균열과 긴장을 유지해야 한다. 잉여가치 전유라는 엄격한 의미의 착취가 작동하기 위해서는 자본주의적 의미에서 '가치'가 없는 많은 노동이 수행되어야 한다. 여기서 저항해야 할 유혹은 가치의 지평에서 보이지 않는 직접 전유의 부당함을 급진적인 글로벌 상품화 또는 가치화(여성의 재생산 가사 노동 지불 및 공기, 물 같은 자연 요소의 가치평가 등)로 재조정하는 것이다. 부의 창출에 기여하는 모든 것을 가치의 영역에 포함시키려고 노력하는 대신 가치의 영역에서 점점 더 많은 부문을 해방시키기 위해 노력해야 한다.

하지만 그렇다고 해서 가치화의 영역에서 점점 더 많은 부문을 배제해야 한다는 의미는 아니다. 자본주의적 가치화 과정에 새로운 영역이 포함될 때 발생하는 역설과 예상치 못한 결과를 활용함으로써 '내부로부터' 가치화가 폭발할 수도 있고, 또 그래야 한다. 파올로 비르노의 자본주의 비판은 잠재성과 현실성의 구분에 바탕을 두는데, 가령 사람들이 사용하는 언어는 잠재성으로서 무한한 언표행위를 생산할 수 있는 가능성을 지니고 있다. 이 잠재성은 실제로 성립된 모든 명제들에 의해 결코 소진되지 않으며, 이러한 명제들은 잠재성을 현실화할 뿐만 아니라 어떤 의미에서는 잠재성을 부정한다. 현실성 내에서는 무한한 잠재성이 증발하여 우리가 가진 것이 결정적인 실질적 실체로서의 언표(또는 언표의 집합)뿐이므로 모든 실제 언표행위가 부정하는 것은 현실성을 초월하는 잠재성의 잉여이다. 비르노의 요지는 노동력에 대한 마르크스의 개념도 마찬가지라는 얘기인데, 노동력은 상품을 생산하는 노동에 실현된 잠재성이며, 마르크스가 '소외'라고 부르는 것은 잉여가치의 자본에 의한 전유가 아니라 노동력의 무한한 잠재성에 대한 자본의 전유라는 것이다. 노동력이 상품으로 구매되면 그 무한한 잠재성은 유한한 대상으로 축소되고, 즉 잠재성과 현실을 구분하는 간극은 두 차원 사이의 단락短絡에서 사라진다. 그러나 여기서 한 걸음 더 나아가 우리는 진정한 단락이 노동력 자체가 상품으로 전화할 때뿐만 아니라 노동력이 직접 상품으로 생산될 때도 발생한다고 본다. 따라서 상품화에는 (두 단계만이 아닌) 세 단계가 존재한다. 먼저, 개인 소유자(또는 생산자 집단)가 자신의 상품을 시장에 판매하고, 그다음에는 (상품 생산에 사용되는) 노동력 자체가 시장에서 판매되는 상품이 되며, 마지막으로 '노동력'이라는 상품의 생산이 자본주의 투자의 장이 되는 것이다. 이 지점에서 우리는 발리바르가 자본에 의한 생산 과정의 "총체적 포섭"이라고 부르는 것에 도달한다.[26]

마르크스가 '자본'이 궁극적으로 (생산적) 노동으로 환원되거나 다른 계급이 전유하는 다른 형태의 노동에 지나지 않는다고 설명한 반면, 인적자본 이론은 노동, 더 정확하게는 '노동능력Arbeitsvermögen'이 자본으로 환원되거나 신용, 투자, 수익성의 자본주의적 작동의 관점에서 분석될 수 있다고 설명한다. 물론 이것은 개인을 '자가 기업가' 또는 '본인 기업가'로 보는 이데올로기의 밑바탕에 깔린 전제다.[27] 여기서 관건은 "기존 상품을 위한 시장의 성장을 설명하는 것이 아니라, 시장의 범위를 전통적인 의미의 '생산 영역'의 한계 너머로 밀고 나아감으로써, 제한을 극복하고 가치화 과정에 통합될 수 있는 영구적인 '여분의 잉여가치'의 새로운 원천을 추가하는가"의 여부다. 왜냐하면 자본은 노동과 생산이라는 '객관적' 측면과 소비와 사용이라는 '주관적' 측면 모두에서 가치화되기 때문이다.[28]

따라서 이는 노동력을 더 생산적으로 만드는 것이 아니라 노동력 자체를 자본주의 투자의 또 다른 분야로 직접 간주하는 것이다. 노동자의 '주관적' 삶 자체의 모든 측면(건강, 교육, 성생활, 정신 상태 등)은 노동자 자체의 생산성뿐만 아니라 추가적인 잉여가치를 창출할 수 있는 투자 분야로 간주된다. 의료 서비스는 노동자의 생산성을 높여 자본의 이익에만 부합하는 것이 아니라, 그 자체로 자본(의료 서비스는 미국 경제에서 가장 강력한 단일 분야로 국방보다 훨씬 더 강력하다)뿐만 아니라 노동자 자신(의료보험 납부를 미래에 대한 투자로 여긴다)에게도 엄청나게 강력한 투자 분야이다. 교육도 마찬가지다. 교육은 생산적인 일을 할 수 있도록 준비시켜 줄 뿐만 아니라 그 자체로 기관은 물론 미래에 투자하는 개인에게도 수익성 있는 투자 분야이다. 이런 식으로 상품화는 총체적일 뿐만 아니라 일종의 자기참조적 고리, 즉 잉여가치의 근원인 궁극적 '(자본주의적) 부의 원천'으로서의 노동력이 그 자체로 자본주의적 투자의 계기가 되는 고리에 갇히게 되는 것이다. 이 고리가 자신의 (빈약한) 잉여 자원(또는 대부분 대출을 통해 획득한 자원)을 교육, 건강, 주택 자산 등 어디에 투자할지 자유롭게 결정하는 자본가인 '자가 기업가'로서의 노동자 개념에서보다 더 명확하게 표현되는 곳은 어디에도 없다. 이 과정에 한계지점이 있을까? 에세이의 마지막 단락에서 발리바르는 이 질문을 다루면서 희한하게도 라캉식 언급, 즉 라캉의 성차 공식에서 가져온 비-전체non-All의 논리에 의탁한다.

이것은 외부에 아무것도 남기지 않기 때문에 ('자연스러운' 삶을 위한 여지가 없기 때문에) 내가 ('형식적' 및 '실제적' 포섭에 이어) 총체적 포섭이라고 부르는 것이다. 또는 외부에 남겨진 모든 것은 잔여물로 나타나고 추가 통합을 위한 분야로 드러나야만 한다. 그런데 반드시 그래야 할까? 물론 이는 정치적인 만큼이나 윤리적인 근본 질문이다. 상품화에는 한계가 있는가? 내부와 외부에 장애물이 있는가? 라캉주의자라면 이렇게 말하고 싶을 것이다. 그러한 모든 총체화는 '실재'에 속하는 불가능의 요소를 포함하며, 그것은 비-전체 또는 전체는 아닌 것이어야 한다. 만약 그렇다면, 이질적인 요소, 즉 총체화의 본질적 잔여물은 병리 현상이나 무정부주의 저항과 같이 겉보기에는 개인주의적 형태로 나타날 수도 있고, 일반적이거나 심지어 공적인 형태로 나타날 수도 있다. 또는 신자유주의 의제를 실행할 때 등장하는 특정한 난관들, 예를 들어 일단 법제화된 다음에 의료보장 시스템을 해체하기가 어려운 경우처럼 나타날 수도 있다.[29]

발리바르가 여기서 말하는 것이 라캉주의자에게는 매우 이상하게 들린다. 그는 라캉의 성차 공식의 두 측면을 압축(또는 오히려 혼동)하고, 예외를 비-전체로 단순하게 읽는다. 자본에 포섭되는 것을 거부하는 예외가 있기 때문에 포섭의 총체성은 비-전체이다. 그러나 라캉은 정확하게 비-전체와 예외를 대립시킨다. 모든 보편성은 예외에 기초하며, 예외가 없어야 집합은 비-전체이고, 총체화될 수 없는 것이다. (대중 연설에 대한 정치적으로 올바른 통제의 흥미로운 예외는 랩 가사이다. 거기에서는 모든 것을 말할 수 있어서 강간과 살인 등을 찬양할 수도 있다. 왜 이런 예외가 생길까? 이유를 추측하기 쉽다. 흑인은 특권적인 피해자 이미지로 간주되고 랩은 흑인 청소년의 비참함을 표현하기 때문에, 랩 가사의 잔인함은 흑인의 고통과 좌절의 진정한 표현으로 사전에 면책된다.) 이 대립은 포섭의 주제에도 적용되어야만 한다. 우리는 (보편적) 포섭에 저항하기에 '저항의 현장' 그 자체인 사람들을 찾는 예외의 모색에서 예외 없는 복종을 승인하여 그 비-전체에 근거를 두는 차원으로 이행해야 한다. 발리바르가 말하는 개별적 삶의 종속은 보편적 자본주의적 종속의 특수한 경우로 환원될 수 없다. 개별적 삶은 (노동력 자체가 자본이 되는) 자기-관계적 본성으로 인해 잉여가치 생산을 배가시키는 특수한 경우로 남는다.

마르크스의 정치경제학 비판에는 예외를 통한 보편성의 두 가지 주요 사례, 즉 화폐와 노동력이 있다. 상품의 영역은 모든 것에 대해 일반적인 등가물로 기능하지만 그 자체로는 사용가치가 결핍된 특수한 상품을 통해서만 총체화될 수 있다. 개별 생산자가 자신의 상품을 시장에 판매할 때뿐만 아니라 (사용가치가 잉여가치를 창출하는 상품으로서의) 노동력도 상품으로서 시장에 판매될 때에만 상품 교환의 장은 총체화된다. 그렇다면 세 번째 사례도 가능하다. 잉여가치를 생산하는 이 상품(노동력) 자체가 잉여가치를 가져오는 자본 투자의 대상이 되어 노동력의 생산물에 의해 생성되는 '정상적인' 잉여가치와 노동력 자체의 생산에 의해 생성되는 잉여가치, 두 가지 유형의 잉여가치를 얻게 되는 경우다. 절대자는 항상 자기분할을 수반하며 이런 의미에서 비-전체가 아니라는 헤겔의 통찰을 보여 주는 좋은 예가 바로 자본 투자의 한 분야로서 노동력 자체가 생산될 때 자본 아래로의 포섭이 총체화되는 경우다. 하지만 정확히 말해서 노동력은 그 자체로 비-전체가 되어 총체화가 불가능해지며, 자본 투자로서의 노동력 자체의 자기참조적 요소는 간극을 발생시켜 전체 영역에 불균형을 가져온다. 예를 들어 교육에 대한 막대한 투자는 실제로 어떤 결과를 가져올까? 많은 경험적 연구에 따르면 대부분의 고등교육은 자본의 재생산에 실질적으로 도움이 되지 않으며, 심지어 경영대학원조차 효과적인 관리자가 되기 위한 개인을 양성하는 데 거의 도움이 되지 않는다. 그 결과 우리는 성공적인 경제를 위해 교육이 중요하다는 미디어의 메시지에 시달리지만, 대부분의 대학 연구는 비즈니스 목적과 무관하다. 그렇기 때문에 국가와 경영 기관은 인문학이 아무런 목적이 없으며 대학이 실제 생활(즉, 자본)의 요구에 부응하도록 만들어져야 한다고 항상 불평한다. 하지만 바로 이 점이 우리의 거대한 교육 시스템을 그토록 소중하게 만드는 것이라면 어쩔 것인가? 명확하게 정의된 목표 없이 그저 '쓸모없는' 문화, 세련된 사고, 예술에 대한 감수성 등을 증식시킬 뿐이라면 어쩔 것인가? 결과적으로 우리는 역설적인 상황에 처해 있다. 형식적으로는 교육조차도 투자 분야로서 자본에 점점 더 종속되는 바로 그 순간, 이러한 종속의 실제 결과는 막대한 양의 자금이 지식과 예술의 배양이라는 자기목적적 성취에 쓰인다는 것이다. 따라서 우리는 자본에 쓸모없는 (일자리를 찾을 수 없는) 수십만 명의 고도로 교육받은 개인을 얻게 되는데, 과연 이 무의미한 재정 자산 지출에 항의하는 대신에 이 결과를 '자유의 영역'이 확장되었다는 뜻밖의 신호로 축하해야만 할까?

과학 없이는 자본주의도, 자본주의에서의 탈피도 없다

실제 삶과 자본의 삶 사이의 균열을 설명하기 위해서는 자본주의에서 인간과 자연 사이의 대사 과정이 자본의 가치화에 종속되어 있다는 사실을 환기시키는 것만으로 충분하지 않다. 이 균열을 폭발시킨 것은 자본주의와 현대 과학 사이의 밀접한 연관성이다. 합리적 환경에 급격한 변화를 촉발한 자본주의 기술은 과학 없이는 상상할 수 없기 때문에, 일부 생태학자들은 이미 우리가 진입하고 있는 새로운 시대의 용어를 인류세에서 자본세로 변경할 것을 제안했다. 과학에 기반을 둔 장치를 통해 인간은 양자파처럼 경험적 현실의 범위를 벗어난 실재를 알 수 있을 뿐만 아니라, 우리의 경험에 자연의 괴물로 보일 수밖에 없는 새로운 '비자연적'(비인간적) 사물(가제트, 유전자 변형 생물, 사이보그 등)을 만들어 낼 수 있게 되었다. 인간 문화의 힘은 우리가 자연으로 경험하는 것을 넘어 자율적인 상징적 세계를 구축할 뿐만 아니라 인간의 지식을 구체화하는 새로운 '비자연적' 자연물을 만들어 내는 것이다. 우리는 자연을 '상징화'할 뿐만 아니라 그 안에서 자연을 탈자연화하기도 한다.

오늘날 이러한 자연의 탈자연화는 우리 일상에서 공공연하게 감지할 수 있으며, 그렇기 때문에 급진적인 해방 정치는 자연에 대한 완전한 지배나 모성-대지의 우위에 대한 인류의 겸허한 수용을 목표로 해서는 안 된다. 오히려 자연은 그 모든 파국적 우발성과 불확실성을 드러내어야 하며, 인간은 그 활동의 결과에 대한 모든 예측 불가능성을 감수해야 한다. 급격한 생태적 재앙이나 위기의 경우, 생태계를 자본주의적 투자와 경쟁의 새로운 분야로 쉽게 전환할 수 있는 자본주의의 무한한 적응력에도 불구하고, 당면한 위험의 본질은 근본적으로 시장적 해결책을 배제한다. 왜 그런가?

자본주의는 정확한 사회적 조건에서만 작동한다. 즉, 시장의 '보이지 않는 손'의 객관화된/"물화된" 메커니즘에 대한 신뢰를 뜻한다. 이 보이지 않는 손은 일종의 이성의 간계로서 개인의 이기주의 경쟁이 공동의 이익을 위해 작동하도록 보장한다. 그러나 우리는 지금 급격한 변화의 한가운데에 있다. 지금까지 역사적 실체는 모든 주관적 개입의 매개이자 토대로 활약했다. 사회적, 정치적 주체가 무엇을 하든, 역사적 실체에 의해 매개되고 궁극적으로 지배되며 과잉결정되었다. 오늘날 지평에 등장하고 있는 사태는 주관적 개입이 역사적 실체에 직접 개입하여 생태학적 재앙, 운명적인 생물학적 돌연변이, 핵 또는 이와 유사한 군사적-사회적 재앙 등을 유발함으로써, 그 실체의 작동을 파국적으로 방해할 수 있는 전례 없는 가능성이다. 우리는 더 이상 우리 행위의 제한된 범위라는 안전장치의 역할에 기댈 수 없다. 우리가 무엇을 하든 역사는 계속 진행된다는 얘기가 더 이상 통하지 않는다. 인류 역사상 처음으로 한 사람의 사회정치적 주체의 행위가 전 세계의 역사적 과정을 효과적으로 변화시키고 심지어 중단시킬 수 있게 되었으며, 아이러니하게도 오늘날에 이르러서야 우리는 역사적 과정을 실질적으로 "실체뿐만 아니라 주체로서도" 생각해야 한다고 말할 수 있게 되었다.

자본주의와 함께 "모든 단단한 것은 녹아 허공에 흩어지고, 모든 신성한 것은 모독된다"는 마르크스의 유명한 주장은 오늘날 새로운 의미를 갖게 되었다. 최근 유전공학의 발전으로 우리는 그야말로 **자연 자체**가 녹아 허공에 흩어지는 새로운 단계로 접어들고 있다. 유전공학의 과학적 혁신의 주요 결과는 자연의 종말이다. 우리가 그 구성의 규칙을 알게 되면 자연 유기체는 조작하기 쉬운 대상으로 변모한다. 따라서 인간적이든 비인간적이든 자연은 하이데거가 "대지"라고 불렀던, 투과 불가능한 밀도를 박탈당한 채 '비실체화'된다. 이는 프로이트의 『문명과 그불만』이라는 책 제목, 즉 문화 속의 불만과 불안에 새로운 변형을 가하게 만든다. 최근의 발전들로 인해 불만은 문화에서 자연 자체로 옮겨 가고 있다. 자연은 더 이상 '자연스럽지' 않고, 우리 삶의 믿을 수 있는 '울창한' 배경이 아니라 언제든 파국적인 방향으로 폭발할 수 있는 취약한 메커니즘으로 보인다.

여기서 중요한 것은 인간과 자연의 상호의존성이다. 인간을 조작할 수 있는 또 다른 자연물로 축소함으로써 우리가 잃는 것은 인간성뿐만 아니라 **자연 그 자체**이다. 인간이 안전하게 의지할 수 있는 확고한 토대, 안식처는 존재하지 않는다. 이는 "자연은 존재하지 않는다"는 사실을 완전히 받아들이는 것을 뜻한다. 즉, 자연에 대한 생활 세계의 관념과 자연적 현실이라는 과학적 관념을 분리하는 간극을 완전히 해소하는 것이다. 균형 잡힌 **재생산의 영역**으로서의 자연, 인류가 **오만함으로** 개입하여 그 순환 운동을 잔인하게 탈선시켜 버린 **유기적 배치의 영역**으로서의 '자연'은 인간의 환상이다. 자연은 이미 그 자체로 '제2의 자연'이며, 자연의 균형은 항상 부차적인 것으로, 파국적 중단 이후에 질서를 회복할 '습관'을 협상하려는 시도이다. 즉, (의미의 궁극적 보증으로서의 자립적 상징 질서인) "대타자는 존재하지 않는다." 그뿐만 아니라, 불균형한 인간의 개입으로 인해 궤도 밖으로 탈선되어 항상성이 깨져 버린 자기 재생산의 균형 잡힌 질서인 **자연**Nature도 존재하지 않는다. 대타자만 '금지'된 것이 아니라 자연도 금지되어 있다. 실제로 우리에게 필요한 것은 **자연 없는 생태학**이다. 자연 보호의 궁극적인 장애물은 우리가 의탁하고 있는 자연 개념이다.[30] 문제의 진정한 원인은 "최근 수세기 동안 서구

문화에 영향을 미친 가장 중요한 사건", 즉 "인간과 자연 사이의 관계의 붕괴"[31]라 말할 수 있는 신뢰 관계의 후퇴가 아니다. 오히려 바로 이 "현실 자체에 대한 믿음의 관계"가 가장 급진적으로 생태 위기에 직면하지 못하게 하는 주요 장애물이다.[32]

이러한 자연의 탈자연화 운영자는 현대 과학이기 때문에, 우리가 탈자연화를 전적으로 지지해야 한다는 사실은 과학을 자본주의에서의 역할로 축소해서는 안 된다는 것을 뜻한다. 과학과 자본주의의 상호함의, 심지어 공모는 매끄럽지 않으며, 이는 두 항목 각각에 내재된 긴장을 의미한다. 라캉이 두 가지 상호의존적인 공식으로 제시한 존재의 핵심 차원에 대해 눈멀어 있는 한에서 과학은 자본주의에 복무한다. 과학은 주체의 차원을 폐제한다. 즉, 과학은 지식의 차원에서 작동하고 진리를 무시한다. 그리고 과학은 기억을 갖지 않는다. 마지막 특징부터 다뤄 보자.

사실 자세히 들여다보면 과학에는 기억이 없다. 일단 구성되면, 과학은 자신이 존재하게 된 순환 경로를 조작한다. 달리 말하면, 과학은 정신분석이 진지하게 작동시키는 진실의 차원을 망각한다. 그러나 좀 더 정확히 말해야 한다. 이론물리학 및 수학이―"일반화된 이론"이라는 용어가 결코 "일반성으로의 전환"이라는 의미를 취할 수 없는 형태로 모든 위기가 해결된 이후에―선행 구조에서 자신의 위치에 관해 일반화한 것을 종종 그대로 유지한다는 사실은 널리 알려져 있다. 여기서 내 요지는 그게 아니다. 내가 우려하는 것은 참극drame, 이러한 각 위기가 학습자에게 주는 주관적인 참사다. 이 비극에는 희생자가 있으며, 우리는 그들의 운명이 오이디푸스 신화에 새겨질 수 있다고 말할 수 없다. 이 주제가 충분한 정도까지 연구되지는 않았다고 해 두자. J. R. 메이어와 캔터 같은 때때로 광기에까지 이르는 최상급 비극의 목록을 여기서 제공하지는 않겠다. 하지만 내가 정신분석에서 일어나는 비극의 모범 사례라고 생각하는 우리 동시대 사람들의 이름은 곧 그 목록에 추가되어야 할 터이다.[33]

라캉이 여기서 겨냥하는 것은 위대한 과학 발명가들의 정신적 비극을 훨씬 넘어서는 것이다(그는 무한이라는 개념의 혁명으로 인해 내적 혼란을 겪어 광기의 극한으로 치닫고 심지어 식인 행위를 하게 된 캔터를 언급한다). 과학적 관점에서 이러한 비극은 과학적 발견의 위상에 아무런 영향도 주지 않는 쓸데없는 사생활의 세부 사항들이다. 과학 이론을 이해하려면 이러한 세부 사항은 **반드시** 무시해야 하며, 이러한 무지는 과학 이론의 약점이 아니라 오히려 강점이다. 과학 이론은 '객관적'이다. 과학 이론은 발화의 위치를 중단시킨다. 과학 이론은 누가 발화했는지 중요하지 않으며, 중요한 것은 그 내용뿐이다. 이런 의미에서 과학 담론은 주체를 폐제한다. 그러나 현대 과학의 주체를 사유하려는 라캉은 과학 이론의 타당성을 상대화하기 위해서가 아니라 과학자의 주체성에서 어떤 변화가 일어나야 그러한 이론이 공식화될 수 있는가 하는 질문에 답하기 위해 '심리적' 세부 사항을 펼쳐 보인다. 이론은 '객관적으로 타당' 할 수 있지만, 그럼에도 불구하고 그 이론의 발화는 트라우마적인 주체의 변화에 의존할 수 있다. 주체와 객체 사이에 미리 확립된 조화는 존재하지 않는다.

라캉이 목표로 삼는 것은 과학적 업적의 (오)사용에 대한 과학자들의 소위 '윤리적 책임'을 넘어선다. 라캉은 "원자폭탄의 아버지"로 불리는 로스 알라모스 연구소의 전시 책임자 J. R. 오펜하이머를 몇 차례 언급한다. 1945년 7월 16일 최초의 원자폭탄이 성공적으로 터졌을 때, 그는 『바가바드 기타』의 한 구절이 떠올랐다고 말했다. "이제 나는 세계의 파괴자, 죽음이 되었다." 윤리적 문제의식에 사로잡힌 그는 공개적으로 의구심을 표명했고, 그 결과 기밀문서 취급 허가가 취소되어 직접적인 정치적 영향력을 사실상 박탈당했다. 이러한 비판적 입장은 칭찬할 만하지만 충분하지 않고, 오늘날 확산되고 있는 '윤리위원회' 수준에 머물러 있으며 과학적 진보를 지배적인 '규범'(생체 유전자 조작을 어디까지 허용해야 하는가 등)의 테두리 속에 가두려고 한다. 이것만으로는 충분하지 않으며, 이는 내재적 과정을 그대로 방치했다면 파국적인 결과를 초래했을 기계를 사후적으로 통제하려는 시도에 불과하다.

여기서 피해야 할 함정은 두 가지다. 우선 (기후변화의 부정을 지지하는 과학자처럼) 부패로 인한 과학의 특정 오용이나 이와 유사한 것에서 위험을 찾는 것만으로는 충분하지 않다. 위험은 훨씬 더 일반적인 차원에 존재하며 과학의 기능 방식 자체와 관련 있다. 다른 한편으로, 우리는 이 위험을 아도르노와 호르크하이머가 "도구적 이성"이라고 부르는 것으로 아주 성급하게 일반화하는 일 또한 거부해야 한다. 즉 현대 과학이 바로 그 기본 구조에서 자연을 지배하고 조작하고 착취한다는 관념과 현대 과학은 궁극적으로 기초적 인류학적 경향의 급진화에 불과하다는 그들의 생각을 거부해야 한다(아도르노와 호르크하이머의 『계몽의 변증법』에는 자연 과정에 영향을 주는 원시적 마술의 사용에서 현대 기술로 쭉 이어지는 계보가 있다). 위험은 과학과 자본의 특수한 종합에 있다.

　위에서 인용한 구절에서 라캉이 목표로 하는 것의 기본 차원을 얻으려면 지식과 진실의 차이로, '진실'이 모든 특별한 무게감을 획득하는 경우로 돌아가야 한다. 이 진실의 무게감을 나타내기 위해서는 오늘날 반反이민 포퓰리스트가 난민 '문제'를 어떻게 다루는지 떠올려 보면 된다. 그들은 공포의 분위기, 즉 유럽의 이슬람화에 맞선 임박한 투쟁에 대한 공포 분위기 속에서 난민 문제를 대하면서 일련의 명백한 부조리에 사로잡혀 있다. 그들에게 테러를 피해 탈출하는 난민은 테러리스트와 동일시되며, 난민 중에는 테러리스트와 강간범과 범죄자도 있지만 대다수는 더 나은 삶을 찾고자 하는 절실한 사람들이라는 명백한 사실을 망각한다. 오늘날 글로벌 자본주의에 내재된 문제의 원인은 외부 침입자에게 투사된다. 여기서 우리는 단순한 부정확성으로 환원할 수 없는 '가짜 뉴스'를 발견한다. 그것들이 (적어도 부분적으로는 몇몇) 사실을 올바르게 표현한다면, 그 때문에 더욱 위험한 '가짜'가 된다. 반이민적 인종차별과 성차별은 거짓말이기 때문에 위험한 것이 아니라, 그 거짓말이 (부분적인) 사실적 진실의 형태로 제시될 때 가장 위험하다.

　과학이 외면하는 것이 바로 이러한 진실의 차원이다. 나의 질투가 객관적 지식에 의해 그 의구심이 확증되더라도 '진실이 아닌' 것처럼, 난민에 대한 우리의 두려움이 어떤 사실들로 확증될 수 있더라도 그것이 내포하는 주관적 발화의 입장과 관련해서는 거짓이다. 마찬가지로 현대 과학은 그것이 자본의 순환에 통합되는 방식, 즉 기술과의 연결 및 자본주의적 사용, 옛 마르크스주의 용어로 하면 과학적 활동의 "사회적 매개"라고 불렸던 것에 눈멀어 있는 한 "진실이 아니다." 이 '사회적 매개'

는 내재적인 과학적 절차 외부에 있는 경험적 사실이 아니라 과학적 절차 내부에서 구조화되는 일종의 초월적 선험이라는 점을 명심하는 것이 중요하다. 따라서 과학자들이 자신의 연구가 궁극적으로 오용되는 것에 대해 '신경 쓰지 않는다'는 문제만이 아니라(이런 경우라면 더 많은 '사회적 의식'을 가진 과학자들로도 충분할 것이다), 이 '신경 쓰지 않음'이 과학의 구조에 각인되어 있고, 과학 활동에 동기를 부여하는 바로 그 '욕망'을 채색한다는 차원이기도 하다. (과학에는 기억이 없다는 주장으로 라캉이 하려는 말이 이것이다.) 이는 어떻게 이루어지는가?

선진 자본주의의 조건에서는 노동을 하는 사람(노동자)과 노동을 기획하고 조정하는 사람 사이에 철저한 분리가 엄연하다. 후자는 자본의 편에 서며 자본의 가치화를 극대화하는 것이 그들의 임무이고, 생산성 향상을 위해 과학이 사용될 때에도 자본의 가치화 과정을 촉진하는 임무에 국한된다. 따라서 과학은 자본의 편에 확고하게 자리 잡고 있으며, 노동자로부터 빼앗아 자본과 그 집행자가 전유하는 지식의 궁극적인 모습이다. 일하는 과학자들도 임금을 받지만 그들의 일은 노동자의 일과 같은 차원이 아니다. 그들은 말하자면 다른(반대) 쪽을 위해 일하는 것과 같고, 어떤 의미에서 생산 과정의 파업 분쇄기이다. 물론 이것이 현대 자연과학이 돌이킬 수 없이 자본의 편에 있다는 것을 의미하지는 않는다. 오늘날 과학은 자본주의에 대한 저항에서 그 어느 때보다 절실히 필요하다. 문제는 진실의 차원을 무시하기 때문에, 즉 '기억이 없기 때문에', 과학 자체가 이 일을 하기에는 충분하지 않다는 점이다.

따라서 우리는 과학을 문제적으로 만드는 두 가지 차원을 구분해야 한다. 첫째, 일반적인 수준에서 과학은 '기억이 없다'는 사실, 즉 기억

없음이 과학을 구성하는 힘의 일부라는 사실이다. 다음은, 과학과 자본주의의 특수한 종합이 있는데, 여기서 '기억 없음'은 사회적 매개 활동에 대한 과학의 특정한 맹목성과 관련이 있다. 그러나 정치인들이 과학에 귀를 기울여야 한다는 그레타 툰베리의 주장은 옳다. 즉 바그너의 "상처는 상처를 낸 창에 의해서만 치유될 수 있다"는 말이 새로운 현실성을 획득한다. 오늘날의 위협은 주로 외부(자연)에서 온 것이 아니라 과학에 스며든 인간 활동(산업의 생태학적 결과, 통제되지 않은 유전공학의 정신적 결과 등)에 의해 자가-생성된 것이므로, 동시에 과학은 위험의 원천(중 하나)이자 위협을 파악하고 정의하는 유일한 매체다(지구 온난화의 책임을 과학기술 문명에 돌린다 해도, 위협의 범위를 정의할 뿐만 아니라 종종 위협을 인식하는 일에도 동일한 과학이 필요하다). 우리에게 필요한 것은 전근대적 지혜에서 자신의 근거를 재발견하는 과학이 아니다. 전통적 지혜야말로 생태적 파국의 실제 위협을 인식하지 못하게 한다. 지혜는 우리 존재의 안정된 기반인 대모-자연을 신뢰하라고 '직관적으로' 말하지만, 바로 이 안정된 기반은 현대 과학과 기술에 의해 훼손되고 있다. 따라서 우리는 자본의 자율적 회로와 전통적 지혜의 두 극에서 분리된 과학, 즉 마침내 스스로 설 수 있는 과학이 필요하다. 이것이 의미하는 바는 우리가 자연과의 진정한 일체감으로 돌아갈 수 없다는 사실이다. 생태학적 도전에 맞서는 유일한 방법은 자연의 급진적인 탈자연화를 완전히 받아들이는 일이다.

추상적 노동은 보편적인가?

사이토는 현대 과학의 이 핵심적인 역할을 침묵으로 지나치면서 추상적으로(헤겔적 의미에서 추상적인 또는 구체적인 상황을 무시한 채) 사유하는데, 이러한 추상화의 함의와 결과는 매우 광범위하다. 마르크스와 마찬가지로 사이토는 인간의 노동을 모든 사회의 초역사적 특징이자 다양한 사회적 노동 조직의 자연사적 기반이라고 본다. 그러나 그는 한 걸음 더 나아가—언뜻 보기에는 수수께끼처럼 보일 수밖에 없는 방식으로—추상적 노동의 초역사적 성격도 주장한다. 그는 추상적 노동이 전근대 사회에서 이미 존재했으며, (가치처럼) 상품 교환을 통해서만 출현하는 순수한 사회적 형태가 아니라고 주장하며, "추상적 노동도 노동 과정의 물질적 요소"(109)임을 증명하기 위해 마르크스를 인용한다. "모든 노동은 생리적 의미에서 인간 노동력의 지출이며, 상품의 가치를 형성하는 것은 바로 이 동등한, 즉 추상적인 인간 노동의 특질이다"(109). 그러나 이로부터 추상적 노동이 "인간 활동의 어떤 물질적 측면, 이 경우에는 노동의 순수한 생리적 지출"(109)이라는 결론이 정말로 도출될 수 있을까? 마르크스가『정치경제학 비판 요강』의 서문에서 보여 주었듯, 추상화 자체가 사회적 사실이자 추상화하는 사회적 과정의 결과는 아닐까?

> 더 단순한 범주가 더 구체적인 범주보다 역사적으로 먼저 존재했을 수는 있지만, 그 범주는 정확히 종합된 사회 형태에서 완전한(집중적이고 광범위한) 발전을 이룰 수 있는 반면, 더 구체적인 범주는 덜 발달한 사회 형태에서 더 완벽하게 전개된다. 노동은 아주 단순한 범

주처럼 보인다. 이러한 일반적인 형태의 노동 개념, 그 자체로서의 노동 개념 역시 헤아릴 수 없을 정도로 오래되었다. 그럼에도 불구하고 그 단순성을 경제적으로 생각해 보면, '노동'은 이 단순한 추상화를 만들어 내는 관계들만큼이나 현대적 범주이다.[34]

추상적 노동에 대해서도 마찬가지가 아닐까? 마르크스가 "교환에서 사람들은 자신들의 서로 다른 상품을 가치로 동일시함으로써 서로 다른 종류의 노동을 인간의 노동과 동일시"한다고 썼을 때, 그는 서로 다른 종류의 노동이 오직 시장 교환을 통해서만 동일시된다는 말을 하는 것이 아닐까? 상품 교환에 의해 신진대사가 조절되는 사회에서만 '추상적 노동'은 그 자체로 독자적으로 정립된다. 자본주의 사회에서 '추상화'는 사회적 사실이다(노동자는 그 추상화로 측정된 노동에 해당하는 임금을 받는다). 사이토는 추상적 노동이란 모든 인간 노동의 공통점, 즉 순전히 생리적 에너지의 시간 내 소비를 의미한다고 주장한다. 그러나 이는 노동을 내재적인 방식으로 표시하는 실제적 추상화가 아니라 '침묵하는 보편성'으로 남아서 동일한 노동의 추상적 부분과 구체적 부분 사이에 간극을 만드는 일이 아닐까? 게다가 사이토가 공인하는 마르크스의 노동 정의에 따르면 노동은 단순한 생리적 소비일 뿐만 아니라 계획과 지속적인 관심을 쏟는 정신적 활동이기도 한데, 사이토는 여기서 이 측면을 무시하고 있다.

사이토의 주요 주장은 추상적 노동이 "어떤 사회에서든 초역사적인 방식으로 사회적 역할을 하기 때문에"(108) 생리적이라는 것이다. 노동의 총량은 필연적으로 일정한 양의 시간으로 제한되며, 그렇기 때문에 시간의 배분은 사회의 재생산에 중요하다. 즉 추상적 노동은 어떤 사회적 분업에서도 작동한다는 말이다. 하지만 이 주장이 타당할까? 생리적 소비로서의 노동에 대한 사이토의 정의 자체가 19세기 반反헤겔주의적 공간에 뿌리를 둔 역사적으로 특정한 것이며, 이 공간 안에서만 '단순 평균 노동'을 모든 복잡한 형태들이 환원될 수 있는 제로 수준의 표준으로 간주할 수 있다는 사실이 즉시 눈에 띈다.

> 더 복잡한 노동은 단순 노동이 강화된, 혹은 **곱해진** 것으로만 계산되므로, 더 적은 양의 복잡한 노동은 더 많은 양의 단순 노동과 동일한 것으로 간주된다. 이러한 환원이 지속적으로 이루어지고 있음은 경험적으로 확인된다. 상품은 가장 복잡한 노동의 결과물일 수 있지만, 그 가치를 통해 단순 노동의 산물과 동일한 것으로 간주되기 때문에 특정 양의 단순 노동만을 나타낸다. 다양한 종류의 노동이 측정 단위가 되는 단순 노동으로 환원되는 다양한 비율은 생산자의 배후에서 진행되는 사회적 과정에 의해 설정되며, 따라서 생산자에게 이러한 비율은 전통에 의해 전승된 것처럼 보인다.[35]

여기서 핵심적인 수수께끼의 용어는 "경험"인데, 데이비드 하비는 그의 고전적 주석에서 "마르크스는 자신이 염두에 둔 '경험'이 무엇인지 설명하지 않아 이 구절에 대한 논란이 많다"고 적시한다.[36] 최소한으로 덧붙일 수 있는 말은 이 '경험'이 특정한 역사적 상황을 가리키는 것으로 생각해야 한다는 점이다. 단순 노동으로 간주되는 것만이 아니라 **복잡한 노동을 단순 노동으로 환원하는 관행** 자체가 역사적으로 특정한 어떤 것으로서 인간 생산성의 보편적 특징이라기보다 자본주의 및 고전적 산업 자본주의에 국한된다. 안손 라빈바흐가 증명했듯이, 이 관행은 19세기 헤겔과의 단절 속에서만, 즉 노동력이 작동하는 방식에 대한 패러다임으로서 열역학 엔진의 역할에 대한 천명에서 작동하며, 젊은 마르크스의 텍스트에서도 인간 주체성의 표현적 배치로서의 헤겔적 노동 패러다임을 대체하는 패러다임으로 여전히 작동하고 있다.

열역학 엔진은 줄어들거나 소진되지 않는 동기부여의 저장소가 되는 강력한 자연의 하인이었다. 노동하는 몸, 증기기관, 그리고 우주는 하나의 끊어지지 않는 사슬, 즉 우주에 편재하고 무한한 변이가 가능하면서도 불변하는 불멸의 에너지로 연결되어 있었다. 이 발견은 노동에 대한 마르크스의 사고에도 지대한 영향을 미쳤다. 1859년 이후 마르크스는 노동력이라는 언어에서 구체적 노동과 추상적 노동의 구분을 점점 더 **발생**보다는 **전환**의 행위로 간주했다. 다시 말해, 마르크스는 헤겔로부터 물려받은 노동의 존재론적 모델에 열역학적 노동 모델을 덧씌운 것이다. 그 결과 마르크스에게 노동력은 정량화할 수 있고 다른 모든 형태의 노동력(자연 또는 기계)과 동등한 것이 되었다. 노동을 더 이상 단순히 인류학적으로 '패러다임적인' 활동 방식으로 간주하지 않고, 새로운 물리학과의 조화를 통해 노동력을 추상적인 크기(노동 시간이라는 척도)와 자연적인 힘(신체에 위치한 특정한 에너지 등가물)으로 보았을 때 마르크스는 '생산주의자'가 되었다.[37]

여기서 의문이 생긴다. 가치의 척도로서 (노동의) 기계적인 선형적 시간 흐름에 의존하는 이 패러다임이 후기 자본주의 탈산업 사회에서도 여전히 유효한가? 마르크스의 정치경제학 비판을 다른 시대의 것으로 치부하고 훨씬 더 창의적이고 협력적인 방식으로 노동력을 사용하려는, 오늘날 포스트-포드주의적 자본주의의 잠재력을 찬양하는 바로 그 지배 이데올로기의 시도를 피하려면 이 질문에 답해야 한다.

'반反규율성'에 관한 지적으로 왕성한 새로운 담론은 기업의 이사회 모임과 영향력 있는 신문 및 잡지의 사설 지면에서 보금자리를 찾았다. 포스트-마르크스주의 잡지인《월스트리트 저널》을 예로 들어 보자. 이 잡지는 1990년대에 테일러주의-포드주의적 직장의 청산되지 못한 잔재들에 반대하는 캠페인을 벌였는데, 낡은 관행에 집착하는 이들 기업의 경영진은 근로자의 자율성을 불신하고, 지루한 일상 업무를 미리 정해 놓으며, 창의성을 억제하고, "똑똑하고 독립적 사고를 가진 노동자"에게 적합하지 않은 직장을 만들었다.[38]

다시 마르크스와 사이토로 돌아가면, 추상적 노동의 보편성이라는 개념적 틀 안에서 공산주의는 인간과 자연의 통일성의 회복인 동시에 그것들 간의 균열의 완성이기도 하다. 자본주의에서 사회적 생산은 (인류를 특징짓는) 사회적 계획에 의해 규제되지 않고 '비합리적'으로 잔존하며 이런 의미에서 인류 이전의, '자연사'의 일부로 남아 있다. 여기서 심층에 놓인 문제는 철학적 문제이다. 사이토는 인간의 특수성에 대한 마르크스의 정의(『자본』)를 의심 없이 받아들이기 때문에 **이 균열**을 놓치고 있다. 모든 생명체는 자신의 유기체와 자연환경 사이의 물질 교환인 신진대사에 관여하지만, 인간 종만이 의식적으로 규제된 활동이라는 의미에서 노동을 통해 이러한 신진대사를 수행한다. 이미 인용한『자본』제1권의 7장에서 마르크스가 거미와 인간의 차이에 대해 언급하는 구절을 상기해 보자. 이 구분의 명백함에 현혹되어서는 안 된다.[39]

이 정의의 명백함에 현혹되어서도 안 된다. 의문은 지속된다. 하나의 작업 과정을 의식적으로 계획하려면 자신의 자연스러운 즉자성으로부터 어느 정도의 거리가 필요하고 이 거리두기의 형태는 언어이므로, 언어 없이는 특정한 인간적 의미의 노동은 존재하지 않는다. 이는 많은 것을 시사한다. 언어는 단순한 의사소통의 도구가 아니라 라캉이 말하는 '대타자', 즉 우리 사회적 존재의 실체, 즉 명문화되고 명문화되지 않은 규칙과 패턴으로 이루어진 두꺼운 사회적 네트워크를 형성한다. 결과적으로, 마르크스는 노동에 대한 정의에서 너무 앞서 나간다. 또 다른 단절을 모호하게 하거나 무시한다. 인용한 구절 바로 앞에서 그는 이렇게 썼다.

> 우리는 단순한 동물을 떠올리게 하는 원시적인 본능적 형태의 노동을 거론하는 것이 아니다. 헤아릴 수 없는 시간의 간격으로 인해 인간이 자신의 노동력을 상품으로 판매하기 위해 시장에 내놓는 상태와 인간의 노동이 아직 본능적 단계에 머물러 있던 상태가 나뉜다. 우리가 전제하는 노동은 전적으로 인간적 낙인이 찍힌 형태이다.[40]

마르크스와 사이토가 공유하는 한계는 여기서 분명하다. 두 사람 모두 동물에서 인간으로, 본능에서 계획/의식으로의 점진적 계통을 가정하여, 전근대적 단계를 "단순한 동물을 연상시키는 원시적 본능적 노동 형태"로 인식한다. 그러나 이러한 "단순한 동물을 연상시키는 원시적인 본능적 노동 형태"는 이미 자연으로부터 급진적 단절을 이루었다. '신진대사의 균열'은 이미 벌어져서, 고대 사회의 '신진대사'는 항상 규제된 교환이라는 상징적 타자에 기반을 두고 있다. 고대 아즈텍과 잉카의 사회적 신진대사가 희생 제의에서 절정에 이른 거대한 상징적 장치에 의해 조절되었다는 사실을 떠올리는 것으로 충분하다. (해가 다시 뜨도록 히는 등) 가장 '자연스러운' 자언의 순환이 계속되려면 인간의 희생을 감수해야 하는데, 희생은 정의상 원활한 신진대사를 방해한다. 요컨대, (동물) 생명과의 대사적 균열은 비록 그것이 계절의 자연적 리듬에 기반을 둔다 하더라도, 또는 특히 그렇게 기반을 두어 자연에 의미를 투사할 때라도, **문화 그 자체**다. 프로이트가 그의 '인간학적' 저술에서 그러한 의식의 기원을 탐구한 궁극적 결론은 진정한 대사적 균열(자연과 문화 사이의 단절)이 섹슈얼리티 그 자체라는 사실이다. 인간의 섹슈얼리티는 본유적으로 자기훼손적이고, 욕망의 역설과 관련되며, '자연적인' 리듬에 자신의 폭력적인 리듬을 부과한다. 이러한 역설을 지칭하는 프로이트의 용어는 물론 "죽음충동"이다. 위대한 바리톤 가수 루도빅 테지에는 인터뷰에서 이렇게 말했다: "살기 위해 우리에게는 음악이 필요하다. 음악은 일종의 마약이며, 매우 건강한 마약이다."[41] 제대로 된 인간의 삶에는 건강하든 건강하지 않든 삶의 생물학적 리듬을 교란하는 그런 마약이 필요하다. 요컨대, 자본주의는 세상의 비대칭과 불균형의 근원이 **아니며**, 따라서 우리의 목표는 '자연스러운' 균형과 대칭을 회복하는 것이 **아니어야** 한다는 뜻이다. 자본주의 이전의 균형을 회복하려는 이러한 프로젝트는 자본주의 이전 사회에서 이미 작동하고 있는 균열을 무시(또는 적어도 과소평가)한다. 그뿐만 아니라 현대적 주체성의 등장이 주는 해방적 차원, 즉 어머니-대지(와 아버지-하늘)라는 전통적인 성차화된 우주론, 우리가 자연의 실질적인 '모성적' 질서에 뿌리를 둔다는 우주론을 넘어서는 차원을 무시하게 된다.

자본에 대한 마르크스의 은유는 산 자의 피를 빨아먹는 뱀파이어(살아 있는 시체)로서, 모든 것이 뒤죽박죽된 자본의 세계에서는 죽은 자가 산 자를 지배하고 산 자보다 더 살아 있다. 이 은유의 암묵적 전제는 혁명의 목표가 산 자가 죽은 자를 다스리는 정상으로 돌아가는 것이라는 점이다. 그러나 라캉은 산 자와 죽은 자의 관계의 어떤 역전이 인간이라는 존재 자체를 규정한다고 말한다. '금지된' 주체는 살아 있는 시체로서 생물학적 실체와 거리를 두는데, 그것은 자신에게 봉사하는 인간에 의탁하여 살아가는 일종의 기생충인 상징적 대타자 속에 갇혀 있기 때문이다. 향유 자체가 인간의 쾌락에 기생하는 그 무엇이며, 쾌락을 도착적으로 만들어서 주체가 불쾌 자체로부터 잉여향유를 끌어낼 수 있도록 하는 무엇이다.

여기서 한 걸음 더 나아가야(아니 오히려 뒤로 물러서야) 한다. 인류에게만 신진대사의 균열이 발생하는 것이 아니라, 인류 이전의 자연 자체에서도 이미 균열이 작동하고 있다. 우리의 주요 에너지원인 석유와 석탄이 이만큼의 매장량을 만들기 위해 어떤 종류의 균열이 일어나야 했는지 상상해 보자. 그러니 우리는 역설을 받아들여야 한다. 만일 인류가 일종의 조화로운 신진대사(자연과의 교류)에 도달하게 된다면, 이는 일종의 '제2의 자연'으로서 인류가 부여하는 것이 될 터이다. 생태의 파국을 막기 위해 지구의 전체 신진대사를 조절하려는 다양한 아이디어가 이미 회람되고 있으며, 그중 일부는 (대기에 화학물질을 뿌려 지구에 닿는 태양 광선의 양을 줄이는 것과 같이) 자연의 순환에 급진적으로 개입하는 일과 관련이 있다.

마르크스는 "설명이 필요한 것은, 살아 있고 활동적인 인류와 자연의 대사적 상호작용이라는 자연적이고 무기적인 조건의 **통합**이 아니라 … 오히려 인간 존재의 무기적인 조건과 이 활동적인 존재 사이의 **분리**이다"(66)라고 썼다. 그러나 만약 어떤 분열이나 균열이 인간성 자체를 구성하는 요소이고, 이런 의미에서 초역사적이라면 어쩔 것인가? 따라서 설명이 필요한 것은 이러한 근본적 분열을 모호하게 만들려는 역사적으로 특수한 색다른 통합의 구성체이다. 사이토는 자본주의 이전 인간 삶의 토대를 찾고자 하며, 자연과 인간 사이의 신진대사가 자본의 공정이 기반을 두고 있는 근거라고 상정한다. 이 신진대사가 거기에 기생하는 자본주의로 인해 왜곡되어서 자본주의의 기본 '모순'은 자연의 신진대사와 자본 사이에 성립한다. 자연은 자본에 저항하고, 자본의 자기 가치화에 한계를 부여한다. 따라서 공산주의자의 임무는 더 이상 시장이 매개되지 않고 인간적인 (합리적으로 계획된) 방식으로 조직되는 새로운 형태의 사회적 신진대사를 발명하는 것이다. 사이토가 근본적으로 반反헤겔주의적인 이유가 여기에 있다. 그의 공리는 헤겔 변증법으로는 자본의 자연적 한계, 즉 자본의 자기운동이 스스로의 미리 전제된 자연적 기반을 완전히 '지양'/통합할 수 없다는 사실이다. 여기서 우리의 반론은 사이토가 인간과 자연적 삶의 초역사적 신진대사를 자본주의가 기생하는 기반으로 간주하는 일을 너무 성급하게 진행한다는 것이다. 이 둘 사이에는 제3의 항목, 즉 상징적 질서 그 자체, 상징적 허구의 우주, 우리 사회적 삶의 상징적 실체가 있다. 다시 말해 자본주의는 우리의 자연 서식지를 파괴할 뿐만 아니라 동시에 우리가 공유하는 상징적 실체도 파괴하고 있다. "자본의 논리로서의 헤겔의 논리"라는 입장에 대한 카슨의 요지를 다시 거론해 보자.

> 헤겔에게 존재론적 전제 조건은 개념에 완전히 내재되어 있으므로 외부성에서 내부성으로 전환하는 그것만의 형식을 갖춘다. 이것은 '끈질긴' 모순이 아니라 화해로 이어진다. 이와는 대조적으로, 마르크스에게 있어서 구체적인 삶의 존재론적 전제조건은 갈등상태로 남아서 자율적인 삶을 획득한 개념-주체-자본에 항구적인 방해와 장애를 일으킨다. 전자의 경우 절대 이념의 마지막 계기를 전개함으로써 이 분석을 헤겔의 체계에 맞게 만드는 화해가 이루어지지만, 후자의 경우 화해의 순간이 없으므로 헤겔 철학의 관점에서 존재론적으로 이해할 수 없다.[42]

여기에 두 가지 사항을 추가해야 한다. 첫째, 이러한 화해의 불가능성(인간 삶의 재생산과 자본의 재생산 사이)이 우리를 헤겔의 본질 논리로 되돌아가게 만드는 바람에 인간의 생산력은 곧 자본 운동의 '본질'이 되는 것이 아닐까? 둘째, 마르크스에게 공산주의는 진정한 화해인데, 그렇다면 이 화해를 헤겔적 용어로 생각할 수 있을까? 게다가 여기서 내가 문제 삼는 표현은 "인간의 삶과 자연을 그 역사적 양태들로 포함하는 물질"이다. 우리가 항상 던져지고 소외되는 우리 삶의 상징적 실체, 라캉의 '대타자'가 과연 '물질'의 차원으로 환원될 수 있을까? 그것은 상징적 허구의 **탁월한** 영역이 아닐까? 더구나 자연과 문화는 대칭적이지는 않지만 완전히 포개지는 개념이기 때문에, 자연과 문화를 대립시키는 경우 매우 신중해야 한다. 자연은 "존재하는 모든 것"이므로 문화는 궁극적으로 자연의 일부이며, 우리가 자연을 파괴할 때에도 자연은 그 일부인 우리를 통해 스스로를 파괴하고 있다. 반대로 (우리가 이해하는) '자연'은 항상 사회적-문화적 범주다. 우리에게 '자연스럽게' 보이는 것은 항상 지배적인 이데올로기 프레임에 의해 과잉결정된다.

노동자들인가, 노동자인가?

따라서 사이토는 자본주의가 기생하는 기반으로서 인간과 자연적 삶의 초역사적 신진대사를 너무 성급하게 상정하는 데까지 나아간다. 이 둘 사이에는 상징적 질서 자체, 상징적 허구의 세계, 우리 사회적 삶의 상징적 실체라는 제3의 항목이 있으며, 자본주의는 우리의 자연 서식지를 파괴할 뿐만 아니라 동시에 우리가 공유하는 상징적 실체, 헤겔이 관습 Sitten이라고 부르는 것을 파괴한다. 상징적 질서에 대한 이러한 무지는 마르크스의 공산주의 개념에도 영향을 미친다.『자본』제1권 말미에 마르크스가 네 가지 생산/교환 방식의 매트릭스를 전개할 때, 그는 로빈슨 크루소라는 상상적 사례로 시작하고 끝을 맺는다. 내가 중요하다고 생각하는 것은 마지막에 로빈슨 사례로 다시 돌아가 물신주의적 반전이 없는 투명한 공산주의 사회의 모델로 삼는다는 점이다. 이 긴 대목은 전부 인용할 가치가 있다.

로빈슨 크루소의 경험은 정치경제학자들이 가장 좋아하는 주제인 만큼, 자기 섬에서의 로빈슨 크루소를 한 번 살펴보자. 그는 절제심이 있지만 몇 가지 욕구를 충족시켜야 하기에 도구와 가구 만들기, 염소 길들이기, 낚시와 사냥 등 다양한 종류의 유용한 일을 해야만 한다. 예배 및 그와 유사한 행위에 대해서는 고려하지 않는다. 왜냐하면 이것들은 그의 즐거움의 원천이며, 그만큼의 오락으로 여겨지기 때문이다. 다양한 일에도 불구하고 그는 자신의 노동이 그 형태가 무엇이든 유일하고 동일한 로빈슨의 활동일 뿐이며, 따라서 그것은 단지 인간 노동의 서로 다른 양식들로 구성될 뿐이라는 것을 알고 있다. 필요성 자체가 로빈슨으로 하여금 여러 종류의 일 사이에 시간을 정확하게 배분하도록 강제한다. 한 종류가 다른 종류보다 그의 일반적인 활동에서 더 큰 영역을 차지하는지 여부는 목표로 하는 유용한 효과를 달성하는 데 극복해야 할 어려움이 사안에 따라 더 크거나 더 작거나 하는 형태에 달려 있다. 우리의 친구 로빈슨은 곧 경험을 통해 이 사실을 깨닫고 난파선에서 시계와 장부, 펜과 잉크를 구출해 낸 후, 정통 영국인처럼 장부를 쓰기 시작한다. 그의 재고 장부에는 그에게 속한 쓸모 있는 물건의 목록과 그 물건의 생산에 필요한 작업, 그리고 마지막으로 그 물건의 일정한 수량에 평균적으로 소요된 노동 시간이 기록되어 있다. 로빈슨과 그가 창조한 이 부를 형성하는 사물들 사이의 모든 관계는 세들리 테일러 씨도 크게 힘들이지 않고 이해할 수 있을 정도로 단순하고 명확하다. 하지만 그 관계에는 가치 결정에 필수적인 모든 것이 담겨 있다.

이제 빛으로 가득한 로빈슨의 섬에서 어둠에 가려진 유럽 중세 시대로 이동해 보자. 여기서 우리는 독립적인 인간 대신 농노와 영주, 가신과 군주, 평신도와 성직자 등 모든 사람이 서로 의존하는 모습을 발견할 수 있다. 여기서 개인적 의존관계는 생산을 기반으로 조직된 다른 삶의 영역과 마찬가지로 사회적 생산관계를 특징 짓는다. 그러나 개인적 의존이 사회의 토대를 형성한다는 바로 그 이유 때문에 노동과 그 생산물이 현실과 다른 환상적인 형태를 취할 필요는 없다. 사회적 거래에서 노동은 현물 서비스와 현물 지불이라는 형태를 취한다. 여기서 노동의 구체적이고 자연스러운 형태는 상품 생산에 기반을 둔 사회에서처럼 일반적인 추상적 형태가 아니라 즉각적인 사회적 형태의 노동이다. 강제 노동은 상품 생산 노동과 마찬가지로 시간에 따라 적절하게 측정되지만, 모든 농노는 자신이 영주를 위해 지출하는 것이 자신의 개인 노동력의 정해진 양이라는 것을 알고 있다. 십일조를 사제에게 바치는 것은 사실 축복보다는 사실의 문제이다. 그렇다면 이 사회에서 다양한 계층의 사람들이 각자 맡은 역할에 대해 우리가 어떻게 생각하든, 노동을 수행하는 개인들 사이의 사회적 관계는 어떤 식으로든 서로 간의 개인적인 관계로 현상하며, 노동의 산물 사이의 사회적 관계라는 형태로 위장되지 않는다.

공동 노동 또는 직접적으로 협력된 노동의 예를 찾기 위해 우리가 모든 문명 종족의 역사의 초입에서 발견되는 자발적으로 발전된 형태로 돌아갈 이유는 없다. 옥수수, 소, 실, 린넨, 가정용 의류를 생산하는 가부장적 농가의 가부장적 산업에 비근한 사례 하나가 있다. 이러한 다양한 물품들은 가족이라는 관점에서 보면 노동의 산물이지만, 그 자체로 보면 상품이 아니다. 경작, 가축 돌보기, 방적, 직조, 옷 만들기 등 다양한 종류의 노동은 그 자체로 다양한 생산물을 만들어 내는데, 이는 상품 생산에 기반을 둔 사회와 마찬가지로 자연적으로 발달한 분업 체계를 가지고 있는 가족의 기능이 그 자체로 직접적인 사회적 기능을 하기 때문이다. 가족 내 노동의 분배와 여러 구성원의 노동 시간 조절은 계절에 따라 달라지는 자연조건뿐만 아니라 연령과 성별의 차이에 따라 달라진다. 이 경우 각 개인의 노동력은 본질적으로 가족 전체 노동력의 정해진 일부로만 작동하며, 따라서 개인의 노동력 지출을 그 지속시간으로 측정하는 것은 본질적으로 노동의 사회적 성격으로 현상한다.

이제 관점의 변화를 위해 자유로운 개인들이 공통의 생산수단을 가지고 각자의 일을 계속하며, 다른 모든 개인들의 노동력이 공동체의 결합된 노동력으로 의식적으로 적용되는 공동체를 상상해 보자. 로빈슨 노동의 모든 특징이 여기서 반복되지만, 개인적이 아닌 사회적이라는 차이점이 있다. 그가 생산한 모든 것은 오로지 개인 노동의 결과물이며, 따라서 자신을 위해 사용할 수 있는 대상일 뿐이다. 공동체의 생산물의 총합은 사회적 생산물이다. 일부는 새로운 생산수단으로 사용되며 사회적 성격을 유지한다. 그러나 또 다른 부분은 구성원들이 생계 수단으로 소비한다. 따라서 이 부분을 구성원들 간에 분배하는 것이 필요하다. 이 분배의 방식은 공동체의 생산적 조직과 생산자가 달성한 역사적 발전의 정도에 따라 달라질 것이다.

우리는 단지 상품 생산과의 평행 관계를 위해 생계 수단에서 각 개별 생산자가 차지하는 몫이 그의 노동 시간에 의해 결정된다고 가정할 것이다. 이 경우 노동 시간은 이중의 역할을 한다. 명확한 사회 계획에 따른 배분은 수행해야 할 다양한 종류의 노동과 공동체의 다양한 욕구 사이의 적절한 비율을 유지한다. 다른 한편으로, 시간은 또한 각 개인이 부담하는 공동 노동의 일부와 개별 소비를 위해 마련된 총 생산물의 일부에서 자신의 몫을 측정하는 척도로도 사용된다. 이 경우 개별 생산자의 사회적 관계는 그들의 노동과 생산물 모두와 관련하여 완벽하게 단순하고 이해하기 쉬우며, 이는 생산뿐만 아니라 분배에 대해서도 마찬가지다.[43]

로빈슨 단독, 중세적 지배 방식, 가족 집단, 공산주의라는 이 네 가지 생산 방식은 놀랍고 반직관적이다. 가장 먼저 눈에 들어오는 수수께끼는 중세의 직접 지배를 뒤잇는 생산 양식으로 자본주의를 예상할 수 있는 곳에 왜 가족이 등장하느냐는 것이다. 가족은 시초에 계급 이전의 '원시' 사회를 특징짓는 양식으로서 있어야 하지 않을까? 마르크스는 가족 대신 로빈슨(단독 생산자)의 예로 시작하는데, (마르크스도 잘 알다시피) 로빈슨은 역사적 출발점이 아니라 부르주아 신화에 불과한데 왜 출발점이 되는가? 로빈슨에서 시작해야만 마르크스가 (유사) 헤겔적 변증법적 순환에서 마지막에 공산주의 사회의 상상된 모델로서 집단적 로빈슨으로 돌아갈 수 있는 것이 아닐까? 로빈슨과의 비교를 통해서야만 마르크스는 공산주의를 불투명하고 실체적인 대타자에 의해 개인들 사이의 관계가 매개되지 않는 자기투명한 사회로 상상할 수 있고, 그렇기에 오늘날 우리의 임무는 이 사유지평의 바깥에서 공산주의를 생각하는 것이다. 마르크스는 집단적 로빈슨의 방식으로 생산이 규제되는 공산주의 사회에 대한 비전에서, 공산주의를 "일반 지성"이 생산 과정을 지배하는 사회로 상상하는 『정치경제학 비판 요강』 원고의 저 유명한 대목을 되풀이한다. 이 구절은 마르크스가 적극적인 혁명 투쟁을 깡그리 무시하는 자본주의의 자기극복 논리를 펼치면서 순전히 경제적 측면에서 공식화한 것이기 때문에 **자세하게** 인용할 가치가 있다. "자본 자체가 움직이는 모순인데, [그 이유는] 노동 시간을 최소한으로 줄이도록 압박하면서도 노동 시간을 부의 유일한 척도이자 원천으로 간주하기 때문이다."[44] 따라서 자본주의를 파멸시킬 '모순'은 노동 시간을 유일한 가치의 원천으로(따라서 잉여가치의 유일한 원천으로) 삼는 자본주의적 착취와 직접 노동의 역할을 양적, 질적으로 축소시키는 과학기술 발전 사이의 모순이다.

> 대규모 산업이 발전할수록 실질적 부의 창출은 노동 시간과 고용된 노동의 양보다는 노동 시간 동안 작동하는 행위자의 힘에 의존하게 되는데, 그 '강력한 효과' 자체는 생산에 투입된 직접 노동 시간에 비례하지 않고 오히려 일반적인 과학의 상태와 기술의 진보 또는 이 과학의 생산에의 적용에 달려 있다.[45]

여기서 마르크스의 비전은 인간(노동자)이 "생산 과정 자체에 감시자이자 규제자로서 더 많은 관계를 맺게 되는" 완전 자동화된 생산 과정과 연관된다.

더 이상 노동자는 대상과 자신 사이의 중간 고리로서 변형된 자연대상Naturgegenstand을 삽입하는 것이 아니다. 오히려 산업 공정으로 변형된 자연의 과정을 자신과 무기질 자연 사이의 수단으로 삽입하여 자연 과정을 지배한다. 그는 생산 과정의 주연이 아니라 생산 과정의 측면으로 물러난다. 이 변화에서 그가 몸소 수행하는 직접적 인간 노동이나 그가 일하는 시간이 아니라 자신의 일반적인 생산력, 그의 자연에 대한 이해와 사회적 기구로서의 자기존재감을 통한 자연의 지배가, 즉 한마디로 사회적 개인의 발달이 생산과 부의 위대한 초석으로 나타난다. 현재의 부의 기반이 되는 소외된 노동 시간의 약탈은 대규모 산업 자체가 만들어 낸 이 새로운 토대 앞에서는 비참한 토대처럼 보인다. 직접적인 형태의 노동이 부의 위대한 원천이 되기를 그치자마자 노동 시간은 부의 척도가 되길 멈추고 또 멈춰야만 한다.[46]

마르크스가 단수('인간', '노동자')를 체계적으로 사용한 것은 '일반 지성'이 상호주관적이지 않고 '독백적'이라는 것을 보여 주는 핵심 지표다. 추상적인 노동 과정의 해명에 대한 마르크스의 결론, 즉 사회적 차원을 징후적으로 '비논리적'으로 배제하는 대목을 상기해 보자. "그러므로 다른 노동자들과의 연계를 통해 우리의 노동자를 재현할 필요는 없었다. 한쪽에서는 인간과 그의 노동, 다른 한쪽에서는 자연과 그 물질로 충분했다." 이는 마치 공산주의에서 '일반 지성'의 지배를 통해 노동의 이러한 몰사회적 성격이 직접적으로 실현되는 것과 같다. 네그리의 생각과 달리, 이것이 의미하는 바는 마르크스의 '일반 지성'의 관점에서는 생산 과정의 대상이 정확히 사회적 관계 자체가 **아니라는** 뜻이다. '사태의 관리'(자연에 대한 통제와 지배)는 여기서 사람들 사이의 관계와 분리되어 더 이상 사람들에 대한 지배에 의존할 필요가 없는 영역을 구성한다는 것이다. (『정치경제학 비판 요강』의 '일반 지성'의 전체 전개는 미공개 단편 원고에 속한다는 점을 여기서 명심해야 한다. 이는 마르크스가 곧바로 폐기했던 실험적 전개 방식이다. 하지만 이 대목이 노동 일반에 대한 마르크스의 몰사회적 정의와 『자본』의 로빈슨을 거론하는 대목과 연결되어 있다는 점은 그러한 비전이 마르크스의 저작에 내재되어 있음을 분명히 보여 준다.) 오늘날 이 비전은 (다른 누구보다도) 아론 바스타니[47]에 의해 소생되었는데, 그는 오늘날 우리가 직면하고 있는 "가장 시급한 위기," 생태적 위협보다도 더 시급한 위기는 "집단적 상상력의 부재"라고 말한다.

정보 비용의 급격한 하락과 기술의 발전은 모두에게 자유와 사치를 누릴 수 있는 공동의 미래를 위한 토대를 제공하고 있다. 자동화, 로봇 공학 및 머신 러닝은 노동력을 실질적으로 감소시키고 광범위한 기술적 실업을 초래할 것이다. 하지만 이는 우리가 한 사람의 계산원, 운전기사, 건설 노동자로서 일이 소중하다고 여기는 경우에만 해당되는 문제다. 많은 사람들에게 일은 고된 노동이다. 자동화를 통해 우리는 일에서 해방될 수 있다.

유전자 편집과 염기서열 분석은 의료를 사후 대응에서 예측으로 전환하는 혁명을 일으킬 수 있다. 헌팅턴병, 낭포성 섬유증, 낫적혈구병과 같은 유전성 질환을 없애고 암이 1기에 도달하기 전에 치료할 수 있다. 또한 반세기 동안 매년 가파른 비용 하락을 경험하고 있는 재생 에너지는 전 세계의 에너지 수요를 충족시키고 화석 연료로부터의 획기적인 전환을 가능하게 할 수 있다. 현재 기술적 장벽을 극복하고 있는 소행성 채굴은 우리가 상상할 수 있는 것보다 더 많은 에너지를 제공할 뿐만 아니라 철, 금, 백금, 니켈도 더 많이 얻을 수 있다. 자원 부족은 과거의 일이 될 것이다. 그 결과는 광범위하고 잠재적으로 변혁적인 결과를 가져올 것이다. 기술적 실업, 글로벌 빈곤, 사회 고령화, 기후변화, 자원 부족 등 오늘날 세계가 직면한 위기의 해결책을 우리는 이미 엿볼 수 있다.

하지만 걸림돌이 있다. 바로 자본주의로 불리는 것이다. 자본주의는 새로운 풍요를 만들어 냈지만, 기술 발전의 과실을 함께 나누지는 못한다. 오직 이윤을 위해 물건을 생산하는 시스템인 자본주의는 수익을 보장하기 위해 자원을 배분하려고 한다. 오늘날과 마찬가지로 미래의 기업들도 독과점을 형성하고 지대를 추구할 것이다. 그 결과는 식량, 의료 서비스, 에너지가 충분하지 않은 상태, 즉 강제된 희소성이 될 것이다.

그래서 우리는 자본주의를 넘어서야 한다. 20세기 사회가 봉건주의와 다르고 도시 문명이 수렵-채집자 생활과 다르듯이 우리는 무언가 새로운 사회의 윤곽을 볼 수 있다. 이는 수십 년 동안 개발이 가속화되어 왔으며 우리가 자연스러운 질서라고 당연하게 여겼던 것의 주요 특징을 이제 훼손하기 시작한 기술을 바탕으로 한다.

이를 이해하려면 새로운 정치가 필요하다. 기술 변화가 이윤이 아닌 사람을 위하는 정치. 환상을 제시하는 일보다, 탈탄소화, 완전 자동화, 사회화된 돌봄과 같이 피부에 와닿는 정책들이 선호되는 정치.

이렇게 유토피아적 지평과 일상적인 실행 방안을 지닌 정치의 이름
은 '완전 자동화된 호화 공산주의Fully Automated Luxury Communism'이다.[48]

이러한 비전에 회의적인 비웃음을 터뜨리기 쉽지만, 그 전에 이를
뒷받침하는 상식적인 증거에 주목할 필요가 있다. 오늘날 신기술의 폭
발적인 발전 덕택에 인류 역사상 처음으로 모든 사람이 풍요로운 사회
를 누릴 수 있는 시대가 손에 닿을 정도는 아니더라도 그 가능성으로 분
명하게 드러나고 있다. 바스타니가 숙고하는 '모순', 즉 자본주의가 스스
로 제한해야만 하는 풍요를 만들었다는 사실은, 마르크스가 옳았지만
공산주의에 대한 비전은 너무 일찍 왔다는 그의 주장을 뒷받침하는 것
으로 보인다. 오늘날에 이르러서야 풍요는 객관적으로 가능해진다.

그러나 공산주의에 대한 이러한 기술적 전망에는 문제가 있다. 새
로운 풍요의 가능성을 열어 주는 것과 동일한 과정이 우리의 삶에 대한
이제껏 들은 적 없는 통제와 규제의 새로운 가능성도 열어 놓는다. 이
문제의 뿌리는 이렇다. 만일 생산 과정이 대부분 자동화되더라도 누가
이 과정을 규제하며 또 어떻게 통제할 것인가? 그리고 이 풍요로운 사회
에서 사회생활 자체는 어떻게 조직될까? 시장 메커니즘이 부재한 상황
에서 자본주의의 극복은 지배와 종속의 직접적인 관계의 복귀로 이어질
가능성이 높으며, 이러한 가능성은 대타자의 차원에 대한 마르크스의
무지에 근거를 두고 있다.

이제 우리는 사이토가 **추상적** 노동의 초역사적 성격을 주장하기로
결정한 배경을 알 수 있다. 그것은 마르크스의 정신에 반하는 것이 아니
라 마르크스 자신에게 존재하는 특정 개념이 논리적 결론으로 귀결된

특징이다. 노동의 사회적 성격에 대한 그의 모든 주장에도 불구하고 마르크스는『자본』에서 특정 형태와 무관하게 노동 자체를 정의하려고 할 때 놀라운 일을 한다. 첫째, 한쪽에는 노동자가 있고 다른 한쪽에는 노동의 대상만 있을 뿐이라고 말한다. 사회적 차원은 사라져 버린다. 마르크스가 미래의 소외되지 않은 공산주의 사회의 기본 좌표를 상상하려고 할 때 이 사회적 차원으로부터의 동일한 추상화가 다시 나타나며, 단수로서의 노동자가 여기 등장한다.

현실과 허구

그러나 마르크스의『자본』에는 이러한 무지를 극복하는 방법을 지칭하는 요소들, 즉 사회적 현실 자체의 일부인 허구로서의 상품 물신주의(『자본』 2권)부터 정교화된 허구적 자본의 주제(『자본』 3권)에 이르기까지 자본주의 재생산에서 허구의 필수적인 역할을 다루는 대목들이 있다. 『자본』의 세 권은 보편, 특수, 개별의 삼위일체를 재생산한다. 『자본』 1권은 자본의 추상적-보편적 매트릭스(개념)를 펼쳐 보이고, 『자본』 2권은 특수자, 즉 우발적 복잡성을 지닌 자본의 실제 수명으로 전환하며, 『자본』 3권은 자본의 총체적 과정의 개별성을 전개한다. 최근 몇 년 동안 마르크스의 정치경제학 비판에 대한 가장 생산적인 연구는『자본』 3권에 집중되어 왔는데, 왜 그럴까? 1868년 4월 30일 엥겔스에게 보낸 편지에서 마르크스는 이렇게 썼다.

『자본』 1권에서 [...] 우리는 자기확장 과정에서 100파운드가 110파운드가 된다면, 후자는 다시 한번 스스로가 변화해 갈 요소가 이미 **시장에 존재함**을 알게 된다는 가설에 만족한다. 그러나 이제 우리는 이러한 요소들이 손쉽게 발견될 수 있는 조건, 즉 서로 다른 자본들, 자본과 수익(=s)의 구성 부분 간의 사회적 상호얽힘을 탐구한다.[49]

여기에는 동전의 양면과 같은 두 가지 특징이 중요하다. 한편으로 마르크스는 자본의 재생산의 순수한 개념적 구조(1권에서 설명)에서 자본의 재생산이 시간적 공백, 죽은 시간 등과 연계되는 현실로 넘어간다. 원활한 재생산을 방해하는 죽은 시간이 존재하며, 이러한 죽은 시간의 궁극적인 원인은 우리가 하나의 재생산 주기가 아니라 결코 완전히 협력하지 않는 복수의 재생산 순환 과정의 상호얽힘을 다루고 있기 때문이다. 이러한 죽은 기간은 단지 경험적 복잡성이 아니라 내재적 필연성이며, 재생산을 위해 필요하고, 자본의 실제 삶을 복잡하게 만든다.[50] 다른 한편, 허구가 (『자본』 3권에서 개념이 더 정교하게 설명될 허구적 자본의 모습으로) 여기에 개입한다. 복잡성, 지연, 죽은 기간의 파괴적 가능성을 극복하기 위해서는 허구가 필요하며, 그러기에 우리가 순수한 논리적 매트릭스에서 실제 삶, 현실로 넘어갈 때 허구가 개입할 수밖에 없다.

『자본』 1권과 『자본』 2권의 차이를 이해하기 위해 우리는 또 다른 개념, 즉 단순한 사례와 반대되는 '**범례**exemplum'라는 개념을 도입해야 한다. 사례란 보편적 개념을 설명하는 경험적 사건이나 사물을 말하며, 현실의 복잡한 질감 때문에 개념의 단순성에 완전히 부합하지 않는다.[51] 베이야르의 범례의 사례 중에는 아돌프 아이히만이 예시한 한나 아렌트의 '악의 평범성' 이론이 매우 도발적인 사례로 꼽힐 수 있다. 베이야르는 아렌트가 적법한 개념을 제안했지만, 실제 아이히만의 실체는 이에 부합하지 않는다는 점을 보여 준다. 아이히만은 그저 명령만 따르는 생각 없는 관료가 아니라 자신이 무엇을 하고 있는지 잘 알고 있는 광적인 반反유대주의자였으며, 이스라엘 법정에서 악의 평범성을 연기했을 뿐이라는 것이다. 베이야르의 또 다른 적절한 사례는 1964년 새벽 3시에 퀸즈에 있는 자신의 아파트 앞에서 살해된 키티 제노비즈 사건이다. 살인범이 그녀를 따라다니며 30분 넘게 칼로 찔렀고, 도움을 요청하는 그녀의 절박한 외침이 사방에 퍼졌지만, 최소 38명의 이웃이 불을 켜고 사건을 목격했음에도 그 누구도 경찰에 신고하는 행위, 즉 그녀의 생명을 구할 수 있었던 익명의 행동을 하지 않았다. 이 사건은 큰 반향을 불러일으켰고, 이에 대한 책이 쓰여졌으며, 연구 결과 목격자들은 다른 사람들도 보고 있으므로 누군가 전화하겠지라고 추론했기 때문에 경찰에 신고하지 않았다는 결론을 도출할 수 있었다. 반복적인 실험을 통해 충격적인 사건(화재, 범죄…)을 목격하는 인원이 늘어날수록 그들 중 하나가 경찰에 신고할 가능성은 줄어든다는 것이 입증되었다. 하지만 원본 데이터를 살펴보면서 베이야르는 키티 제노비즈 살인 사건의 실체가 대중적인 설명에 맞지 않는다는 것을 보여 준다. 기껏해야 3명의 관찰자가 있었고, 이 3명조차 아무것도 명확하게 보지는 못했지만, 그중 한 사람은 **실제로** 경찰에 신고했다. 여기서 우리는 그 자체로 정확하고 중요한 논제를 설명하기 위해 범례를 상상해 내는 또 다른 사례를 발견할 수 있다. 베이야르는 이 허구가 사실보다 우세했던 이유는 그것이 우리(대중)의 기분을 좋게 만드는 도덕적 교훈을 담은 우화로 완벽하게 작용했기 때문이라고 주장한다. 우리가 관찰자 중 하나였다면 당연히 경찰에 신고했을 것이라고 전제하기에, 우리는 이 이야기에 역겨움을 느낀다.[52]

사례와 범례의 이러한 구분이 어떻게 헤겔의 보편, 특수, 개별의 삼위일체를 완벽하게 예시하는지 쉽게 알 수 있다. 보편은 추상적 개념이고, 특수성은 그 (항상 불완전한) 사례이며, 개별은 우발적 현실의 영역이 보편과 결합하는 특이점인 범례이다. 따라서 보편성이 항상 그 특수한 사례에 의해 매개된다고 주장하는 것만으로는 충분하지 않으며, 이 다양한 사례들에 보편성이 자기 자신으로 되돌아가게 하는 범례를 추가해야 한다. 궁극적인 범례는 그리스도 자신이 아닐까? 평범한 인간인 우리는 그 이미지를 본떠 만들어진 하나님의 불완전한 사례이지만, 그리스도는 (적어도 유물론자들에게는) 허구이며 따라서 그 자체로 신성한 보편성이 자기 자신에게 회귀하게 하는 범례이다.

『자본』1권에서 마르크스는 노동자와 자본가 사이의 교환 또는 자본의 순환 과정을 설명하기 위해 상상된 범례를 자주 사용한다. 다음은 자본가와 노동자가 근로 계약을 체결하고 떠날 때, 그 서명이 어떻게 "우리의 극중 페르소나들의 표정에 변화"를 초래하는지에 대한 그의 유명한 묘사이다. "이전에는 돈의 소유자였던 그가 이제 자본가로서 성큼성큼 앞서 나아가고, 노동력의 소유자는 그의 노동자로서 뒤따른다. 한 사람은 중요하고 능글맞고 사업에 열중하는 분위기를 풍기며, 다른 한 사람은 소심하고 주눅이 들어 마치 자기 목숨hide을 시장에 팔려고 나왔기에 매질hiding 말고는 기대할 것이 없는 사람처럼 서 있다."[53] 이 경우는 현실의 두꺼운 질감 속에서는 결코 발생할 수 없는 '순수한' 상황을 상상한 것으로, 여기서는 시장의 요구를 직접적으로 따를 수 없는 다양한 계기들이 각기 다른 리듬으로 자신들을 재생산한다(노동력이 자신을 재생산하는 데는 수십 년이 필요하다 등). 따라서 범례의 역설은 경험적으로는 허구이지만(실제로 "정확히 그렇게 일이 벌어진 적은 없다"), 어떤 의미에서는 현상의 내적 개념 구조를 완벽하게 표현(체화)하기 때문에 "진리에 더 가깝다". 이는 진리가 허구의 구조를 가지고 있다는 라캉의 주장을 이해하는 또 다른 방식이기도 하다. 따라서 우리는 추상적인 개념적 진리를 설명하는 범례라는 허구와 자본이 현실에서 기능하고 재생산할 수 있도록 작용하는 허구를 구분해야 한다.

따라서 『자본』 2권은 무엇보다도 시간과 기리에 의해 방해받는 잉여가치의 실현 문제에 초점을 맞추고 있다. 마르크스가 말했듯이, 자본은 순환되는 기간 동안에는 생산적 자본으로 기능하지 않으며, 상품도 잉여가치도 생산하지 않는다. 자본의 순환은 일반적으로 생산 시간을 제한하고 따라서 가치화 과정도 제한한다. 그 때문에 산업은 순환을 효율화하기 위해 점점 더 도심 외곽, 고속도로와 공항에 가까운 곳에 밀집하고 있다.

또 다른 함의는 생산이 순환 과정 동안에 지속될 수 있도록 하는 신용 시스템의 역할이 점점 커지고 있다는 점이다. 신용은 잉여가치가 아직 실현되지 않은 상황과 자본가가 상품과 서비스의 미래 소비를 기대하는 조건에서 그 격차를 좁히는 데 사용될 수 있다. 다소 진부해 보일 수 있지만, 이것은 경제가 작동하는 방식에 실질적인 영향을 미쳐서 허구적 자본에 대한 체계적인 의존을 드러낸다(마르크스는 나중에 『자본』 3권에서야 '허구적 자본'이라는 용어를 도입했다). 아직 생산되거나 판매되지 않은 상품과 서비스에 의해 뒷받침되는 화폐 가치는 자본주의의 본질적인 생명선이지 자립적인 시스템의 기이하거나 불규칙한 결과가 아니다. 자본으로서 기능하기 위해 화폐는 순환해야 하고, 다시 노동력을 사용해야 하며 확대된 가치로 거듭 자신을 실현해야 한다. 은퇴 후 이자로 생활하기에 충분한 돈이 은행 계좌에 들어 있는 기업가가 있다고 가정해 보자. 은행은 그의 자본을 다른 기업가에게 **대출**해야 한다. 돈을 빌린 기업가는 자신이 벌어들인 수익에서 대출금을 갚아야, 즉 이자를 지불해야 한다. 시장에 풀린 돈의 총액은 따라서 배가된다. 은퇴한 자본가는 여전히 자신의 돈을 소유하고 또 다른 자본가도 빌린 돈을 처분하기 때문이다. 그러나 투기꾼, 은행가, 중개인, 금융가 등의 계급이 증가함에 따라, 한 국가의 자본이 충분한 규모에 도달할 때마다 불가피하게 그러하듯이, 은행은 금고에 예치한 것보다 **훨씬 더 많이** 대출할 수 있고, 투기꾼은 자신이 소유하지 않은 상품을 팔 수 있으며, "안성맞춤인 종류의 사람"은 아무것을 갖지 못해도 신용을 얻기에 충분한 사람이다. 여기서 신탁(즉, 대인 관계)이 완전히 비인격적인 금융 투기로 보이는 차원에서 어떻게 다시 등장하는지 주목해 보자. 은행의 무담보 대출 능력은 '신뢰'에 달려 있다.

이렇게 화폐라는 형식은 비인격적 지배 관계를 생산할 뿐만 아니라, 개인 간의 지배 형태도 생산한다. 마치 허구적 자본이 가치의 외양의 형식으로 존재하되, 주객전도를 만들어 내는 추상적 노동의 실체에 기반을 두지 않고 미래에 실체로서의 가치 생산을 약속하는 대인 관계적 지배 형태를 통해 이루어지듯. 따라서 계약을 통해 형성된 대인 관계를 바탕으로 하는 허구적 자본의 보유자에게는 다른 종류

의 의존이 효력을 갖는다.[54]

따라서 하나의 동일한 단위의 생산 자본은 은행에 저축을 예치한 1명의 은퇴한 기업가뿐만 아니라 하나의 동일한 자본에 대한 **복수의** 청구권도 지원해야 할 수 있다. 은행이 퇴직자로부터 100만 달러를 받으면서도 1000만 달러를 대출해 준다면, 그 1000만 달러 각각은 동일한 가치를 지닌 **동등한** 청구권을 갖게 되는데, 이것이 바로 **허구적 자본**이 발생하는 방식이다. 경기가 확장되고 호황일 때는 **허구적 자본**의 덩어리가 급격히 커지지만, 경기가 수축기에 접어들어 은행이 압박을 받아 대출금을 회수하면 채무 불이행이 발생하고, 파산, 폐업, 주가가 하락해서 사태는 현실로 복귀한다. 허구적 가치가 소멸되는 것이다. 따라서 우리는 허구적 자본을 **기존의 사용가치로 동시에 전환할 수 없는 자본의 비율**이라고 공식적으로 정의를 내릴 수 있다. 이는 실제 자본의 성장에 절대적으로 필요한 **발명품**이며, 미래에 대한 신뢰의 상징을 구성하는 허구이다. 혹은 레베카 카슨이 이 전체 과정을 요약해 주듯, "비자본주의적 변수들은 순환을 통해 형식적으로 포섭되어 자본의 재생산에 필수적이게 되지만, 그럼에도 마르크스가 자본의 운동 내에서 '교란'이라고 묘사한 필연적으로 외적인 변수들이다."[55]

이것이 사회경제적 측면에서 의미하는 바는, 허구가 더 이상 실제 삶을 지배하지 않는, 즉 우리가 실제적 삶으로 돌아가게 만드는 질서로서의 공산주의라는 개념을 무조건 피해야 한다는 사실이다. 하트와 네그리가 반복해서 주장했듯이, 허구적 자본을 통한 광적인 투기에는 예상치 못한 해방적 잠재력이 있다. 노동력의 가치화는 자본주의 재생산의 핵심적인 측면이기 때문에, 허구적 자본의 영역에서는 가치화도, 상품의 시장 교환도, 새로운 가치를 생산하는 노동도 없다는 사실을 잊지 말아야 한다. 자본주의 사회에서 개인의 자유는 상품으로서의 노동력을 포함한 상품의 '자유로운' 교환에 기반을 두고 있기 때문에 허구적 자본의 영역은 더 이상 개인의 자유와 자율성을 요구하지 않는다. 그 안에서는 종속과 지배라는 직접적인 대인 관계가 회귀한다. 이 추론이 너무 형식적인 것처럼 보일 수 있겠기에, 이를 좀 더 정확하게 설명해 보자. 허구적 자본은 부채를 뜻하며, 부채를 지는 것은 개인의 자유를 제한한다. 노동자의 경우에 부채는 자기노동력 자체의 (재)생산과 연계되며, 따라서 이 부채는 노동 계약을 위해 교섭할 자유를 제한한다.

자본주의 광기의 해방적 잠재력

그렇다면 어디에 해방적 잠재력이 있을까? 일론 머스크는 어떤 증권사보다 우리의 투자를 더 잘 관리할 수 있는 메가 알고리즘 프로그램을 제안하여 일반인도 억만장자와 동등한 조건에서 소액 투자를 할 수 있도록 했다. 이 프로그램이 무료로 제공되면 부의 분배가 더 공정해질 것이라는 아이디어다. 이 아이디어는 문제가 있고 모호하지만 증권 거래 게임의 궁극적인 넌센스를 나타낸다. 메가 알고리즘이 인간보다 일을 더 잘할 수 있다면 증권 거래는 자동화된 기계가 될 수 있으며, 이것이 작동하면 자원의 최적 배분을 위해 필요한 것은 거대한 AI 기계에 불과할 뿐이므로 주식의 개인 소유권도 쓸모없게 될 것이다. 금융 자본주의의 극단이 예상치 못한 공산주의의 길을 열어 줄 수도 있다.

　머스크의 아이디어는 그가 상상했던 방식으로는 아니었지만, 암울한 시대에 몇 안 되는 번뜩이는 아이디어 중 하나로 현실이 되었다. 이 보도는 '월스트리트벳/로빈후드/게임스톱'이라는 밈에 압축되어 있으며, 며칠 동안 이 소식은 일반적인 빅 배드 뉴스(팬데믹, 트럼프 등)를 뒤로 밀어냈다. 이야기는 잘 알려져 있으므로 위키백과 스타일로 다시 요약해 보자.

　수백만 명의 참가자가 주식 및 옵션 거래를 두고 토론하는 하위레딧 월스트리트벳WallStreetBets, WSB은 불경스러운 성격과 공격적인 거래 전략의 홍보로 유명하다. 이 서브레딧의 회원 대부분은 젊은 소매 거래자와 투자자 또는 기본적인 투자 관행과 위험관리 기법을 무시하는 젊은 아마추어들로, 이들의 활동은 도박으로 간주된다. 서브레딧의 많은 회원은 주식과 옵션을 거래할 수 있는 인기 어플인 아마추어 플랫폼 로빈후드Robinhood를 이용한다. 로빈후드의 오리지널 상품은 수수료 없이 주식과 외환 거래 펀드가 가능한 프로그램이었다. WSB 회원들은 오늘날의 저금리(대출에 대한 낮은 이자율)에 의존하여 사업을 운영한다. WSB를 위한 공간은 분명 죽음의 위협, 혼란, 사회적 시위 등 팬데믹이 초래한 전례 없는 불확실성과 동시에 격리로 인해 생긴 많은 자유 시간 덕분에 열렸다.

　가장 잘 알려진 작전은 시장에서 서서히 가치를 잃어 가고 있던 회사인 게임스톱GameStop의 주식에 대한 예상치 못한 대규모 투자인데, 이로 인해 주가가 상승하면서 시장에 패닉과 동요를 일으켰다. 게임스톱에 투자하기로 한 결정은 회사에서 진행 중인 어떤 사업(수익성 있는 새제품을 개발 중이라는 정보)에 근거한 것이 아니었다. 일시적으로 주식의 가치를 올린 다음 그 변동 폭으로 장난을 치기 위해 이루어진 것이었다. 이는 일종의 자기반사성이 WSB를 특징 짓는다는 뜻이다. 참여자들이 투자하는 회사에서 무슨 일이 일어나는지는 부차적으로만 중요하고, 주로 자신의 활동, 즉 회사 주식을 대량으로 매수 또는 매도하는 행위가 시장에 미치는 영향에 좌우된다.

　　WSB에 대한 비판자들은 이러한 태도가 주식 거래를 도박으로 축소하는 허무주의의 명백한 징후라고 보는데, 참가자 중 1명은 다음과 같이 말했다. "나는 합리적 투자자에서 병든 비이성적 절망적 도박꾼으로 전락했다." 이러한 허무주의는 WSB 커뮤니티에서 단 한 번의 주식 또는 옵션 거래에 전체 포트폴리오를 걸고 투자하는 사람들을 일컫는 '욜로(인생한방) You Only Live Once'라는 용어로 가장 잘 설명할 수 있다. 그러나 WSB 참가자들에게 동기를 부여하는 것은 단순한 허무주의가 아니다. 그들의 허무주의는 최종 결과에 대한 무관심, 즉 제레미 블랙번의 말처럼 "중요한 것은 목적도 아니다. 중요한 것은 수단이다. 이 모든 것의 가치는 베팅을 하고 있다는 사실에 있다. 물론 돈을 벌 수도 있고 파산할 수도 있지만, 당신은 게임을 했고, 미친 듯이 한 셈이다."[56] 이것이 일종의 탈소외, 즉 게임에서 벗어나는 행위는 아닐까? 라캉은 직접적인 쾌락(우리가 원하는 대상을 즐기는 것)과 잉여향유를 구분한다. 그의 대표적인 예는 엄마의 젖을 빠는 아이가 처음에는 배고픔을 채우기 위해 빨다가 빨기 행위 자체를 즐기기 시작하고, 배고픔이 없어도 계속 빨게 되는 경우다. 이는 쇼핑(많은 사람들이 실제 구매하는 것보다 쇼핑하는 행위 자체를 더 즐김)이나 기본적으로 섹슈얼리티 자체도 마찬가지다. WSB 참가자들은 이러한 주식 거래 도박의 잉여향유를 공개적으로 드러낸다.

이것이 우리의 정치 영역에서는 어떻게 작동할까? WSB는 정치적으로 애매한 포퓰리즘적 반란이다. 로빈후드가 압력에 굴복해 개인 투자자의 주식 구매를 차단하자, 알렉산드리아 오카시오-코르테즈는 "이는 용납할 수 없는 일이다. 헤지펀드는 자유롭게 주식을 거래할 수 있는 반면 개인 투자자의 주식 구매를 차단한 로빈후드 앱의 결정에 대해 지금 더 자세히 알아야 한다."[57]라는 합당한 이유로 이 결정에 반대했다. (로빈후드는 나중에 거래를 재개했다.) 오카시오-코르테즈는 대형 은행과 월가에 반대하는 극우 포퓰리스트의 입장을 지닌 테드 크루즈의 지지를 받았다. (그녀가 협조 요청을 거부한 것은 옳았다.)

WSB가 월스트리트(및 국가 기관)에서 얼마나 큰 공포를 불러일으켰는지 상상할 수 있다. 게임의 규칙과 법칙을 따르지 않는 (심지어 알고 싶어 하지도 않는) '아마추어'들이 주식 시장에 대규모로 개입하여 결과적으로 전문 투자자의 입장에서 보면 게임을 망치는 '정신 나간' 미치광이들의 짓거리를 저질렀다. WSB 커뮤니티의 핵심 특징은 바로 이러한 무지의 긍정적 기능이다. 이들은 '전문' 주식 거래자들이 실행하는 것으로 알려진 법률과 투자 규칙에 대한 '합리적' 지식을 무시함으로써 시장 거래 현실에서 파괴적인 효과를 창출한다.

WSB의 대중적인 파급력은 전속 무역 거래상뿐만 아니라 수백만 명의 일반인이 여기에 참여한다는 것을 뜻한다. 미국 계급 전쟁의 새로운 전선이 열렸다. 로버트 라이히는 트위터에, "정리해 보자. 레디터들의 게임스탑 랠리는 시장 조작이지만 헤지펀드 억만장자들의 주식 공매도는 투자 전략일 뿐이라는 건가?"[58]라고 올렸다. 계급 전쟁이 주식 투자자와 거래상 간의 갈등으로 변질될 줄 누가 예상했을까?

안젤라 네이글의 책 제목을 되풀이하자면, "월스트리트벳에게 자신들이 반대하는 꼰대 문화normie culture는 '안전한' 주류 투자로서, 즉 장기 수익에 집중하고, 퇴직연금(401k, 미국인들의 퇴직연금을 뜻하는 국세청 코드)을 최대한 활용하며, 인덱스 펀드를 매수하는 것이다."[59] 하지만 이번에는 꼰대들이 진짜로 '죽어야'(제거되어야)만 한다. 왜 그런가? 아이러니한 것은 부패한 투기와 내부자 거래의 모델이자 항상 국가의 개입과 규제에 저항하는 월스트리트가 이제 불공정 경쟁에 반대하고 국가 규제를 요구한다는 점이다. 로빈후드에서 벌어지는 일이 도박이라는 월가의 비난에 대해서는 엘리자베스 워런 상원의원이 헤지펀드가 주식 시장을 "개인 카지노처럼" 이용한다고 반복해서 비난한 것을 상기하는 것으로 충분하다. 요컨대, WSB는 월스트리트가 비밀스럽고 불법적으로 하는 일을 공개적이고 합법적인 방법으로 하고 있는 셈이다. 이는 마치 거물급 범죄자가 자신의 은밀한 관행을 모방하는 잡범을 고발하는 것과 흡사하다.

낮에는 평범한 노동자나 학생으로 일하고 저녁에는 투자를 즐기는 수백만 명 이상으로 삼는 WSB의 포퓰리즘적 자본주의 유토피아는 물론 실현이 불가능하며 자멸적인 혼란으로 끝날 수밖에 없다. 하지만 1928년의 대공황, 2008년의 금융 붕괴('합리적' 헤지펀드가 만들어 낸!) 등 가장 잘 알려진 두 가지 사례만 언급하더라도, 주기적으로 위기를 맞고 더 강력해져서 위기를 빠져나오는 것이 자본주의의 본질은 아닐까? 그러나 이 두 사례 모두 세계은행의 위기와 마찬가지로 내재된 시장 메커니즘을 통해 균형을 회복하는 것은 불가능했고, 지금도 불가능하다. 가격이 너무 높기 때문에 대규모 외부(국가) 개입이 필요했다. 그러면 국가가 다시 게임을 통제하고 WSB로 인해 파괴된 과거의 정상성을 회복할 수 있을까? 여기서 모델이 되는 것은 증권 거래에 대한 국가 통제가 엄격한 중국이지만, 서구에서 이를 실현하려면 경제 정치의 근본적인 변화가 필요하며 이는 글로벌 사회 정치적 변혁을 통해서만 달성할 수 있는 일이다.

이것은 소위 가속주의, 즉 자본주의가 촉발하는 기술 혁신의 도움으로 급진적인 사회 변화를 일으키기 위해서 우리가 자본주의를 '가속'하고 대폭 강화해야 한다는 생가을 지지해야 한다는 것을 뜻하는가? 그렇다. 원칙적으로 자본주의의 종말은 가속화를 통해서만 실현될 수 있다. 특히 일부 제3세계 국가에서 자본주의에 대항하는 핵심 역할이 소위 '저항의 현장', 즉 사회적 연대가 더 강한 전근대적 전통적 삶의 형태가 있는 지역 지대들에서 수행되어야 한다는 대중적 견해는 꽉 막힌 생각이다. (아프가니스탄의 탈레반이야말로 분명히 그러한 저항의 현장이다!) 그러나 사회 변화를 일으키는 것은 가속화 그 자체가 아니다. 가속주의는 글로벌 자본주의 시스템의 근본적인 교착 상태를 공개적으로 직시하게 만들 뿐이다.

그렇다면 해결책은 무엇일까? 단 하나의 간단한 해답이 있다. WSB의 '과잉'이 증권 거래 자체의 잠재된 '비합리성'을 드러내는 순간, 즉 그 진실이 드러나는 순간이다. WSB는 월스트리트에 대한 반란이 아니지만 잠재적으로 훨씬 더 전복적인 어떤 것이다. 월스트리트와 과도하게 동일시하거나 오히려 그것을 일반화하여 잠재된 부조리를 드러냄으로써 시스템을 전복시킨다. 지난 대선에서 크로아티아의 한 아웃사이더(연극배우)가 자신을 후보로 내세우면서 했던 일과 흡사하다. 그의 공약의 요지는 다음과 같았다. "모두를 위한 부패! 엘리트만이 부패로부터 이익을 얻는 것이 아니라 여러분 모두가 부패로부터 이익을 얻을 수 있다고 약속합니다!" 이 슬로건이 적힌 플래카드가 자그레브 곳곳에 등장하자 사람들은 농담인 줄 알면서도 열광적인 반응을 보였다. 그렇다. WSB 참가자들이 하는 일은 허무주의적이지만 이 허무주의는 증권 거래 자체에 내재된 허무주의, 이미 월스트리트에서 작동하고 있는 허무주의다. 이 허무주의를 극복하려면 우리는 어떻게든 증권 거래의 게임에서 **벗어나야** 한다. 세계 자본주의의 중심이 무너지기 시작하고 있는 지금, 사회주의의 순간이 도사린 채 때가 포착되기를 기다리고 있다. WSB와 반대로 향하는 경향은 이미 살펴본 것처럼 머스크의 투자 알고리즘이라는 아이디어다. 이 아이디어는 이미 미국의 두 젊은 프로그래머가 개발하여 무료로 제공하고 있는데, 평균적으로 월스트리트의 대형 거래상들보다 주식 거래 행위, 즉 언제 무엇을 사고팔아야 하는지 알려주는 작업을 더 잘 해내고 있다. 따라서 주식 거래의 통일성은 (개인만의 지식과 경험을 가진 전문가가 수행하는) 객관적인 알고리즘과 규칙을 어기고 완전히 다른 차원의 조작으로 작동하는 주관적인 도박이라는 두 가지 극단으로 나뉜다.

　이런 붕괴가 실제로 일어날까? 그렇게 되지 않을 것이 거의 확실하지만, 우리가 우려해야 할 것은 WSB 위기가 이미 여러 측면(팬데믹, 지구 온난화, 사회적 시위 등)에서 공격을 받고 있는 시스템에 대한 또 다른 예상치 못한 위협이며, 이러한 위협은 외부가 아닌 시스템의 핵심에서 비롯된다는 점이다. 폭발적인 혼합물이 만들어지고 있으며, 폭발이 더 오래 연기될수록 더 치명적인 결과를 초래할 수 있다.

소외가 있는 생태학

상징적 질서에서 주체의 소외와 자본주의적 사회관계에서 노동자의 소외 사이에는 근본적인 차이가 있다. 두 소외 사이의 상동성을 주장할 때 발생하는 두 가지 대칭적 함정, 즉 의미작용하는 소외가 주체성을 구성하기 때문에 자본주의적 사회적 소외는 환원 불가능하다는 생각과 마르크스가 자본주의적 소외의 극복을 상상한 것과 같은 방식으로 의미작용하는 소외를 폐지할 수 있다는 정반대의 생각 모두 우리는 피해야 한다. 요점은 의미작용적 소외가 더 근본적이어서 자본주의적 소외를 폐지하더라도 지속될 것이라는 점이 아니라, 그것이 더 세련된 소외라는 점이다. 의미작용적 소외를 극복하고 상징적 우주의 주인이 되는, 즉 더 이상 상징적 실체에 포박되지 않는 자유로운 주체의 모습은 자본주의적 소외의 공간, 즉 자유로운 개인들이 교류하는 공간 안에서만 생겨날 수 있다. 이 상징적 소외의 영역을 '아이러니한 소외를 극복하는 포스트모던적 인식 양식으로 가는 방법'을 정교화하려는 브랜덤의 시도와 관련지어 설명해 보자. "이 방법은 바로 신뢰의 회상적–인식적 구조다."[60]

브랜덤에게 이는,

헤겔의 사상에서 가장 현대적인 철학적 관심과 가치를 지닌 부분일 수 있다. 그 이유는 부분적으로 그가 원자론적 표상의 의미 모델을 전체론적 표현의 모델로 대체하는 데 깊은 정치적 의미를 부여했기 때문이다. 그것은 새로운 형태의 상호인식으로 이어지고 절대정신의 전개의 세 번째 단계, 즉 신뢰의 시대로 인도되어 간다.[61]

여기서 '신뢰'는 우리의 자유의 공간을 제한하지 않고 뒷받침하는 윤리적 실체('대타자', 정립된 규범의 집합)에 대한 신뢰, 우리가 세계에 이성적으로 접근하면 세계가 우리의 질문에 반응하고 이성적으로 보일 것이라는 확신이다.[62] 브랜덤은 촘스키를 언급하면서 부정적 자유와 긍정적 자유의 고전적 구분법에 자신만의 독법을 부여한다. 즉 부정적 자유는 지배적 규범과 의무로부터의 자유로서, 모든 긍정적 규제를 향한 보편화된 아이러니한 거리두기로 이어질 뿐이다(우리는 그들을 믿지 않아야 한다, 그들은 특정 이해관계를 감추는 환상이다 등등). 반면 긍정적 자유는 우리가 일련의 규범을 준수함으로써 공간이 개방되고 지지되는 자유이다. 촘스키가 증명했듯이 언어는 언어 속에 거주하는 인간에게 무한한 수의 문장을 생성할 수 있게끔 하는데, 이것이 바로 우리가 언어의 규칙을 받아들임으로써 제공받는 긍정적 표현의 자유인 반면, 부정적 자유는 아이러니한 소외로 이어질 뿐이다.

제도가 상향(개인에서 제도)과 하향(제도에서 개인) 모두에서 적절한 인지적 관계를 수반할 때, 제도는 상호작용의 '모든 규범에 대해 끊임없이 성찰하고 타협해야 하는 기운 빠지는 부담'(헤이키 이케헤이모)에서 개인을 해방시키는 부정적인 의미에서뿐만 아니라 의미 있는 사회적 목표, 활동 및 역할을 제공하고 촉진하는 긍정적인 의미

에서의 자유도 가능하게 한다.[63]

브랜덤은 자유의 토대가 되는 윤리적 실체라는 개념에서 '긍정적 의미'를 목표로 삼고 있지만, 여기에 이케헤이모가 언급한 '부정적 의미'인 "모든 규범에 대해 끊임없이 성찰하고 타협해야 하는 기운 빠지게 하는 부담"을 추가해야 한다. 여기서 자유의 조건으로서 최소한의 소외라고 할 수밖에 없는 것을 마주하게 된다. 자유롭게 생각하고 상호작용할 수 있다는 것은 우리가 언어와 매너의 공유된 규칙에 의존할 뿐만 아니라 이러한 규칙을 반성적으로 인식하지 않고 주어진 것으로 받아들인다는 것을 뜻하는데, 만약 우리가 이러한 규칙을 항상 성찰하고 타협해야한다면 우리의 자유는 과잉으로 인해 스스로 파괴될 것이다.

하지만 아이러니의 자유, 아이러니한 거리두기 역시 규칙에 대한 깊은 이해에 기반을 둔 긍정적 자유의 한 형태가 아닐까? 아이러니한 소외와 같은 것은 한 언어 내에 실제로 거주하는 사람들에게 내재된 것이 아닐까? 애국을 예로 들어 보자. 진정한 애국자는 광신적 열성분자가 아니라 자신의 국가에 대해 아이러니한 발언을 자주 할 수 있는 사람이며, 이러한 아이러니는 역설적으로 조국에 대한 진정한 사랑을 보증한다(상황이 심각해지면 그는 조국을 위해 싸울 준비가 되어 있다). 이런 형태의 아이러니를 실천하려면 나는 아이러니가 없는 완벽한 방식으로 말하는 사람들보다 훨씬 더 깊이 내 언어의 규칙을 익혀야 한다. 한 언어에 진정으로 거주한다는 것은 규칙을 아는 것뿐만 아니라 명시적인 규칙을 위반하는 방법을 알려 주는 메타 규칙을 아는 일도 뜻한다고 말할 수 있다. 실수를 하지 않는 것이 아니라 올바른 종류의 실수를 하는 것을 의미한다. 주어진 폐쇄적 공동체를 하나로 묶는 매너도 마찬가지인데, 과거에 일반인에게 상류 사회에서 행동하는 법을 가르치는 학교가 있었음에도 불구하고 일반적으로 끔찍한 실패를 겪었던 이유는 행동 규칙을 아무리 가르쳐도 지배자의 미묘한 위반을 규제하는 메타 규칙을 가르칠 수 없었기 때문이다. 말이 나온 김에 표현적 주관성에 대해 언급하면, 주체성이란 오로지 그러한 규제된 위반을 통해서만 발언으로 나타난다고 말할 수 있으며, 그러한 위반 없이는 밋밋한 비인격적 연설만을 하게 된다.

공산주의를 이와 유사한 방식으로 긍정적인 자유를 가능하게 하는 새로운 윤리적 실체(규칙의 틀)로 상상해 본다면 어떨까? 어쩌면 마르크스의 필연의 왕국과 자유의 왕국에 대한 대립을 이렇게 다시 읽어야 할지도 모른다. 공산주의는 자유 자체가 아니라 자유를 지탱하는 필연의 왕국의 구조라고 말이다. 베르겐에서 열린 토론회에서 타일러 코웬이 내게 왜 터무니없이 낡은 공산주의 개념을 계속 고수하는지, 왜 그것을 버리지 않고 도발적인 반PC Anti-Political Correctness 발언을 즐겨 쓰는지 물었을 때도 이렇게 대답했어야 했을까? 공산주의가 나의 모든 위반적 쾌락을 가능하게 하는 배경, 확고한 윤리적 기준, 대의에 대한 주된 헌신으로 필요하다고 말이다. 다시 말해, 우리는 공산주의를 소외가 없는 자기투명한 질서가 아니라 자유의 공간을 지탱하는 보이지 않는 두꺼운 거미줄 같은 규제에 의존하는 '선한' 소외의 질서로 상상해야 한다. 공산주의에서 나는 내 삶을 의미 있게 만드는 것에 집중하면서 이 거미줄을 '신뢰'한 뒤 **무시하도록** 인도되어야 한다.

사이토는 노동 과정의 신진대사에 초점을 맞추기 때문에 상징적 실체에 존재하는 이러한 구성적 소외를 놓치고 있다. 이것이 사이토가 근본적으로 반헤겔주의자인 이유이다. 헤겔 변증법으로는 자본의 자연적 한계를 사유할 수 없다는 것, 즉 자본의 자기운동이 자신의 전제된 자연적 기반을 완전히 '지양'/통합할 수는 없다는 사실이 그의 공리다.

> 마르크스의 생태학은 '자연의 보편적 신진대사'와 '인간과 자연 간의 신진대사'의 물리적이고 물질적인 차원이 어떻게 자본의 가치화에 의해 변형되고 결국 파괴되는지 해명함에 있어 사회적 신진대사의 역사적이고 초역사적 측면의 송합을 다루고 있다. 마르크스의 분석은 자본에 의한 포섭을 통한 자연 전유의 한계를 밝히는 데 그 목적이 있다.(68)

마르크스는 자본에 의한 포섭에 대해 추상적인 형식적 용어로 이야기하지 않는다. 이러한 포섭이 어떻게 단순히 형식적인 것일 뿐만 아니라 공기가 오염되고 삼림 벌채가 일어나고 토지가 고갈되어 비옥도가 떨어지는 등 물질적 기반 자체를 점차적으로 변화시키는지에 관심을 갖고 있다. 다른 경우라면 올바른 마르크스 독해였을 이 해석에는 세 가지 비난이 가해진다. 사이토는 자본의 형식이 물질적 생산력뿐만 아니라 자연 자체를 어떻게 변화시키는지에 대해 많은 글을 썼지만, 이상하게도 가장 명백한 두 가지 사례는 언급하지 않는다. 첫째, 인간 생산의 결과로 현재의 형태를 갖게 되었을 뿐만 아니라 인간의 생산 주기의 일부로만 생존할 수 있는 수많은 동물들(소와 돼지처럼 자연에서 단독으로 생존할 수 없는 동물들). 둘째, 노동력의 절대적으로 핵심적인 역할이 가치와 사용가치의 독특한 혼합에 있다는 점. 노동력의 사용가치, 즉 노동 자체는 가치를 생산한다는 점.

두 번째 비난은 거의 정반대의 방향으로 전개된다. 사이토는 고전적 '부르주아' 정치경제학의 한계가 (가치) 형식에만 초점을 맞추고 내용, 즉 형식이 자신의 물질적 기반과 상호작용하는 방식을 무시한다는 점에 있다고 본다. (115) 그러나 마르크스는 『자본』의 결정적 대목에서 거의 정반대의 주장을 편다. 부르주아 고전은 가치의 내용(원천)에 초점을 맞추었고, 그들이 간과한 것은 가치 형식 자체, 즉 내용(가치)이 왜 이런 형태를 취하는가 하는 점이었다.

> 그렇다면 노동의 산물이 상품의 형식을 취하자마자 생겨나는 그 수수께끼 같은 성격은 어디에서 오는 것일까? 분명히 이 형식 자체에서 연원한다. 정치경제학은 실제로 가치와 그 규모를 불완전하게나마 분석해 왔고, 이러한 형식 아래에 무엇이 있는지를 발견했다. 그러나 왜 노동은 상품의 가치로, 노동 시간은 그 가치의 크기로 표현되는지에 대한 질문은 단 한 번도 하지 않았다.[64]

여기서 마르크스는 헤겔적인 방식으로, 어떤 신비한 내용을 감추고 있는 형식이라는 일반적인 개념을 뒤집는다. 진짜 수수께끼는 형식 자체에 있다. 생태와 관련하면, 이는 자본주의적 생산 형태를 유지하면서 환경을 너무 많이 오염시키지 않도록 생태적 기준으로 규제하는 것만으로는 충분하지 않다는 뜻이다. 궁극적인 위협은 그 자체로 물질적 내용에 무관심한 자본주의적 형식에 있다는 것을 뜻한다. 이러한 균열에서 자본주의의 기본적인 '모순'을 본 사이토는 옳다. 사회적 생산이 자본의 자기가치화 과정의 형태로 포섭되면 그 과정의 목표는 자본의 확장된 자기재생산, 축적된 가치의 성장이 되고, 환경은 궁극적으로 외부성으로만 간주되기 때문에 환경 파괴적 결과는 무시되고 중요하지 않게 취급된다.

> 자본은 무한한 자기가치화를 추구하기 때문에 자연의 힘과 자원의 근본적인 한계와 모순을 빚는다. 이것이 자본주의 생산 양식의 핵심 모순이며, 마르크스의 분석은 물질세계 내에서 자본 축적을 향한 이 무분별한 충동의 한계를 파악하는 데 목적이 있다.(259)

자본주의와 자연 사이의 '모순'에 대해 이야기할 때, 사이토는 인류의 폭발적인 수요와 우리가 살고 있는 유한한 세계의 명백한 한계 간의 대립이라는 협곡에 갇혀 있다. 즉 우리가 사용할 수 있는 천연자원이 제한적이고 재생 불가능하기 때문에 전 세계가 선진국의 소비주의에 동참할 수는 없다고 본다. 이러한 상식적인 접근 방식이 무시하는 것은 천연자원 **고갈**의 정반대, 즉 해양에서 순환하는 수백만 톤의 플라스틱 쓰레기부터 대기 오염에 이르기까지 모든 형태의 폐기물의 폭발적인 **증가**이다. (이러한 직접적이고 인위적 오염에는 우리가 더욱 우려해야 할, 자연적 오염이라고 부를 수 있는 현상이 동반된다. 2021년 5월에 수백만 마리의 쥐가 호주 농장에 침입했고, 2021년 6월에는 터키 연안에 외계인 형상의 점액체가 대량으로 떠밀려와 연안 바다의 전체 번식 주기를 교란하는 등의 일이 벌어졌다.[65] 이러한 현상은 아마도 인간적 원인과 관련이 있을 것이지만 그 연관성은 불명확한 채로 남아 있다.) 이 잉여의 이름은 '배출'이다. 배출되는 것은 '재활용'될 수 없고 자연의 순환에 재통합되지 않은 잉여, 즉 무한히 증가하고 그럼으로써 자연과 그 자원의 '유한성'을 불안정하게 만드는 '부자연스러운' 여분으로 존속하는 잉여. 이 '폐기물'은 일종의 '인간 폐기물'(자본의 글로벌 순환 관점에서 보면 당연히 폐기물이다)을 형성하는 집 없는 난민의 물질적 대응물이다.[66]

따라서 생태학은 마르크스의 정치경제학 비판의 중심에 있으며, 이것이 마르크스가 생애 마지막 수십 년 동안 농업의 화학과 생리학에 관한 책을 광범위하게 읽었던 이유이다. (마르크스가 농업의 생리와 화학에 눈을 돌린 이유는 분명하다. 그는 자본보다 앞선 생명을 낭만주의적 '활력'의 관점에서 생각하는 함정에 빠지지 않고 신진대사의 생명 과정을 연구하고 싶어 했다.) 사이토의 핵심 전제는 이 '모순'을 헤겔적 용어로 파악할 수 없다는 것인데, 이런 이유로 그는 서구 마르크스주의가 "주로 (때로는 헤겔의 『논리학』에 대한 극단적 물신주의적 태도로) 사회적 형식을 다룬다"(262)고 조롱하듯 언급한다. 하지만 헤겔을 그렇게 쉽게 없앨 수는 없다. 마르크스가 자본의 궁극적 장벽은 자본 자체라고 (『자본』 3권 15장 「법의 내적 모순에 대한 설명」에서) 썼을 때, 즉 "자본주의적 생산의 **진정한 장벽은 자본 자체다**Die wahre Schranke der kapitalistischen Produktion ist das Kapital selbst"라고 말했을 때, 우리는 헤겔적 의미에 엄밀해야 하며 장벽Schranke과 한계Grenze를 정확하게 구분해야 한다. 한계는 외부적 한계를 나타내는 반면, 장벽은 개체의 내재적 장애물, 즉 내적 모순을 의미한다. 고전적인 자유의 경우, 내 자유의 외적 한계는 타인의 자유이지만 진정한 '장벽'은 내 자유와 타인의 자유를 대립시키는 자유 개념의 불충분성이다. 즉 헤겔이 말했듯이 자유는 아직 진정한 자유가 아니다. 그리고 마르크스의 요지는 자본이 외부적으로 제한되어 있을 뿐만 아니라 (본질적으로 무한정 착취할 수 없고) 내재적으로도, 그 개념 자체로도 제한되어 있다는 것이다.

그렇다면 오늘날 생태 지향의 마르크스주의는 어떤 식으로 헤겔과 관계를 맺어야 할까? 헤겔의 논리를 혁명적 과정의 신비화된/이상주의적 모델, 자본의 논리, 새로운 보편적 존재론으로 취급해야 하는가? "헤겔의 논리의 적용 가능성이야말로 대상을 그 담지자로부터 체계적으로 소외된 역전된 현실로 정죄한다"[67]라고 말할 때, 크리스 아서는 이 발언을 통해 '자본의 논리로서의 헤겔의 논리'를 가장 간결하게 공식화한다. 헤겔의 논리가 자본주의에 적용될 수 있다는 사실 자체가 자본주의가 소외의 왜곡된 질서라는 것을 의미한다. 그러나 이미 살펴본 바와 같이, 마르크스의 독법에서 자본의 자기발생적 투기적(사변적) 운동은 헤겔 변증법적 과정의 운명적 한계를 나타내며, 헤겔의 장악력을 벗어난 어떤 것, 즉 "선한 무한과 악한 무한의 괴물 같은 혼합물"[68]을 가리킨다. 이것이 아마도 정치경제학 비판에서 헤겔의 변증법에 대한 마르크스의 언급이 자본 논리의 신비화된 표현으로 받아들이는 태도와 해방의 혁명적 과정의 모델로 삼는 태도 사이를 오가면서 애매해지는 이유이다. 첫째, '자본의 논리'로서의 변증법이 있다. 상품 형식의 발전과 화폐에서 자본으로의 이행은 헤겔적 용어로 명확하게 공식화된다(자본은 화폐-실체가 자기재생산의 자기매개적 과정으로 전환하는 것이다 등). 그다음엔, '실체 없는 주체성'으로서의 프롤레타리아트 개념, 즉 계급 이전 사회에서 자본주의로의 역사적 과정을 주체가 객관적 조건으로부터 점진적으로 분리되는 것으로 보는 헤겔식의 장대한 기획이 있으며, 자본주의의 극복은

(집단적) 주체가 소외된 실체를 재전유하는 것을 의미한다. 따라서 헤겔식 변증법의 매트릭스는 자본 논리의 모델이자 혁명적 극복의 모델로도 기능한다.

그렇다면 다시 한번, 오늘날 생태 지향적 마르크스주의는 헤겔과 어떤 식으로 관계를 맺어야 할까? 혁명적 과정의 신비화된 표현으로서의 헤겔 변증법, 『자본』의 왜곡된 논리의 철학적 표현으로서의 헤겔 변증법, 새로운 변증법적 유물론적 존재론의 이상주의적 버전으로? 아니면 (알튀세르처럼) 마르크스는 단지 헤겔 변증법을 '유혹'했을 뿐이며 그의 사상은 헤겔과 전혀 다른 것이라고 주장해야 하는 것일까? 또 다른 가능성은 "주체가 실체를 전유한다"는 모델이 아니라 헤겔의 변증법적 과정 자체에 대한 다른 읽기이다. 프랭크 루다가 지적했듯이,[69] 헤겔의 절대적 앎은 모든 현실을 관념의 자기매개에 완벽하게 통합하는 완전한 '지양Aufhebung'이 아니라, 현실을 잡으려는 폭력적인 노력을 단념하는 급진적인 '포기Aufgeben'의 행위다. 절대적 앎은 현실을 해방시키고, 그 자체로 존재하게 하며, 스스로 서게 하는 '방임Entlassen'의 몸짓으로서, 이런 의미에서 타자성, 즉 포획의 시도에 영원히 저항하는 존재를 전유하려는 노동의 끝없는 분투와 결별한다. 노동(그리고 일반적 기술적 지배)은 헤겔이 '가짜 무한'이라고 부르는 것의 대표적인 사례로서, 철학적 사변이 더 이상 대타자로 인해 괴로워하지 않고 느긋한 반면, 자신이 지배해야 할 대타자를 전제하기 때문에 결코 성취될 수 없는 추구이다.

헤겔에 대한 이러한 독해가 의미하는 바는 헤겔의 변증법이 개념의 자기매개에서 모든 우연성의 총체적 지양으로 환원될 수 없다는 것이다. 여기서 우리는 다시 생태학으로 돌아온다. 사이토는 헤겔이 자연의 자율성을 부정하는 바로 그 모델이기에 헤겔에 반대한다. 그런데 헤겔의 이념이란 더 이상 타자성과의 신진대사적 교환에 의존할 필요가 없는 생산적 과정을 대변하기보다 모든 타자성을 이념의 자기매개의 종속적 순간으로 환원시키는 것은 아닌가? 그러나 헤겔에 대한 우리의 독해를 받아들인다면, 헤겔은 자연의 환원 불가능한 타자성을 용인할 뿐만 아니라 그 타자성을 받아들여야 한다고 요구한다. 자연의 우연성에 대한 이러한 존중은 우리가 생태학적 파국을 최후의 파멸을 향한 명확한 선형적 징후로 읽는 함정을 피해야 함을 의미한다. 생태계의 위협을 매우 심각하게 받아들여야 하는 만큼이나, 이 분야에서의 분석과 예측이 얼마나 불확실한지 충분히 인지해야 한다. 즉 너무 늦었을 때에야 우리는 무슨 일이 일어나고 있는지 확실히 알 수 있을 것이다. 성급한 추정은 지구 온난화를 부인하는 사람들에게 논거를 제공할 뿐이므로, 우리는 파국이 닥칠 것이라는 성급한 병적인 매혹, 그 '공포의 생태학'이라는 함정을 어떤 대가를 치르더라도 피해야 한다. 실제 위험에 대한 올바른 인식과 우리를 기다리고 있는 전 지구적 재앙에 대한 환상적인 시나리오를 구분하는 것은 미세한 선에 불과하다. 종말에 사는 것, 재앙의 그림자 속에서 사는 것에는 특이한 즐거움이 있으며, 역설적이게도 다가오는 파국에 대한 집착은 재앙에 실제로 직면하는 것을 피하는 방법 중 하나다. 최소한의 신빙성을 유지하기 위해 그러한 비전을 가져오는 어떤 나쁜 뉴스에라도 매달려야만 한다. 여기서는 녹는 빙하, 저기서는 토네이도, 다른 곳에서는 폭염 등이 모두 다가오는 파국의 징후로 읽혀진다. 2019년 말과 2020년 초에 호주 남동부를 황폐화시킨 대규모 산불도 그저 단순하게 읽어서는 안 된다. 《스펙테이터》 최근호의 논평에서 팀 블레어는 이 재앙을 바라보는 새로운 관점을 제시했다.

한때 호주 시골에서는 무성하게 자란 식물에 대한 통제된 소각이 표준 관행이었지만, 이제는 일종의 생태학적 종교 근본주의가 상식을 대신하고 있다. 최근 자기 토지 주변을 개간한 사람들을 처벌한 법적 판결의 예가 많이 존재한다. 소방대 대장 브라이언 윌리엄스는 '지난 20년 동안 산불에 취약한 토지의 1% 미만을 태워 왔다'며 '이는 매년 연료가 계속 쌓인다는 뜻'이라고 말한다. 동물의 자연 생태계를 보호하려는, 선의는 있지만 무지한 시도가 부분적으로는 그러한 생태계를 지금 잿더미와 재로 만든 이유다.[70]

이 논평의 편향성은 분명하고 지구 온난화라는 가정에 반하는 것이기에 그 자체로 거부해야 하지만, 우리가 여기서 배워야 할 것은 징후의 애매성이다. 생태학자들은 종종 유사종교적 열정을 품고 있다는 비난을 받기 때문에 여기서 신학으로 눈을 돌리는 것이 도움이 될 수도 있다. 우리는 이러한 비난을 거부하는 대신 자랑스럽게 받아들이되 조건을 둔다. 요한복음의 시작 부분에는 표식(또는 기적)에 대한 이론 전체가 담겨 있다. 하느님은 기적(또는 오늘날 우리가 말하는 징표, 즉 호주 화재처럼 우리의 상식을 뒤흔드는 충격적인 일이 일어날 때와 같은)을 일으키지만 "믿음없이 기적을 본다면 우리의 죄는 더 단단해질 뿐이다."[71] 징표는 신자들을 설득하기 위해 존재하지만, 징표가 나타나면 그와 동시에 예수를 믿지 않는 사람들의 예수에 대한 반대를 강화시킨다. 이러한 반대는 "더욱 거칠고 호전적으로, 더 공개적으로 그를 침묵시키기 위해 시도

되며, 그때마다 그는 자신에 대항하여 배치된 권력으로부터 더 깊은 위협을 느낀다."[72] 블레어의 발언은 이러한 신학적 노선을 따라 읽어야 한다. 그 발언은 (지구 온난화를 부정하는) 우리로 하여금 '우리의 죄가 더 단단해지게' 하려는 의도가 분명하지만, 이를 부패한 거짓말로 치부할 것이 아니라 이 복잡성이 어떻게 우리의 생태적 곤경을 더욱 위험하게 만드는지 분명히 하기 위해 상황의 복잡성을 분석할 수 있는 환영할 만한 기회로 삼아야 한다. 자연에서, 즉 이념이 그 자신과 관련하여 외부성으로 존재하는 우발성의 영역에서, 우리는 정의상 애매한 징표들과 개별적 발생이 그 반대의 징표가 될 수 있는 복잡한 상호작용이라는 '가짜 무한'의 영역에 있다. 따라서 어떤 형태로든 자연의 균형을 회복하려는 모든 인간적 개입은 예상치 못한 파국을 유발할 수 있고, 모든 파국은 좋은 소식의 전조가 될 수 있다.

공산주의로 가는 마지막 출구

최신 데이터는 백신의 (매우 고르지 않은) 확산 이후에도 긴장을 풀고 이전의 일상으로 돌아갈 여유가 없다는 것을 분명히 보여 준다. 팬데믹이 끝나지 않았을 뿐만 아니라(감염자 수가 다시 증가하고 있고 새로운 봉쇄 조치가 기다리고 있다), 또 다른 재앙이 다가오고 있다. 2021년 6월 말, 미국 북서부와 캐나다 남서부 지역의 '열돔'(고기압 능선이 따뜻한 공기를 가두고 압축하여 기온을 상승시키고 지역을 뜨겁게 만드는 기상 현상)이 발생하여 기온이 섭씨 50도에 육박하고 밴쿠버가 중동보다 더 뜨거워지는 현상이 발생했다. 이 기상 병리학은 훨씬 더 광범위한 과정의 정점에 불과하다. 최근 몇 년 동안 북부 스칸디나비아와 시베리아는 정기적으로 섭씨 30도 이상의 기온을 보였다. 시베리아 베르호얀스크의 기상 관측소에서 6월 20일 38도를 기록한 후에 세계기상기구는 북극권 북쪽의 기온이 기록이 시작된 이래 역대 최고치를 찍은 사실을 확인하고 있다. 지구상에서 가장 추운 곳으로 꼽히는 러시아의 오이야콘 마을은 6월에 섭씨 31.6도로 그 어느 때보다 더 더웠다. 그리고 케이크 상단의 크림처럼, "시베리아 산불 연기가 역사상 처음으로 북극에 도달한다."[73] 요컨대, "기후변화가 북반구를 태우고 있다."[74]

사실, 열돔은 국지적인 현상이지만, 이는 자연 순환에 인간이 개입한 결과로서 전 지구적인 패턴 교란이 낳은 산물이다. 이 폭염이 해양 생물에 미치는 파국적인 결과는 이미 뚜렷하게 드러나고 있다. "열돔은 아마도 캐나다 해안에서 10억 마리의 해양 동물을 죽였을 것"[75]이라고 전문가들은 말한다. 브리티시 컬럼비아의 한 과학자는 열로 인해 홍합이 익었다고 말한다. 날씨가 전반적으로 더워지고 있지만, 이 과정은 국지적 극지에서 정점에 이르고, 이러한 국지적 극한 현상은 조만간 일련의 글로벌 임계점으로 합쳐질 것이다. 2021년 7월 독일과 벨기에서 발생한 재앙적인 홍수는 이러한 임계점 중 하나이며, 이 다음에는 어떤 일이 일어날지 아무도 모른다. 칠레에서도 비슷한 현상이 관찰되었다.

남서태평양에는 '서던 블롭'으로 알려진 호주 크기의 거대한 지역이 비정상적으로 따뜻한 물로 덮여 있다. 수천 마일 떨어진 남미 국가 칠레는 10년 이상 극심한 가뭄으로 인해 비와 물 공급이 줄어들고 있다. 표면적으로 이 두 사건은 서로 관련이 없어 보이지만, 새로운 연구에 따르면 지구 대기압과 순환이라는 보이지 않는 힘에 의해 연결되어 있다.[76]

이와 같은 뉴스를 가까운 미래에는 더 많이 접할 수 있을 것이다. 파국은 미래에 시작될 재앙이 아니다. 바로 여기, 그것도 먼 아프리카나 아시아 국가가 아니라 바로 여기, '선진화된 서구'의 심장부에서 시작되고 있다. 까놓고 말해서, 우리는 여러 가지 위기가 동시에 발생하는 생활에 익숙해져야 할 것이다. 전 지구적 파국의 윤곽은 이미 드러나고 있다. "기후 과학자들은 지구의 주요 잠재적 임계점 중 하나인 걸프 해류의 붕괴에 대한 경고 신호를 감지했다."[77] 이런 일이 발생하면 수십억 명의 삶에 영향을 미칠 것이다.

폭염은 적어도 부분적으로는 무분별한 산업적 자연 착취라는 조건에 좌우될 뿐만 아니라, 그 영향은 사회 조직에 따라 달라진다. 2021년 7월 초, 이라크 남부의 기온은 섭씨 50도 이상으로 치솟았고, 동시에 전기 공급이 완전히 중단되어 (에어컨, 냉장고, 조명 없음) 그곳은 생지옥이 되었다. 이러한 끔찍한 충격은 이라크의 막대한 국가 부패가 초래한 사태인데, 수십억 달러의 오일 머니가 개인 주머니로 사라져 버렸다.

이 데이터와 다른 수많은 데이터에 냉정하게 접근하면, 한 가지 단순한 결론을 도출할 수 있다. "사회의 변혁에 미치지 못하는 그 어떤 것도 파국을 막을 수 없다."[78] 집단이든 개인이든 모든 생명체의 최종 출구는 죽음이다(1992년 데릭 험프리가 혼자 수행하는 자살 관련 서적의 제목을 『마지막 출구』로 정하길 정말 잘했다). 최근 폭발적으로 증가하고 있는 생태 위기는 인류 자체의 최후의 출구(즉, 집단 자살)에 대한 매우 현실적인 전망을 열어 준다. 이탈리아 현지 항공편에서 사전 녹음된 경고 방송에 따르면, 비상 상황이 발생할 때 승객은 가장 가까운 출구를 찾은 다음 출구로 이어지는 바닥에 쓰인 반짝이는 길sentiero luminoso(빛나는 길 또는 스페인어로 빛이 나는 길)을 따라야 한다고 했다. 지금 우리는 모두 비상 상황에 빠진 비행기를 타고 있는데, 그 비상 상황에서 벗어나는 우리의 반짝이는 길은 무엇일까? 멸망으로 가는 길에 마지막 출구가 있을까, 아니면 이미 너무 늦어서 우리가 할 수 있는 일이라고는 자살을 더 고통스럽지 않게 만드는 길을 찾는 것뿐일까?

그렇다면 이런 견딜 수 없는 상황에서 우리는 무엇을 해야 할까? 우리가 지구상의 종들 중 하나라는 사실을 받아들여야 하면서도 동시에 지구상 생명체의 보편적 관리자 역할이라는 불가능한 임무를 부담해야 하는, 그런 견딜 수 없는 상황에서 우리는 무엇을 해야 할까? 우리가 다른, 아마도 더 쉬운 출구를 택하는 데 실패(지구 기온이 상승하고 바다는 점점 더 오염되고 있다)했기 때문에 최후의 출구(인류의 집단 자살) 이전의 마지막 탈출구는 점점 더 한때 전쟁 공산주의라고 불렸던 것의 어떤 버전이 될 것처럼 보인다. 그러나 전쟁에 대한 이야기는 여기서 기만적이다. 우리는 적과 싸우는 것이 아니다. 유일한 적은 우리 자신, 즉 자본주의 생산성의 파괴적인 결과인 우리 자신이다. 소비에트 연방이 몰락한 후 쿠바가 "평화 시대의 특별 기간periodo especial en tiemposde paz", 즉 평화의 시기에 맞게 된 전시 상황을 선포했던 일을 떠올려 보자. 어쩌면 이 말이 오늘날 우리가 처한 곤경에 대해 사용해야 할 용어일지도 모른다. 우리는 평화 시대의 매우 특별한 시기에 접어들고 있다. 국가를 위해 일할 의무에 대해 신랄한 논평을 하던 오손 웰스의 말은 매우 옳다. "국가를 위해 무엇을 할 수 있는지 묻지 마라. 점심 식사가 무엇인지 물어보라." 오늘 날 수억 명의 사람들이 이렇게 할 수 있는 완전한 권리를 누리고 있다. 문제는 때로 국가를 바꿔야만 원하는 점심을 먹을 수 있는 경우가 있다 는 점이다.

내가 여기서 염두에 두고 있는 것은 20세기의 '실제로 존재하는 사회주의'의 회복이나 연속성이 아니고 중국 모델의 세계적 채택도 아니며, 상황 자체에 의해 부과되는 일련의 조치들이다. (한 국가뿐만 아니라) 우리 모두가 생존의 위협에 직면했을 때, 우리는 최소 수십 년 동안 시속될 전쟁과 같은 비상사태를 마주한다. 최소한의 생존 조건을 보장하기 위해 모든 자원을 동원하여, 지구 온난화로 인해 수십, 수백, 수백만 명의 이재민이 발생하는 사태를 포함하는 전례 없는 도전에 대처하는 일이 불가피하다. 미국과 캐나다의 열돔에 대한 해답은 피해 지역을 돕는 것뿐만 아니라 전 지구적 원인을 공격하는 것이다. 그리고 현재 진행 중인 이라크 남부의 재앙에서 알 수 있듯이, 사회적 폭발을 막기 위해서는 재난 상황에서 국민의 최소한의 복지를 유지할 수 있는 국가 기구가 필요할 것이다.

바라건대, 이 모든 일은 강력하고 의무적인 국제 협력, 농업과 산업에 대한 사회적 통제와 규제, 쇠고기를 덜 먹는 쪽으로의 기본적 식습관의 변화, 글로벌 의료 서비스 등을 통해서만 달성할 수 있다. 자세히 살펴보면 대의제 민주주의만으로는 이 과제를 완수할 수 없다는 것이 분명해진다. 장기적인 헌신을 강제할 수 있는 훨씬 더 강력한 행정 권한이 지역 주민의 자치 조직과 결합되어야 할 뿐만 아니라 반대하는 국가의 의지를 기각할 수 있는 강력한 국제기구와도 결합되어야 할 것이다.

자유주의자들에게는 '스캔들'과도 같은 바디우의 논제는 그 어느 때보다 지금 현재적이다. "오늘날의 적은 제국이나 자본으로 불리지 않는다. 민주주의라고 불린다."[79] 오늘날 자본주의 자체에 대한 급진적 문제 제기를 막는 것은 바로 **자본주의에 대항하는 투쟁의 민주적 형태에 대한 믿음**이다. '순수한' 정치뿐만 아니라 '경제주의'에 반대하는 레닌의 입장은 오늘날에도 매우 중요하다. 맞다. 경제가 핵심 영역이다. 전투는 거기서 결정될 것이고, 우리는 세계 자본주의의 마법을 깨뜨려야 한다. 그러나 경제적 개입이 아니라 제대로 된 정치적 개입이어야 한다. 오늘날 모두가 '반反자본주의자'인 상황에서, 무자비하게 이윤을 추구하는 대기업을 적으로 삼는 할리우드의 '사회비판적' 음모 영화(〈에너미 오브 스테이트〉부터 〈내부자〉까지)에 이르기까지, '반자본주의'라는 기표는 전복적인 날카로움을 잃었다. 우리가 문제 삼아야 할 것은 이 '반자본주의'에 자명하게 대립되는 개념, 즉 음모를 깨트려 버릴 수 있는 정직한 미국인들의 민주주의적 실체에 대한 신뢰이다. **이것이** 바로 오늘날 글로벌 자본주의의 핵심이자 진정한 주인기표, 즉 민주주의다. 그 때문에 '민주주의적 사회주의'라는 대중적 용어는 문제가 된다. 내가 민주적 사회주의자인지 묻는다면, 즉각 "아니요, 나는 비민주적 공산주의자요!"라고 대답할 것이다.

이것이 함의하는 바는 급진적 정치 변화의 효과적인 수단으로서 비폭력의 신화를 불식시키기 위해 힘을 모아야 한다는 점이다. 안드레아스 말름[80]은 성공적인 해방 운동의 비폭력성에 대해 잘 알려진 정설이 잘못되었음을 설득력 있게 보여 주었다. 노예제 반대 운동, 참정권 운동, 인도의 독립 운동, 남아공의 민권 운동과 아프리카민족회의ANC에 이르기까지, 재산 피해를 초래하는 직접 행동의 행사는 전술적 무기고의 중요한 부분이었다. 여기서 말름은 허버트 H. 헤인즈가 정교하게 설명한 '급진적 측면 효과'라는 개념을 언급한다.[81] 운동의 급진적 세력은 당국이 더 온건한 세력의 요구를 수용하고 협상을 하도록 압박한다. 말름은 '생태적 레닌주의'의 입장에서 피할 수 없는 결론을 내린다. 데이터가 풍부하게 보여 주듯이, 비폭력적인 탄소배출량 감소 요구는 대부분 무시되기 때문에 기후변화 운동은 표적 재산 파괴와 방해 행위(고급 요트와 개인 비행기, 화석 연료 인프라 등 '사치성 배출'을 유발하는 이산화탄소 배출 장치들을 겨냥한)를 고려해야 한다. 전통적인 비폭력 시위 방식으로는 필요한 일을 할 수 없으며, 절박한 행동 촉구는 평소와 같은 업무처리를 위한 구실일 뿐이다. 정치인들의 친환경적인 경고와 약속을 그저 어쩌고저쩌고 하는 말장난으로 조롱했을 때 그레타 툰베리는 옳았다. 우리는 의례화된 불만을 다루고 있으며, 이런 불만은 실제로 아무것도 바뀌지 않도록 단속하는 기능을 한다.

그렇다면 이러한 글로벌 협력은 어떤 모습일까? 나는 여기서 새로운 세계정부에 대해 말하는 것이 아니다. 그러한 정부는 엄청난 부패의 기회를 제공할 것이다. 그리고 나는 시장을 폐지한다는 의미에서 공산주의를 말하는 것이 아니다. 시장 경쟁은 국가와 사회에 의해 규제되고 통제되기는 하지만 제대로 된 역할을 해야만 한다. 그런데 중국이야말로 지금 해야 할 일을 정확히 하고 있지 않은가? 중국은 시장에 대한 국가의 통제와 규제를 부과하고 경쟁을 선택적으로 허용하고 제한하고 있다. 지금은 평등한 부의 분배와 대기업에 대한 제한을 위해 애쓰고 있다. 문제는 대중의 적절한 피드백 없이는, 이러한 피드백이 공식화될 수 있는 열린 공론의 장 없이는, 중국 지도부가 현재 옹호하는 조치들이 실패할 수밖에 없다는 것이다. 노동자들이 스스로 조직하려는 시도가 잔인한 억압 조치와 만난다면, 어떻게 노동자들의 복지가 향상될 수 있을까? 독립적인 조사 행위가 금지되면, 환경적 파국의 위협에 어떻게 대처할 수 있을까? 그렇다. 지금까지 중국은 코로나-19 팬데믹에 성공적으로 대처해 왔지만, 당국이 최초의 독자적인 경고를 무시하거나 억압하지만 않았더라면, 전 세계적인 팬데믹이 된 사태는 지역적 차원에 제한되었을 수 있다고 믿을 만한 충분한 이유가 있다.

그렇다면 왜 '공산주의'라는 용어를 사용하는가? 우리가 해야 할 일에는 모든 진정한 급진적 체제의 네 가지 측면이 포함되어 있기 때문이다. 첫째, 자발성. 필요한 변화는 어떤 역사적 필연성에 근거한 것이 아니라 역사의 자발적 경향에 맞서 수행될 것이다. 발터 벤야민의 말처럼 우리는 역사라는 열차의 비상 브레이크를 밟아야 한다. 그다음은 평등주의. 글로벌 연대, 만인을 위한 의료 서비스와 최소한의 품위 있는 삶. 그다음엔, 열렬한 자유주의자들에게는 '테러'로 보일 수밖에 없는 요소들이 그러하다. 현재 진행 중인 팬데믹에 대처하기 위한 조치, 즉 많은 개인의 자유에 대한 제한, 새로운 통제 및 규제 방식에서 우리는 이 요소들의 맛을 보았다. 발설하기 힘든 선택지가 이미 여기저기서 언급되고 있다. "여배우 조안나 럼리는 사람들이 휴가를 보내거나 사치스러운 소비재에 사용할 수 있는 포인트가 제한되는, 전시와 유사한 배급 시스템이 결국 기후 위기를 해결하는 데 도움이 될 수 있을 것이라는 의견을 피력했다."[82] 이것이 우리의 유일한 합리적인 선택이라는 사실을 빨리 받아들일수록 우리 모두에게 더 좋을 것이다. 마지막으로, 사람에 대한 신뢰. 평범한 사람들의 적극적인 참여 없이는 모든 것을 잃게 될 것이다.

이 모든 것은 병적인 디스토피아적 비전이 아니라 우리가 처한 곤경에 대한 단순한 현실적 평가의 결과이다. 우리가 이 길을 택하지 않으면 미국과 러시아에서 이미 일어나고 있는 완전히 미친 상황이 만연하게 될 것이다. 권력 엘리트들은 그러한 상황에서도 정부가 기능해야 한다는 핑계로 수천 명이 몇 달 동안 생존할 수 있는 거대한 지하 벙커에서 생존을 준비하고 있다. 요컨대, 정부는 자기권위를 행사해야 할 사람이 지구상에 살아 있지 않더라도 계속 일해야 한다는 얘기다. 우리 정부와 기업 엘리트들은 이미 이 시나리오에 대비하고 있으며, 이는 그들이 경종이 울리고 있다는 것을 알고 있다는 것을 뜻한다.

지구 밖 우주 어딘가에 거대 부자들이 살고 있다는 전망은 현실적이지 않지만, 일부 거대 부자들(머스크, 베조스, 브랜슨)이 우주로 개인 비행을 시도하는 일 또한 지구에서 우리의 생존을 위협하는 파국으로부터 탈출하는 환상을 표현한다는 결론을 피하기 힘들다. 그렇다면 어디로도 탈출할 곳이 없는 우리에게는 무엇이 기다리고 있을까?

2장

탈이분법적 차이?
정신분석학, 정치학, 철학

비판의 비판

오늘날 우리에게 필요한 헤겔 읽기는 헤겔의 텍스트를 직접 읽는 것이
아니라 상상된 읽기, 즉 구시대적이라고 여겨지는 헤겔주의적 접근을
대체하기 위해 제안된 새로운 이론들에 대해 헤겔이 어떻게 대답했을지
상상하는 시대착오적인 수행이다. 이는 헤겔과 끊임없이 비판적 대화를
나누었던 라캉에게도 해당된다. 라캉은 (장 이뽈리트의 영향을 받아) 그의
첫 번째 대작 「로마담화」에서 분석적 과정에서 발생하는 증상의 점진적
상징화(상징적 질서로의 통합)와 헤겔의 변증법적 과정 사이의 유사성에
의탁한다. 심지어 그는 분석적 과정의 끝을 헤겔의 절대지와 비교하기
도 한다. 나중에 그는 변증법적 '종합'을 불가능-실재에 대한 부정으로
거부하면서 헤겔과 점점 더 거리를 두고 헤겔을 궁극적인 자의식의 철
학자라고 일축한다.

나는 헤겔을 직접적으로 옹호하는 대신 라캉 이론 자체의 모순을 통해 그에게로 돌아가는 길을 설명하려고 노력할 것이다. 라캉주의자들은 내가 철학에 대한 라캉의 비판적 거부를 거부한다고 주기적으로 비난하는데, 그들이 옳다. 나는 처음부터 공개적으로 내가 철학자로 남아 있으며 분석 클리닉과 거리를 유지한다고 선언했다. 더 나아가, 나는 라캉 자신이 철학의 핵심적인 특징을 놓치고 있으며 이러한 무지가 그의 프로젝트의 심각한 한계를 나타낸다고 주장한다. 어떻게 이런 것을 주장을 하면서도 어떤 의미에서 라캉주의자로 남을 수 있을까? 나는 가브리엘 투피남바Gabriel Tupinamba의 라캉에 대한 라캉주의적 비판을 다루면서 그와의 대화를 통해 이 점을 상술하려고 노력할 것이다.

투피남바의『정신분석의 욕망』은 획기적인 걸작이다. 이 책은 놀라운데, 그 놀라움은 히치콕의 〈사이코〉에서 두 번째 살인(어머니의 집 계단에서 사립 탐정 아르보가스트를 살해한 사건)이 악명 높은 샤워 살인보다 훨씬 더 시청자를 놀라게 한다는 의미에서의 놀라움이다. 그 놀라움의 효과는 우리가 예상했던 일이 일어났다는 사실에서 비롯된다는 점에서 나온다. 투피남바의 책은 수십 년 동안 라캉주의 서클에서 지배적이었던 이데올로기 게임을 망칠 뿐만 아니라, 어떤 순수함을 영원히 잃어버리게 한다. 훨씬 더 중요한 것은 투피남바가 정신분석의 철학적 함의를 새로운 비판적 방식으로 직면하도록 우리를 몰아세운다는 것이다.

비판, 특히 라캉 자신에 대한 비판이라는 주제는 내가 보통 라캉주의적 헤겔주의자로 분류되기 때문에 내게 매우 민감한 주제이며, 헤겔의 근본 교훈은 '비판은 항상 비판 자체에 대한 비판이어야 한다'는 것이다(또는 마르크스와 엥겔스가 초기 저작인『신성가족 』의 부제에서 격렬한 아이러니로 표현한 것처럼 "비판적 비평의 비판"이 되어야 한다는 것이다). 어떤 현상을 비판할 때는 그 비판이 비판 대상과 기본 전제를 얼마나 공유하고 있는지, 그리고 그 비판이 그 대상에 위협이 되기는커녕 오히려 원활하게 기능할 수 있도록 하는 것은 아닌지 항상 주의를 기울여야 한다. 오늘날 모든 사람에게 알려진 사례, 즉 모든 버전의 소위 정치적 올바름에 의해 실행되는 사회적 억압에 대한 항의를 예로 들어 보자. (정치적 올바름은 최근 그 세력이 다소 줄어들고 있지만, 여전히 일부 학계와 공론장에서 우세하다.) PC에 대한 주류 자유주의 및 보수주의 비판자들은 PC가 가부장제와 지배에 맞서 싸우는 척하면서 새로운 전체주의적 규칙을 강요한다고 주장한다. 그들의 소위 '과잉'(특정 표현에 대한 터무니없는 금지, 고전 문학 텍스트 검열 요구 등)을 조롱하길 즐긴다. PC의 당파들은 보수주의자들과 자유주의 비판자들이 PC의 '과잉', 철회/취소 문화cancel culture 및 경각/각성 문화woke culture의 금지적 측면에 초점을 맞추는 바람에 기득권에 위협으로 간주되는 사람들에게 가해지는 훨씬 더 심각한 검열은 무시한다고 지적함으로써 타격을 되돌려 준다. 영국에서 벌어지는 모든 국가 및 교육기관의 고용을 심사하는 MI6 제도, 비밀경찰 통제하의 노동조합, 미디어에 게시되고 TV에 나오는 내용에 대한 비밀 규제, 테러와의 연관성에 대해 심문을 받는 무슬림 가정의 미성년 자녀들에서부터 지속적인 줄리언 어산지의 불법 수감 같은 개별 사건에 대한 검열들…. 이러한 심각한 검열이 철회 문화의 '죄'보다 훨씬 더 심각하다는 평가에 동의하지만, 나는 이것이 각성 문화와 PC 규제에 반대하는 궁극적인 논거를 제공한다고 생각한다. 왜 PC 좌파는 위에서 언급한 훨씬 더 큰 문제를 제기하는 대신 우리가 말하는 방법 등의 세부 사항에 대한 규제에 초점을 맞추는가? (나중에 스웨덴 당국에 의해 기각된) 어산지의 성추행 의혹을 심각하게 받아들여서 그를 지지하지 않았던 스웨덴의 일부 PC 페미니스트들이 그를 공격한 일은 놀랍지 않다. PC 규칙의 위반이 국가 테러의 희생자라는 사실보다 확연히 더 비중 있는 사안이 된다. 그러나 각성의 진영이 패권적 이데올로기의 재생산이라는 정말 중요한 사안을 다룰 때, 기득권의 반응은 상대방의 과잉에 대한 조롱에서 허겁지겁 폭력적인 법적 탄압을 가하는 조치로 바뀐다. 우리는 종종 언론에서 미국의 과거 헤게모니적 서사를 재평가하려는 비판적 젠더 및 인종 연구의 (과잉)에 대한 불만을 읽곤 한다. 그러나 우리는 다음을 항상 명심해야 한다.

이러한 재평가와 함께 미국의 또 다른 전통이 재등장했다. 즉 하얗게 탈색된 미국의 신화를 다시 주장하려는 반동적 운동이 등장했다. 이 반동 세력은 '비판적 인종 이론', 〈뉴욕타임스〉의 1619 프로젝트, 완곡하게 표현하면 '분열적 개념들'의 교육을 금지하는 법안을 전국의 주의회에 제안함으로써 솔직한 미국 역사를 말하고 인종주의에 대해 공개적으로 거론하려는 노력을 표적으로 삼았다. 이 운동의 특징은 아이들에게 피비린내 나는 고통스러운 현실보다 신화적인 동정녀 탄생을 더 닮은 거짓 버전의 미합중국의 건국을 가르쳐야 한다는 유치한 주장을 한다는 점이다. 교사가 인종에 대해 이야기하는 방식을 제한하는 법안이 최소 15개 주에서 검토되고 있다. 아이다호주에서는 빌 리틀 주지사가 공립학교에서 비판적 인종 이론 교육을 금지하는 조치를 법제화하는 데 서명했다. 그 법안은 이 이론이 '성별, 인종, 민족, 종교, 피부색, 출신 국가 또는 기타 기준에 따라 국가의 통합 및 아이다호주와 주민의 복지에 반하는 방식으로 분열을 악화시키고 선동할 것'이라고 주장했다. 아이다호주의 부지사 재니스 맥기친도 '아이다호 교육의 세뇌를 조사하고 비판적 인종 이론, 사회주의, 공산주의, 마르크스주의의 재앙으로부터 우리 젊은이들을 보호하기 위한' 특별위원회를 설치했다.[1]

금지된 이론은 정말 분파적인가? 그렇다, 하지만 **이미 그 자체로 분열적인** 헤게모니적 공식 신화에 반대한다—스스로를 분리한다—는 의미에서만 분파적이다. 이 신화는 일부 그룹이나 입장을 배제하여 종속적인 위치에 놓는다. 게다가 공식 신화의 당파들에게 여기서 중요한 것은 진실이 아니라 건국 신화의 '안정성'일 뿐이다. 그들이 '역사주의적 상대주의자'로 일축하는 세력들이 아닌 이 당파들은 실질적으로 '탈진리'의 태도를 실행하고 있다. 그들은 '대체 사실'을 제기하지만, 대체 건국 신화는 배제한다.

진정한 헤겔주의자는 하나의 현상(인종차별과 성차별적 지배)을 비판할 때 항상 이러한 이중의 비판적인 접근 방식을 실천해야 한다. 이러한 접근 방식은 지배적인 형태의 비판(정치적 올바름)과 기득권 세력의 반격을 동시에 비판해야 한다. 성차별과 인종차별처럼 혐오스러운 현상을 다룰 때에도 문제는 결코 간단하지 않다. 왜 그럴까? 왜냐하면 라캉이 말했듯, 메타언어가 없기 때문이다. 우리가 어떤 선택을 할 때(우리의 경우, 헤게모니 이데올로기와 그 PC 비판 사이에서) 그 선택은 결코 중립적인 지형에서 이루어지는 것이 아니며 선택의 행위가 선택을 바꾼다. 팬데믹의 경우를 예로 들어 보자. 여기서 우리는 어떤 선택에 직면하고 있을까? 이 질문에 대한 답으로 장-피에르 뒤피는 현실 자체에 내재하는 그 무엇으로서의 반反사실적 상황을 거론한다. 즉, 현실은 있는 그대로가 아니라 다른 종류의 행동을 취했다면 어떻게 되었을지에 대한 그림자를 동반한다는 것이다. 예를 들어 코로나-19 팬데믹의 확산을 억제하기 위해 격리를 결정할 때 감염과 사망자를 줄이기 위해 격리 조치를 취하는 것과 같은 이치이다. 그러나 여기에는 중요한 차별점이 있다.

나는 A와 B라는 두 가지 행동 중 하나를 선택할 수 있다. 나는 A를 택한다. 나는 옵션 B보다 옵션 A에서 상황이 더 나을 거라고 추정하는데, A를 선택한 후 내가 그 이점을 수용할 수 있는 한에서 그러하다. 그러나 만일 내가 B를 선택했다면 내 상황이 내가 A를 택한 후에 B에 대해 추정한 것과 동일한 상황이었을 것이라는 점이 보장되지는 않는다. 다시 말해, 경제학적 계산의 전제는 B라는 나의 '실제적'(즉, 현실의) 선택을 내가 A를 선택했을 때의 B라는 '반反사실적'(즉, 가상의, '사실에 반하는') 선택과 동일한 세계에 놓는다. 더 간단하게 말하면, '대체' 세계는 우리가 실제로 존재하는 세계와 동일한 현실성을 가진다는 것이 숨겨진 가설이다.[2]

우리는 이 가설을 버려야 하는데, 단지 명백한 경험적 이유 때문만은 아니다. (A를 선택했다면 무슨 일이 일어났을지에 대한 우리의 반사실적 추정은 단순히 잘못된 것으로 판명될 수도 있다. 2020년 여름, 영국 당국이 해변 출입을 금지했지만 이 금지 조치가 대부분 무시되고 해변이 북적댔을 때 어째서 감염자가 거의 증가하지 않았던 것인지 상기해 보자). 주된 이유는 **내가 B를 선택한 다음에는 A가 전과 동일하지 않다는 것**, 내가 B를 택하고 나면 A는 내가 B를 선택하게 만든 기준에 따라 측정되기 때문이다. 다시 말해, 우리가 선택을 하는 이유는 선택 이전에 존재하지 않으며, **선택을 마친 후에야** 우리는 A (또는 B)를 선택한 이유를 알 수 있다는 것이다. 팬데믹과 싸우는 상황에서 A와 B 중 하나를 선택해야 할 때, A는 경제를 우선시하고 B는 건강을 우선시하는 결정을 내린다고 가정해 보자. A를 지지하는 사람들은, B를 선택하면 당장은 일부 생명을 구할 수 있지만 장기적으로는 경제 비용으로 인해 더 많은 빈곤과 더 많은 건강 문제가 발생할 것이라고 주장한다. (이 추론의 문제점은 동일한 경제 시스템이 지속될 것이라고 자동적으로 가정한다는 것이다.) B를 지지하는 사람들은, A를 선택하면 더 많은 고통과 사망자가 발생할 뿐만 아니라 장기화된 보건 위기로 인해 장기적으로 경제도 더 큰 타격을 입게 될 것이라고 주장한다. 두 가지 옵션을 비교할 수 있는 중립적인 방법은 없으므로, 어쩌면 (예를 들어 B를) 선택한 후 해결책은 **A라는 상상된 관점에서 B 자체를 바라보는 것**, 우리의 경우엔 **경제의 관점에서 건강을 우선시하는 것이 어떻게 보일지** 살펴보는 것이다. 기존 경제 시스템이 건강을 우선시하는 것을 감당할 수 없는 것이 분명한 상황에서, **'삶이냐 경제냐'라는 대책 없는 딜레마를 피하기 위해 우리의 경제생활을 어떻게 바꿔야 할**까? 성차의 문제도 마찬가지다. 남성의 경우 여성의 편을 드는 것만으로는 충분하지 않다. 스스로 질문을 던져야 한다. 남성으로서 여성을 억압하지 않으려면 남성이 되는 선택을 어떻게 해야 하는가?

"둘 다 더 나쁩니다!"

이러한 비판의 비판은 우리 사회 현실을 움직이는 모든 투쟁에서 절실히 필요하다. 2021년 가을, 유럽에서는 새로운 역사가들 간의 투쟁이 폭발적으로 일어났다. 한쪽에서는 아실레 음벰베, 더크 모제스, 그 외 몇몇 학자들이 홀로코스트를 인류 역사의 다른 폭력 범죄와 구별하는 것은 유럽 중심적이며 식민주의 범죄의 참상을 무시하는 것이라고 주장했다. 다른 쪽에서는 홀로코스트의 고유한 성격을 주장하는 사울 프리드랜더, 위르겐 하버마스, 그리고 다른 학지들이 있다. 나는 양쪽 모두 어떤 의미에서 옳기도 하고 그르기도 하다고 생각한다. 좌파와 우파 중 어느 편향이 더 나쁜가라는 질문에 대한 스탈린의 대답을 여기서 반복할 수밖에 없다. "둘 다 더 나쁘다."

선진화된 서구의 대중이 식민주의의 숨 막히는 공포와 그 부산물을 완전히 인식하지 못하고 있는 것은 사실이다. 대영제국이 중국과 벌인 두 차례의 아편전쟁의 참상을 기억하자. 통계에 따르면 1820년까지 중국은 세계에서 가장 강력한 경제 대국이었다. 18세기 후반부터 영국은 막대한 양의 아편을 중국으로 수출하여 수백만 명의 사람들을 중독자로 만들고 큰 피해를 입혔다. 중국 황제는 이를 막기 위해 아편 수입을 금지했고, 영국은 (다른 서구 세력과 함께) 군사적으로 개입했다. 그 결과는 재앙이었다. 얼마 지나지 않아 중국 경제는 절반으로 줄어들었다. 그러나 우리가 관심을 가져야 할 것은 이 잔인한 군사 개입의 정당화이다. 자유 무역은 문명의 기초이며 따라서 중국의 아편 수입 금지는 문명에 대한 야만적인 위협이다. 오늘날에도 이와 유사한 행위를 상상하지 않을 수 없다. 멕시코와 콜롬비아가 마약 카르텔을 방어하기 위해 행동하고 아편 자유 무역을 막음으로써 비문명적인 방식으로 행동한 미국에 전쟁을 선포한다. 벨기에 콩고, 영국령 인도에서 수백만 명이 사망한 정기적인 기근, 두 아메리카 대륙의 황폐화 등 그 목록은 매우 길고 길다. 잔인한 아이러니는 우리의 이데올로기에서 중심 주제가 자유, 즉 권위주의 체제에서의 여성, 노동자, 시민의 노예화에 대항한 투쟁이었던 바로 그 순간, 유럽의 근대화와 발맞추어 노예제가 다시 등장했다는 사실이다. 모든 은유적 의미에서 노예제는 도처에서 발견되었지만 말 그대로의 의미로 노예제가 존재했던 곳에서는 무시되었다.

식민주의는 근대성의 재앙으로 규정할 수밖에 없는 것, 즉 전근대적 공동체 생활에 끼친 근대화의 끔찍한 영향을 종종 드러낸다. 2016년 초 언론의 주목을 받았던 온타리오 북부의 외딴 원주민 공동체 아타와피스캇Attawapiskat의 운명을 떠올리는 것으로도 충분하다. 이는 캐나다 원주민들이 최소한의 안정된 생활 패턴도 찾지 못한 채 망가진 국가로 존속하는 모습을 예시한다.

인구가 2,000명에 불과한 아타와피스캇에서는 가을부터 100건 이상의 자살 시도가 있었다. 자살을 시도한 최연소자는 11세였으며, 최고령 자살 시도는 71세. 토요일 저녁 11명이 자살을 시도한 후, 지친 지도자들은 비상사태를 선포했다. 월요일, 공무원들이 위기 상담사를 지역사회에 파견하기 위해 분주히 움직이던 때 9세 어린이를 포함한 20명이 자살 협정을 맺은 것이 발각되어 병원으로 이송되었다. 아타와피스캇의 브루스 시쉬시 족장은 "우리는 애타게 도움을 요청합니다."라고 말했다. "거의 매일 밤 자살 시도가 일어나고 있습니다."[3]

이 참사의 원인을 찾으려면 우리는 분명하게 보이는 것들, 즉 곰팡이로 가득 찬 과밀 주택, 약물 남용, 알코올 중독 등등의 너머를 살펴봐야 한다. 구조적인 이유 중 가장 핵심은 세대 간의 연속성을 방해하는 기숙학교 시스템의 파괴적인 유산이다.

수십 년 동안, 15만 명이 넘는 원주민 어린이들이 캐나다 사회에 강제로 동화되기 위해 실려 갔다. 최근 진실위원회의 기록에 따르면, 이 학교는 학대로 점철되어 '아이들 안에 있는 인디언을 말살하는 것'을 목표로 삼았다. 수천 명의 어린이가 이 학교에서 사망했는데, 학교의 식단 기준이 없어서 많은 어린이가 영양실조와 천연두, 홍역, 결핵과 같은 질병에 취약했으며 수백 명이 학교 옆 표식도 없는 무덤에 황급히 묻혔다. 사망자의 거의 3분의 1의 경우, 정부와 학교는 사망한 학생의 이름조차 기록하지 않았다.[4]

우리가 기숙학교들의 실상을 서서히 알아 가고 있는 이 사태는 놀라운 일이 아니다. 거의 매주 우리는 다음과 같은 뉴스를 접한다. "캐나다 원주민 공동체가 수요일에 밝힌 바에 따르면, 지표 투과 레이더를 이용한 수색에서 182구의 인간 유골이 발견되었다. 가톨릭교회가 가족들로부터 격리시킨 원주민 아동을 수용해 운영하던 기숙학교 근처의 표식 없는 무덤에서였다."[5] 여기에 그 교회가 운영하는 기숙학교에서 대규모 성 착취가 이루어졌으며, 몇몇 경우 최대 80%의 아동이 학대를 받았다는 얘길 덧붙여야 한다. 프랑스의 경우에도 마찬가지이듯, 도덕성을 구현하는 척하는 기관이 이러한 범죄를 저지른 것이야말로 불난 곳에 기름을 붓는 격이다. "프랑스 가톨릭 성직자들은 지난 70년 동안 약 216,000명의 미성년자를 성적으로 학대했으며, 2021년 10월 5일 화요일에 발표된 비난 보고서에 따르면 교회는 기관의 보호를 우선시해서 피해자에게 침묵을 강요했다고 한다."[6] 정말 충격적인 점은 이러한 범죄의 대부분이 소아성애에 관한 것이며, 이 범죄들에 책임이 있는 기관이 도덕의 수호자로 자신을 내세우고 동성애 반대 캠페인을 주도하는 기관과 동일하다는 사실이다. 더구나 애석한 일은 전근대적 정상성으로 돌아갈 수도 없다는 점이다. 전근대적 사회에서는 우리의 현대적 감수성에 잔인한 인권 침해, 여성과 아동의 권리 침해 등으로 보일 수밖에 없는 것이 쉽게 발견되기 때문이다.

이 모든 것을 인정하면서도, 다른 진영에서는 홀로코스트의 독특성을 강조한다. 홀로코스트의 목표가 유대인의 종속만이 아니라 잘 계획되고, 현대적이며, 산업적인 방식으로 수행된 유대인의 전멸이었다는 것이다. 유대인은 인종 위계질서에서 하위 인종이 아니라, 타락의 원리를 체현한 절대적인 타자였다. 그들은 외부의 위협이 아니라, 라캉의 신조어를 빌리자면 '외밀한ex-timate' 이방인 침입자로서 우리 문명의 심장부에 존재했다. 그렇기 때문에 문명의 올바른 질서를 재확립하는 것이 목표라면 그들은 말살되어야만 했다. 여기가 나를 주저하게 만드는 첫 지점이다. 몇 년 전 에티엔 발리바르는 오늘날의 글로벌 세계에서 내/외부의 구분이 모호해지는데, 그 때문에 모든 인종주의가 점점 더 반유대주의를 닮아 가고 있다고 지적한 바 있다. 반세기 전, 블랙팬서당의 창시자이자 이론가인 휴이 뉴턴은 자본의 세계적 지배에 대한 지역(민족적)의 저항의 한계를 분명히 보았다. 그는 중요한 한 걸음을 더 나아가, '탈식민화'라는 용어가 부적절하다고 거부했다. 민족적 통합의 위치에서 글로벌 자본주의와 싸울 수는 없다는 것이다. 다음은 1972년 프로이트 정신분석학자 에릭 에릭슨과의 독특한 대담에서 그가 했던 발언이다.

> 블랙팬서당에 있는 우리들은 미합중국이 더 이상 하나의 국가가 아니라는 것을 알았습니다. 미국은 뭔가 다른 것이있고, 국가 그 이상이었습니다. 미국은 영토를 확장했을 뿐만 아니라 모든 통제 권력도 확장했습니다. 우리는 그것을 제국이라고 불렀습니다. 우리는 더 이상 식민지나 신식민지는 없다고 믿습니다. 어떤 민족이 식민지가 되었다면 그 민족이 탈식민화하여 이전의 모습으로 돌아갈 수 있어야 합니다. 하지만 전 지구에 퍼져 있는 영토 내에서 원료를 채취하고 노동력을 착취하면 어떻게 될까요? 전 지구의 부를 고갈시켜 제국주의자들의 본거지에서 거대한 산업 기계를 먹여 살리는 데 사용한다면 어떻게 될까요? 그렇게 되면 민중과 경제가 제국주의적 제국에 온통 통합되어서 이전의 존재 조건으로 돌아가는 '탈식민화'는 불가능해집니다. 식민지가 '탈식민화'되어 국가라는 본래의 존재로 돌아갈 수 없다면 국가는 더 이상 존재하지 않습니다. 또한 국가가 다시는 존재하지 않을 것이라고 믿습니다.[7]

이것은 휴이 뉴턴의 시대보다 오늘날 우리가 처한 곤경이 아닐까?

더욱이 이스라엘에 대한 정당한 비판과 반유대주의의 차이는 아주 애매해서 조작에 취약하다. 베르나르 앙리-레비는 21세기의 반유대주의는 "진보적"이 되거나 아예 존재하지 않을 것이라고 주장했다. 취지를 끝까지 따라가면, 이 테제는 반유대주의가 신비화된/대체된 반자본주의(자본주의 체제를 비난하는 대신 체제를 부패시킨 혐의를 받는 특정 민족에게 분노가 집중되는 것)라는 오래된 마르크스주의적 해석을 뒤집도록 강제한다. 앙리-레비와 그의 당파들에게 오늘날의 반자본주의는 반유대주의의 위장된 형태인 것이다. 오늘날 자본주의를 비판하는 사람들 중에서 반유대주의를 선동하는 이보다 더 위험한 방법을 상상할 수 있을까?

그러나 오늘날 우리가 목격하고 있는 것은 반유대주의적 이스라엘 비판이 아닌 반유대주의적 이스라엘 지지라는 기묘한 반전이다. 일부 우파 반유대주의자들은 세 가지 명백한 이유로 이스라엘 국가를 지지한다. 유대인이 이스라엘로 가면 서구에 유대인이 줄어들고, 이스라엘에서 유대인은 더 이상 우리가 완전히 신뢰할 수 없는 노숙자 외국 집단이 아니라 자신들의 영토에 뿌리를 둔 정상적인 국민국가가 될 것이며, 마지막으로는 동양의 야만성에 대항하는 고도로 발전된 서구적 가치의 대표자 노릇을 할 것이다. 즉, 현지의 팔레스타인 주민들을 상대로 식민화 작업을 수행하는 역할을 할 것이다. 서방 국가의 지지를 얻기 위해 시오니스트들은 때때로 스스로를 식민지 개척자로 내세우기도 했다. 데릭 펜슬라는 시오니즘과 이스라엘에는 여러 이념적, 정치적 문제, 때로는 모순되는 이슈들이 내재되어 있다고 지적한다. "시오니즘 프로젝트는 식민주의, 반식민주의, 탈식민주의 국가 건설을 결합한다. 20세기 전체가 하나의 작은 국가 안에 감싸여 있다."[8]

테오도르 헤르츨은 시오니즘의 토대 텍스트인『유대교 국가』(1896)에서 "유럽을 위해 우리는 그곳(팔레스타인)에 아시아에 맞서는 성벽의 일부를 건설할 것이며, 야만에 대항하는 방벽을 제공할 것이다."라고 썼다. 초기 시오니스트들은 '식민지화'라는 용어도 사용했다. 안타깝게도 이러한 입장은 라인하르트 하이드리히부터 브레이빅과 트럼프에 이르기까지 일련의 유럽 반유대주의자들과 희한하게도 공명한다. 그 바람에 유대인의 고유성과 유럽 식민주의 사이의 명확한 구분은 복잡해진다. 시오니스트들은 서구에서 지지를 얻기 위해 식민주의에 편승했고, 반식민주의 투쟁 자체는 때때로 반유대주의에 위험할 정도로 가까워지기도 한다. 아랍 국가와 무슬림들 사이에서 반유대주의에 대한 글은 충분히 많이 쓰이고 있다. 나는 서안지구에서 팔레스타인 저항을 지지하지만, 이 사실을 잘 알고 있다. 또한 무슬림을 자국에서 쫓아내자는 모든 호소를 인종차별적 이슬람 혐오증으로 치부하는 일도 신중해야 한다. 내 조국인 슬로베니아에서 현존하는 많은 민요가 터키의 침략으로 인한 공포에 대해 이야기하고 있으며, 터키인들을 쫓아내는 일은 꽤 정당한 노력으로 포장된다.

이러한 모든 이유에도 불구하고, 홀로코스트와 식민주의를 맞세우는 논쟁은 지극히 외설적인 것으로 거부되어야만 한다. 홀로코스트는 독특하고 끔찍한 거대 범죄였으며, 식민주의는 상상할 수 없는 고통과 엄청난 수의 사망자를 초래했다. 이 두 가지 공포에 접근하는 유일하고 올바른 방법은 반유대주의와 식민주의에 맞선 싸움을 하나의 동일한 투쟁의 두 가지 측면으로 보는 것이다. 식민주의를 덜 악한 것으로 치부하는 사람들은 홀로코스트의 희생자들을 모욕하고, 유례가 없는 공포를 지정학적 게임을 위한 협상 카드로 전락시키는 셈이다. 홀로코스트의 독특함을 상대화하는 사람들은 식민 지배의 희생자들 스스로를 모욕하는 셈이다. 홀로코스트는 일련의 범죄 중 하나가 아니라 근대 식민지화가 타자를 문명화한다는 명분으로 자행된 숨 막히는 참사였던 것과 마찬가지로 그 자체로 독특하다. 이 둘은 단순한 사례로 축소할 수도 없고 축소해서도 안 되는 비교 불가능한 괴물체다.

라캉주의 이데올로기 비판

그렇다면 라캉의 작업과 관련하여 이러한 비판의 비판은 무엇을 의미할까? 라캉이 1963년 국제정신분석협회(IPA)에서 파문당하고 자신만의 새로운 정신분석 조직을 설립하기로 결정했을 때, 이 결정은 투피남바가 적절하게 설명한 급진적인 결과를 가져왔다.

> 1963년 이후 클리닉이 '무의식은 외부에 있다'는 원칙에 따라 재구성되어야 했던 것처럼, 분석 공동체도 자신의 외부로만 구성된 공동체라는 생각, 공동체의 은밀한 중심이 그 가장 공개된 소재, 즉 고통 때문에 분석을 구하는 사람들의 발언과 일치하는 공동체라는 생각을 받아들여야 했다.[9]

투피남바가 제안한 공식, 즉 "자신의 외부로만 구성된 공동체"는 훌륭하지만 몇 가지 의문이 생긴다. '외부'는 무의식 그 자체이지만, 우리는 개별 주체들의 공동체를 다루고 있기 때문에, 이 외부는 공동체 내에서는 무의식을 아는 주체, 즉 안다고 가정된 주체SStK, sujet suppose savoir로서의 분석가, 주인의 위치를 차지하도록 미리 예정된 분석가가 대표해야 한다.[10] 이것이 의미하는 바는 분석가들의 공동체가 전이라는 형상에 의해 유지될 때만 작동할 수 있다는 것(따라서 분석의 종결이 안다고 가정된 주체의 몰락으로 정의되는 것과 상충됨)이며, 분석가 공동체의 회원 자격은 사실상 분석가analyst를 분석자analysand로 축소시킨다. 이런 이유로 나는 무의식에 대한 배려와 관심으로 뭉친 분석가와 분석자의 '공동체'라는 개념이 문제적이라고 생각한다. 이 둘 사이의 비대칭성이 너무 강력하다. 그렇다. 라캉에게 분석적 치료의 진정한 종결은 분석자가 분석가가 될 때에만 발생하지만, 이는 마치 진정한 공산당에서는 모든 노동자가 당의 지식인이 되리라고 말하는 것과 흡사하다. 우리는 적어도 이것이 경험적 장애물에 의해서만 중단되는 정치 과정의 이상적인 목표라고 상상할 수 있는 반면, 분석적 치료는 경험적 이유뿐만 아니라 분석가와 분석자의 입장의 근본적인 비가역성이라는 형식적 이유 때문에도 이 선택지를 배제한다.

'민주적'인 것에 공감하는 것으로 보일 수 있지만, 산도르 페렌치(일부 목격자 보고서에 따르면, 그는 환자의 자유연상이 진행되는 중간에 환자를 방해한 뒤 자신이 그 소파에 자리를 잡고 자기 자신의 연상을 쏟아 내기 시작했다고 한다)의 관행은 분석가 스스로가 안다고 가정된 주체로서의 분석가의 위치를 망치기 때문에 분석적으로 아무런 의미가 없다. 요컨대, 이 공동체에서 누가 지배할까? 만약 (페렌치가 수행한 경우처럼) 분석자라면, 분석가는 안다고 가정된 주체의 지위를 잃고 더 이상 분석가가 될 수 없을 것이다. 만약 분석가라면, 분석가에 대한 분석자의 전이적 종속은 여전히 유효할 것이다. 라캉주의 모임에서는 이런 일이 흔해서, 오직 분석가인 사람들과 오로지 분석자인 사람들만 있는 것이 아니라 결정적인 제3의 범주, 즉 발로 뛰는 분석가 같은 존재도 있다. (자신의 환자를 받는) 분석가가 (그 자신은 더 이상 분석가가 아닌) 더 '상위의' 분석가의 분석에 동시에 참여하고 있는 경우이다. 나는 정말 어려운 곤경에 처한 분석가들을 몇 명 알고 있는데, 이들은 '순수' 분석가와 함께 끝없이 분석을 하고 있었고(분석 커뮤니티에서 자신의 지위를 지키기 위한 단순한 이유 때문인데, 분석을 중단하면 사실상 주인인 '순수' 분석가의 분노를 살 수 있기 때문이다), 때로는 자신의 분석 비용을 벌기 위해 스스로 분석가로 일하는 경우도 있었다.

광인은 자신이 왕이라고 생각하는 거지일 뿐만 아니라 자신이 왕이라고 생각하는 왕이라는 라캉의 유명한 말을 바꾸어 말하면, 광인은 자신이 분석가라고 생각하는 분석가이기도 하며, 이것이 바로 그들의 조직에서 분석가가 행동하는 방식이다. 우리는 이런 식으로 끝까지 물어야 한다. 분석가는 과연 존재하는 것일까? 분석가는 분석 임상 환경에서 자신이 마치 분석가인 것처럼 행동하거나 분석가의 역할을 수행하는 주체/분석자가 아닐까? 우리가 분석가를 실체화하는 순간, 그를 임상 환경을 벗어나 그 자체로 분석가인 주체로 생각하는 순간, 분석가는 (스탈린이 볼셰비키를 두고 비유한 것처럼) 특별한 재료로 만들어진 특별한 모습의 새로운 집단이 되고, 주인(마스터)을 대하는 방식에 연루된 모든 교착 상태가 다시 출현한다.

자신의 파문을 알리는 짧은 글에서 라캉은 "나를 사랑하는 사람들

aceux qui m'aiment"에게 스스로 말을 건네는데, 이는 자신의 학파에서는 그에게로의 전이가 여전히 유효하며, "안다고 가정된 주체의 몰락"이 일어나지 않는다고 분명하게 암시한다. 여기서의 위상학은 뫼비우스 띠의 위상학이다. 분석 상황에서 당신은 점차 마감하는 순간, 즉 동일시의 횡단을 향해 나아가지만, 마침내 분석가 집단에 속하는 것으로 인식되는 바로 그 지점에서 당신은 다소 원시적인 형태의 집단 동일시로 복귀한 자신을 발견하게 된다. 최근 트랜스 문화의 부상과 피해자성에 대한 집착을 다룬 글에서, 밀레르는 자신이 라캉이 행한 "형언할 수 없고 끊임이 없었던 권위 남용"의 피해자라고 주장했을 뿐만 아니라 심지어 자신이 이러한 남용에 동의하고 그 속에서 즐거움을 찾았다고 주장한다.

그로부터 50년이 지난 시금, **미투**MeToo를 고백할 때이다. 끔찍한 말이지만, 나는 수년 동안 공적이고 사적인 영역에서 내 장인의 형언할 수 없고 끊임이 없었던 권력 남용의 피해자였으며, 이는 도덕적, 정신적 근친상간이라는 진정한 범죄에 해당한다. 나는 나보다 더 강한 무언가에 굴복했다. 심지어 나는 거기서 약간의 즐거움을, 모종의 쾌락을 느끼는 데―아델 에넬은 "부끄러운 줄 알아야지!"라고 하겠지만―동의했다. 나는 영원히 분열된 채로 지냈다. 그 괴물은 40년 전에 세상을 떠났고, 내가 시작하게 될 소송은 내 영혼의 상처를 치유하고 자존감의 손상을 회복하는 데 단지 상징적이지만 그럼에도 결정적인 영향을 줄 것이다.[11]

이 고백을 어떻게 읽어야 할까? 이 고백에 엄청난 함량의 아이러니가 들어 있음이 분명하다. 밀레르의 요점은 오늘날의 정치적으로 올바른 문화에서 그의 삶의 중심축이었던 라캉과의 관계, 즉 진정한 스승이 제자의 삶을 어떻게 바꿀 수 있는지에 대한 최고의 사례가 어떻게 형언할 수 없는 학대의 사례로만 나타날 수 있는지에 관한 것이다. 그러나 인용된 대목에는 또 다른 (그리고 확실히 의도하지 않은) 아이러니가 있다. 라캉이 어떤 사람이었든, 그는 상호인정과 존중을 옹호하는 자유주의자가 아니었다. 그런데도 밀레르가 라캉을 자유주의자로, 1968년 학생 시위에 대한 자유주의적 비판을 펼친 인물로 읽을 것을 제안한 일은 도대체 어떻게 봐야 하는가? 타인에게 어떤 영향을 미칠지 전혀 신경 쓰지 않고 자신의 권력을 온전히 행사하는 잔인한 스승이 있었다면 그게 바로 라캉이었다. "나는 당신이 나에게 할 수 있는 만큼만 당신에게 한다"는, 상호존중이라는 자유주의의 기본 모토는, 라캉에게는 완전히 이질적인 것이었다. 라캉에 대해 떠도는 수많은 일화들은 그가 타인과 가까이 있을 때 큰 소리로 트림하고 헛구역질을 했다거나, 식당에서 주문한 요리가 나왔는데 옆 사람이 주문한 요리가 더 맘에 들면 음식을 그냥 바꿔 버리는 등 타인에 대한 무시와 무례를 극명하게 드러내고 있다. 그러나 인용된 밀레르의 발언에 대한 나의 기본적인 반응은 그것들이 궁극적으로 아무런 상관이 없으며 흥밋거리도 아니라는 것, 즉 밀레르 발언의 유일한 흥밋거리는 어떻게 라캉이 (그는 자기 학파에서도 멋대로 행동했기 때문에) 자신의 학파를 조직하는 데 실패했는지, 그렇게 해서 구성원들이 자신과의 전이적 관계에서 벗어날 수 있도록 만들었는지 보여 준다는 점이다. 자기 학파에서 그는 상징적인 스승(자신의 이름을 통해 통치하는 죽은 아버지)이 아니라 신화적인 원시 아버지에 훨씬 더 가까웠다.

라캉이 어떻게 여전히 안다고 가정된 주체로 남아 있는지를 보여주는 한 가지 유별난 특징이 있다. 밀레르의 방식대로 운영되는 그의 학파 체제에서, 모든 새로운 발견은 라캉 자신이 그의 말년에 비록 모호한 방식으로나마 발견하고 표현한 것에 대한 통찰로, 즉 라캉의 마지막 비밀, 그가 죽기 전에 자신의 비밀로 여겼던 것에 대한 통찰로 제시되어야만 했다. 우리가 여기서 알게 되는 것은 마르크스의 '인식론적 단절'을 찾기 위한 알튀세르의 투쟁의 새로운 버전이다. 처음에 알튀세르는 그 단절을『독일 이데올로기』에 분명하게 위치했지만, 철학자로서의 경력이 끝날 무렵에는 마르크스가 아돌프 바그너에 대한 비판 노트의 한 구절에서야 비로소 자신의 발견의 윤곽을 실제로 보았다고 주장했다. 비슷한 방식으로, 라캉의 마지막 '공식' 연인이었던 캐서린 밀로Catherine Millot는 그의 임종에 참석했는데, 밀레르 진영에서는 마지막 호흡을 내뱉기 직전에 라캉이 우리 세계의 신비에 대한 그의 궁극적인 통찰력이 담긴 말을 그녀에게 속삭였다는 소문이 돌았다.

라캉과의 지속적인 전이적 관계의 또 다른 측면도 있다. 라캉에 대한 사소한 비판을 공식화했을 때, 그 비판은 단지 라캉에 대한 오해에서 비롯된 것으로 기각되었을 뿐만 아니라, 지금도 (적어도 내가 라캉주의 모임에서 활동할 그때는) 종종 곧바로 병리화되어, 분석적으로 해석해야 할 증상으로 취급되었다. 내가 밀레르에 대한 사소한 비판적 발언을 공식화했을 때도 이런 일이 벌어졌다. 그의 추종자들의 반응은 이랬다. "밀레르에게 무슨 시빗거리가 있나요? 왜 그에게 맞서는 거죠? 해소되지 않은 트라우마가 있나요?" 여기서 라캉이 자신의 세미나에서 자신이 분석자이고 대중은 분석가의 위치에 있다고 주장했다는 사실을 고려한다면 사정은 더욱 복잡해진다. 마치 분석자와 분석가 사이의 분열이 라캉 자신의 작업을 가로지르는 것처럼, 강연 세미나에서는 그가 분석자로서 이론적 주제들을 자유롭게 연관시키고 동일한 논점으로 돌아가서 논의 방향을 바꾸는 반면, 그의 난해한 글에서는 우리(분석자이자 독자)의 해석을 자극하게 되어 있는 난해한 공식을 말하면서 안다고 가정된 분석가 역할을 한다.

라캉 학파를 특징짓는 전이적 집단 역학은 진짜 윤리적 실패라고 할 수밖에 없는 것으로 이어진다. 서로 다른 집단(또는 오히려 파벌) 간에 갈등이 폭발할 때, 한 집단을 이끄는 분석가들은 정기적으로 분석자들을 동원하여 공개적으로 그들을 지지하고 다른 집단들을 공격하도록 이끈다. 그렇게 해서 전이에 기반을 둔 자신들에 대한 애착, 즉 분석자들의 의존성을 분석 공동체 내의 권력투쟁이라는 정치적 목적에 악용하는 방식으로, 내가 기본적 윤리 규칙이라고 간주하는 것을 위반한다. 이러한 클리닉과 정치의 결합으로 인해 얼마나 많은 개인적 위기들이 불거져 나올지 상상할 수 있겠는가?

내가 충격을 받은 한 가지 면모도 언급해야만 하겠다. 30여 년 전 밀레르가 글을 쓰는 대신 강연에 더 몰두했을 때, 그의 학파에서 무언의 금지가 작동했다. "제대로 된 책을 쓰지 않아도 돼. 네가 할 수 있는 일은 강연의 필사본을 얇은 책으로 편집하는 일이 전부야." 그의 추종자들 중 많은 사람들이 이런 식으로 절망 비슷한 상태에 빠졌다. 그들은 논문을 출판하고 싶었지만, 밀레르 진영의 외부에서 출판하는 것은 매우 위험한 행동이었기 때문이다.

그렇다고 해서 이론 분야에서도 스승 위치의 인물과 맺은 전이적 관계의 특별한 생산력을 부정해야 한다는 말은 아니다. 스승의 기본 역할은 합리적 추론의 모델이 되어 특정 입장을 채택하기 위한 궁극적인 논거를 제공하는 것이 아니라, 그와는 반대로 우리의 (그리고 스승 자신의) 지금까지의 '**억견**doxa'에 반하는 진술을 함으로써, 즉 의도적인 자의성으로 보일 수밖에 없는 제스처를 수행함으로써 우리를 놀라게 하는 일이다. 나는 수십 년 전 학과 회의에서, 밀레르가 어떤 식으로 S1(주인 기표)과 S2(지식의 연쇄) 사이의 대립과 관련하여 초자아가 주인(스승)의 편이 아니라 지식의 연쇄의 편에 서 있다고 즉흥적으로 설명했었는지 기억한다. 초자아의 명령은 추론의 시슬에 근거하지 않은 자의적 부과로서 그 순수한 형태에서 다름 아닌 주인의 제스처라는 점을 분명한 사실로 받아들였기 때문에 그 자리에 참석한 우리 모두는 이 주장에 충격을 받았다. 그러나 얼마간의 생각 끝에, 나는 밀레르의 주장을 지지했을 뿐만 아니라 그것이 엄청나게 생산적인 입장이라는 것을 알게 되었는데, 나는 그 입장을 대학 담론의 대표적인 사례로 보아서 스탈린주의에 대한 내 전체 이론화뿐만 아니라 카프카의 세계에서 관료주의의 역할에 대한 나의 독해에서도 기초로 삼았다.

프로이트의 도라 증례에 대한 분석에서 투피남바는 치료의 전이(즉, 분석가의 안다고 가정된 주체로의 상승)가 히스테리성 질문과 어떻게 연결되는지에 대해 적절한 해명을 제시한다. 히스테리성 질문은 "나는 대타자의 대상으로서 어떻게 존재하는가?"이며, **안다고 가정된 주체는 이 질문에 대한 답을 정확히 알고 있어야 한다.** "도라는 자신이 어떤 대타자를 위한 대상이라고 직접 생각할 수는 없지만, 이 생각을 다른 대상에게 위임할 수는 있다." 분석 치료에서 전이의 중요한 역할에 대해 투피냅바는 멋지게 설명하고 있다. "정신적 고통에 관한 한, 정신분석은 안다고 가정된 주체, 즉 징후를 인지하고, 환자에게 '당신은 이런저런 병에 걸렸다'고 말해야 하며, 고통을 초기 트라우마와 현재의 증상을 연결하는 인과성의 사슬에 포함시켜야 한다. 그리고 환자가 행복이나 건강의 특정한 규범적 기준들에 스스로 적응하기를 기대해야만 한다. 이런 주체야말로 병리학의 일부이다." 따라서 정신분석 자체가 자신이 치료하고자 하는 질병이라는 칼 크라우스의 아이러니한 주장은 전적으로 사실이지만, 크라우스는 (질병과 치료 사이의) 이러한 우연성이 정신분석에 대한 비난이 아니라 전이가 질병을 반복/재연하게 만드는 치료 과정의 바로 그 전제라는 정신분석 진리의 핵심을 놓쳤다.

따라서 우리는 권위자로서의 스승이 오래된 지혜와 기존 견해를 강요할 뿐이며, 변화는 '아래로부터', 즉 스승의 지혜를 의심하는 사람들로부터 온다는 관점을 버려야 한다. 우리 이론가들은 히스테릭하기 때문에 그 자체로 스승이 필요하다. 이론의 발전에는 민주주의가 없다. 더 나은 추론 등을 통해 새로운 것이 나오는 것이 아니라, 대부분 합의된 이론적 억견을 뒤집는 스승의 '임의적' 진술의 의미를 발견하려는 필사적인 시도를 통해 새로운 것이 등장한다. 물론 이러한 '임의적' 진술이 그 자체로 위험이 없는 것은 아니다. 헛발질에 불과할 수도 있고, 새로운 이론적 발명이 아니라 그저 무의미한 자의적 주장으로 남을 수도 있다. 스승의 주장이 어떻게 될지는 그의 히스테릭한 제자인 우리에게 달려 있다는 점을 명심해야 한다. 스승은 그 자체로 천재가 아니라 우리의 노력을 통해 천재가 될 뿐이다. 이것이 의미하는 바는 스승이 자신의 할 바를 마친 후에는 그 모습 그대로 무자비하게 버려져야 한다는 것이다.

전이의 환각적인 지점이 마침내 그 비참함을 드러내는 것이다. 이것은 스승(이었던 사람)에게 모든 것이 끝났다는 것을 뜻할까? 아니다. 하지만 살아남기 위해 그에게 열려 있는 유일한 여지는 자신을 다시 히스테리화하고 분석자로서 작업하기 시작하는 일이다. 이게 라캉 자신이 세미나에서 끊임없이 하고 있던 일이다. 라캉이 자기 세미나에서 분석자로서 행동했다고 해서 그의 청중들이 그의 집단적 분석가라는 의미는 아니다. 전이의 지점으로서 분석가라는 단일 인물은 여기서 정신분석의 동일한 욕망을 공유하는 것으로 가정된 사람들의 '계몽된' 집단으로 대체된다.

분석가의 (악의적인) 정치적 중립성

그러나 정치 문제에서 밀레르는 진정한 스승의 면모를 보여 주지 못하고 자유주의적 진부함으로 퇴행하는 경우가 너무 많았다. 예를 들어 지난 수십 년 동안 그는 68년 학생 반란에 대한 라캉의 비판적 발언을 좌파에 대한 자유주의적 비판으로 해석했다(세미나에서 사르코지를 높게 평가하는 바람에 대중들을 놀라게 한 일은 말할 것도 없다). 이 불행한 전환의 아주 조야한 뿌리는 급진적인 정치적 격변에 반대하는 밀레르식의 논증이 지닌 노골적 부조리함에서 선명하게 나타나는데, 이를 뒷받침하는 삼단논법은 이런 식이다. (1) 정신분석 클리닉은 공공의 불안이 없는 안정적인 시민 질서에서만 번성한다. (2) 좌파 급진주의자들은 정의상 안정적인 사회 질서를 해체하려고 한다. (3) 정신분석가들은 좌파 급진주의자들이 사회 질서의 안정에 위협이 되기 때문에 반대해야 한다. (이 주장의 시오니스트 버전도 있다. 불안정한 시기에는 반유대주의가 증가하고, 급진 좌파는 불안정을 야기하므로, 좌파에 반대해야 한다는 주장이다.) 투피남바는 지난 프랑스 대선에서 마린 르펜의 위협에 맞선 밀레르식 동원의 외설적 허위성을 지적했는데, 이는 충분히 정당화될 수 있다. (애초의 대선 투표를 사르코지에게 했던) 밀레르가 조직한 동원의 공식적인 근거는 인종주의 포퓰리스트 우파의 승리를 막기 위함이라는 논리였지만, "마크롱에게 투표하지 않으면 르펜을 객관적으로 지지하는 것"이라는 협박에 굴복하지 않은 좌파의 일부가 진짜 과녁이라는 것이 곧바로 분명해졌다. (심지어 밀레르는 마크롱을 지지하기 거부한 사람들을 지칭하는 '르펜 트로츠키주의자'라는 용어를 만들어 내기도 했다.) 르펜이 승리할 경우 정신분석 사업이 방해받지 않고 계속될 수 있다는 사실을 르펜에 반대하는 밀레르의 동원이 어떻게 은폐하는지 지적함으로써 투피남바는 목표에 명중했다. 그의 동원은 반파시스트 저항으로 위장한 좌파에 맞선 행위였다.

　나는 말비나스/포클랜드 전쟁이 일어나기 1년여 전, 즉 아르헨티나가 아직 군사독재 정권 치하였을 때 파리에서 열린 한 라캉 학회에서 비슷한 사건을 목격했다. 참석했던 많은 사람들을 놀라움에 빠뜨리면서, 밀레르는 다음 대회를 부에노스 아이레스에서 열자고 제안했고, 아르헨티나에서 온 아르헨티나 참석자들은 부에노스 아이레스에서 대회를 열지 않으면 자신들(가장 강력한 분석 커뮤니티의 대표자들)은 사실상 종속된 영역에 갇히게 될 것이기에 왜 굳이 자신들이 다른 나라로 가서 대회에 참석해야 하느냐며 밀레르의 제안을 지지했다. 이때 수많은 추방당한 아르헨티나 사람들(대부분 목숨을 구하기 위해 아르헨티나를 떠나야 했던 사람들)은 아르헨티나에 계속 거주하는 사람들이야 최소한 다른 나라에 가서 대회에 참석할 수 있지만 자신들은 사실상 대회 참석이 배제되는 (체포될 수 있는) 셈이라고 즉각 지적했다. 하지만 밀레르는 꿈쩍도 하지 않고 자신의 결정을 강행했다. (다행히도 1년 후 군사정권이 무너지고 민주주의가 회복되었다.) 분명 분석 사업만 허용된다면 군사 통치도 밀레르에게는 괜찮았을 것이다.

불행히도 1934년 오스트리아에서 돌푸스가 민주적 제도를 해체하고 '유연한' 파시스트 독재를 시행했을 때 분석학계는 똑같이 안타까운 선택을 했다. 사회민수주의자들이 저항하고 비엔나에서 거리 투쟁이 폭발하자 정신분석 조직은 회원들에게 모든 투쟁 참여를 자제하고 평소처럼 사업을 계속하라고 명령했는데, 이것이 본질적으로 파시스트 독재를 조용히 받아들이는 것을 의미하더라도 자신들은 평시처럼 사업하는 쪽을 택하자는 결정이었다. 분명코 중요한 것은 민주적 정치가 아니라 평시와 다름없는 사업이다.

투피남바는 정신분석 치료는 원칙적으로 모든 사람에게 열려 있지만, 경제는 가장 잔인한 방식으로 정신분석에 진입한다고 적확하게 지적한다. 전체 치료과정(분석자가 분석가로 변신하는 일에서 끝나는)뿐만 아니라 어떤 치료도 부담할 수 없는 방대한 집단의 사람들이 있다. 돈 문제를 다룰 때, 라캉주의자들은 일반적으로 치료에서 세션에 지불된 금액에 해당하는 역할의 수행에 자신들을 한정한다. 분석가에게 돈을 지불함으로써 분석자는 분석가가 확실하게 적절한 거리를 유지하길 바라며, 분석가가 상징적 부채와 교환의 순환 밖에 남아 있길 원한다. 여기에 육박해 들어오는 가장 거대한 사례는 늑대인간에 대한 프로이트의 치료이다. 10월 혁명 이후 늑대인간의 가족이 재산을 잃어서 그가 더 이상 프로이트에게 치료비를 지불할 수 없게 되자, 프로이트는 무료로 치료를 진행했을 뿐만 아니라 재정적으로도 늑대인간을 지원했는데, 그 결과는 쉽게 예측할 수 있다. 프로이트의 '선량함'에 늑대인간은 편집증적 증상으로 반응했다. 그는 프로이트가 왜 이런 일을 하는지, 프로이트가 자신을 위해 어떤 모호한 계획을 가지고 있는지 자문하기 시작했다. 프로이트는 늑대인간이 자신의 딸과 결혼하기를 원했나? 나중에 뮤리엘 가디너Muriel Gardiner와 함께 늑대인간의 분석을 계속한 후에야 상황이 정리되고 늑대인간은 어느 정도 정상적인 삶을 살 수 있게 되었다. 그렇다면 분석가는 왜 돈을 받을까? 분석가와 분석자 사이의 교환은 매우 이상한 시장 교환인데, 왜냐하면 일반적인 시장 교환에서는 판매자에게 내가 필요로 하고 돈을 지불할 준비가 된 물건을 요구하기 때문이다. 하지만 "분석가의 임무는 환자의 요구에 대답하는 것이 아니다."

내게도 비슷한 일이 있었다. 분석의 어느 특정 시점에서 내가 더 이상 분석을 계속할 여유가 없다는 사실을 마주했다. 직업이 없는 아내와 아들을 부양해야 했기에 분석을 계속한다는 것은 매우 기본적인 생활 수준을 심각하게 박탈당한다는 뜻이었고, 이는 내가 받아들일 수 없었다. 그래서 분석가에게 분석을 중단하자고 제안했는데, 그는 즉각 내 제안을 분석 진행에 대한 나의 저항의 한 형태로, '내재적으로' 해석했다. 그는 분석을 계속해도 된다고 말했다. 당장 그에게 돈을 지불할 필요는 없고, 각 세션에 대한 비용을 부채로 쌓아 나중에 충분한 돈이 생기면 갚아도 된다고 말했다. 나는 그만 어리석게도 이 제안을 받아들였고, 운 좋게도 예상치 못한 큰 사례금 덕분에 빚을 갚을 수 있었다. 내가 실패했던 일은 한 걸음 더 나아가 분석자의 돈 부족을 분석 과정의 내재적 논리에 단순하고 직접적으로 통합되어서는 안 되는 의미 없는 사회적 현실의 일부로 보아 분석 치료의 내재적 논리 외부에 있는 특성으로 인정하는 일이었다.

상품 교환에서 화폐의 역할을 뒷받침하는 믿음의 설정에 대해 설명할 때, 투피남바는 올바르게도 이 믿음의 비심리적 위상을 강조했다. 시장에서 행동할 때 우리는 다른 사람들이 상품 물신주의를 순진하게 믿는다고 가정하는 것이 아니라, 말하자면 시스템 자체가 믿는 것처럼, 즉 상품이 시장을 믿는 것처럼 '작동'한다고 가정한다. 그렇기 때문에 상품 물신주의는 정신분석적 범주, 즉 리비도 역학으로 축소될 수 있고 축소되어야 하는 현상을 지칭하는 것이 아니라, 엄격하게 정치경제학의 범주, '객관적' 사회관계의 범주다. 이와 관련하여 투피남바는 욕망의 두 가지 차원, 즉 결정하는 주체(정신분석가, 수학자 등)의 욕망과 문제가 되는 분야 자체를 지탱하는 욕망(정신분석의 욕망, 수학의 욕망)을 구분한다. 투피남바는 라캉이 두 번째를 첫 번째로 환원했다고 주장한다. "수학자의 욕망과 수학의 욕망, 즉 형식주의가 지지할 수 있는 한에서 가능한 많은 수학적 구조의 일관성을 지향하는 '사고의 최적성'에 대한 욕망을 구별할 수 있는 자원의 부족으로 인해 그[라캉]는 유한한 분석적 시퀀스에만 관심을 갖는 분석가의 욕망을 정신분석이라는 관념의 제도화에 참여하는 욕망과 구별하는 일 또한 못하게 된다." 이 구분은 전적으로 타당하다. 분석가를 분석가 공동체의 한 구성원으로 유지하게 하는 욕망은 분석자를 트라우마에 빠지게 하여 분석을 작동시키는 '분석가의 욕망'이라는 수수께끼와 동일한 것이 아니다. 정신분석의 욕망은 원칙적으로 누구도 전이의 특권적 지점을 점령하는 일이 허용되지 않는 공간에서 이론과 임상의 공동 작업에 참여하고자 하는 욕망이다.

분석 치료에서 돈의 애매한 역할로 돌아가자면, "사회적으로 의식적인" 분석가들의 표준적 대답(내가 그들 진영에 가담했을 때 반복해서 들었던)은 먼저 문제를 인정한 다음 "인도주의적" 해결책을 제안(및 실행)하는 것이다. 나는 일주일에 한두 번 오후를 할애하여 하층 계층의 환자를 받아 무료로 치료한다고 자랑스럽게 우쭐대는 부유하고 성공한 분석가들을 꽤 많이 알고 있다. 투피남바는 이 '인도주의적' 해결책으로 인해 두 가지 유형의 분석자 간의 구분이라는 외양을 띤 계급 차별이 잔인하고 직접적인 방식으로 다시 나타난다고 옳게 지적한다. 즉 분석가에게 정기적으로 비용을 지불할 수 있고 분석이 "논리적" 결론에 도달할 때까지, 그리하여 자신들이 분석가가 되는 순간까지 지속할 수 있는 "완전한" 분석자와 분석가가 될 기회 없이 단기 치료만 받는 지급 능력 없는 분석자로 나뉜다.

그렇다면 정치가 분석 과정에는 어떻게 개입할까? 투피남바는 자신의 학파를 해체한 라캉을 비난한 알튀세르의 길을 따른다. 라캉은 자신의 해산 행위를 분석적 행위, 즉 정신분석적 치료의 결론적 제스처로 제시했지만, 그의 제스처가 공동체에 영향을 미쳤기 때문에 그것은 그 자체로 스스로를 부인한, 비민주적인 정치적 행위였다. 당시 나는 파리에 있었는데, 해산에 동의하지 않는 학회 회원들(그들은 라캉이 너무 노쇠해서 결정할 수 없고 해산 서한은 밀레르가 썼다고 생각했다)이 해체에 반대하자, 법원은 한 개인이 단체를 해산할 권한이 없다는 데 동의했고, 밀레르를 중심으로 한 모임은 회원들을 동원해 해산에 동의한 회원 절반

이상의 서명을 (겨우) 얻어 라캉의 행위를 '민주적으로' 확인했던 것으로 기억한다. 내 입장은 라캉의 학파를 해산하는 과정에서 우리가 민주적 규칙에 의해 수명(또는 소멸)이 규제되는 공동체를 다루고 있는 척해서는 안 된다는 것이었고, 지금도 그러하다. 라캉의 학파는 라캉에게 한 인간으로서 무조건적으로 전이하는 데 그 기반을 두고 있다.

그리고 이 점은 (어느 정도까지는) 정치 조직도 마찬가지다. 그러한 조직을 하나로 묶는 것은 기존 질서의 관성적 재생산을 초과하는 '잉여'를 제공하는 지도자의 모습일 수도 있다. 여기서 우리는 개인들은 이 질서에 반항하는 경향이 있는 반면 스승은 기존 질서를 옹호하는 억압적 인물이라는 표준화된 관념을 뒤집어야 한다. 개인은 맘대로 하게 놔두면 관성에 빠지기 쉬우므로 진정한 스승이 "그래, 너는 할 수 있어."(자신을 뛰어넘어 세상을 바꿔 봐!)라는 메시지를 보내 그 주문에서 깨어나게 해야 한다면 어쩔 것인가? 어쩌면 환영받지 못할 가설이지만, (레닌주의 정당에 체화된 것 같은) 정당의 형식이 여기서 민주주의적 유혹과 권위에 대한 종속을 모두 거부하는 제3의 길을 마련해 줄 수 있다. 이 정당 형태의 조직이 대의에 대한 흔들림 없는 '교조적' 충실성과 이러한 대의의 형식을 포함한 모든 것에 의문을 제기하는 입장을 결합하는 한에서 말이다.

여기서는 브레히트가 단서를 제공한다. 브레히트는 당을 찬양하기에 보기에 따라서는 『결행된 조치』에 등장하는 가장 문제적인 노래에서 처음 보기보다 훨씬 더 독특하고 엄밀한 어떤 것을 제안한다. 즉, 브레히트는 그야말로 당을 절대적 지식의 화신, 역사적 상황에 대한 완전하고 완벽한 통찰력을 가진 역사적 주체, 안다고 가정된 주체가 있다면 바로 그 주체로 고양시키고 있는 것처럼 보인다. "당신은 두 눈을 가졌지만 당은 천 개의 눈을 가졌다!" 그러나 이 시를 자세히 읽어 보면 전혀 다른 얘기다. 젊은 공산주의자를 질책하면서 코러스는 당이 모든 것을 알지 **못한다**고, 젊은 공산주의자가 당의 지배적인 노선에 동의하지 않는 것이 **옳을** 수 있다고 말한다. "우리가 가야 할 길을 보여 주시면/ 당신처럼 따라갈 것이지만/ 우리 없이는 올바른 길을 택하지 마십시오./ 우리가 없으면 이 길은/ 가장 거짓된 길입니다./ 우리와 분리되지 마십시오." 이것이 의미하는 바는 당의 권위는 결정을 내리는 긍정적 지식의 권위가 아니라 지식의 형식의 권위, 즉 집단적 정치 주체와 연결된 새로운 유형의 지식의 권위라는 얘기다. 코러스가 주장하는 핵심은 젊은 동지가 자신이 옳다고 생각한다면 바깥이 아니라 당이라는 집단적 형태 **안에서** 자신의 지위를 위해 싸워야 한다는 것이다. 다소 비루한 말투로 표현하면, 젊은 동지가 옳다면 당은 다른 구성원보다 그를 더 많이 필요로 한다. 당이 요구하는 것은 자신의 '자아'를 당의 집단적 정체성인 '우리'에 근거 두는 일을 받아들이는 것이다. 우리와 함께 싸우고, 우리를 위해 싸우고, 당 노선에 맞서 당신의 진실을 위해 싸우되, 당 밖에서 **혼자 하지 말라**는 것이다. 라캉의 분석가 담론 공식에서와 마찬가지로, 당의 지식에서 중요한 것은 그 내용이 아니라 그것이 진리의 자리를 차지하고 있다는 사실이다.

어쩌면 치료의 마지막 순간 (분석자의 환상의 횡단) 이후에 분석 과정에서 무슨 일이 일어나는지에 대한 투피남바의 성찰은 이 '레닌주의적' 배경에 견주어 읽어야 할 것이다. 투피남바는 분석 과정의 마지막 순간이 분석자가 분석가로 변신하는 것이라는 라캉의 주장을 문자 그대로 (그리고 대부분의 라캉주의자들보다 훨씬 더 진지하게) 받아들이고, 주체를 그 학파의 분석가로 만드는 '통과'의 절차를 뜻하는 라캉의 라 파스la passe 개념과 이 주장을 결합하여, 그 결론을 두려움 없이 이끌어 낸다. 라캉은 분석가가 오직 자신에 근거해서만 자신의 권위를 천명한다고 선언했지만, 그러고 나서 약간의 비꼬는 말투로 덧붙이듯, 그가 실제로 자신의 권위를 인정했는지는 다른 사람들이 확인해야 한다고 했다(그렇지 않으면 어떤 바보라도 자신을 분석가라고 선언할 수 있다). 여기서 새로운 차원의 집단성이 등장한다. 우리는 더 이상 분석가와 분석자 사이의 친밀한 관계에 있지 않다. 분석가가 되겠다는 의사를 밝힌 분석자는 먼저 제비뽑기로 선발된 2명의 다른 일반 구성원('관찰자')에게 들려주도록 기대되는 자신에 대한 내러티브로 가장하여 자신이 치료 과정에서 배운 것을 증언하도록 요청받는다. 다시 말해, (분석가가) 안다고 가정된 주체로서 실패한 후에, 분석자는 자기 스스로 안다고 가정된 주체가 되어야만 한다.

　여기서 가장 큰 변화는 분석가라는 명칭의 후보자인 분석자가 진정한 주관적 진실의 모든 흔적이 지워지는 (혹은 오히려 무의미해지는) 방식으로 자신의 증언을 공식화해야 한다는 것이다. 그의 주관적인 발화 위치는 사라지고, 중요한 것은 발화된 내용일 뿐이다. 분석자는 (분석자의 주관적 투쟁에 대해 아무것도 모르는) 평균적이고 중립적인 2명의 '관찰자'가 이해할 수 있는 방식으로 자신의 증언을 공식화해야 한다. 무엇을 위해서? 단순히 배심원 (학파에 속한 3명의 분석가로 구성됨)에게 한 번 더 전달하기만 하면 되고, 이를 통해 지원자가 그 학파의 분석가인지 (여부가) 확증된다. 그렇다면 후보자가 배심원단에게 직접 증언할 수 없는 이유는 무엇일까? 후보자와 배심원단 사이에 직접적인 접촉이 없는 이유는 무엇인가? 어떤 형태의 입문적인 종결, 즉 배심원이 진실에 대한 특별한 접근권과 지원자와의 깊은 개인적 접촉을 통해 입문적인 존재로 기능하는 일을 방지하기 위해 모든 일이 평균적 2명의 바보라도 완전히 전달할 수 있는 대중 지식의 수준에서 이루어져야 한다. (헤겔이 지적한 것처럼 무죄와 유죄를 결정하는 사람은 판사가 아니라 특별한 능력이나 자격을 소유하지 않은, 피고인의 동료들로 구성되고 제비뽑기로 선출된 배심원단이라는 점에서 자유 주체의 사회에서의 사법적 판단과 어떤 유사성에 주목하지 않을 수 없다.)

투피남바는 분석자의 증언의 목적이 단지 확립된 이론적 억견에 부합하는 일, 즉 라캉 이론의 관점에서 자신을 해석할 수 있다는 것을 배심원에게 증명하는 일이 아니라고 지적한다. 이론과 (임상) 실천은 서로 얽혀 있어서 이론은 실천의 이론일 뿐 아니라 실천의 한계에 대한 이론이기도 하며, 실천은 이론의 '사례'를 제공하는 것이 아니라 이론적 통찰을 대체하고 변형시키는 예시들을 생산한다. 이것이 의미하는 바는 지원자의 증언이 이론 분야 자체에 기여하고 변화시킬 수 있는 잠재력을 지니고 있다는 것, 즉 엘리엇의 유명한 말을 빌려 표현하자면, 모든 새로운 이론적 통찰은 과거의 모든 체계를 변화시킨다는 것이다. 여기서 우리는 분석가의 욕망에서 새로운 통찰을 얻고 확장하고자 하는 정신분석 자체의 욕망으로 이행하는데, 이러한 욕망은 같은 대의에 헌신하는 당(학파) 구성원들로 구성된 '레닌주의적' 집단에서만 작동할 수 있다.

그렇다면 이 전복적인 '통과'의 핵심이 라캉 학파의 실제 운영에서 어떻게 해서 사라지게 되었을까? 라캉주의 운동이 발목을 잡히게 된 어려움의 근원은 '라캉 이데올로기'이다. 즉 투피남바가 이중 조치라고 설명한 내용이다. (1) 분석가들에게 급진적인 인식론적 특권을 부여한 조치다. 정신분석은 독특한 임상적 구도에 뿌리를 두고 있기 때문에, (주체를 폐쇄하는) 과학, (궁극적으로 불가능이라는 균열을 은폐하는 세계관으로서의) 철학, (상상적이고 상징적인 동일시와 집단형성의 영역에 국한된) 정치학의 '구성적 결핍' 또는 맹목성을 볼 수 있다. 동시에 (2) 정신분석 이론을 임상 환경이라는 특수한 뿌리에서 조용히 잘라 내어 다른 모든 담론보다 정의상 더 지혜로운 보편적 지위로 이데올로기적으로 고양시킨 일이 있다(기표의 논리 또는 담론 이론은 사실상 새로운 존재론이 되었다). 이러한 이중적 조치의 대표적 사례는 밀레르의 정지 운동인 자니그Zadig에서 정신분석을 정치화한 것인데, 여기서 자유민주주의적 선택은 라캉의 용어를 통해 직접적으로 정당화된다.

라캉이 그의 책 말미에서 분석적 치료의 결정적 순간으로 그토록 훌륭하게 묘사한 것, 즉 환상을 가로지르는 일과 전이를 뒷받침하는 상징화 불가능한 장애물에 관해 증언을 통해 명명하고 서술하는 일을 투피남바는 라캉을 상대로 행하지 않았나? 그는 라캉의 치명적 한계를 지정하는 식으로 라캉에 대한 우리의 전이를 제거할 수 있게 한다. 우리는 더 이상 라캉의 궁극적 신비를 파악하는 끝없는 과정에 사로잡히지 않고, 이 회피적 과잉이 출현하는 공간에 라캉 자신이 어떻게 사로잡히게 되었는지에 대한 공식을 얻는다. 고대 이집트인의 비밀에 관한 헤겔의 말을 다르게 풀이해서 말하자면 우리는 수수께끼를 푸는 것이 아니라, 라캉이 우리에게 제시하는 수수께끼, 즉 우리가 라캉을 해석하면서 도달하고자 하는 수수께끼가 어떻게 라캉 자신에게도 수수께끼였는지, 그리고 이 수수께끼가 어떻게 다름 아닌 이론적 교착 상태에서 출현했는지 공식화하게 된다.

투피남바는 '라캉 이데올로기'의 울타리를 깨고 나오기 위해 가라타니 고진이 정교하게 만든 '시차parallax' 개념을 동원한다. 벌거벗은 인체를 예로 들어 보자. 나체를 에로틱한 대상으로 접근한다는 것은 생물학적 또는 의학적 접근이 가능한 모든 사실(표면 아래의 땀샘과 그 배설물, 내부 장기의 원활한 작동)을 강제로 추상화한다는 것을 의미한다. 이를 이해하려면 신체를 탈관능화de-eroticize해야 한다. 이러한 접근 방식들은 상호 배타적이며, 둘 사이에 더 고차원의 종합은 없다. 정신분석 치료도 마찬가지이다. 분석가와 분석자 쌍의 인위적인 격리는 그 자체의 현실을 만들어 내지만, 그것을 전이 역학의 내재적 측면에서 보면 설명할 수 없는 차원(돈의 역할처럼)이 있다. 따라서 정신분석을 다룰 때는 세 가지 차원(이론, 임상 실습, 분석 조직)을 환원 불가능한 세 가지 차원의 보로메안 매듭처럼 취급해야 한다. "우리는 그 구성 요소 중 어느 것에도 모델 전체를 과잉결정하는 요소로서 특권을 부여하지 않는다." 모든 차원에서 정신분석이 사회생활과 어떻게 관련되는지도 마찬가지다. 라캉주의자들은 분석 이론을 사실상 정치 및 경제 현상에 대한 최종적 발언권을 가질 수 있는 보편적 단서로 승격시킬 때 이데올로기적 진탕에 깊이 빠져든다. 이런 식으로 그들은 자신의 조직에서 작동하는 정치적 역학조차 파악하지 못한다.

여기서 내가 비판적으로 보는 지점은 3차원의 보로메안 매듭의 공식이 제대로 작동하지 않는다는 사실이다. 전체는 항상 부분 중 하나에 의해 과잉결정**되며**, 이러한 과잉결정을 사유하기 위해서는 특수한 이론이 필요하다. 분석 이론으로는 충분하지 않다. 내가 매우 고답적으로 사유한다는 점을 인정하지만, 나는 여기에 철학의 역할이 있다고 생각하기 때문에 보로메안 매듭의 공식이 또 다른 차원으로, 즉 3 더하기 1의 차원으로 확장되어야 한다고 본다. 과학(이론)-임상-조직의 삼각구도는 철학으로 보완되어야 한다. 철학은 우주에 대한 일반적인 관점인 **보편 형이상학**이 아니며, 세상에는 중립적 보편성이 없다는 것, 모든 보편성은 그것이 공식화될 수 있는 특정 영역에 의해서만 과잉결정된다는 것을 알고 있다. 이는 이념적 보편성의 역사적 구체화("인권은 실질적으로… 무엇의 권리이다")라는 고전 마르크스주의 주제다. 그러나 철학은 또한 모든 구체적인 상황이 그 상황이 출현한 더 보편적인 차원의 측면에서 설명되어야 한다는 것도 알고 있다. 역사적 상대화는 스스로를 상대화할 수 없으며, 스스로를 보편적으로 타당한 것으로 전제한다.

분석 임상(인위적 분석 상황)과 이로부터 발원하는 보편적 이론(기표 이론, 네 가지 담론 등) 사이의 난해한 관계라는 주제를 다루어 보자. 그렇다. 프로이트 이론은 인위적인 임상 경험에 뿌리를 두고 있지만, 분석 이론의 임무는 이러한 방식으로 자신을 상대화하는 것이 아니라 보편적인 인간 곤경의 관점에서 임상 경험과 같은 것의 가능성 자체를 설명하는 일이다. 우리의 상징적 공간이 어떻게 구조화되어 2명의 분석가와 분석자가 상호주관적 교환의 표준 형태를 거스르는 방식으로 작동할 수 있도록 구성되는가? 이 심연의 원환은 철학적 성찰의 적절한 주제다. 프로이트가 이런 작업을 통해 무엇을 알게 되었는지는 그가 정신분석을 '불가능한 직업'의 목록에 포함시킨 데에서 극명하게 나타난다. 정신분석 이론은 임상 실천의 이론적인 근거일 뿐만이 아니라, 왜 이 실천이 궁극적으로 실패할 수밖에 없는지도 설명해 준다. 프로이트가 간결하게 말했듯이, 정신분석은 자신이 더 이상 필요하지 않은 조건에서만 가능하다.

역사화의 한계

철학적 접근은 또한 분석 클리닉의 역사화의 함의를 적절한 방식으로 공식화할 수 있게 해 준다. 투피남바는 여기서 부정판단("그는 죽지 않았다"와 같이 술어를 부정하는 판단)과 무한판단("그는 비사망 상태다"와 같이 비술어를 주장하는 판단) 사이의 칸트적 구분을 적절하게 언급하고 있다. 같은 맥락을 따라서 투피남바는 긍정적 보편의 부정과 부정적 보편의 긍정을 구분할 것을 제안한다.

구조적 측면에서만 고려하면 프로이트의 조사는 단순히 긍정적 보편성을 부정하는 것처럼 보일 수 있으며, 임상 실습과 형이상학 이론을 문제의식 없이 묶는 운동이므로 분석가와 그의 전복적인 입장만을 고려하는 다소 정적인 과정으로 보일 수 있다. 그러나 이 묘사에서 놓치고 있는 것은 이전에 보편적으로 여겨졌던 주장의 모순이 새로운 환자의 말을 어떻게 경청할지에 대한 우리의 이해를 풍부하게 해 주는 본질적 역동성이다. 즉 가능성의 영역에서 불변하는 것으로 간주되는 것의 변형, 따라서 부정적인 보편의 긍정이다. 성애sexuation에 관한 주관적인 해결책의 영역에서 우리가 이전에 상상했던 것보다 더 많은 것이 달라질 수 있다.

여기서 우리는 문제의 핵심을 마주하게 된다. 나는 이 사고방식을 전적으로 지지하면서도 약간 다른 해석을 내리고자 한다. '긍정적 보편성의 부정'은 헤겔이 "나쁜 무한성"이라고 불렀던 것으로서 그 과잉-역학 자체가 '정태적'이며, 이 과정은 "포스트모던한" 역사주의의 상대주의에서 그 절정에 달한다. 모든 긍정적 보편성은 '해체'되며, 그 보편성이 어떻게 편향되어 있는지, 어떻게 우발적인 역사적 변수인 하나의 내용을 은밀하게 특권화하고 항구화하는지 보여 준다. 그러나 우리는 항상 역사화도 또한 이데올로기일 수 있다는 점을 명심해야 한다. 이데올로기가 우리 시대에만 분명히 근거를 두는 역사화의 절차를 모든 시대에 적용하기 때문이기도 하지만, 더 중요하게는 특정 영역의 기본 특징을 역사적 변수로 환원하기 때문이다.

이러한 맥락에서 프레드릭 제임슨은 한때 유행했던 '대체 근대성'이라는 개념을 거부했다. 이 개념은 서구의 자유주의적-자본주의적 근대성은 근대화로 가는 경로 중 하나에 불과하며, 근대성의 교착과 적대성을 피할 수 있는 다른 경로가 가능하다는 주장이다. '근대성'이 궁극적으로 자본주의의 암호명이라는 것을 깨닫는다면, 우리의 근대성에 대한 이러한 역사주의적 상대화는 그것의 구성적 적대성을 피하려는 자본주의의 이데올로기적 꿈에 의해 뒷받침된다는 것을 쉽게 알 수 있다. 파시즘이야말로 대체 근대성의 모범적 사례가 아니었던가? 완전히 동일한 방식으로, 섹슈얼리티라는 질곡을 특정 역사적 구도(예: 서구 가부장제)로 환원하는 것은 그 질곡과 도착이 없는 완전한 섹슈얼리티의 유토피아를 위한 공간을 열어 주는데, 프로이트가 증명했듯 이 질곡과 도착은 섹슈얼리티 개념 자체에 내재한다.

영화 〈카사블랑카〉의 결말이라는 잘 알려진 사례를 다루어 보자. 릭은 사랑하는 일사를 남편과 함께 리스본으로 떠나게 하고, 자신은 르노 대위와 함께 나치에 대항하는 저항군에 합류하기로 결심한다. 이 결말은 역경의 시대에 내린 윤리적 결단의 초상화로 읽을 수 있다. 파시즘에 대한 집단적 투쟁이 필요할 때는 개인의 전망을 희생해야 한다. 그러나 여기서 우리는 라캉의 모토인 "성적 관계는 없다"를 동원하여 다른 독해를 제안할 수도 있다. 성적 관계는 심한 교착 상태에 빠져 버려서 거기서 벗어날 수 있는 유일한 방법은 남성으로만 구성된 전투원 집단을 형성하는 것뿐이라는 말이다. 이 해결책의 아이러니가 눈에 띈다. 남성은 진짜 전쟁으로 탈출하는 방법을 통해서만 남녀 간의 '전쟁'(적대감)을 피할 수 있다.

이러한 이념적 교착 상태에서 벗어나는 방법은 긍정적 보편의 부정을 부정적 보편의 긍정, 즉 전체 영역을 구성하는 불가능성으로 대리 보충하는 것이다. 그렇다. 모든 긍정적 보편은 상대적이고 불안정하며 변형될 수 있지만, 단순히 현실의 역동적이고 변화 가능한 형태 때문이 아니다. 긍정적인 형성물은 동일한 저변의 적대감을 다루기 위한 수많은 시도이며, 변화를 유발하는 것은 이 적대감을 해결하려는 모든 시도의 궁극적인 실패다. 라캉의 부정적 보편성 중 하나는 "성적 관계는 없다"는 것인데, 이는 전통적인 젠더 이분법의 내재적 불안정성과 역사적 특성을 지적하는 것만으로는 충분하지 않다는 말이다. 모든 결정적인 형태의 젠더 관계는 그것이 아무리 개방적이고 유연하더라도 인간의 성을 구성하는 불가능성을 극복하지 못할 것이라는 점을 덧붙여야 한다는 뜻이기도 하다.

어쩌면 꿀벌들 사이에는 일종의 성적 관계가 있을지 모른다. 암컷 일벌과 달리 침이 없는 수컷 꿀벌을 드론이라고 하는데, 꿀이나 꽃가루를 모으지도 않고 일벌의 도움 없이는 먹이 활동을 할 수 없다. 드론의 유일한 역할은 수정되지 않은 여왕벌과 짝짓기를 하는 것이다. 짝짓기는 비행 중에 이루어지며, 드론이 짝짓기에 성공하면 가장 먼저 일어나는 일은 모든 혈액이 드론의 내장으로 몰려 들어 몸 전체를 통제할 수 없게 되는 현상이다. 수컷의 몸은 떨어져 나가고 내장의 일부가 여왕에게 붙어 다음 드론을 여왕에게 안내하는 데 도움이 된다. 완전한 성관계를 위해서 치르는 대가치고는 꽤 큰 것 같지 않은가? 수컷 꿀벌 드론의 라틴어 단어가 '척, 변장, 가짜'를 의미하는 푸쿠스fucus이고, 푸쿰 파케레 fucum facere가 ('섹스하다'가 아니라) '속임수를 쓰다'를 의미한다는 사실은 놀랍지 않다. 오늘날 '드론'이라는 용어가 원격 조종 비행체(무인 공중 운송 수단)[12]에 널리 사용되는 것도 놀랍지 않다. 드론은 인간의 몸체에서 분리되어 원격 조종되는 일종의 남근과 같은 것은 아닐까?

따라서 이데올로기적 한계가 두 가지 상반된 방향으로 작동한다는 점을 염두에 두는 것이 중요하다. 이데올로기는 특정 역사적 상황의 항구화일 뿐만 아니라, 전체 영역을 구성하는 어떤 것을 특정한 우발적 속성으로 환원하는 것이기도 하다. 이데올로기는 자본주의를 가장 적절하고 합리적인 경제 질서로 승격시키는 일일 뿐만 아니라 자본주의를 특징짓는 위기와 적대성을 특정한 우발적 상황으로 인한 일탈로 일축하는 태도이자 그것과 짝을 이루어 그런 위기와 적대성을 피할 수 있는 또 다른 자본주의가 가능하다고 보는 관념이기도 하다.

이데올로기적 한계의 이러한 양서류적 지위와 관련하여, 나는 '구조적 변증법'에 대한 투피남바의 비판이 실재를 역사화하려는 시도에 바탕을 둔 것으로서 문제적이라고 본다. 구조적 변증법의 핵심인 '기표의 논리'는 구성적 불가능성의 주위를 순환하며 자기참조의 운동에 사로잡힌 차이 구조를 보편적 프레임으로 존재론화한다. 그리고 실재는 이 프레임 안에서 이 구조의 '불가능한 것' 그 자체로서, 하나의 비역사적 한계로서, 즉 구조 자체를 규정하는 파악이 곤란한 과잉으로 나타난다. 그러나 기표의 논리에 대한 이러한 존재론화는 그것이 '임상 공간의 울타리'(분석자-분석자)에 의해 인위적으로 마련된 분석 상황에 뿌리를 두고 있다는 사실을 무시하는 데 바탕을 둔다. 즉 실재는 이 분석 상황으로부터 배제된 '불가능한 것'이며, 따라서 그 자체로 다른 더 넓은 현실의 일부로 분석될 수 있는 역사적 변수라는 사실을 무시한다.

투피남바가 볼 때 라캉의 한계에 궁극적으로 책임이 있는 것이 어떤 의미에서 기표의 논리를 존재론적 선험으로 승화시킨 그의 '철학적 헌신'인지 이제 우리는 이해할 수 있게 되었다. 현실에 대한 우리 접근의 궁극적 틀인 기표의 논리는 물론 동질적인 논리적 틀이 아니라 자기 반성적으로 뒤틀리고 어긋나며, 내재적 불가능성을 중심으로 구조화된다. 하지만 현실에 대한 우리의 접근에 일종의 초월적 틀을 제공하기 때문에, 그 틀을 벗어나는 것은 그 자체로 다른 현실로 개념화될 수 없고 오직 한계-현상, 즉 궁극적으로 우리가 도달하지 못한다는 사실로만 규정되는 파악하기 어려운 가상적 지점으로 나타날 수 있을 뿐이다. 따라서 라캉은 우리의 상징적 틀이 결코 온전히 포착할 수 없는 미리 전제된 외부 현실이라는 소박한 실재론으로 퇴행하는 것을 두려워하여, "우리 언어의 한계는 우리 현실의 한계다"라는 비트겐슈타인의 모토를 자기식으로 제시한다. 우리의 상징 공간이 파악하기 어려운 하나의 회피적 중심으로 순환한다는 사실은 단지 우리의 인지적 한계의 징후로만 축소되어서는 안 되며, 이 불가능성은 현실 자체에도 해당되어야 한다. 실재는 우리가 파악할 수 없을 뿐만 아니라 그 자체로 불가능하며, 그 자체의 불가능성과 완전히 일치한다. 그래서 투피남바는 오히려 이러한 불가능성의 배가 작용, 즉 우리는 실재를 파악하려는 시도의 실패를 통해서만 그 실재에 닿는다는 라캉의 주장을 두고 "무능력에 의한 증명"이라고 일축한다. "모델의 무력함이 증명의 힘으로 작용한다."

이 지점에서 나는 투피남바의 의견에 동의하지 않는다. 나는 투피남바가 '무능력에 의한 증명'의 전복적 힘을 너무 쉽게 제거한다고 생각한다. 이 증명은 두 가지 결핍(주체의 결핍과 타자의 결핍)의 중첩이라는 라캉의 모티브가 자체적 해결로서의 문제/교착 상태라는 헤겔의 기본 모티브를 반영하는 중추적 지점을 표시한다. 과거 저작에서 나는 예컨대 사회 개념의 적대적 성격에 대한 아도르노의 잘 알려진 분석 사례를 열거하면서 이 주제를 강박적으로 계속 되풀이했다. 첫 번째 접근 방식에서는 사회에 대한 두 가지 개념(앵글로색슨의 개인주의적-명목주의적 개념과 개인에 선재하는 전체로서의 사회라는 뒤르켐의 유기체론적 개념) 사이의 분열이 환원 불가능해 보이는 바, 여기서 우리는 더 높은 '변증법적 종합'을 통해 해결할 수 없고 사회를 접근 불가능한 물자체로 승화시키는 진정한 칸트적 이율배반을 다루고 있는 것처럼 보인다. 그러나 두 번째 접근법에서는 사물에 대한 우리의 접근을 막는 것처럼 보이는 이 근본적 이율배반이 어째서 **이미 물자체인지**만을 거론해서는 안 된다고 이야기했다. 오늘날 사회의 근본적인 특징이 총체성과 개인 사이의 화해할 수 없는 **적대성인지도** 다루어야 한다. 이것이 의미하는 바는 궁극적으로 실재의 상태는 순전히 시차적이기 때문에 그 자체로는 비실체적이며, 그 자체로 실체적 밀도가 없고, 단지 두 시점 사이의 간격일 뿐이어서 한 지점에서 다른 지점으로 이동할 때만 지각할 수 있다는 점이다. 따라서 시차적 실재는 '항상 제자리로 돌아오는', 즉 모든 가능한 (상징적) 우주에서 동일하게 유지되는 것으로서의 실재라는 표준적 (라캉적) 개념과는 반대된다. 시차적 실재는 오히려 동일한 근본 실재의 매우 **다양한** 외양을 설명하는 개념으로서, 동일자로 지속되는 단단한 핵심이 아니라 동일성을 다수의 외양으로 분쇄하는 쟁투의 단단한 뼈대이다.

투피남바에게 있어서 이렇게 실재를 그 자체로 생각하기를 거부하는 것, 실재를 그 자체의 불가능성의 표시로 축소하는 것은, 무의식이 실재의 이름 중 하나인 한에서, "최종 심급에서 라캉의 무의식이 정신분석적 개념이 아니라 '윤리적' 계기로 간주되어야만 하는 근거이기도 하다." 그러나 나는 이것이 잘못된 대체라고 본다. 여기서 '윤리적'이라는 표현은 정신분석학적 개념으로서, 프로이트의 공식 "그것이 있는 곳에 내가 있어야만 한다wo es war, soll ich werden"에서의 **'있어야만'**의 차원을 가리키는데, 이는 라캉이 무의식을 주체의 심리적 삶의 실질적인 토대로 존재론화하기를 거부한다는 표시이다. 여기서 우리는 '무능력에 의한 증명'의 가장 뚜렷한 형태를 접하게 된다. 무의식에의 접근 불가능성은 단지 우리의 인식론적 한계, 무의식이 '완전히 존재하는' 또 다른 장소에 도달할 수 없음을 나타내는 징후가 아니다. 무의식은 존재도 아니고 존재–아님도 아닌 영역에 거주하기에 '그 자체로' 완전히 존재하지 않는다.

성차의 공식들

'무능력에 의한 증명'에 의존하는 라캉에 대한 투피남바의 비판은 라캉의 성차 공식을 읽는 과정에도 동기를 부여한다. 그는 다음과 같이 주장한다.

> 라캉은 여기서 욕망의 구조적 불만족의 원인으로 작용하는 '타자 속의 타자', 즉 심리 영역의 실재와 프로이트가 이상ideals에 관한 이론에서 표상적 이해를 넘어서는 '사물'의 급진적 타자성, 다시 말해 'X'로 표시한 실재 간의 차이, '구조적 변증법'의 문법이 '전-상징적' 참조 대상을 전제하지 않고서는 유지하기 힘든 그 차이를 은밀하게 재도입한다.

과연 그런가? 여기서 내가 스무 번쯤 인용했을 나의 영원한 사례 중 하나로 돌아가 보자. 오대호 부족 중 하나인 위네바고 부족의 건물 공간 배치에 대해 클로드 레비-스트로스가 『구조주의 인류학』에서 펼친 모범적인 분석이 도움이 될 수 있다. 이 부족은 '위로부터 온 사람들'과 '아래로부터 온 사람들'이라는 2개의 하위 그룹(반족)으로 나뉘는데, 개인에게 종이나 모래 위에 마을의 평면도(집의 공간적 배치)를 그려 보라고 하면 어느 하위 그룹에 속하는지에 따라 전혀 다른 두 가지 대답을 얻게 된다. 둘 다 마을을 원으로 인식하지만, 한 하위 그룹의 경우 이 원 안에 또 다른 중심 주택이 있어 2개의 동심원이 있는 반면, 다른 하위 그룹의 경우 원이 명확한 구분선을 따라 둘로 나뉘어 있다. 즉, 첫 번째 하위 그룹('보수적-기업가적' 집단이라고 부르자)의 구성원은 마을의 평면도를 중앙 사원을 중심으로 다소 대칭적으로 둥글게 배치된 집의 배열로 인식하는 반면, 두 번째 ('혁명적-적대적 집단') 하위 그룹의 구성원은 자신의 마을을 보이지 않는 경계로 분리된 2개의 별개의 주택 그룹으로 인식한다.[13]

레비-스트로스가 말하고자 하는 요점은 우리가 이 사례를 관찰자의 집단 소속에 따라 사회적 공간에 대한 인식이 달라지는 문화적 상대주의로 간주하도록 유인되어서는 안 된다는 것이다. 두 가지 '상대적' 인식으로 나뉘는 것 자체는 하나의 상수常數에 대한 은밀한 지칭, 즉 건물의 객관적이고 '실제적인' 특성이 아니라 마을 주민들이 상징화하거나, 설명하거나, '내면화'하거나, 받아들이지 못한 근본적인 적대성, 그 트라우마적 중핵을 의미한다. 이 트라우마로 인해 공동체는 조화로운 전체로 안정화되지 못하고 사회적 관계의 불균형에 처한다. 평면도에 대한 두 가지 인식은 균형 잡힌 상징 구조의 부과를 통해 이 트라우마적 적대성에 대처하고 상처를 치유하려는 상호 배타적인 두 가지 노력일 뿐이다.

여기서 우리는 '실제', '객관적'인 집들의 배열이라는 외적 현실과 실제 배열을 왜상歪像적 방식으로 뒤틀리게 하는 두 가지 다른 상징의 충돌 속에서 자신을 드러내는 '실재'를 명확하게 구분할 수 있다. 여기서 '실재'는 실제 배열이 아니라 마을의 실제 집 배열에 대한 부족원들의 시각을 왜곡하게 만드는 사회적 적대성의 트라우마적 중핵이다. 현대 정치 활동에서 수많은 유사한 예를 손쉽게 추가 가능하다. 예를 들어 트럼프 지지자 또는 자유주의 중도 좌파의 당원에게 미국 정치 현장의 기본 좌표를 설명하도록 요청하면 매번 근본적으로 다른 설명을 얻을 수 있다. (트럼프는 자신을 부패한 비애국적 '국민의 적'에 맞서 열심히 일하는 사람들의 목소리로 제시했을 법하고, 자유주의 좌파는 파시스트 선동에 맞서 인권과 자유의 최후의 보루로 자신을 제시했을 것이다.) 이 대립의 '실재'는 사회 현실에 대한 있는 그대로의 묘사가 아니라 대립하는 양쪽이 각각 자신의 방식으로 모호하게 만드는 적대감에 의해 제공된다.[14]

그래서 나는 투피남바가 비판적으로 말하는 '구조적 변증법'이 심리 영역의 실재와 외부 실재를 구분할 수 있을 뿐만 아니라, 그 차이가 구조적 변증법의 기본적 특징이라고 생각한다. 라캉에게 "유한한 관점에서 접근 불가능한 것과 외부 세계의 무한성을 구분"하는 일은 쉽다. 따라서 투피남바가 "구조적 변증법 내에서 무한은 접근할 수 없는 것, 즉 유한에 절대적으로 타자인 것으로 오직 간접적인 보충물로서 가상적으로만 존재하는 것으로 생각할 수밖에 없다"고 주장할 때, 그는 실제적 무한성의 **철학자**인 헤겔의 가르침을 잊은 듯하다. 헤겔에게 진정한 무한은 유한에 대한 초월적 외부가 아니라 내재적 자기매개 또는 유한 자체의 자기매개일 뿐이다.

이제 우리는 투피남바의 라캉 비판의 다음 중심 주제에 이른다. 그는 라캉의 '구조적 변증법'이 실제적 무한을 그 자체로 긍정적으로 사유할 수 없고 오직 유한한 관점에서, 영원히 파악하기 힘든 한계점으로서만 사유한다는 비난을 라캉의 성차 공식에 대한 비판적 읽기로 확장한다. 그 방식을 살펴보자. 논증의 절차를 다소 단순화하기 위해 투피남바는 '남근주의'(성차 공식의 남성적 측면)를 봉쇄의 논리(유한 집합의 총화)와 동일시하는데, 이 논리가 자신이 배제하는 것을 언어를 벗어난 비존재적 가상의 잉여로 생성한다고 본다. 그리고 라캉은 공식의 여성적 측면을 이 폐쇄의 논리에서 벗어난 것으로 배치하지만, 무한한 **여성적 주이상스**Jouissance의 여성적 측면은 궁극적으로 여전히 남성적 측면에서 생겨나기에, 즉 언어(기표) 밖에 있기 때문에 그 자체로 긍정적 현실성을 갖지 못하는 과잉이라고 여긴다. 하지만 (기표의 논리를 핵심으로 하는) 라캉의 '구조적 변증법'은 궁극적으로 분석에서 발화가 기능하는 방식에 대한 부당한 보편화이므로, 여성적 향유를 '구조적으로 접근할 수 없는 것'이 아니라 '현재 우리의 도달 범위를 벗어난 것'으로만 생각해야 한다고 본다. 분석적 환경을 새로운 방식으로 정의하고 기표의 논리라는 울타리를 넘어서는 공리들로 대리보충한다면, 우리는 또한 "'여성적 향유'와 정신분석 영역 자체의 공리적 변환 사이에서 분절을" 만들어 낼 수 있다는 얘기다. 투피남바는 정신분석의 창시 경험이 프로이트에게 여성적(히스테리적인) 주체의 이야기에 귀 기울임으로써, 즉 그들이 어떻게 '남근적' 권위를 훼손하는지 경청함으로써 이루어졌음을 잘 알고 있었지만, 동시에 이 경험의 전체 범위를 제한했다.

남근주의가 '기능' 역할을 하는 '장'이 언어 그 자체라면, 팔루스(Φ)나 그 부정에 의해서도 도달할 수 없는 이 무한한 대리보충은 언어 자체의 바깥에만 있을 수 있다. 여기서 정신분석의 원리 자체와의 모순점이 생겨난다. 그러나 우리의 탐구과정에서 내내 반복적으로 주장했듯 여기서 관건이 되는 영역이 분석에서의 발언 행위에만 해당된다면, 단순히 자유연상의 과정을 시행하는 것만으로 도달할 수 없는 미결정된 확장의 존재를 가정하는 일은 구조적으로 접근이 불가능한 것을 가리킬 필요가 없다. 현재 그것은 우리의 손이 닿지 않는 곳에 있지만 공리적인 제도를 통한 임상 작업으로 접근할 수도 있다는 것을 의미하기도 한다. 요컨대 분석에서 발화 행위의 국지적 지위를 인식함으로써 우리는 '여성적 향유'와 정신분석 영역 자체의 공리적인 변환 사이에서 분절, 즉 실제로 정신분석적 사유의 역사에서 문서화된 것 이상의 분절을 인식할 수 있다.

따라서 남근 논리의 인식론적 함의는 분명하다. 그것은 상징적 영역 외부의 급진적 타자성을 그 자체의 고유한 지위를 갖지 못한 이 영역 자체의 내재적 과잉으로서만 생각할 수 있고, 이 내재적 과잉은 우리의 리비도적 (심리적) 현실의 일부이기 때문에, "무관심한 타자성의 속성보다 심리적 실재의 속성들을 일반화"해야만 한다. "'기표가 아닌 것'은 기표 사슬 안에서 걸림돌로 표시되어 있는 한에서만 존재하며, 따라서 실제로 존재하지 않는 환상적 예외의 상태로 전치된다." (비-전체의) 여성적 향유의 논리는 이러한 교착 상태를 회피하는 것처럼 보인다. 여성향유는 "프로이트의 도식의 '외부 X'에 우선순위를 부여함으로써 의미작용 자체의 폐쇄된 영역을 의미작용 외부의 세계로 침잠시킨다. 여기서 우리는 항상 이미 외부에 있기 때문에 의미작용의 예외를 설정할 자리는 없고, 이 함수의 아래에 놓인 영역의 일관된 폐쇄 상태를 긍정할 방법도 없다." 그러나 남근의 영역에서 벗어나려는 이러한 시도는 치명적인 제약을 받는다. 투피남바에게 라캉 성차 공식의 불가피한 한계는 다음과 같다.

[라캉 성차 공식의 한계는] 무한한 것을 그 자체의 맥락에서 사유하지 못한 결과이다. 즉 실제적 무한성은 유한한 것의 한계점 이상이며, 셈할 수 있거나 셈할 수 없는 무한한 집합을 넘어선 가능한 변환에 제한을 가하는 팔루스 이외의 다른 모든 함수들에 개방되어 있다는 점을 받아들이지 못한 결과이다.

이게 타당한가? 라캉의 『앙코르』에서 일부 공식이 다소 애매한 것은 사실이지만(그는 여성적 향유를 언어 외부의 과잉으로 규정한다), 그의 주장의 핵심은 분명하다. 여성성을 단지 남근적 함수를 넘어서는 어떤 것으로서만이 아니라 있는 그대로의 '그 자체'로 개념화하기 위해 '팔루스 이외의 함수'가 필요하지는 않다. 이 점을 이해하려면 라캉을 꼼꼼하고 문자 그대로 읽어야 한다. 여성적 향유는 "팔루스에 의해서도, 그것의 부정에 의해서도 도달할 수 없다"는 것은 명백히 사실이 아닌데, 이것이 바로 라캉이 여성 향유에 도달한 길이기 때문이다. 성차 공식에서 여성성은 남근 함수에 완전히 몰입함으로써 정확하게 정의되는데(여기에 예외는 없다), 이는 역설적으로 여성적 위치가 왜 "남근주의의 영역"에 **(덜 이 아니라) 더** 침잠하는지 설명해 준다. 따라서 성차 공식에 대한 해석에서 나는 정반대의 결론에 도달하고 싶은 유혹을 느낀다. 라캉의 여성 성차의 공식은 정확히 "타자성의 원시적 위상에 대한 투신"의 형태에 대한 극복을 실행하고 있는 것이 아닐까? "남근주의 아래에 갇히지 않는 것"을 헤아릴 수 없는 타자성으로 외화시키는 일은 남성적 공식의 일부가 아닌가? 아니면 좀 더 전통적인 용어로 말하자면, 남성의 상징적 장악을 벗어나는 실체적 여성이라는 개념 자체가 남성적 이데올로기의 일부이자 일환이 아닌가?

물론 투피남바는 라캉의 성차 공식이 두 성별 간의 관계에만 국한된 것이 아니라 다른 관계를 명확히 하는 수단으로서도 매우 생산적이라고 본다. 예를 들어, (현재 남아 있는 고전적인) 프롤레타리아트와 프레카리아트(불안정 노동자)의 쌍은 라캉의 공식에서 남성적 측면과 여성적 측면으로 정확히 기능한다. 노동계급은 예외(실업의 영구적 위협)를 기반으로 한 (완전히 고용되어 착취당하는) **전체**인 반면, 프레카리아트의 구성원들은 이 외적 한계를 통합한다. 그들은 (영구적 일자리가 없이) 단기 계약을 찾는 실업자로서, 이런 의미에서 (여러 임시 정체성에 분산된) 비−전체이다.[15] 덧붙여, 투피남바가 역사성을 그토록 강조하기에, 우리는 진정한 역사성과 단순한 역사주의를 구분하는 바로 그 차이점을 성차의 공식으로도 포착할 수 있다는 점을 지적해야만 한다.

역사주의는 분명히 남성적이다. 모든 사회 현실은 궁극적으로 우연적이며, 역사적으로 특정한 상황에서 구성된다. 초역사적인 본질은 존재하지 않으며, 이데올로기의 기본 형태는 역사적으로 특정한 내용의 영속화이다. 그러나 이러한 역사주의적 접근도 은밀하게 보편화된 자신의 입장만큼은 역사적 상대주의의 영역에서 면제한다. 즉 이 역사주의는 모든 역사적 시대에 동일한 역사 개념을 적용한다. 모든 형태의 사회적 정체성은 우발적 구성물이라는 반反본질주의적 논제와 관련된 간단한 질문을 던져 우리는 이런 예외를 식별할 수 있다. 예컨대 젠더 이론의 지지자들이 모든 성 정체성이 우발적인 역사적 구성물이라고 주장할 때, '이것이 후기 자본주의 사회뿐만 아니라 역사 이전의 부족 사회나 수렵 사회에도 동일한 방식으로 적용되는가?'라고 물어볼 수 있다. 그 대답이 '그렇다'라면, 우리는 모든 정체성의 역사적 우연성이 명백해진 특권적 시대에 살고 있다고 상정해야만 하는데, 이는 곧 우리가 우리 자신의 시대를 특권화하는 함정에 빠지는 셈이다.

이와는 반대로 진정한 역사성의 기본 특징은 라캉의 성차 공식의 의미에서 여성적이다. 이러한 예외를 폐기하여 자신의 입장을 상대화하고, 스스로의 역사성 개념을 역사화한다. 이런 의미에서 헤겔은 급진적 역사주의자이다. 그에게는 모든 역사적 시대마다 역사에 대한 보편적 개념도 변화한다. 따라서 이러한 접근 방식은 역사성에 대한 예외를 허용하지 않으며, 이러한 이유로 "비전체"이다. 역사성 개념 자체가 역사적 변화의 과정 속에 있기 때문에 역사성에 대한 단일한 보편적 개념은 존재하지 않는다. 역사주의는 각각의 역사적 단절이 단순히 역사 내의 단절만이 아니라 역사 개념 자체도 변화시킨다는 점을 고려하지 않기 때문에 충분히 급진적이지 않다. 1990년에 나온 후쿠야마의 역사의 종말 이야기를 우스꽝스러운 것으로 치부해서는 안 되는 이유가 바로 여기에 있다. 전 지구적 자본주의의 승리 이후 역사의 의미는 바뀌었다. 그리고 어떤 형이상학적인 의미에서 보면, 우리의 전통 전체에 즉시 접근할 수 있는 글로벌 디지털 네트워크에 우리가 완전히 매몰된 일은 우리가 알고 있던 역사적 경험의 종말을 알리는 신호다. 우리는 어떤 의미에서 사이버 공간이 외부의 물리적 현실보다 '더 현실적'인지, 과거에 일어났고 현재 일어나고 있는 모든 일이 몰시간적 동기화의 질서에 각인되어 있는 플라톤적 이데아 영역의 복잡한 버전은 아닌지 이미 '느끼고' 있다. 우리가 감각을 통해 관계하는 물리적 현실에서 사물은 항상 변하고, 모든 것은 사라지도록 설정되어 있으며, 현실은 사이버 공간에 등록될 때만 온전히 존재하게 된다.

진리의 변덕

이제 우리는 헤겔이 단지 다양한 진리-담론을 설파하는 역사주의적 상대주의자가 아니라는 점을 분명히 알 수 있다. 헤겔과 미셸 푸코 같은 역사주의적 상대주의자 사이에는 결정적인 차이가 있다. 헤겔에게 있어 각 담론은 고유한 진리 개념을 내포하지만, 각 담론은 일관성이 없고 내재적 적대에 사로잡혀 있으며, 변증법적 운동은 이 내재적 '모순'을 통해 한 담론이 다른 담론으로 어떻게 이행하는지 펼쳐 보인다. 그러나 푸코에게 있어 서로 다른 담론은 상호 무관심 속에 공존할 뿐이다. 푸코의 진리 개념은 진리/비진리가 우리 진술의 직접적인 속성이 아니라, 서로 다른 역사적 조건에서 서로 다른 담론이 각각 고유한 진리 효과를 생산한다는 주장, 즉 어떤 가치가 '참'인지에 대한 제 나름의 기준을 내포한다는 주장으로 요약할 수 있다.

> 문제는 담론 내에서 과학성 또는 진리의 범주에 속하는 것과 다른 범주에 속하는 것 사이에 선을 긋는 일이 아니라, 진실도 거짓도 아닌 담론 내에서 진리의 효과가 어떻게 생산되는지 역사적으로 파악하는 데 있다.[16]

과학은 제 나름으로 진리를 정의한다. 명제의 진리(가급적 명확하고 형식화된 용어로 공식화되어야 함)는 누구나 반복할 수 있는 실험 절차에 의해 확립된다. 종교적 담론은 다른 방식으로 작동한다. 종교의 '진리'는 복잡한 수사학적 방식으로 확립되어 더 큰 권세에 의해 자비롭게 통제되는 의미 있는 세계에 살고 있다는 경험을 만들어 낸다. (피터 슬로터다이크[17]는 가장 최근 저서에서 "신이 말하게 만드는" 복잡한 수사학인 신시神詩, theo-poetry의 다양한 양식을 분석한다.) 그리고 전통 신화, 예술, 일상생활 등 각각 고유한 진리 효과를 지닌 다른 담론들도 있다. 그런데 담론 자체가 "참도 거짓도 아니다"라는 말은 무슨 의미일까? 어떤 의미에서 담론의 영역은 진리와 관련하여 중립적인 배경이 될 수 있을까? 분명코 여기에는 메타이론이 필요하다. 푸코의 (담론의 진리 효과) 이론 자체의 지위는 무엇일까? 어떤(어떤?) 의미에서 그것은 분명히 사실이다. 그는 그 점을 주장하고 논증과 사례를 제공한다.

마찬가지로 과학은 단순히 여러 담론 중 하나가 아니다. 다른 방식으로 실재에 영향을 미치기 때문에(과학적 지식을 바탕으로 유전공학적 변화를 일으킬 수 있고 핵에너지를 사용할 수 있다) 특정 진리 효과를 가진 담론 중 하나라고 말하는 것만으로는 충분하지 않다. 그리고 이를 통해 우리는 과학과 정신분석 사이의 애매한 관계와 마주하게 된다. 프로이트 자신은 과학자로 남아 있었다. 그는 자신의 정신분석이 일시적인 해결책에 불과해서, 신경생물학이 마침내 우리 마음의 기능을 설명할 수 있게 되면 묻혀 버릴 것이라고 생각했다.

그러나 라캉에게는 정신분석이 과학(적어도 현대적 의미의 형식화된 자연과학)이 아닌데, 그 지위를 명확히 하기 위해 그는 아리스토텔레스가 인과관계를 질료인, 형상인, 목적인, 작용인 네 가지로 구분한 것을 언급한다. 목수가 테이블을 만든다면, 테이블이 되는 나무가 질료인이고, 나무에서 실현되는 테이블의 이데아가 형상인이며, 그의 작업이 작용인이고, 테이블을 사용하는 것이 목적인, 즉 우리가 테이블을 만드는 이유이다. 라캉은 이 인과관계의 네 가지 측면을 진리 개념에 적용한다. 헤겔이 지적했듯이, 대상에 대한 우리의 관념/판단의 적합성으로서의 진리는 더 높은 차원의 진리, 즉 관념에 대한 대상 자체의 적합성으로서의 진리에 의해 보완되어야 한다. 옆방에 탁자가 실제로 있다면 옆방에 탁자가 있다는 나의 관념은 적절할 뿐만 아니라, 이 탁자 자체가 유용한 탁자라면 또한 '진정한 탁자'이다. 사실이 이론에 맞지 않는다면 "그만큼 사실의 손해다"는 욕 많이 먹은 헤겔의 주장의 진정한 내용이 여기에 존재한다(테이블이 테이블의 관념에 맞지 않는다면 그만큼 테이블의 손해다). 어쩌면 이 쌍은 아리스토텔레스의 질료인과 형상인의 대립에 부합할 수 있다. 질료인으로서의 진리는 우리가 어떤 진술을 참으로 만드는 물질적 현실을 참조하여 검증할 때 작용하는 반면, 경험적 대상이 그 개념에 부합한다는 사실은 형상인에 관한 것이다. 즉, 물리적 테이블이 그 형상/관념에 부합하면 '진정한 테이블'이 되는 것이다. 물론 수학을 제외한 모든 과학은 경험주의와 개념의 구성이라는 두 가지 극단 사이에서 작동한다. 양자물리학을 예로 들어 보자. 관념적이긴 하지만, 양자물리학은 궁극적으로 측정 결과에 좌우된다. (여기서 실재와 현실을 구분함으로써 더 엄밀해져야만 한다. 경험적 측정의 현실성은 재현할 수 없는 양자 우주의 실재와 동일하지 않은데, 이 우주도 우리 관점에서 보면 하나의 구성물이다.)

과학과 달리 정신분석은 진리를 작용인으로 동원하지만, 진리의 직접적인 인과적 작용이란 곧 마술적 사고의 특징이 아닐까? 마술적 사고에서는 공식(기도, 저주)을 발음하면 현실에서 어떤 일이 일어난다(비, 건강 또는 적의 죽음 등). 샤머니즘적 주체는 구조와 기표 안에서 행동한다. "천둥과 비, 유성과 기적 등 자연에서 동원되어야 하는 것은 기표의 형태로 나타난다." 따라서 마술에서 원인으로서의 진리라는 개념은 작용인의 모습으로만 나타나며, 상징적인 것은 실재에 직접적으로 복속된다. 종교에서는 인과관계가 다르다. "종교에서 진리는 소위 '종말론적' 목표로 격하된다. 즉 진리가 세계 종말의 심판으로 연기된다는 의미에서 오직 목적인으로만 나타난다."[18] 그렇기 때문에 종교는 지식이 아니라 믿음이다. 우리가 접근할 수 없는 다른 곳, 하나님 자신의 장소, 거기서는 완전한 지식이 표현될 수 있다는 믿음이다.

그렇다면 정신분석학에서는 사정이 어떠할까? 주목해야 할 점은, 초기 프로이트는 진리의 직접적인 인과적 힘(분석가가 환자에게 증상에 대한 올바른 해석을 제공하면 증상은 자동으로 사라지거나 해소될 것이다)을 순진하게 믿었지만, 곧 쓰라린 충격과 마주했다는 사실이다. 해석이 아무리 정확하더라도 효력이 없으며 증상은 사라지지 않는다. 이러한 통찰을 통해 프로이트는 전이와 시간성이라는 주제로 나아갔는데, 전이가 효과적이려면 진리는 적절한 순간에 전해져야만 한다. 즉 환자가 분석가에게 전이된 후뿐만 아니라 전이가 환자의 주체성을 파괴하는 적대성을 경험할 수 있는 적절한 심리적 상태로 환자를 이끌 때에도 전해져야 한다. 나중에 프로이트는 두 가지 복합조건을 더 추가했다. 분석자의 자유로운 결정("성공적인" 정신분석은 환자를 갈등 없는 삶으로 회복시키는 것이 아니라, 자신의 정신적 삶에서 일어나는 일을 인식하고 어떤 과정을 선택할지 결정할 수 있는 지점에 도달하게 할 뿐이다)과 소위 "부정적인 치료 반응"(환자가 자신의 증상을 즐겼으므로 증상의 해소는 끔찍한 우울증을 유발할 수 있다)이다.

이러한 모든 복합조건은 해석의 진리가 주체에 미치는 영향에 따라 판단된다는 것을 확증할 뿐이므로, 우리가 다루는 것은 진리 효과, 즉 **진리 자체가 효과를 생성하는 원인이라는** 주장이 아니다. 이것은 단순히 실용적인 관점이 아니다. ("증상에 대한 분석가의 해석이 사실인지 여부는 중요하지 않고, 그 해석이 효과가 있다는 사실만이 중요하다.") 증상의 진리가 이미 무의식 깊은 곳에 존재하며 발견되기를 기다리고 있다고 라캉이 가정했기 때문이 아니라, 라캉의 표현을 따르면 증상은 그 증상의 대상보다 앞서 존재하며 증상의 해석 이전에 미리 결정된 의미를 갖지 않기 때문이다. 라캉은 여기서 미래로부터의 여행이라는 공상과학적 모티프를 떠올린다. 증상은 그 증상의 의미가 결정될 환자의 미래에서 보내진 메시지와 흡사하다.

정신분석에서 진리의 구체적인 역할을 설명하기 위해 라캉이 마르크스주의에서 유사한 사례를 이끌어 낸다는 사실에 주목해 보자. 현대 과학은 "원인으로서의 진리에 대해 아무것도 알고 싶어 하지 않는다"[19]는 사실을 동력으로 한다. 또는 라캉이 말했듯이, 과학은 주체를 폐제한다. 즉 과학 텍스트에서 발화자의 주체적인 위치는 완전히 중립화되어서 누가 말했는지는 중요하지 않으며, 누구나 반복해서 실험하고 그 진실을 검증할 수 있다. 정신분석학은 여기에 주체적 진리의 차원을 도입한다. 예를 들어 보자.

몬트리올에서 〈앤트 다이〉 중식 레스토랑을 운영하는 페이강 페이는 판매하는 요리들에 대해 발랄하고 솔직하게 설명하는 메뉴판을 제공하는 색다른 접근 방식을 택했다. "일반적인 타오 치킨과 비교하면 이 메뉴는 그다지 맛있지 않습니다"라고 오렌지 비프 항목에 적혀 있다. "군침 도는 치킨"이라는 항목에 페이는 "지금은 맛에 100% 만족하지 못하지만 곧바로 더 좋아질 것입니다. 추신: 아직도 이 메뉴를 주문하는 고객이 있다는 사실이 놀랍습니다."라고 쓴다.[20]

물론 이렇게 '진실을 말하는' 방식은 궁극적으로 거짓말이다. 여기서 진실은 가장 효율적인 자기 홍보의 형태가 된다. 우리는 다시 주관적 진실과 사실적 정확성 사이의 대립으로 돌아왔다. 가장 큰 거짓말은 우리 진술의 모든 데이터가 사실적 진실일 때 발생한다. 그리고 과학적 중립화와는 명백히 대조적으로, 마르크스주의는 정신분석과 마찬가지로 과학이 잊어야만 하는 주관적 진리의 차원을 "진지하게 작동"시키는데, 왜냐하면 과학은 일단 구성되면 "자신이 존재하게 된 순환적 경로"[21]를 무시하기 때문이다. (과학과 진리에 관한 라캉의 텍스트는 1965년에 출간되었는데, 루카치의 『역사와 계급의식』이 1960년 프랑스어로 번역 출간된 직후였음에 주목하자.) 이러한 진리의 차원은 자신의 가르침을 객관적 과학으로 환원하는 정통 마르크스주의에서 실종되었다. 아니, 스탈린의 『변증법적 역사적 유물론에 관하여』를 인용하자면,

지난 세기[19세기]의 80년대 마르크스주의자와 나로드니크 사이의 투쟁 기간에 러시아의 프롤레타리아트는 인구의 미미한 소수에 불과했던 반면 개별 농민은 인구의 대다수를 구성했다. 그러나 프롤레

타리아트는 계급으로서 발전하는 반면, 농민은 계급으로서 붕괴하고 있었다. 프롤레타리아트가 계급으로 발전하고 있었기 때문에 마르크스주의자들은 자신들의 지향점을 프롤레타리아트에 두었는데, 그들은 틀리지 않았다. 우리가 알다시피 프롤레타리아트는 그 이후로 하찮은 세력에서 일급의 역사적, 정치적 세력으로 성장했기 때문이다.[22]

이 관점에서는 마르크스주의자들이 먼저 사회 과정을 객관적으로 분석하고 노동자 계급이 권력을 잡게 될 공산주의의 방향으로 나아가는 움직임을 발견한다. 이를 객관적인 과학적 사실로 확립한 후 그들은 노동자 계급의 편에 서서 승리하는 경마를 응원한다. 그들이 마르크스주의 과학과 마르크스주의 이데올로기를 구분하는 근거가 바로 이것이다. 먼저 객관적 과학으로서의 마르크스주의가 진리를 확립한 다음, 이 진리를 이데올로기로 전환하여 대중을 동원하고, 대중이 승리하려면 어떻게 행동해야 하는지를 설명한다. 진정한 마르크스주의에서 이 간극은 좁혀져야 한다. 마르크스주의 이론은 주관적으로 참여된 입장을 함의하며, 보편적 진리에 이르는 길은 참여된 편향적 입장을 통한다. 라캉은 여기서 레닌의 말을 인용한다.

레닌은 '마르크스의 이론은 참이기 때문에 전능하다'고 서술하면서 자신의 연설이 제기하는 거대한 질문에 대해서는 아무 말도 하지 않는다. 우리가 실제로는 하나이자 동일한 변증법과 역사라는 두 가지 모습의 유물론의 진리가 침묵한다고 가정한다면, 이것을 이론화하는 일은 어떻게 그 힘을 증가시킬 수 있는가? 프롤레타리아트적 의식과 마르크스주의 정치학의 행동으로 대답하는 일은 내게 부적절해 보인다.[23]

맞다, 레닌은 여기서 애매한 입장이다. 그의 주장은 현대 물리학이 핵 장치를 만들 수 있는 것과 마찬가지로, "마르크스주의는 사회에 대한 진정한 과학적 지식에 기초하므로 전능하다"로 읽을 수 있다. 그러나 라캉의 비판적 질문, 즉 "이것을 이론화하는 일은 어떻게 그 힘을 증가시킬 수 있는가?"에 대한 답은 쉽다. 프롤레타리아트의 자의식은 그것이 알게 되는 것, 그 대상(즉 자기 자신)을 혁명적 주체로 변화시키며, 정확히 이런 의미에서 '침묵하지' 않는다. 라캉(과 레닌)은 루카치가 이론화한 이 점을 놓치고 있다. 마르크스주의는 그 편파성에도 불구하고 "보편적으로 참"이 아니라, 특정한 주체적 위치에서만 접근할 수 있는 "당파적"이기 **때문에** "보편적으로 참"이며, 이는 정신분석학도 마찬가지다.

트랜스 대 시스

여기서 투피남바의 위치는 어디쯤일까? 그는 "주어진 작업의 영역에 대해 사유하는 것은 또한 접근 불가능한 것의 개념을 상대화하는 일이기 때문에 '실재'를 구조적 측면뿐만 아니라 역사적 측면에서도 다루어야 한다"면서 "실재는 한계점으로 기능할 수 있지만, 그렇다고 해서 그것을 비역사적인 '형식화의 교착 상태'로 유지할 필요는 없다"고 우리에게 요구한다. 나는 라캉에 대해 제기된 '남근주의'라는 비판에 있어서 투피남바가 라캉의 실재에 대한 주디스 버틀러의 비판, 즉 모든 고정된 상징적 구조를 항상 약화시키는 외부 현실의 풍요로움을 환기하는 입장에 너무 가까워진다고 생각한다. 여기서 내가 문제라고 생각하는 것은 남근 영역을 벗어나는 것이 "구조적으로 접근 불가능한 것을 가리킬 필요가 없고, 현재 우리의 도달 범위를 벗어난다는 의미일 수도 있다"는 핵심 주장이다.

그래서 투피남바가 그의 책의 (원고의) 맨 마지막 문단에서—그가 앞으로 취하게 될 입장의 최종적인 신인이라는 지위를 그의 호소에 부여할 수밖에 없다는 사실—"한쪽 편의 트랜스젠더와 페미니즘 비평, 다른 한편의 정신분석 사이에 생길 새로운 가능성"을, 단지 한계적인 사례가 아니라 "남근주의 아래 폐쇄되지 않는 것"을 긍정적으로 표현하는 방법으로 호소할 때 나는 반론을 제기하고 싶은 유혹을 느낀다. 투피남바가 라캉의 가르침의 급진적 핵심에서 '라캉 이데올로기'를 분리하려는 것과 같은 방식으로, 오늘날 우리의 임무는 트랜스젠더와 페미니스트 이데올로기를 이 운동의 급진적 핵심에서 분리하는 것이다. 오직 이런 방식으로만 이 운동이 구원받을 수 있고, 오직 (마르크스주의 사회분석과 결합된) 라캉주의 정신분석만이 이 일을 할 수 있다. 이를 통해 우리는 다시 긍정적 보편의 부정과 부정적 보편의 긍정 간의 구별로 복귀한다. (젠더 이분법이 인간의 성의 초월적 선험이 아니라 역사적 변수임을 강조함으로써) 긍정적 보편성을 강렬하게 부정하는 트랜스젠더와 페미니즘 이데올로기의 지배적인 형태는 부정적 보편성, 즉 인간의 성을 특징짓는 불가능/적대성에 대해 긍정하기를 망각한다. 그러면서 성에 대한 이념적 비전, 즉 가부장적/이분법적 제약에서 벗어나 진정한 자아의 흥거운 표현, 주체가 끊임없이 스스로를 실험하고 재구성하며 이성애자에서 동성애자로, 양성애자에서 무성애자로 다양한 정체성을 가지고 유희하는 비이분법적 가소성의 실천이 되는 비전을 제안한다.

여기서 에른스트 루비치의 영화 〈니노치카〉의 잘 알려진 농담을 잠깐 언급하자면, '우유 없는 커피'의 상태는 '크림 없는 커피'의 상태와 같지 않으며, 그 둘은 모두 '플레인 커피'와는 다르지만, 실질적으로 세 커피는 다 똑같다. 이 사실은 최근 트랜스젠더 운동으로 촉발되어 페미니스트들 사이에서 불거진 갈등, 즉 시스(생물학적 여성이자 사회적 상징적 정체성도 여성으로 인식하는) 대 트랜스(생물학적 남성으로서 자신의 정신적 정체성을 여성으로 경험하고 때로는 자신의 신체적 특징을 정신적 여성성에 맞추기 위해 고통스러운 성형 수술을 받기도 하는)의 갈등을 새롭게 조명할 수 있게 해 준다. 일부 시스들에게 트랜스젠더는 여장 연기자, 음경을 지닌 여성, 여성처럼 옷을 입고 행동하는 남성, 즉 흑인 예술을 공연하는 백인 예술가처럼 문화적 전유의 행위자이다. 트랜스젠더는 이러한 일축에 격렬한 반발을 보이며 시스계의 생물학적 본질주의("해부학은 운명이다")를 비난하고 그들을 터프, 즉 트랜스 배제적 급진 페미니스트 trans-exclusionary radical feminists로 지칭했다. 그러나 이들 역시 본질주의에서 자유롭지 못하다. 그들 중 몇몇에게 여성이라는 것은 신체적 특징이나 사회적 관습과 별개로 젠더 정체성의 심오하고 본유적인 형태이기 때문이다. 이 갈등의 사회정치적 이해관계가 큰 이유는 트랜스젠더가 페미니스트 모임이나 다른 형태의 여성 활동에 참여하는 것을 허용하지 않으려는 시스들이 트랜스젠더를 외부 침입자로 인식하기 때문이다. 반면에 모든 트랜스젠더가 실제 여성으로 식별되기를 원하는 것은 아니며, 일부는 자신의 특정한 정체성을 고집하기도 한다.

트랜스젠더는 옷차림과 행동을 여성처럼 할 뿐만 아니라 신체적 특징을 자신의 진정한 정체성에 맞추기도 하면서 생물학적 신체적 특징과 거리를 두고 자신의 심리적 성 정체성을 확립하고자 한다. 하지만 그들이 이렇게 할 때, 그들의 재배치된 신체와 "자연스러운" 여성의 신체를 구분하는 거리는 남게 되어 수술로 재형성된 장기를 생물학적 이름으로 직접 부르는 경우 불편해한다. 그들의 해결책은 일반적인 이름을 더 중립적인 명칭으로 바꾸는 것으로, 질은 "앞 구멍"이 되고 모유 수유는 "가슴 수유"가 되는 식이다. 이렇게 그들은 시스가 트랜스젠더의 한 유형일 뿐이며 궁극적으로 우리 모두가 트랜스젠더라는 점을 강조하고 싶어 한다. 그러나 그들의 "앞 구멍"이 질의 비참한 인공적인 리메이크에 불과하다는 의구심이 계속된다. 시스도 여기서 한 가지 제기할 논점이 있다. 여성의 신체, 모성의 신체에는 모든 세부 사항(생리, 임신 등)과 아울러 여성의 자기 경험에 영향을 미치는 현실적 중요성이 있는데, 이 차원이 트랜스에게서 복구될 수 있을지 의문이라는 것이다.

그렇다면 이제 어떻게 해야 할까? 모든 분명한 선택지가 잘못되었다. 모든 형태의 여성주의 투쟁의 연대를 설파하면서 모호한 종합을 꾀하는 것은 잘못이며, 이는 진짜 문제의 회피에 불과하다. 모든 형태의 성 정체성이 우발적인 사회적 구성물이라고 주장하며 트랜스젠더의 편에 서는 것은 잘못된 일이며, 이 역시 진짜 문제의 회피이다. 하지만 이 문제에 대해 끝없이 고민하는 일도 잘못이다. 유일하게 올바른 입장은 이러한 긴장, 즉 시스와 트랜스 사이의 긴장 자체가 특별히 여성적이라는 점을 깨닫는 일이다. 남성들 사이에서는 '진짜' 남성과 트랜스 남성 사이에 동일한 갈등이 일어나지 않는다는 점에 주목하는 것이 중요하다. 왜 그럴까? 왜냐하면 남성적 정체성은 이미 그 자체로, 그대로, 어떤 의미에서 '트랜스'로서, 예외에 기반을 두고 있기 때문이다. 물론 여기서 나는 남성적 위치를 구성적 예외와 보편성의 결합으로, 여성적 위치를 예외 없는 비-전체의 결합으로 정의하는 라캉의 성차 공식을 언급하고 있다. 따라서 남성의 정체성은 보편적 질서를 부정하는 예외에 기반을 두고 있는 반면, 시스와 트랜스 사이의 분열의 함의에는 예외가 없지만 (트랜스의 주장처럼, 트랜스와 시스는 모두 여성이며 여기서 배제되는 것은 없다), 여성은 또한 비-전체(시스의 주장처럼 모든 여성이 여성인 것은 아니다)이다. 따라서 해결책은 두 측면의 사변적 동일성의 한 형태, 즉 여성은 비-전체이며 여성됨에 구성적 예외는 없다는 것이다.

여기서 우유가 없는 커피의 예로 다시 돌아가 보자. 남성이 우유/음경이 있는 커피와 같다면, 트랜스 여성은 어떤 의미에서 "거세된 남성," 우유/음경이 없는, 남성이 아닌 여성이지만, 이런 점 때문에 시스가 '자연스러운' 진짜 여성이 되는 것은 아니다. 라캉이 **여성은 존재하지 않는다**는 말로 의도한 것은 바로 이 점, 즉 여성은 남성됨의 부정에 의해 정의되지는 않지만, 실질적 여성 정체성도 존재하지는 않는다는 점이다. 라캉은 여성의 성에 관한 세미나에서 남자는 여자가 아닌 것으로 차별적으로 정의될 수 있지만, 그 반대는 성립하지 않는다고, 즉 여자는 남자가 아닌 것으로 정의될 수 없다고 주장한다. 이것은 여성이 남성과의 관계 밖에서 실체적 정체성을 소유한다는 의미가 아니다. 남성과의 관계 이전에 여성을 특징짓는 것은 오히려 자기관계적 부정성인 노NO

자체이며, 여성이 아닌 존재로서의 남성은 그 존재 자체로 여성의 주체성을 규정하는 **노** 자체를 부정하는 것이지, 어떤 실체적 여성적 본질을 부정하는 것이 아니라는 뜻이다. 유사한 맥락에서, '우유 없는 커피'의 상태는 아무것도 결핍하지 않는 단순한 긍정적 '플레인 커피'가 없다는 것을 의미한다. '없는'이 없는 '플레인 커피'는 이미 그 자체로 부정으로 표시되며, 다만 이 부정이 아직 결정적인 부정이 아닐 뿐이다.

트랜스젠더 주체는 이 프레임에 어떻게 들어맞을까? '트랜스젠더'의 의미에 대한 여러 가지 변조들은 출발점이 점차 급진적으로 부정되는 명확한 헤겔적 3인조를 형성한다. 페미니즘 제로의 수준에서 우리는 남성성과 여성성 사이의 표준적인 대립에 완전히 머물러 있으며, 우리의 임무는 더 정의로운 방식(여성의 더 많은 권력과 평등, 모든 형태의 지배와 착취에 대한 거부)으로 이 대립을 재구성하는 것일 따름이다. 그런 다음 첫 번째 단계에서는, 표준화된 이성애에서 벗어난 모든 입장(및 관행)에 초점을 맞추는데, 이런 의미에서 게이와 레즈비언도 트랜스젠더이다. 남성과 여성의 표준적인 성적 대립은 여기에서도 여전히 힘을 발휘하지만, (정확히 말해 이 대립에 전적으로 의존하는) 남성과 남성, 여성과 여성이 결합하는 것에 불과하다. 둘째, 실제로 구분선을 위반하는(넘어서는) 개인이 존재한다. 여자가 된 남성과 남자가 된 여성(단순히 여장을 하는 것부터 성기를 바꾸는 수술을 견디는 것까지 어떤 방식으로든). 여기서도 성적 대립은 완전히 위력을 발휘하고 있지만(당신은 남자 또는 여자 중 하나다), 단지 다른 극으로 선을 넘을 수 있다는 정도일 뿐이다. 마지막으로, 진정한 트랜스젠더인데, 두 극 중 어느 쪽에도 맞지 않는 정체성을 취한 개인, 즉 남성도 아니고 여성도 아닌 사람들이다. 그리고 온전히 헤겔식 의미에서, 이 삼중 (또는 오히려 사중) 부정을 통한 뒤 마지막에 이르러서야 우세한 이성애적 형태 아래에 있는 불가능–실재로서의 출발점 (성차)에 실질적으로 도달한다. 성차를 폐지하기는커녕 진정한 트랜스 젠더는 차이 그 자체, 즉 차이(두 가지 성 정체성 간의 확립된 차이)로부터의 차이를 표상한다. 주어진 젠더 역할과 동일시하는 사람들에게는 트랜스 젠더가 어떤 정체성에도 맞지 않고, 눈에 확 띄며, 차이 그 자체다.

성차는 이분법적이지 않다

이것이 헤겔적 '화해'의 모습, 즉 불가능/실재의 트라우마적 차원에서 차이 그 자체와의 화해이다. 그렇기 때문에 성차는 '이분법적' 쌍으로 작용하는 것이 아니라 바로 그 이분법적 정체성을 전복하는 것으로 작용한다. 섹슈얼리티 영역에서 '이분법' 논리에 대항하는 투쟁의 대표적인 사례는 성적 **커플**을 억압적인 제한의 한 형태로 인식하는 것이다. "이제는 커플 관계의 폭정을 끝낼 때"라는 사샤 로젠일의 발언 제목이 모든 것을 말해 준다. 최근 수십 년 동안 "전체 인구에게 평등, 자유, 자아실현의 이상을 확산"하기 위한 많은 노력이 기울여졌지만(이혼이 더 쉬워지고, 평등법이 제정되어 더 많은 여성이 자율적으로 살 수 있게 되었으며, 동성 결혼이 합법화되었다),

친밀감의 문화적 질서에서 변하지 않는 한 가지 측면이 더없이 뚜렷해진다. 우리의 삶이 여전히 커플이라는 규범에 의해 깊이 형성된다는 점이다. 이것은 강력하고 어디에나 존재하는, 사회적이자 심리적인 힘으로서, 커플이 되는 것이 자연스럽고 최선의 삶의 방식이라고 주장한다. 이는 젠더와 섹슈얼리티에 많은 변화를 가져온 사회운동에서도 크게 도전받지 않고 남아 있으며, 실제로 오히려 친밀하고 가족적인 삶에 대한 다른 규범들이 시들해지면서 더욱 눈에 띄며 강력해지고 있다. 커플 규범은 친밀한/성적인 한 쌍이 사회생활의 기본 단위라는 것을 의무화한다. 이는 복지 혜택, 연금, 상속, 주택에 대한 접근성 측면에서 무수히 많은 경제적 영향을 미치며, 커플 관계를 당연시하고 특권화하는 법과 정책을 통해 작동한다. 이는 커플이 아닌 사람들에게 커플이 되라고 권유하고 회유하는 가족, 친구, 동료의 명령, 기대, 비공식적 사회적 제재를 통해 작동한다. 또한 관습적 짝짓기를 넘어서는 만족의 가능성을 상상하기 어렵게 만드는 좋은 삶에 대한 문화적 표현을 통해 커플로서의 삶이 영속화된다. 커플 규범은 또한 내면화되어 우리의 자아 속에 자리 잡게 된다. 이는 우리의 '규범적 무의식'의 일부를 형성하기 때문에 규범에 순응하지 않는 경우 커플이 아닌 사람들은 수치심, 죄책감, 실망감, 불안감을 느끼는 경우가 많다. 그러나 커플 규범에 적극적으로 도전하는 사람들의 목소리가 점점 더 커지고 있다. 제기해야 할 질문은 이렇다. 무엇보다도 커플을 장려하는 것을 중단하고 대신 커플 규범의 부정적인 영향을 줄이기 위해 노력하는 일이 사회에는 어떤 의미가 될까? 우리는 복지국가를 더 "독신자 친화적"으로 재고하고, 국제 인권협약이 가족생활에 대한 권리와 함께 만족스러운 독신생활에 대한 권리를 어떻게 확장할 수 있을지 고민하기 시작하자고 제안한

다.[24]

마르크스가 자본가와 노동자 사이의 '자유로운' 계약은 "사실 인간의 타고난 권리의 에덴동산 그 자체이다. 자유, 평등, 재산, 그리고 벤담만이 그곳을 지배한다"라고 아이러니하게 칭송한 것을 기억하자. '벤담'은 이 시리즈에서 눈에 띄는 요소로서, 자유와 평등에 자본주의적 굴곡을 부여하는 공리주의적 이기심을 상징한다. 이는 로젠일의 논평이 시작되는 '평등, 자유, 자아실현'이라는 삼위일체와도 정확히 일치하는 개념이다. '자아실현'은 인간을 주체가 아니라 내면의 잠재력을 발현하고 실현하는 것을 궁극적인 목표로 하는 자유주의적 개인주의의 인간 개념을 떠올리게 한다. 그리고 이러한 잠재력의 실현을 방해하는 것은 외부의 사회적 상황이다. 여기에는 개인이 원하는 것을 추구할 때의 비일관성과 긴장을 위한 여지가 존재하지 않는다. 개인이 커플의 일원으로 살지 않는 것에 대해 죄책감을 느낀다면 그것은 사회 질서의 '폭압'의 결과이다. 개인이 이러한 긴장을 내면적인 것으로 느낀다면, 그것은 내재화된 사회적 압력을 나타내는 것이지, 개인이 죄책감 그 자체에서 즐거움을 찾을 수 있는 내재적 반전을 의미하지 않는다.

하지만 내가 여기서 주장하고 싶은 것은 좀 더 근본적인 것, 즉 잠재력을 실현하고자 하는 개인이라는 개념이 궁극적으로 **사랑**을 배제한다는 점이다. 커플 관계의 폭정에 반대하는 논쟁의 진정한 표적은 바로 급진적인 성격의 사랑이다. 에로틱한 삶에서 우리가 우리의 잠재력, 대체로 다중적이고 심지어 일관성이 없는 우리의 분투를 실현하기 위해 노력한다면, 이는 물론 다자연애polyamory의 길을 열어 준다. 한 파트너로의 제한은 우리의 모든 욕구를 충족시킬 수 없으며, 커플을 형성하는 것은 우리의 리비도적 활동의 강한 부분을 억압하는 '폭정'으로 나타나야 한다. 하지만 사랑은 뭔가 다른 것, 개념 그 자체에서 배타적이다. 내가 진정으로 사랑에 빠졌을 때, 한 사람(사랑하는 사람)에 대한 제한은 그 반대, 즉 진정한 해방으로 경험된다. 내가 사랑에 빠지는 것은 사랑하는 사람이 나의 욕구를 가장 잘 충족시켜 주기 때문이 아니라, 사랑에 빠지는 일이 내가 누구인지, 나의 욕구와 잠재력이 무엇인지 재정의하기 때문이다. 이런 의미에서 사랑은 전이적 반복을 넘어선 것이다. 사랑은 사랑하는 사람이 딱 맞아떨어지게 뇌는 내 이전의 은밀한 환상("나는 그녀가 내 어머니의 무의식적 특징을 반영하기 때문에 그녀와 사랑에 빠졌다"는 저속한 유사 프로이트주의적 의미)으로 설명할 수 없다.

이데올로기 비판의 측면에서 우리는 여기서 간단한 질문을 제기하게 된다. 어떤 이데올로기적 관점에서 커플 관계가 '폭정'으로 경험되는가? 답은 분명하다. 오늘날 선진국에서 헤게모니를 쥐고 있는 자유로운 개성에 대한 '포스트모던' 개념, 고정성 대신 유동성, 정체성 대신 새로운 형태의 항구적인 재발견 등을 강조하는 관점이다. 심지어 일부 정신분석학자들은 항구적인 커플 관계를 '병리적' 집착의 사례로 분류하는 등 오늘날 사람들은 같은 파트너와 '고착'되면 진정으로 '죄의식'을 느낀다. 오늘날 진정한 '폭정'은 새로운 정체성을 항구적으로 재발견하라는 폭정이기에 진짜 위반은 열정적인 사랑의 연결이며, 일부 이론가들은 이 단계를 설정한 뒤 사랑이 진정으로 자유로운 성관계의 마지막 장애물이라고 주장했다.[25] 따라서 쾌락 추구적 자기중심주의에 반대하는 모든 보수-근본주의 캠페인은 가짜이며, 그것이 반대하는 것에 의해 이미 오염된 ("매개된") 반작용적인 현상이다. 여기서 궁극적인 증거는 보수적 가치의 수호자를 자처하는 무자비한 쾌락주의자 도널드 트럼프 자신이 아닐까? 이러한 맥락에서 수잔 무어는 《가디언》의 한 칼럼에서 성을 젠더로 환원한 주디스 버틀러를 칭찬했다.

> 버틀러는 이렇게 썼다. "성의 불변적 성격에 이의를 제기한다면, 아마도 '성'이라는 이 구성물은 젠더와 마찬가지로 문화적으로 구성된다. 실제로, 어쩌면 항상 이미 젠더였을 수 있으며, 그 결과 성과 젠더의 구분은 전혀 구분이 아닌 것으로 드러난다." 전혀 구분되지 않는다. 이 얼마나 엄청나게 해방적인가. 자넷 윈터슨은 자신의 저서 『프랑키슈타인: 사랑이야기Frankisstein: A Love Story』에서 이렇게 쓴다. "나는 여성이다. 그리고 나는 남성이다. 내겐 그게 그렇다. 나는 내가 더 원하는 몸 속에 들어 있다."[26]

무어에게 '성'이라는 개념은 불변하고 안정적인 이분법적 정체성(남성적 또는 여성적)을 의미한다. 성은 우발적인 사회적 구성물이지만, 이 우발성은 생물학(성은 우리의 선천적 정체성의 일부이다)에 대한 참조로 인해 모호해지거나 이데올로기에 의해 정당화된다. 반면 '젠더'(젠더 정체성)는 우발적인 사회적 구성물이고, 이러한 우발성의 경험은 "엄청나게 해방적이다." 즉, 서로 다른 정체성 사이를 자유롭게 이동할 수 있는 공간을 열어 주며, 적대감과 긴장이 없이 원활하게 진행되는 항구적인 변환을 가능하게 해 준다. 따라서 젠더 게임의 열린 공간이 '성'의 폭압, 즉 이분법적 대립의 가부장적 질서에 종속될 때 적대감과 긴장이 발생한다는 것이 기본 생각이다. 가부장적 질서는 권력, 권력의 행사, 지배에 관한 것이며, 권력은 젠더에서 성으로의 이행을 뒷받침하는 힘이다. 요컨대, **젠더 정체성들**은 선택의 자유라는 자유의 공간, 본질적으로 "안전한"(아무도 나를 통제하지 않고, 아무도 내 것이 아닌 정체성을 강요하지 않는) 공간에서 움직이는 반면, 성(또는 섹슈얼리티 자체)은 학대, 폭력, 지배와 결부되며 그 자체로 적대의 영역이다. "성 관계는 없지만"(라캉), 젠더 정체성들 사이에는 자유롭게 협상되는 관계가 존재한다. 성은 안정적이고 명확하게 구조화되어 있지만, 동시에 긴장이 가득하고 적대적인데, 왜냐하면 성의 질서가 젠더 정체성의 열린 공간을 제약하는 강요된 질서이기 때문이다.

이러한 젠더 속으로의 성 해소에서 상실된 것은 성차에 기본적이고 자연스러운 무언가, 즉 사회적 구성의 게임에서 해체되지 않는 어떤 안정된 근거가 존재한다는 사실이 아니다. 상실되는 것은 섹슈얼리티를 구성하는 기본적인 불가능성, 적대감, 균열이다. 섹슈얼리티는 단지 적대관계에 의해 횡단되는 것만이 아니라 그 자체가 바로 적대관계의 명칭, 비관계의 이름이다. 섹슈얼리티에는 근본적인 불만/불안이 존재하며, 전통적인 가부장적 질서에서 오늘날의 다양한 젠더 정체성으로의 이행은 궁극적으로 이러한 불만을 모호하게 만드는 하나의 양상에서 다른 양상으로의 진행일 뿐이다. 전통적인 가부장제는 성차를 안정된 자연 질서로 끌어올리고, 성차가 야기하는 긴장을 자연 질서 그 자체에서 벗어난 것으로 치부함으로써 그 적대적인 본성을 없애려고 노력한다. 성차는 남성성과 여성성이 서로를 보완하며 조화로운 전체를 형성하는 두 극 사이의 창조적 긴장이며, 어느 한 극이 합당한 역할의 경계를 뛰어넘을 때(예컨대 여성이 공격적인 남성처럼 행동할 때) 파국이 생겨난다. 젠더 이론은 성차 자체에 존재하는 적대와 폭력을 위치 짓고 이 차이 바깥에 정체성들의 공간을 만들고자 노력한다.

다중적 젠더 정체성이 배제하는 것은 안정된 위계질서로서의 성차가 아니라 이 차이를 규정하는 적대, 불안, 불가능성이다. 전통적인 이성애적 이분법의 질서는 성차와 관련된 잠재적 공격성과 긴장을 인정하고, 두 성 간의 조화로운 관계라는 이데올로기적 관념을 통해 이를 억제하려고 한다. 여기서 성적인 적대성은 억압되지만 잠재적인 위협으로 남아 있다. 다중적 젠더 정체성의 공간에서, 억압된 것은 복수심을 품고 돌아오며, 모든 성적 도착, 모든 이성애 규범에 대한 위반은 허용될 뿐만 아니라 심지어 요청되기도 한다. 그러나 역설적이게도 억압된 것의 귀환에서 억압은 훨씬 더 강해진다. 이전(전통적인 이성애에서)보다 훨씬 더 억압되는 것은 섹슈얼리티의 내재된 적대성이다. 따라서 우리는 모든 성 정체성이 사회적으로 구성되며 자연스러운 성 정체성은 없다고 주장하는 사람들에 동의해야 하지만, 덧붙여야만 할 것은 다중적 구성물은 섹슈얼리티의 영역을 가로지르는 불가능성이라는 실재에 대처하기 위한 시도라는 사실이다. 다중적 젠더 정체성은 출발점이 아니라, 성의 적대성/불가능성을 안정화하려는 노력이다.[27] 따라서 실재/불가능으로서의 성차는 실패한 부정의 구조를 갖는다. 성차는 각각의 항목이 상대방의 정체성을 부정하는 자기만의 정체성을 가진 두 항목 사이의 차이적(미분적) 관계가 아니다. 그렇기 때문에 캐서린 엔젤의 『내일 섹스는 다시 좋아질 거야』[28]에 대해 들었을 때 내가 가졌던 유일한 불만은 섹스가 한때는 (적대적이지 않고) 좋았었고 다시 좋아질 것이라는 점을 암시하는 듯한 그 제목이었다. (물론 책을 읽기 시작하자마자 바로 나는 그 제목이 푸코를 노골적이고 아이러니하게 환기하고 있다는 사실을 알았다.) 기본 전제에 이렇게 전적으로 동의하는 책을 읽은 적이 거의 없었다. 이 전제가 책의 홍보 문단에 간결하게 정리되어 있으므로 뻔뻔스럽게 인용해 보겠다.

> 여성은 곤경에 처해 있다. 동의와 권한 부여라는 명목으로 자신의 욕구를 명확하고 자신감 있게 표현해야 한다. 하지만 성 연구자들은 여성의 욕망이 종종 더디게 드러난다고 말한다. 그리고 남성은 자신이 여성(과 여성의 몸)이 원하는 것을 알고 있다고 주장하고 싶어 한다. 그 와중에 성폭력이 만연한다. 이런 환경에서 여성은 어떻게 자신이 원하는 것이 무엇인지 알 수 있을까? 그리고 우리는 왜 그들이 **알기를 기대할까?** 캐서린 엔젤은 여성의 욕망에 대한 우리의 가정에 도전한다. 그는 왜 여성이 자신의 욕망을 알기를 기대해야 하는가 하고 묻는다. 그리고 **자신이 무엇을 원하는지 모르는 상태가 에로티시즘과 인격 모두의 핵심인 상황**에서, 우리가 어떻게 성폭력을 심각하게 받아들일 수 있을까?[29]

내 관점에서는 강조된 대목이 매우 중요하다. 모든 페미니즘 이론은 '모름'을 성의 핵심 특징으로 간주하고, 성적 관계에서의 폭력에 반대하는 근거를 "예는 곧 동의를 뜻한다yes means yes"라는 일반적인 용어가 아니라 이 모름을 환기시키는 데서 찾아야 한다. 이는 여성이 "자신의 욕망을 분명하고 당당하게 드러내야 한다"는 모토가 섹슈얼리티를 폭력적으로 강요하는 것일 뿐만 아니라 말 그대로 탈성애, 즉 "섹스 없는 섹스"를 조장하는 일이기도 한 이유다. 이런 이유로 페미니즘은 어떤 경우에 자신이 반대하고자 하는 여성의 섹슈얼리티에 대한 '수치심과 침묵'의 조장과 정확히 동일한 태도를 강요한다. 남성의 성적인 접근을 폭력적으로 만드는 것은 직접적인 신체적(또는 정신적) 폭력뿐만이 아니라 '혼란스러운' 여성이 모르는 것을 **남성이 알고 있으며** 따라서 이 지식에 따라 행동하는 것이 정당하다는 가정이기도 하다. 따라서 남성이 여성을 정중하게 대하더라도 (자신은 알고 있다고 선심 쓰듯 가정하면서) 폭력을 행사하는 것이다. 이 말은 그렇다고 해서 여성의 욕망이 (자신이 원하는 것을 알고 있다고 가정된) 남성의 욕망에 비해 어떤 의미에서 결핍되어 있다는 뜻은 아니다. 라캉에게 분열된 주체는 정확히 내가 원하는(원한다고 알고 있는) 것과 내가 욕망하는 것 사이의 구성적 간극을 의미한다. 브레히트는 1929년 『개인과 대중』에서 다음과 같이 옳게 썼다. "개인의 분할 가능성은 (여러 집단에 속하는 것으로서) 강조되어야 한다." 여기에 한 가지 덧붙여야 할 것은 분할된 개인('분할된 자')의 고유명사는 주체라는 점이다. 주체와 개인의 차이는 쉽게 설명할 수 있다. 개인은 용어 자체에서 알 수 있듯이 나눌 수 없는 하나, 더 이상 부분으로 나눌 수 없는 통일체(그렇게 하면 더 이상 개인이 아니다)인 반면, 주체는 둘 또는 그 이상의 부분들이 아니라 무언가와 무라는 최소한의 쌍으로 나뉜다. 주체의 분열의 대표적인 예는 욕망과 욕구를 구분하는 간격이다. 이 구분에는 두 가지 버전이 있다. 주체는 무언가를 원할 뿐만 아니라 그것을 명시적으로 요구하지 않고 마치 내가 원하지 않는 것처럼, 마치 그것이 나에게 부과된 것처럼 원한다. 그렇기에 그것을 직접 요구하면 모든 것을 망치게 될 수 있다. 반대는, 주체가 무언가를 원하고 그것을 꿈꾸지만 그것을 얻으려 하지 않는 경우다. 즉 그의 모든 주체적 일관성이 이 얻지 않음에 달려 있기 때문에 그의 욕망이 충족되지 않은 채로 남아 있기를 바라는 것이 그의 욕망이다. 직접 얻게 되면 주체성의 붕괴에 이를 수 있기 때문이다. 가장 잔인한 형태의 폭력 중 하나는 우리가 은밀히 욕망하거나 환상하지만 현실에서는 얻을 준비가 되지 않은 것을 외부에서 강요할 때 발생한다는 점을 항상 명심해야 한다.

그럼에도 불구하고 PC 옹호자들이 분열된 주체라는 사실을 인정한다면, 그들은 자기식으로 그렇게 하는 셈이어서, 성적 경험을 궁극적 트라우마로 고양시키고 "심지어 자신에게도 트라우마를 숨기는 성폭행 생존자"에 대해 이야기한다. 그렇다면 강간과 같은 잔인한 행위가 어떻게 인정되지 않을 수 있을까, 즉 어떻게 있는 그대로 경험되지 않을까? 그 일은 성적인 만남을 하는 동안 이런 상황에서 벌어진다. "마음속 깊이 나는 벌어졌던 일이 내가 동의한 것이 아니라 폭력적이고 모욕적인 일이라는 것을 안다. 하지만 실제로 무슨 일이 일어났는지 내가 깨닫는 데는 꼬박 10년이 걸렸다. 나는 성폭행을 당했다." 왜 내가 그 일을 깨닫는 데 ('미투'가 등장하기까지) 그렇게 오랜 시간이 걸렸을까? "당시 동의와 성폭력에 대한 나의 제한된 이해와 전반적인 성적 경험 부족으로 인해 벌어진 일에 대한 책임이 나에게 있다고 믿었고, 아마도 '섹스가 보통 어떤 것인지'를 몰랐던 것 같다." 십여 년이 지난 후 내 치료사가 "그건 트라우마에요."라고 말했을 때, 그 말을 듣고서야 나는 "열아홉 살에 견뎌 낸 일의 무게를 느끼고 왜 불안이 내 몸의 표면 가까이에 숨어 있었는지 이해할 수 있게 되었다. 마침내 내 머릿속에서 한 목소리가 들려왔다. '그건 성폭행이었다.' 서른셋이 되어서야 알게 되었다." 그래서 "몇몇 생존자들이 자신의 경험을 성폭행이나 강간에 해당하는 것으로 깨닫고 받아들이기까지 수년, 때로는 수십 년이 걸릴 수 있다."[30]

그런 일은 분명 벌어진다. 성관계에서 불안과 학대를 느낀 젊은 여성이 이러한 경험을 성이 무엇인지에 대한 자신의 순진한 관념에서 비롯된 것으로 치부하는 일을 상상하기는 쉽다. 지배적인 이데올로기의 영향 아래서 그녀는 고통을 감내하기로 결정한다. 따라서 우리는 트라우마가 10년 후에 인식될 수 있다는 생각을 우스꽝스러운 PC식 소급적 투사라고 비난해서는 안 된다. 여성의 권리와 자유가 무엇인지에 대한 새로운 더 높은 기준을 마련하고, 이 새로운 프레임을 통해 과거의 사건을 읽을 수 있는 완전한 권리가 우리에게 있다. 여기서 우리는 잘못된 역사주의, 즉 이전 시대에는 여성 억압, 인종차별 및 노예제도가 일상적인 것으로 간주되었기에 오늘날의 기준으로 그들을 판단해서는 안 된다는 생각을 절대적으로 거부해야 한다.

그럼에도 불구하고 여기에 두 가지 당부를 추가해야 할 것이다. 첫째, 위에서 설명한 사례는 엄격한 프로이트적 의미의 억압이 아니라 (남성우월주의적) 사회적 가치 때문에 억눌린 (완전히 의식적인) 혐오감과 굴욕감이라는 점이다. 그렇다면 여기서 정말 억압되고 트라우마가 되는 (혹은 될 수 있는) 것은 무엇인가? 한 가지 선택지는 완전히 정반대의 경우, 즉 여성이 남몰래 학대받는 것을 즐겼는데 그것을 인정할 준비가 전혀 되어 있지 않았다는 것이 진정한 트라우마일 수 있다. 그녀가 역겨워하고 굴욕감을 느낀다는 것은 이미 가짜였고, 이 부인된 즐거움을 감추기 위한 위장이었으며, 이는 성적 파트너의 학대보다 훨씬 더 충격적인 사실이다. 오해를 피하기 위해 말해 두자면, 이는 결코 남자의 잘못된 처신이 정당하다는 것을 의미하지 않는다(여자가 그것을 즐겼기 때문에 "그녀는 원하는 것을 얻었다"). 정반대다. 이미 지적했듯이 우리 모두는 은밀한 야한 환상을 가지고 있으며, 아마도 가장 굴욕적인 경험은 우리가 은밀히 꿈꾸는 것이 외부에서 잔인하게 강요되는 경우이다. 그렇기 때문에 극단적인 예로 강간을 몰래 꿈꾸는 여성은 자율성이 강한 여성보다 현실에서 강간을 당했을 때 훨씬 더 큰 충격을 받게 된다.

두 번째 당부. 직접적인 트라우마로 경험하지 않았더라도 평생 후유증을 남길 수 있는 남성의 공격성에 위협받아 온 여성에 대한 PC적 시각과 남성의 공격성으로부터 여성을 보호하겠다는 탈레반의 입장이 놀라울 정도로 유사하다는 사실에 우리는 놀라지 않을 수 없다. 2021년 8월 24일, 탈레반은 공공장소와 직장에서의 여성에 대한 태도를 갑자기 바꾸었다. 자비울라 무자히드 대변인은 기자회견에서 여성은 자신의 안전을 위해 일하러 가면 안 된다고 말하는 바람에, 자신들이 마지막으로 집권했을 때보다는 여성에게 더 관대해질 것이라며 국제적 감시자들을 설득하려던 탈레반의 노력을 무색하게 했다. 무자히드는 집에 있으라는 지침은 일시적인 것이며, 여성들이 "무례한 대우를 받거나" "언감생심 상처입지" 않도록 보장할 방도를 자기들 단체가 찾을 수 있도록 시간이 필요하다고 말했다. 그는 탈레반의 병사들이 "계속 바뀌고 훈련되지 않았기" 때문에 이런 조치를 취했다고 인정했다. 그런 이유로 새 정부는 여성들에게 "상황이 정상 질서로 돌아오고 여성 관련 절차가 마련될 때까지 일을 쉬었다가 결과가 발표되면 직장으로 복귀할 수 있다"[31]고 요청했다.

이 성명에 대한 서방의 예상 가능한 반응은, 여성의 교육과 노동에 대한 권리가 존중될 것이라는 탈레반의 보증이 얼마나 거짓과 위선인지 이제 알게 되었다는 투였다. 이제 그들의 본색이 드러나고 있다고 말이다. 하지만 현실은 더 착종되어 있다. 탈레반의 입장 변화를 이해하기 위해 거짓말과 위선에 대한 직접적인 비난이 필요한 것은 아니다. 이슬람 국가에서 강간에 대해 관대한 태도는 여성을 강간하는 남성이 여성의 유혹(도발)을 받아 강간을 했다는 전제에 근거를 두고 있는 듯하다. 여성의 도발로 인한 남성의 강간이라는 태도는 언론에서 자주 보도하는 관행이다. 여기서 우리는 내가 감히 **이데올로기적 무의식**이라고 부르려는 것과 우연히 맞닥뜨리게 된다. 이 이데올로기적 건축물은, 자신이 기능하기 위해 꼭 필요하지만 공개적으로 언급해서는 안 되는 일련의 주장을 내포하고 또 그것에 의존한다. 2006년 가을, 호주에서 가장 고위급 무슬림 성직자인 셰이크 타지 딘 알-힐랄리는 집단강간 혐의로 무슬림 남성들이 수감된 후 다음과 같은 발언을 해서 스캔들을 일으켰다. "뚜껑을 덮지 않은 고기를 길거리에 놓아 두면 고양이가 와서 먹습니다. 고양이와 뚜껑을 덮지 않은 고기 중 누구의 잘못일까요? 뚜껑을 덮지 않은 고기가 문제입니다." 베일을 쓰지 않은 여성과 뚜껑을 덮지 않은 고기 사이의 이런 비유가 지닌 엄청나게 외설적인 특성 때문에 또 다른 훨씬 더 경악스러운 알-힐랄리의 주장에 관심이 집중되지 못했다. 즉 여성이 남성의 성적 행위에 책임이 있다면, 이는 남성이 성적 도발로 인식되는 상황에 직면했을 때 완전히 무력하다는 것을, 남성들이 정말로 저항하기 힘들다는 것을, 마치 고양이가 날고기를 보았을 때처럼 성적 굶주림에 완전히 노예가 되어 버린다는 것을 뜻하지 않는가? 자신의 성적 행위에 대해 남성은 책임이 전혀 없다는 이러한 가정과 달리, 서구의 공공연한 여성 에로티시즘에 대한 강조는 남성들에게 성적 자제력이 **있고** 그들이 성 충동의 맹목적인 노예가 아니라는 전제에 근거한다.

몇 년 전 한 토론회에서 호주의 한 무슬림 여성은 이슬람이 모든 종교 중에서 가장 페미니스트적이라고 강력하게 주장했는데, 이제 그 이유를 이해할 수 있게 되었다. 이슬람은 적어도 근본주의 버전에서는 여성을 보호한다는 생각에 집착하는데, 도대체 여성을 **무엇으로부터** 보호한다는 것일까? 공격적인 남성으로부터? 이 공공연한 정당화 아래에서 (대부분의) 숨겨진 진실을 쉽게 발견할 수 있다. 남성으로부터가 아니다. 진짜 두려움은 여성이 남성에게 성적으로 "학대"/이용당하는 것을 **즐길** 수도 있다는 사실이다. 따라서 여성을 보호하고 통제하려는 욕망의 이면에는 훨씬 더 애매한 제어불능의 공포와 남성 자신들의 도덕적 평정심에 대한 깊은 불신이 뒤섞여 숨어 있다.

이 모든 것이 단순히 억압적인 무슬림 전통의 잔재일까? 오늘날 아프가니스탄의 수도 카불의 삶을 이해하려면 잠시 시간을 내어 유튜브에서 쉽게 찾을 수 있는 1960년대 카불의 모습을 담은 사진을 살펴볼 필요가 있다.[32] 우리가 보는 것은 여성이 몸을 가리고 있는 이슬람 도시가 아니라 미니스커트를 입고 다니는 젊은 여성, 현대적인 레코드 가게, 댄스 클럽, 여성들로 가득한 대학가 등이 있는 도시다. 그렇다. 시골에 보수적인 무슬림 공동체가 있었지만 다른 종교 및 현대 세속적 문화의 요소와 평화롭게 공존했다. 이러한 과거와 탈레반 사이에는 직접적인 연속성이 없다. 가장 '고풍스러운' 특징(샤리아를 매우 좁게 해석하고 국가 권력을 사용하여 공공장소에서 음악을 연주하는 것과 같은 현대의 세속적 삶을 금지하는 것)으로 보이는 면모에서 탈레반은 근대성의 산물이며, 처음에는 소련 점령에 의한 강제 근대화, 그다음에는 서구 점령에 의한 강제 근대화에 대한 반발이었다.

이러한 역설은 이미 해방 운동이 나아가야 할 길을 제시하고 있다. 남성은 잔인한 억압자로 묘사되기보다 마초적인 외면으로 자신의 연약함과 무력함을 은폐하는 나약한 존재로 묘사되어야 한다. 그리고 여성은 남성을 그런 존재로 대하는 법을 배워야 한다. 자신을 내세우기 위해 여성을 억압할 필요가 없는 강한 남성만이 진정한 페미니스트이다.

적대가 없는 섹슈얼리티는 존재하지 않으므로, 선택은 '소외되고' 적대적인 성과 적대적이지 않은 조화로운 성, 다시 말해 조화로운 섹슈얼리티에 대한 유토피아적 낙관주의적 비전과 섹슈얼리티가 교착 상태에 빠져 끝장날 처지에 처했다고 보는 비관주의적 비전 사이의 선택이 아니다. 적대감은 남아 있지만, 재조합될 수 있고, 그 지위가 근본적으로 바뀔 수 있는데, 이는 19세기에 허수(-1의 제곱근)에서 일어난 일과 어렴풋이 유사하다(허수 i는 그 제곱이 -1이라는 속성에 의해서만 정의되는데, 이렇게 정의되면 대수학에서 i와 $-i$는 모두 -1의 제곱근이라는 사실이 바로 이어진다. 즉 i는 긍정 또는 부정의 대립과 무관하다). 허수의 지위는 넌센스의 상태에서 연산이 가능한 무엇으로 넘어갔다. 허수들과 연관된 계산법을 바탕으로 집이 지어진다. 자본주의도 이와 비슷하지 않은가? 균형 상태, 영구적인 자기혁명을 달성할 수 없는 것이 자본주의의 존재 조건이다. 민주주의와도 비슷하지 않은가? 다른 정치 질서에서라면 가장 트라우마적일 순간, 즉 "왕좌가 비어 있고," 최고 권력의 자리가 비어 있는 순간이 바로 정상적인 작동의 수단이다. 민주주의에서는 권력의 자리가 원칙적으로 비어 있고, 선출된 공직자가 오로지 일시적으로만 그 자리를 점유할 수 있다.

특수 퀴어 이론에서 일반 퀴어 이론까지

이것이 뜻하는 바는 섹슈얼리티 자체가 퀴어라는 것이다. 어떤 의미에서? 내가 콜린 리플리의『집 훔치기: 건축의 클렙토제네틱스』를 거부할 수 없는 이유는 이 책이 라캉석인 의미에서 숭고한 책이기 때문이다. 리플리는 퀴어에 대한 글을 이 책의 경우 보편적 **형식** 이론을 의미하는 '사물'의 수준으로 끌어올렸다. 이 책은 주제(퀴어 섹슈얼리티, 즉 이성애 규범에서 벗어난 섹슈얼리티)의 특이성으로부터 특정한 사회적 의미(이상하고, 특이하고, 예상치 못한, 또는 심지어 실패하기 마련인 행위. "성공의 기회를 망친다"는 의미의 영국 구어 표현인 "퀴어 더 피치queer the pitch"를 참조하자)를 통과하여 일반적인 형식 존재론으로 지목할 수밖에 없는 차원까지 체계적으로 올라간다. 퀴어성을 불균형, 편차, 깨진 대칭, 현실 자체의 어긋남으로 보고, 마치 현실 자체가 우주의 균형이나 대칭이 무너진 데서 비롯된 것처럼 간주한다. 일반적인 관점에서는 어떤 과잉으로 인해 일시적으로 탈선하지만, 그 과잉을 다시 조절하면 균형이 다시 회복되는 균형 잡힌 우주가 존재한다. 퀴어적 관점에서 보면, 과잉은 현실을 구성하는 요소이므로, 과잉의 폐지는 과잉이 과잉이 되게 하는 바로 그 균형 상태의 폐지를 불러온다.

계급 관계의 사회정치적 영역에서 균형적 접근의 예시는 파시즘이다. 파시스트에게 계급투쟁은 계급 중 하나가 과도한 행동으로 계급 협력을 방해할 때만 발생하며(노동자는 자본가에게 너무 많은 것을 요구하고 자본가는 노동자를 너무 많이 착취), 두 경우 모두 불화를 초래하는 인물은 유대인(생산적 자본가를 재정적으로 착취하고 노동자를 선동하여 반란을 일으키게 함)이므로, 유대인을 청산하고 이런 식으로 정의로운 계급 균형을 다시 확립해야 한다는 것이다. 반대로 마르크스주의자에게 계급 간의 관계는 정의상 불화와 불균형의 관계이므로 계급적 적대를 폐지하는 유일한 방법은 계급 자체를 폐지하는 것이다. 최근 독일과 일부 국가에서는 정체성 정치의 계급식 버전인 '계급주의'가 유행하고 있다. 노동자들은 자신의 사회 문화적 관행과 자존감을 수호하고 증진하도록 교육받으며, 사회적 재생산에서 자신이 수행하는 중요한 역할을 인식하게 된다. 따라서 노동자의 운동은 특정 인종이나 성적 지향과 같은 정체성 사슬의 또 다른 요소가 된다. 이러한 '노동자 문제'의 '해결책'은 파시즘과 포퓰리즘의 특징이다. 그들은 노동자를 존중하고 그들이 종종 착취당한다는 것을 인정하며, (종종 진심으로) 기존 시스템의 좌표 내에서 그들의 지위를 개선하기를 원한다. 트럼프가 했던 일이 바로 이것, 즉 은행과 불공정한 중국과의 경쟁으로부터 미국 노동자들을 보호하는 일이었다.

영화 〈노마드랜드〉(2020)는 이러한 '계급주의'의 궁극적 사례가 아닐까? 이 영화는 고정된 집이 없이 트레일러에 살며 임시 직장을 전전하는 노동자, 즉 '유목민 프롤레타리아트'의 일상을 묘사한다. 그들은 자발적인 선함과 서로에 대한 연대로 가득 찬 품위 있는 사람들로 묘사되며, 작은 관습과 의식으로 이루어진 그들만의 세계에서 소박한 행복을 누린다.[33] 심지어 가끔씩 〈아마존〉 물류 센터에서 일하는 것도 꽤 괜찮다. 이것이 바로 우리의 헤게모니 이데올로기가 보고 싶어 하는 노동자이다. 이 영화가 오스카에서 큰 성공을 거둔 것은 당연하다. 묘사된 삶은 다소 비참하지만, 영화는 특정 삶의 방식에 대한 매력적인 세부 사항들로 우리를 매수하여 영화를 즐기게끔 유도한다. 영화의 부제로는 "유목민 프롤레타리아트 되기를 즐겨라!"가 좋을 법했다.

진정한 노동자 운동을 정의하는 것은 바로 이러한 정체성의 사슬에서 그러한 요소가 되기를 거부하는 일이다. 인도에서 최하위 카스트 불가촉천민인 건식 화장실 청소 노동자 대표들을 만난 적이 있는데, 그들에게 프로그램의 기본 전제가 무엇인지, 그들이 원하는 것이 무엇인지 물었더니 바로 대답이 돌아왔다. "우리는 우리의 모습, 우리 자신이 되고 싶지 않아요." 자크 랑시에르의 말을 빌리자면, 노동자는 사회에서 제대로 된 자리를 차지하지 못하는 '몫 없는 몫'이며, 적대성이 체화된 존재다. 우리 사회의 '몫 없는 몫'인 삶을 다룬 영화를 기대한다면 할리우드에 너무 많은 것을 요구하는 것일까? 봉준호 감독의 〈기생충〉이 이뤘고, 토드 필립스의 〈조커〉가 이뤘으며, 닐 버거의 〈다이버전트〉가 해냈으니, 또 이뤄질 수 있다.

〈다이버전트〉(2014)는 사회가 5개의 파벌로 나뉜 미래 디스토피아의 시카고를 배경으로 한다. 애브니게이션(이타주의자들), 아미티(평화주의자들), 캔더(정직한 자들), 돈트리스(용감한 자들), 에루다이트(현자들). 16세가 되면 혈청을 이용한 심리 적성검사를 통해 자신에게 가장 적합한 진영을 알 수 있지만, 이후 열리는 선택 의례에서 어떤 진영이든 자신의 항구적인 집단으로 선택할 수 있다. 영화의 여주인공 트리스는 정부를 운영하는 애브니게이션에서 태어났고, 테스트를 받은 결과 여러 진영의 특성이 동일하게 나타난다. 다이버전트라는 뜻이다. 그녀는 검사 결과를 비밀로 하라는 경고를 받는다. 왜냐하면 다이버전트는 독립적으로 사고할 수 있고 자신들에게 주입된 혈청을 파악할 수 있기 때문에, 정부는 이들이 기존 사회 질서에 위협이 된다고 판단해서 죽이려 한다. 이 신파시즘적 새로운 기업 질서에서, 다이버전트는 정확히 '몫 없는 몫'이다. 그들은 특별한 정체성을 가질 수 없을 뿐만 아니라, 사회 구성원 각자에게 적절한 위치를 할당하는 바로 그 원칙에서 벗어난다.[34]

물론 리플리의 핵심 주장은 섹슈얼리티도 마찬가지라는 것이다. 그의 견해는 프로이트의 정설에 근거를 두고 있다. 프로이트의 『성욕이론에 관한 세 개의 에세이』(1905)의 기본 전제는 정상인에게도 도착성이 존재하며, 성적 목표의 다양한 일탈성뿐만 아니라 보거나 만지는 것과 같은 전희적인 성적 측면에 머무르는 경향도 존재한다는 것이다. 프로이트는 유아기 성의 '사전 쾌락'과 성관계의 '최종 쾌락'의 구분을 공식화한다. 어린이에게 성적인 충동이 있으며, 그로부터 성인의 성이 심리성적 발달을 통해 서서히 등장한다. 따라서, 도착적 성향은 인간 성적 충동의 본래적이고 보편적인 성향이며, 모든 도착의 싹이 들어 있는 이 정립된 체질은 오직 어린이에게서만 입증될 수 있다.[35]

한 걸음 더 나아가 보자. 우리(우리 중 일부)는 일탈을 통해서만 이성애 규범에 도달하며, 일탈을 통한 이 경로는 유기적이고 '자연스러운' 과정이 아니라 무자비한 상징적 절단, 금지 및 부담의 과정이다. 이것이 인간 섹슈얼리티의 기본적인 역설이다. '자연스러운' 성적 지향처럼 보이는 것, 즉 생식(교미의 생물학적 기능)이 일어나는 방식은 복잡한 사회-상징적 과정의 최종 결과물이다. 유아기 성적 취향에서 이성애적 규범으로 '전진'하는 것은 자연스러운 발달 패턴을 따르는 과정이 아니다. 그렇다면 유아기의 섹슈얼리티가 그토록 외설적인 이유는 무엇일까? 순진하다고 여겨지는 아이들도 이미 성적인 존재라는 사실만이 문제가 되는 것은 아니다. 이 외설성은 두 가지 특징(물론 동전의 양면과도 같은)에 있다. 첫째, 유아의 성은 생물학(적 근거)도 아니고 상징적/문화적 규범의 일부도 아닌 희한한 실체로 구성되어 있다. 그러나 이러한 과잉은 성인의 '규범적인' 섹슈얼리티에 의해 지양되지 않는다. 성인의 경우 역시 항상 왜곡되고 대체된다.

> 섹슈얼리티에 관한 한, 인간은 가장 큰 역설에 매여 있다. 충동을 통해 획득된 것이 선천적이고 본능적인 것보다 앞서기에, 적응력 강한 본능적 섹슈얼리티가 출현할 때, 이를테면 무의식 속에 이미 그리고 항상 존재하고 있는 유아기적 충동이 일찌감치 그 자리를 차지했다는 것을 이 본능적 섹슈얼리티는 '나중에' 발견한다.[36]

'자연스러운' 형태는 복잡한 상징적 과정의 결과다. 출발점(유아의 성)은 아직 완전히 '문화적'이지는 않다. 하지만 그렇다고 '자연스러운' 것도 아니기 때문에 (유아의 성을 모델로 하는) 도착성은 단순히 사라지는 것이 아니고, 규범적인 성인의 이성애에 그냥 남겨지는 것이 아니다. 도착성은 키스, 만지기, 신체의 비성감적 부분들의 성애화라는 형태로 남아 있다. '규범적인' 섹슈얼리티는 이러한 도착적 요소의 그림자와 나머지를 통해서만 에로틱하게 작동하며, 그렇지 않으면 〈핸드메이드 테일〉에 나오는 수정행위처럼 원시적인 결합에 불과하다. 따라서 비뚤어진 '일탈'은 필요하며, 우리는 그것을 통해서만 규범에 도달하므로, (헤겔의 용어로 말하자면) '규범'으로 나타나는 것은 궁극적으로 스스로 지양된 도착이다. 여기서 우리는 헤겔이 '절대적 반동'이라고 불렀던 것과 마주하게 된다. 규범으로부터의 일탈로서 도착은 규범을 전제하고, 도착이 만들어 내는 쾌락은 규범의 위반에 있지만, 이 규범 자체는 궁극적 일탈을 통해, 궁극적 일탈로서 발생한다는 것이다. 다시 말해, 일탈의 과정 자체가 일탈하는 대상을 소급적으로 구성하거나, 헤겔이 말했듯, 이 도착은 그 자신의 전제를 정립하는 행위이며, 자신의 원인을 소급적으로 정립하는 효과이다.[37]

크리스 셰리던의 TV 시리즈 〈레지던트 에일리언〉(2021)의 주인공은 자신이 죽인 인간의 몸과 이름을 사칭하는 외계인이다. 그는 비밀 임무를 띠고 지구로 보내지는데, 바로 관습과 불문율을 모르는 인물이다.[38] 명시적인 규칙은 알고 있지만, 명시적인 규칙이 효력을 지니게 만드는 예외나 암시 같은 복잡한 맥락에 대해 완전히 무지하다. 그는 규칙 준수의 바로 그 완벽함으로 인해 '비인간적'이다. 이 불일치의 가장 아이러니한 경우는 그가 처음으로 사랑을 나누는 장면이다. 그는 함께 있는 여성의 브래지어를 벗기는 방법을 몰라서 찢으려 하면서 물어뜯는다. 그녀에게 삽입한 직후, 그는 오르가즘 경험의 '규범적인' 표현이라고 가정되는 것과는 완전히 다른 우스꽝스럽게 괴상한 소리를 내면서 절정에 도달한다. 요컨대, 그는 사랑을 나눌 때 '자연스럽게' 행동하는 법을 배올 기회가 없었다.

리플리의 책은 세상에 이성애자와 퀴어라는 두 종류의 섹슈얼리티만 있는 것처럼 생각하고 그중 퀴어 섹슈얼리티에 관해 쓴 책이 아니다. 섹슈얼리티 자체가 어떻게 퀴어한지에 관한 책이다. 퀴어는 술어에서 주어로 그 지위가 바뀌는 보편적인 존재론적 특징이 있다. 리플리가 책에서 건축의 퀴어성을 다루고 있는 이유가 여기 있으며, 특히 장 쥬네의 작품에 초점을 맞춘다.[39] 건축에서 퀴어의 흔적을 발견하는 것이 아니라 건축에서 섹슈얼리티를 '왜곡'하는 동일한 퀴어성의 흔적을 더 일반적인 수준에서 발견하는 것이다. 건축에 대한 그의 해석은 순전히 형식적인 측면에서 퀴어적 왜곡을 분석한다. '규범적인' 건축은 공간을 구분하는 직선의 벽으로 외부와 내부를 명확하게 나누는 반면, '퀴어성'은 그러한 직선 공간에서 벗어난 모든 것, 즉 굽은 벽, 명확한 구분을 흐리게 하는 타원형 구조, 오직 내부에서 바라본 대로만 존재하는 가짜 외부에서 존재감을 드러낸다. 일단 그 안에 들어가면 외부에서 보는 것보다 기적적으로 더 크게 보이는 내부, 그리고 전선, 쥐, 바퀴벌레, 환상 속의 트롤과 같은 존재가 서식하는 공간이 있는 이중 벽, 물을 내리면 배설물이 현실에서 사라지는 운하화된 공간 등이 있다.

이와 유사한 방식으로, 금지법의 바로 그 핵심과 연관된 퀴어성이 존재한다. 법은 지배력을 유지하기 위해 법이 금지하는 것을 은밀하게 요구한다. 이러한 퀴어성은 인류 역사상 가장 모범적인 이데올로기 텍스트 중 하나인 고대 인도의 문헌, 『마누의 율법』에서 이미 발견할 수 있다. 이 이데올로기는 신화적 기원을 포함하여 우주 전체를 포괄하지만, 이데올로기의 즉각적인 구체성으로서 일상적인 관행, 즉 우리가 (무엇을, 어디서, 누구와, 언제 등) 어떻게 먹고, 배변하고, 성관계를 갖고, 걷고, 건물에 들어가고, 일하고, 전쟁을 벌이는지 등에 초점을 맞추고 있다. 여기서 텍스트는 예외가 있는 보편성이라는 기본 공식을 가진 복잡한 일련의 속임수, 대체 및 타협 등을 활용한다. 『마누의 율법』은 이 작업을 수행하는 데 있어 기막힌 독창성을 보여 주며, 그 사례들은 종종 위험할 정도로 우스꽝스러운 것에 다가간다. 예를 들어, 사제는 무역이 아니라 베다를 공부해야 한다거나, 극한 상황에서는 사제가 무역을 할 수 있지만 참깨와 같은 특정 물건은 거래할 수 없다거나, 무역을 한다면 특정한 상황에서만 할 수 있다거나, 마지막으로 잘못된 상황에서 무역을 하면 개똥벌레로 다시 태어난다거나 하는 식이다. 이 법의 구조는 신부가 될 여성의 모든 결핍을 긍정적인 자산으로 재해석하는 결혼 중매자에 대한 유명한 유대인 농담과 정확히 동일하지 않은가? "그녀는 가난하다. 그러니까 그녀는 가족의 돈을 잘 다룰 것이고 최대한으로 활용할 것이다!" "그녀는 못생겼다. 그러니까 남편은 그녀가 바람을 피울까 봐 걱정할 필요가 없다!" "그녀는 말을 더듬는다. 그러니까 그녀는 입을 다물고 있으면서 끊임없는 잔소리로 남편을 괴롭히지 않을 것이다." 그리고 마지막으로, "그녀는 정말 냄새가 나는군. 그러니 뭐 어쩌라고, 그녀가 아무런 결점 없이 완벽하기를 바라는가?" 이 절차의 일반적인 공식은 하나의 일반적인 원칙을 명시하는 것으로서, 나중에 이어지는 조문 전체는 점점 더 구체적인 일련의 예외들을 구성한다. 특별한 금지 명령이 일반적인 명령보다 더 강력하다.

말을 바꾸면, 법의 진정한 규제력은 우리의 행위를 허용과 금지로 구분하는 직접적인 금지에 있는 것이 아니라 **금지의 위반 자체를 규제**

하는 데 있다는 것이 『마누의 율법』의 위대한 가르침이다. 법은 기본 금지사항들이 위반된다(또는 심지어 우리에게 금지의 위반이 은밀히 권유된다)는 것을 조용히 받아들이며, 그런 다음 일단 우리가 이러한 죄책감의 위치에 빠지게 되면, 규제된 방식으로 금지사항을 위반함으로써 위반행위와 법을 어떻게 화해시킬 수 있는지 알려 준다. 법의 요점은 위반을 규제하는 것이다. 위반이 없다면 법은 필요 없을 것이다. 이러한 규정(법이 위반에 어떻게 대처할 수 있는지 알려 주는)은 궁극적으로 일종의 자비의 형태를 띤다. "좋아, (나의 일반적인 금지사항을) 위반할 수 있어, 다만 내가 정한 방식대로만 위반해야 해." 모차르트의 〈티토 황제의 자비〉의 피날레에서 우리는 엄청나게 숭고한 자비의 폭발을 목격한다. 마지막 사면 직전에 티토 자신은 반역의 확산세를 맹렬히 비난하는데, 이로 인해 자신이 자비의 행위를 확산시켜야만 하게 되었다는 것이다.

한 범죄자를 사면하는 바로 그 순간, 또 다른 범죄자를 발견한다. 별들이 음모를 꾸며서 나로 하여금 내 의지를 거슬러 잔인해지도록 만들고 있는 것 같구나. 아니, 그들은 이러한 만족을 얻지 못할 것이다. 나는 미덕을 베풀어 이미 경연을 계속하기로 맹세했으니. 다른 사람의 반역과 나의 자비 중 어느 것이 더 한결 같은지 두고 보겠다. 나는 한결같고 모든 것을 알고 있으며, 모두를 용서하고 모든 것을 잊는다고 로마에 고하라.

티토가 피가로 스타일로 불평하는 소리가 들리는 듯하다. "한 명씩, 한 명씩!" "제발, 그렇게 서두르지 말고, 차례차례로, 자비를 위해 줄을

서라!" 티토는 자신의 임무에 걸맞게 모든 사람을 잊었지만 그가 사면한 사람들은 그 일을 영원히 기억하도록 단죄받는다.

> **세스토**: 사실입니다, 용서해 주십시오, 황제 폐하. 허나 제 마음은 용서가 없을 것입니다. 더 이상 기억하지 못할 순간까지 잘못을 한탄할 것입니다.
> **티토**: 자네가 할 수 있는 진정한 회개는 한결같은 충절보다 더 가치가 있네.

피날레의 이 대구법은 〈클레멘자〉의 외설적인 비밀을 폭로한다. 사면은 실제로 빚을 없애는 것이 아니라 오히려 무한하게 만든다. 우리는 우리를 용서해 준 사람에게 영원히 빚을 지고 있다. 티토가 충절보다 회개를 선호하는 것은 놀라운 일이 아니다. 주군에 대한 충절에서는 존경심으로 그를 따르지만, 회개의 경우 나를 주군에게 밀착시키는 것은 지울 수 없는 무한한 죄책감이다. 이 점에서 티토는 철저한 기독교적 스승이다. 우리는 대체로 엄격한 유대교의 정의와 기독교의 자비, 즉 과분한 용서라는 설명 불가능한 제스처를 대립시킨다. 우리 인간은 죄가운데 태어났고, 우리 자신의 행위로는 결코 빚을 갚거나 스스로를 구원할 수 없다. 우리의 유일한 구원은 하나님의 자비, 그분의 최고의 희생에 있다. 형언할 수 없는 자비의 행위를 통해 정의의 사슬을 끊고 빚을 갚는 바로 이 몸짓을 통해 기독교는 우리에게 더 강력한 빚을 부과한다. 우리는 그리스도께 영원히 빚을 지고 있으며, 그리스도께서 우리에게 행하신 일을 결코 되갚을 수가 없다. 물론 우리가 결코 되갚을 수 없는 과도한 압력을 일컫는 프로이트의 명칭은 **초자아**이다. (자비의 개념은 주권의 개념과 엄밀한 상관관계가 있다는 것을 잊지 말아야 한다. 즉 주권을 가진 자만이 자비를 베풀 수 있다.) 따라서 자비와 사랑의 기독교적 신과 대비되어 초자아의 종교(질투심 많고 강력하며 가혹한 신에 대한 인간의 종속)로 간주되는 것은 유대교이다. 그러나 기독교의 퀴어성은 바로 우리의 죄에 대한 대가를 우리에게 요구하지 **않음**으로써, 우리를 위해 신 자신이 그 대가를 지불함으로써, 기독교 자비의 신이 최고의 초자아의 기관으로 자리 잡는다는 사실에 있다. "나는 너희 죄에 대해 가장 높은 대가를 치렀고, 따라서 너희는 나에게 **영원히** 빚을 진다…."[40] 이 율법의 퀴어성을 응축하는 우회로가 있다면 바로 이것이다.

따라서 율법의 퀴어성은 기독교에서 그 정점에 도달한다. 기독교에서 우리 인간은 선험적으로 타락하여 죄 가운데 거하는 것으로 간주되며, 따라서 율법의 전체적 지배는 고백 및 여타 의례적인 회개의 방식을 통해 어떻게 율법의 위반에 대처할지에 대한 규칙으로 구성된다. 그런 이유로 많은 통찰력 있는 신학자들이 알고 있듯이 타락은 **펠릭스 쿨파**felix culpa, 즉 '행운이 깃든 잘못/축복받은 타락'이다. 또는 성 아우구스투스가 지적했듯, "하나님은 아무런 악도 존재하지 않는 것보다 악에서 선을 이끌어 내는 것이 더 낫다고 판단하셨기 때문이다." 이 추론에 한 가지 단계를 더 추가해야 한다. 악에서 선을 이끌어 내기 위해서는 선 그 자체, 즉 신이 자기 자신으로부터 악을 이끌어 내야 한다. 이것이 바로 우리가 세상에 악이 존재하는 근거에 대한 표준적인 기독교(또는 더 정확하게는 가톨릭)의 설명을 뒤집어야 하는 이유이다. 신은 우리에게 자유를 주셨고, 자유는 악을 포함하여 우리가 자유롭게 결정하는 것을 선택할 자유이다. 하지만 그 반대가 참은 아닐까? 하나님은 (우리를 악의 유혹에 노출시킨 것 이상으로) **우리를 악으로 밀어 넣어 우리로 하여금 자유를 발견하게 만드셨다.** 헤겔이 잘 알고 있었듯, 악 없이는 자유가 존재하지 않는데, 왜냐하면 선과 악 중에서 선택할 수 있으려면 우리가 이미 악에 속해 있어야 하기 때문이다.

플라톤이 개인의 신체적 아름다움에서 신체적 아름다움 그 자체 등등을 거쳐 미의 이데아 자체에 이르는 점진적인 상승을 묘사했다면, 리플리는 그러한 상승의 유물론적 버전을 제공한다. 즉 퀴어 섹슈얼리티에서 더 형식화된 건축적 퀴어성과 법적 퀴어성을 거쳐 보편적 존재론적 범주로서의 퀴어성 그 자체에 도달한다. 이러한 관점에서 볼 때, 왜 세상에는 무가 아니라 무언가가 존재하는가 하는 근본적인 형이상학적 질문에 대한 새로운 해답이 제시된다. 우주가 불균형하고 어긋나 있는 한에서만, 다시 말해, 퀴어한 한에서만 무언가가 존재한다.

배신 없이는 진정한 사랑이 없는 이유

생화학이 이러한 섹슈얼리티의 퀴어성에서 벗어날 수 있는 길을 열어 줄 수 있을까? 언론은 과학자들이 현재 여성의 몸에서 인공적으로 정자를 만들어 레즈비언 커플이 자신의 아이를 갖거나 여성이 스스로 임신할 수 있도록 애쓴다고 보도했다. 인공 자궁을 만드는 과정도 개발 중이므로 출산과 성관계를 완전히 분리할 수 있는 시대, 그래서 정자 기증자가 없어도 되는 시대가 다가오고 있다. 이 절차가 널리 시행된다면, 특히 이 절차가 확실하게 추가 선택지가 될 배아의 유전적 조작과 결합된다면 어떤 일이 벌어질까? '부모'에 대한 이야기는 무의미해지고, 아이들은 단지 직접 생산될 것이며, 유일한 '부모'는 그들의 과학적 창조자가될 것이다. 그러면 누가 이 아이들의 교육을 책임질까?

일부 페미니스트들은 남성으로부터의 완전한 독립을 주장하며 이러한 전망을 여성에게 득이 되는 것으로 여기지만, 여성도 자신의 정체성을 박탈당할 수 있다는 점을 명심해야 한다. 이는 트랜스젠더와 시스젠더 사이의 갈등보다 더 심각한 여성 간의 새로운 갈등, 즉 여성성의소멸을 기꺼이 지지하는 사람들과 여전히 여성성에 집착하는 사람들 사이의 갈등을 불러일으킬 것이다. 그리고 마지막으로, 이 모든 것은 섹슈얼리티에 어떤 영향을 미칠까? 사소한 오락으로 살아남을까, 아니면…?

그러나 인간의 섹슈얼리티는 생물학적 사실에 기생하는 상징적인교착 상태에 머물러 있다. 테네시 윌리엄스의 희곡을 원작으로 한 존 휴스턴 감독의 〈이구아나의 밤〉(1964)을 보면, 섀넌(리처드 버튼 분)은 낡은멕시코의 한 호텔에서 다른 수많은 여성들과의 사이에서 성적 긴장감을느낀다. 압권인 장면은 섀넌에게 호주인 속옷 판매원과의 자칭 '사랑 경험'을 섬세하게 묘사하는 순결한 한나(데보라 커)의 모습이다.

한나: 나는 눈치 챘어요 그가 점점 더….
섀넌: 뭘요?
한나: 음, 흥분하는걸요…. 노을의 잔영이 물 위에 희미해질 때요… 마침내, 결국, 그가 내 쪽으로 몸을 기울였고… 우리는 조각배 안에서 마주 보고 있었죠…. 그가 강렬하고 열정적으로 제 눈을 바라봤

어요. 그리고 그는 나에게 이렇게 말했어요. '젤크스 양? 부탁 하나만 들어줄래요? 내게 뭔가를 해 줄 수 있나요?' '뭔가요?' 하고 물었더니, 그는 '내가 등을 돌리고, 다른 쪽을 보면, 당신의 옷가지를 벗어서 내가 그것을 들고 있을 수 있게 해 줄래요?'라고 말했죠.

섀넌: 멋지네요!

한나: 그러더니 '몇 초면 돼요'라고 하더군요. '몇 초면 뭐요?' 하고 내가 물었죠. 뭐 때문이라고는 말하지 않았지만….

섀넌: 그의 만족?

한나: 그렇죠.

섀넌: 그 상황에서 어떻게 했어요? 한나?

한나: 난… 그의 요청을 만족시켜 줬어요, 정말로요! 그리고 그는 약속을 지켰어요. 내가 준비됐다고 말할 때까지 등을 돌리고 있어서 던졌죠… 내 옷가지 일부를요.

섀넌: 그가 그걸로 뭘 했나요?

한나: 그는 자신이 요구한 물품을 움켜쥔 것 외에는 움직이지 않았어요. 저는 그가 만족하는 동안 다른 곳을 바라봤어요.[41]

이것이 섹슈얼리티가 작동하는 방식이다. 신체적 접촉이 없는 우스꽝스러운 이 장면이 가장 노골적인 육체적 교접보다도 훨씬 더 강렬하게 경험될 수 있다. 신체적 움직임을 성애화하는 것은 그 상징적인 맥락이다. 그렇다면 성적인 사랑은 이 교착 상태를 내재적으로 해결하는 역할을 할까? 라캉은 사랑이 성적 관계의 비존재를 보완한다고 주장하는데, 이는 사랑이 이 비존재를 모호하게 만드는 환상의 형성이라는 뜻

일까? 아니다. 사랑에서 성적인 관계를 불가능하게 만드는 간극은 사랑
과 대의(원인) 사이의 간극이라는 다른 차원에서 다시 나타난다. 아마도
이 간극의 가장 좋은 예는 한 사람이 다른 사람을 보호하라는 명령을 받
은 스파이였기 때문에 함께하게 된 어떤 커플의 운명일 것이다. 가장 비
범한 냉전 시대의 러브 스토리는 지금은 사라진 독일민주공화국에서 베
라 렝스펠트와 크누드 볼렌베르거가 결혼하여 두 아이를 낳은 이야기
다. 장벽이 무너진 후 동독의 반체제 인사였던 베라가 슈타지Stasi 문서
고에 접근할 수 있게 되자, 그녀는 암호명 도날드로 활동하던 슈타지 정
보원 크누드가 상부의 명령으로 그녀와 결혼하여 함께 살면서 그녀의
활동을 보고했다는 사실을 알게 된다. 그녀는 즉시 그와 이혼했으며 두
사람은 연락을 하지 않고 지냈다. 그 후 크누드는 자신이 그녀를 보호하
고 싶었으며 자기의 배신은 사실 사랑의 행위였다는 내용의 편지를 보
냈다. 이제 그가 파킨슨병으로 급격히 죽어 가고 있기에 베라는 "나는 그
를 용서했다"고 말한다. 할리우드가 메릴 스트립이 베라 역을 맡은 영화
제작을 고려하는 것은 놀랍지 않다.[42] 사랑의 행위로서의 배신이라는 이
공식은 이미 존 르 카레가 그의 걸작 〈완벽한 스파이〉에서 제시했다.

　　그러나 실생활에서는 여성이 에이전트인 경우가 더 많다. 제2차 세
계대전에서 한 여자가 남자를 감시하기 위해 남자를 유혹하고, 전쟁이
끝난 후 진실이 밝혀졌을 때도 함께했던 실제 이야기가 두어 가지 있다.
2년 앞을 미리 보여 주고 시작하는 〈홈랜드〉의 마지막 시즌 최종회의
최후 몇 분을 떠올려 보자. 이 시리즈의 여주인공인 CIA 요원 캐리 매
티슨(클레어 데인즈)은 완전히 진영을 바꿔(전향하여) 자신의 러시아 첩보
상대였던 예브게니와 러시아에서 살고 있으며 조국을 배신하는 일에 대

한 책을 썼던 것으로 보인다. 하지만 마지막 반전으로, 캐리는 사울(그녀의 CIA 상사)과 그의 러시아 정보원이 정보를 전달했던 것과 동일한 방법으로 사울에게 메시지를 보내고, 이제 그녀는 러시아 내부에서 일하는 정식 스파이가 된다. 〈홈랜드〉의 공동 제작자 알렉스 간사는 캐리와 예브게니의 관계가 진짜인지, 아니면 그녀가 그냥 그를 가지고 노는 것인지 묻는 질문에 이렇게 답했다.

제 느낌은 캐리가 실제 관계를 맺는 것처럼 **진짜** 관계라는 것입니다. 그녀는 본성상 이중적인 상황에 매료됩니다. 그래서 그녀는 이 남자에게 진짜 감정을 느끼면서도 동시에 그를 배신할 수 있어요. 캐리는 이런 상황에서 맹활약합니다. 그리고 이 특별한 상황에 처한 것을 캐리는 만족스러워합니다. 그리고 거의 행복해합니다. 마지막에 캐리는 미소를 짓고 있습니다.[43]

정말이지 〈홈랜드〉의 피날레는 더할 나위 없는 해피엔딩이다. 어쩌면 캐리와 예브게니의 이중적인 관계는 우리가 행복에 가장 근접할 수 있는 관계일지도 모른다. 캐리가 처한 곤경의 바로 그 근본적인 이중성 속에서 행복이 펼쳐진다. 캐리가 두 가지 분명한 선택(예브게니를 사랑하기 때문에 모든 것을 고백하거나, 여전히 CIA에서 일하고 있다는 사실을 감추기 위해 가짜 사랑을 하는 것) 중 어느 하나를 택해도 사랑을 망치게 된다면, 두 번째 선택보다 첫 번째 선택이 더 그러할 터이다. 대의를 위해 봉사하는 것은 사랑의 외적 장애물이 아니라 내적 구성 요소다. 냉정하게 말하자면, 배신 없이는 진정한 사랑도 없다.

그리고 여성(캐리)이 남성보다 더 급진적으로 이 간극을 가로지른다는 점에 주목하는 것이 중요하다. 일반적인 생각은 남자는 사랑과 대의 사이에서 갈등하지만, 남자는 대체로 결정을 내려서 선택을 하도록 강요받는 반면, 여자만이 이중성 그 자체를 즐길 수 있다는 것이다. 이 간극의 남성적인 버전에 관해서는 할리우드 멜로 드라마의 최고(또는 최악의) 작품을 통해 우회하는 것이 도움이 될 수 있다. 킹 비도르의 〈랩소디〉의 근본 교훈은, 사랑하는 여자의 사랑을 얻기 위해서 남자는 그녀 없이도 살아남을 수 있음을, 자신의 사명이나 직업을 그녀보다 더 선호한다는 것을 증명해야 한다는 점이다. 두 가지 즉각적인 선택이 있다. (1) 나의 직업적 경력이 나에게 가장 중요하고, 여자는 단지 오락거리이고 기분전환이다. (2) 여자는 나에게 모든 것이며, 그녀를 위해 내 모든 공적, 직업적 존엄성을 버릴 준비가 되어 있고, 모욕을 감수할 준비가 되어 있다. 둘 다 거짓이며, 남자가 여자에게 거부당하는 결과만 초래할 뿐이다. 따라서 진정한 사랑의 메시지는, 당신이 나에게 모든 것이더라도 나는 당신 없이도 살아남을 수 있으며, 나의 사명이나 직업을 위해 당신을 버릴 준비가 되어 있다는 것이다. 따라서 여자가 남자의 사랑을 테스트하는 적절한 방법은 그의 경력의 결정적인 순간(영화에서는 최초의 대중 콘서트, 중요한 시험, 그의 경력을 결정할 비즈니스 협상)에 그를 '배신'하는 것이다. 그가 시련을 극복하고 그녀의 버림으로 깊은 충격을 받았음에도 자신의 임무를 성공적으로 완수할 수 있어야만, 그는 그녀를 받을 자격이 있고 그녀는 그에게 돌아올 것이다. 근본적인 역설은 절대적인 것으로서의 사랑이 직접적인 목표로 제시되어서는 안 되며, 우리가 과분한 은총으로 얻는 부산물의 지위를 유지해야 한다는 것이다….

남성적 버전과 여성적 버전 사이에는 이중의 차이가 있다. 남자는 공개적으로 대의를 선택하고 (어쩌면) 부산물로 사랑을 얻지만, 여자는 공개적으로 사랑을 선택하고 은밀하게 대의에 충실하다. 남자는 고통스러운 선택을 하고, 여자는 양쪽 모두를 선택하고 (얻으며) 분열 자체를 즐긴다.

이제 문제의 핵심에 도달했다. 하지만 섹슈얼리티와 관련된 불가능성/적대성은 역사적이자 그 자체로 가변적인 것은 아닐까? 왜 우리는 더 이상 구성적 적대성으로 낙인찍히지 않는 전혀 다른 섹슈얼리티를 상상하고 실천할 수 없는 걸까? 성적 관계는 "구조적으로 접근 불가능한" 것이 아니라 단지 "현재 우리의 손에 닿지 않는" 것인가? 그런데 바디우조차 이런 함정에 빠지는 것을 보면 아쉽다. 우리의 성적 곤경에 대한 그의 해결책은 전통적인 가부장적 위계질서를 넘어, 또한 법 밖의 실재라는 자본주의적 허무주의를 넘어 남성과 여성을 위한 새로운 상징적 공간을 창조하는 것이다.[44] 이러한 새로운 상징적 공간은 새로운 근본 **기표들**의 창조, 그것을 통해 양성이 재발명되는 새로운 상징화의 창조라는 적절한 철학적 제스처를 통해서만 생겨날 수 있다. 이 새로운 공간에서는 여성도 과학자, 정치인, 예술가이고 남성 역시 재생산에 관계해야 한다. 그러나 라캉의 관점에서 볼 때, 가장 먼저 해야 할 일은 성차에 대한 새로운 상징화의 흔적을 찾는 일이 아니라 지금 여기의 섹슈얼리티에 가부장적인 전통적 상징화보다 무엇이 더 있는지를 심문하는 일이다. 이러한 심문 없이는 섹슈얼리티의 새로운 상징적 공간에 대한 꿈은 우리로 하여금 인간의 섹슈얼리티를 구성하는 적대성을 피하게 만드는 공허한 꿈, 이데올로기적 신기루에 불과할 뿐이다.

하지만 다시 말하지만, 이러한 적대성/불가능성은 초역사적인 선험인가? 라캉의 대답은 간단해 보인다. 영원한 것은 물론 아니지만, 인간의 섹슈얼리티를 구성하는 요소다. 물론 우리는 무성 생식이나 다른 방식의 쾌락이 있는 삶을 상상할 수 있지만, 이 경우 우리는 더 이상 섹슈얼리티를 다루지 않는다. 섹슈얼리티는 대체적 근대성들과 정확하게 마찬가지다. 한 가지는 자유민주주의에서 파시즘 또는 권위주의적 포퓰리즘으로 '근대성'(자본주의 정치 권력)이 이행하는 길이며, 이는 자본주의를 정의하는 근본적인 적대감을 다루는 서로 다른 방식일 뿐이다. 또 다른 것은 구성적 적대성을 포괄하는 근대성의 영역에서 벗어나는 일이다. 우리가 주장해야 할 논점이 바로 이것이다. 우리가 그 구성적 불가능성/적대성으로 규정된 전체 영역에서 벗어나는 급진적 변화를 실행할 때, 우리는 그 불가능성을 넘어 '불가능한 것이 가능해진다'는 의미에서, 즉 불가능/실재가 다른 현실을 보지 못하게 하는 일종의 물신에 불과했다는 의미에서 이 불가능성을 '역사화'하지는 않는다. 우리는 훨씬 더 급진적인 일을 한다. '불가능'이 작동하던 전체 분야가 더 이상 여기 존재하지 않기에 '불가능'은 사라진다.

좋은 뱀파이어가 마늘을 피하듯이 여기서 우리가 피해야 할 것은 모든 형태의 진화론적 경험주의, 즉 항구적인 변화 속에서 모든 상징적 구조를 점차적으로 약화시키는 '진짜' 외부 세계에 대한 참조이다. 외부에 무엇이 있는지 누가 알겠는가? 우리가 확신할 수 있는 유일한 것은 우리가 아직 모르는 것이 무한히 많다는 사실이지만, 이 '외부 세계의 무한성'은 지극히 무관심하고, 그 자체로 진부하며, 밋밋하고, 심지어 어리석기까지 한 무엇이다. 우리가 그것을 모른다는 사실은 곧 우리가 그것을 모른다는 사실에 다름 아니기에, 여기에는 신비도 없고, 마땅한 외양의 변증법도 없으며, 고유한 변증법적 의미에서 아무런 구조적 환상도 없다. 그러나 성관계의 불가능성은 근본적으로 다른 것이다. 성의 '신비', 즉 고정된 성관계 공식의 부재를 환상적인 보충제로 대리보충하려는 우리의 구조적 필요가 섹슈얼리티를 구성한다. 이것이 동물의 짝짓기를 인간의 에로티시즘으로 변화시키는 것이다. 이 환상의 유령 뒤에서 발견할 수 있는 외부 현실은 없으며, 여기서 유일한 '신비'는 형식 자체의 신비이다. (마르크스가 상품-형식의 신비가 이 형식 자체의 신비, 즉 신비의 형식의 등장이라고 지적한 것과 정확히 같은 맥락에서 그렇다.)

여기서 우리는 라캉에게 두 가지 실재성, 즉 불가능한 사물이라는 실재와 무관심한 외부 현실 사이의 차이가 어떻게 근본적인지 알 수 있다. 형이상학적 신비화의 원천은 바로 이 둘 사이의 혼동에 있다. 다시 말해, 리비도적인 '내적 공간에서 온 사물'과 현실의 궁극적 신비를 동일시하는 혼동이다. 칸트 식으로 말하자면, 이러한 동일시는 필수적인 초월적 환영이라고 말할 수도 있다. 외부 우주는 신비가 아니라 그저 그것이 무엇이든 간에 우리의 리비도 경제가 교착 상태에 빠졌을 때만 '신비'로 보일 뿐이다.[45] 우리는 라캉이 반복해서 언급했던 고대 그리스의 두 화가, 즉 누가 더 설득력 있는 환상을 그릴 수 있는지 경쟁했던 제욱시스와 파라시우스에 관한 일화를 다시 떠올릴 수 있다.[46] 먼저 제욱시스는 새가 포도를 먹으려 할 정도로 사실적인 그림을 만들어 냈다. 다음으로 파라시우스는 자신의 방 벽에 커튼을 그려서 이겼는데, 그 그림을 보여 주자 제욱시스는 파라시우스에게 이렇게 물었던 것이다. "자, 이제 베일을 걷어 내고 자네가 그린 그림을 보여 주게나!" 제욱시스의 그림에서 환영은 너무 설득력이 있어서 그 이미지를 실물로 착각하게 만들었다. 파라시우스의 그림에서 환영은 관객이 눈앞에서 보는 것이 숨겨진 진실을 가리는 베일일 뿐이라는 개념에 놓여 있다. 이것이 상징적 영역에서 미스터리가 작동하는 방식이다. 베일 뒤에는 미스터리가 없으며, 설명해야 할 유일한 "미스터리"는 뒤에 숨겨진 콘텐츠에 관한 환상을 만드는 베일을 어떻게 실감나게 칠할까이다.

이 제욱시스와 파라시우스에 관한 일화를 통해 우리는 우주의 사물 중 하나인 인간에게 오직 부분적으로 접근 가능한 객체에 대한 실재론적 존재론을 제시하는 '객체지향 존재론Object-Oriented Ontology'의 치명적인 약점을 발견할 수 있다. 우리는 사물의 현상적 표면, 즉 사물이 우리에게 나타나는 대로 보고(과학은 측정하는데), 이 표면 아래에는 사물이 우리와 독립적으로 존재하는 방식, 즉 숨겨진 '즉자'가 존재한다. 파라시우스가 그림을 전시하자 제욱시스가 "자, 이제 베일을 걷어 내고 자네가 그린 그림을 보여 주게나!"라고 했을 때, 여기서 외관은 숨겨진 내용을 감추면서 지시하는 것이 아니라 외관의 베일 뒤에 무언가가 있는 것처럼(실질적으로는 아무것도 없는데) 보이게 하는 외양을 만들어 낸다. 헤겔적 용어로 하면, 이는 우리가 두 가지 즉자를 대하고 있다는 뜻이다. 사물이 실제로 (우리와 독립적으로) 그 자체로 있는 방식과 사물이 **우리에게 그 자체인 것으로 보이는** 방식, 즉 모든 외관은 그 자체의 즉자를 내포(또는 오히려 창조)하고, 베일 뒤에 있는 실체적 현실의 차원을 숨기면서 지시한다. 헤겔에게는 베일 뒤에는 아무것도 없고 단지 우리(관찰하는 주체)가 거기에 설정한(또는 투영한) 것만 있을 뿐임을 깨닫게 될 때 우리는 실체에서 주체로 이행한다. '객체지향 존재론'은 이러한 이중성을 무시하고 이 두 가지 즉자를 동일시한다. 즉자의 '초월'(현실 그 자체)은 따라서 내재적이고 초월론적으로 구성된다. 즉 그 존재론이 즉자로 파악하는 것은 주관적으로 구성된 것으로서, 주어진 의미의 지평 내에서 드러난다.

결론적으로, 나는 라캉의 철학적 헌신의 문제성에 대한 투피남바의 일반적인 요점에 동의하지만, 라캉의 이러한 한계를 반대 방향에서 본다. 라캉이 무관심한 외부의 현실을 내재적인 심리-리비도적 실재-사물에 포섭하려는 경향이 있다는 점이 아니라, 오히려 말년에 그가 상상계/상징계적인 것에 대한 급진적인 외부성으로 실재 '그 자체'를 생각하는 방식에 너무 집착한 나머지, 실재가 상징 자체의 내재적인 자기 장애물이므로 그 자체로는 실체적인 현실성이 없다는 자기 자신의 통찰로부터 완전한 결론을 도출하기 거부했다는 점이다. 투피남바의 기본적인 통찰은 정신분석 이론이 우리로 하여금 다른 담론들이 무시할 수밖에 없는 것의 윤곽을 그리게 함으로써 타자에 대한 보편적 진리를 제공하는 것은 아니라는 점이다. 정신분석 담론이 입을 닫고 관심을 두지 않는 우리 삶의 차원, 즉 정치 경제와 같은 차원이 있다. 밀레르의 사례가 여기에 예시적이다. 분석 담론의 특권을 주장하기 위해 그는 정치를 상상적이고 상징적인 동일시의 차원으로 축소해야 하며, 따라서 사회정치적 적대성 특유의 차원은 심리적 경제와 그 리비도적 투자의 교란으로 (오)인식된다. 여기에 철학적 성찰이 등장한다. 철학은 한 분야에서 보이는 것과 보이지 않는/배제된 것 사이의 관계를 탐구한다(예를 들어 현대 과학이 보이는 것을 보기 위해 무시해야 하는 것이 무엇인지 보여 준다). 이것이 의미하는 바는 라캉의 문제는 지나치게 철학자였다는 게 아니라(또는 알튀세르의 말처럼 정신분석을 완전한 과학으로 발전시키는 대신 정신분석의 철학만을 제공했다는 것이 아니라), 그가 철학자로서 충분하지 않았다는 것이다.

쿠르크 테 글레다… 루비치의 거울을 통해

아마도 정신분석이 철학에 기여한 가장 큰 공헌은 무의식의 핵심을 형성하는 반사성reflexivity을 이끌어 낸 일일 것이다. 슬로베니아어의 "쿠르크 테 글레다"와 같은 일상의 저속한 표현에도 그 흔적을 남기는 반사성 말이다. 슬로베니아어에서 이 말은 매우 저속한 표현으로, 분노의 폭발을 의미하며 대략 "네 꼬락서니를 봐(거시기가 널 보겠다)"로 번역할 수 있다(일상적 용법으로는 "네 팔뚝 굵다"["너 잘났다"]와 같은 의미로 사용된다). 하지만 이 표현을 좀 더 문자 그대로 읽었을 때, 어떤 의미에서 음경이 당신을 볼 수 있겠는가? 여기서 또 다른 표현이 도움이 될 수 있는데, 영어권 독자들 대부분이 잘 알고 있는 표현이다. 루이스 캐럴의 『원더랜드의 앨리스』의 속편 제목인 『거울 속을 통해』는 앨리스가 거울을 통과할 때 발견하는 이상한 세계, 즉 사물이 원래 그래야만 하는 것과 다른 세계를 가리킨다. 일반적으로 거울 속에는 현실(과 자신의 모습)의 거울 이미지가 비춰져 있지만, 우리가 유리를 통과할 때면 거울 속 이미지가 우리를 응시하는 이상한 세계로 들어가게 되며, 여기서 우리는 '거시기가 당신을 보는' 지점을 발견한다. (마지막에 그 이유를 알게 될 것이다.) 루비치의 영화가 꼭 이렇다. 이를테면 영화 안에서 당신은 거울 유리를 통해 우리의 (당신의) 현실, 즉 현실의 기이함, 그리고 이 현실이 우리를 어떻게 바

라보는지, 우리가 그 안에 어떻게 내포되며 각인되어 있는지 보게 된다
…. 그렇다면 루비치의 거울을 통해서는 우리 사회의 무엇을 볼 수 있을
까?

테오도르 아도르노는, "헤겔의 변증법에서 죽은 것은 무엇이고 살
아 있는 것은 무엇인가?"라는 베네데토 크로체의 (그의 주요 저작의 제목
이기도 한) 거만한 역사주의적 질문을 뒤집었다. 헤겔이 사상가로서 정
말 살아 있다면, 오늘날 제기해야 할 질문은 "헤겔의 저작은 오늘날의
구도와 관련하여 어떤 위치인가? 어떻게 읽어야 헤겔이 여전히 우리에
게 무언가를 말할 수 있을까?"라는 역사주의적 질문이 아니라, "**오늘날
우리는** 헤겔과 관련해서, 즉 헤겔의 관점에서 어떻게 보일까?"라는 질문
이다. 에른스트 루비치에게도 똑같은 질문이 적용된다. "루비치의 눈에
우리의 당대성은 어떻게 보일까?" 나는 이미 루비치와 함께 (또는 오히려
루비치를 통해) 우리 시대의 뒤죽박죽인 세계에 대한 이러한 해석을 다루
었지만,[47] 여기서는 이 주제에 대한 다른 접근 방식을 제안한다. 루비치
와 우리 현대 사회 사이에 제3의 요소, 즉 헤겔의 사상이 개입할 것이다.
헤겔의 관점에서 볼 때, 사유는 너그러운 회상의 정신으로 모든 공포가
깃든 현실을 전유해야 하며, 루비치는 이러한 너그러움이 희극의 정신,
즉 자신이 섹슈얼리티라는 주제를 다룰 때와 동일한 정신으로 베풀어
져야 한다고 덧붙였을 법하다. 루비치는 섹슈얼리티를 본질적으로 희
극적으로 만드는 것은 성에 관여하는 커플이 결코 혼자가 아니라는 의
미에서 '매개된' 성격임을, 즉 제3의 요소가 항상 판타지의 형태로 섹슈
얼리티 속에서 작용하며, 희극적 효과는 현실과 판타지 사이의 혼동 및
그 둘을 분리하는 간극에서 발생한다는 점을 분명히 파악했다. 이러한

간극에 대한 인식을 통해 루비치의 작품 전체에 퍼져 있는, 세계와 맺는 특별한 종류의 형이상학적 관계가 생겨난다.

루비치의 완벽한 걸작 중 하나인 〈사느냐 죽느냐To Be or Not to Be〉를 예로 들어 보자. 독일의 폴란드 점령의 공포와 나치에 대한 폴란드의 저항을 다룬 영화이지만, 이 사건은 코믹한 용서라는 거울을 통해 나타난다. 나쁜 독일인들조차 우리의 착한 사람들보다 더 재치 있고, 히틀러조차 혼란의 코미디 속에 빠져든다. 나치는 여전히 나쁘고, 그들을 파괴하는 임무는 여전히 시급하며, 루비치는 '그들도 인간이기 때문에' 용서하자는 게임을 하는 것이 아니다. 영화 속 그 누구도 진짜 인간적이지 않다는 것이 요점이다. 루비치가 하는 일은 엄격한 도덕적 비난을 피하는 것뿐이며, 이 태도는 오늘날 그 어느 때보다 절실한데, 이러한 위험을 성공적으로 피한 몇 안 되는 예술가 중 하나가 바로 래리 데이비드이다.

하지만 루비치가 그의 영화에서 하는 모든 일이 섹슈얼리티에 내재된 도착성을 명랑하게 인정하는 일에 불과할까? 우리 논의의 시작점이었던 슬로베니아어의 저속한 표현을 떠올려 보자. 만약 이것이 루비치가 하는 모든 일이라면, 그는 이 저속함이 지정하는 영역 안에 머물면서 그저 우리에게 어떻게 '거시기가 우리를 쳐다보는' 것인지, 즉 우리가 어떻게 섹슈얼리티의 순환 게임에 갇혀 있는지 반복적으로 상기시켜 줄 뿐이다.

일상적인 "쿠르크 테 글레다"가 어떻게 작용하는지 자세히 살펴보자.[48] 이 슬로베니아어 표현은 원치 않는 요구를 거절하는 무례의 제스처이다. "꺼져"나 "엿 먹어!"가 아니라 "좆까!"라는 뜻으로, 자신의 성기를 무례함의 표시로 누군가에게 보여 주는 행위를 가리킨다. 더 점잖은 모임에서는 "거시기에 눈 달렸냐(팔루스 테 오쿨리라falus te okulira)"라고 말할 수도 있다. (오쿨레이트oculate는 눈이 있다는 뜻, 더 정확하게는 눈을 닮은 점이나 구멍이 있다는 뜻으로, 어떤 동물이 '오쿨레이트된' 특징을 갖는다면 눈처럼 생긴 표시가 있다는 뜻이다.) 프로이트의 충동 개념에 대해 논평하면서 라캉은 (유머를 적절히 섞어) 주체가 갑자기 자신의 부위(거시기)가 보여지는 걸 즐긴다는 사실을 알아차릴 때 그 정력적 거시기에서 실질적으로 자신의 모습을 본다고 말한다.

여기서 타자의 요구를 거부하는 차원이 핵심이다. 오늘날 전 세계의 시위는 실제로 그것이 관련된 본질이 아닌 어떤 특정한 요구에 의해 촉발되기 때문에, 권력자가 이 요구를 받아들일 때 우리의 대답은 "쿠르크 테 글레다", 즉 "네 꼬락서니를 봐"여야 한다. 요구를 거부하는 것은 존과 가이아 파킨 부부가 창안한 이른바 '엿 먹어 치료법'의 핵심이기도 하다. 그 부부는 런던에서 어느 날 아침 일어나 "엿 먹어"라고 말한 뒤, 직장을 그만두고 집을 떠나 이탈리아로 이주하여 자신들만의 치료법을 펼칠 보금자리를 시작한다.[49] 그러나 "쿠르크 테 글레다"는 "엿 먹어"와 완전히 같은 의미는 아니다. 슬로베니아어에는 "제비 세" 또는 "오드제비"("꺼져"에 가깝다)와 같은 다른 표현도 있다. 쿠르크 테 글레다에 가장 가까운 영어의 표현은 "너 잘났다up yours"지만 중요한 차이가 있다. "너 잘났다"는 능동적인 제스처(가운데손가락을 들어 올리거나 그에 이어지는 동작)인 반면 "쿠르크 테 글레다"는 수동적인 자세로 아무런 동작도 취하지 않는다. 이 저속한 슬로베니아어의 짜증 폭발은 라캉이 『세미나 XI』에서 언급한 정어리 통조림처럼, 응시를 돌려주는 대상의 구조를 완벽하게 재현한다. 대상이 응시를 되돌려 주는 이 지점이 바로 왜상(홀바인)

의 지점이며, 이 왜상은 음경의 발기에서 정확하게 구현된다. 발기했을 때 음경은 "당신을 쳐다본다."

어느 날 나는 작은 항구에 사는 어부 가족 몇 명과 함께 작은 배를 타고 있었다. 그물을 당길 때를 기다리는데 쁘띠-장이라는 사람이 파도 위에 떠 있는 무언가를 가리켰다. 작은 정어리 통조림 캔이었다. 햇볕에 떠다니는 그 캔은 통조림 산업의 증인으로서, 사실 우리가 조달해야 하는 통조림이었다. 캔은 햇빛에 반짝반짝 빛났다. 쁘띠-장이 내게 말했다. '저 통조림 보여요? 저거 보여요? 글쎄, 저건 당신을 못 봐요!' 쁘띠-장이 내게 한 말, 즉 캔이 나를 보지 못한다는 말이 의미가 있었다면, 그건 어떤 의미에서는 그 캔이 내내 나를 보고 있었기 때문이다.[50]

성기가 발기된 채로 남자가 걸어 다니거나 서 있는 것을 보는 일에는 본질적으로 우스꽝스러운 무언가가 있다. 그것은 추한 돌출물, 왜상의 얼룩처럼 과도하게 확장된 돌기처럼 튀어나온다.[51] 또는 라캉의 표현을 빌리자면, "저 거시기 보여요? 저거 보여요? 글쎄, 저건 당신을 못 봐요." 이는 "그것도 마찬가지로 당신을 바라보고 있어요!"라는 뜻이다. 이런 의미에서 지각하는 주체는 발기된 남자가 나오는 장면에 새겨져 있다. 여성이 자기 눈앞에서 발기된 남성을 볼 때, 그녀는 자신이 발기의 원인인 대상이라고 추정할 수 있다. 그럼에도 불구하고 발기된 음경은 당신을 보지 못한다. 이는 당신이 발기를 초래했을 때의 상호주관적 인정이 아니며, 당신은 어떤 의미에서 대상화되고, 적어도 비인격화되며, 주체로서 무시된다는 얘기다.

　여기서 음경과 질의 차이점에 주목해야 한다. 성적인 자극의 표준화된 진부한 장면(벌거벗은 여성이 등을 대고 누워 서서히 다리를 벌리는 장면)에서조차 질은 발기한 음경과 같지 않고, 분명히 당신을 '보고' 있지만 질은 당신을 주시하지 않는다. 따라서 우리는 질과 눈을 저속하게 연결시키지 말아야 한다. 질에는 눈이 달리지 않는데, 왜냐하면 그러한 장면에서 적극적으로 당신을 바라보는 행위자는 여성 자신이기 때문이다. 반면 발기한 남성은 자신의 신체 일부가 하는 일을 무기력하게 관찰하는 어리석은 바보로 격하된다. 루비치는 발기된 음경의 역할이 주체의 고상한 이상적 자아, 즉 타인에게 보이고 싶은 모습에 의해 수행되는 상황에서 많은 재미를 끌어낸다. 하지만 그가 이 역할을 너무나 우스꽝스러운 방식으로 수행하는 바람에 그 게임에 휘말리면 자신이 바보처럼 행동하고 있음을 스스로 무력하게 알아차릴 수밖에 없다. 여기가 내 자신의 거시기가 나를 되돌아 처다보고 있는 지점이다. 나는 내 이상적 자아의 제약에서 벗어날 수 없기에, 내가 얼마나 어리석게 행동하는지 무기력하게 관찰할 수밖에 없다…. 그렇다면 우리가 무력한 바보처럼 행동하게 되는 이 원환에서 과연 벗어날 수 있을까? 아누일의 〈안티고네〉의 초반부에서 여주인공은 이른 아침 정원을 돌아다니다 집으로 돌아오는데, "어디 계셨어요?"라는 보모의 질문에 이렇게 대답한다.

　　아무 데도. 날이 근사했어. 내가 외출했을 때는 온 세상이 회색빛이었어. 지금은, 회색빛을 못 알아볼 거야. 지금은 마치 우편엽서처럼 온통 분홍색, 초록색, 노란색이야. 보모, 색이 없는 세상을 보고 싶으면 일찍 일어나야 해. 정원은 멋있었어. 아직 잠들어 있었지. 아직 인간을 생각하지 않을 때의 정원이 얼마나 근사한지 생각해 본 적 있어…? 들판은 젖어 있었어. 들판은 무슨 일이 일어나길 기다리고 있었지. 온 세상이 숨을 죽이고 기다리고 있었어. 길 위에서 나 혼자 얼마나 시끄러운 소리를 냈는지 몰라. 기다리고 있던 게 그 무엇이든 나를 기다리지 않는다는 게 신경 쓰였어. 나는 샌들을 벗고 들판으로 미끄러져 들어갔어.[52]

이 대사를 주의 깊게 읽어야 한다. 안티고네가 세상을 회색으로 볼 때, 햇빛이 세상을 우편엽서의 저속한 장식으로 바꾸기 전 그녀의 처지는, 자기가 보기도 전에 세상이 어떻게 존재하는지 파악하기 위해 갑자기 고개를 돌리는 그 전설적인 유아론자가 처한 입장이 아니다. 그녀는 자신의 눈이 보기 전에 세상이 어떠했는지 본 것이 아니라, **세상이 그녀에게 시선을 돌려주기 전에** 세상을 본 것이다. 라캉의 표현을 빌리자면, 안티고네는 해가 뜨기 전 정원을 거닐면서 세상이 시선을 돌려주기 전의 모습을 바라보고 있었던 것이다. 우리의 저속한 슬로베니아 속담으로 돌아가자면, 어떤 거시기도 그녀를 되돌아보지 않는다. 아무도 그녀를 기다리거나 반기고 있지 않으며, 그녀는 자신이 무언가를 방해할지도 모른다는 생각 때문이 아니라 세상이 그 무엇도 기다리고 있지 않다는 것을 알고 있기 때문에, 세상이 자신의 방해에 반응하지 않을까 봐 두려워 소음을 내는 일을 두려워한다. 어쩌면, 헤겔이 철학은 회색 위에 또 회색으로 현실을 칠한다고 썼을 때 이런 의미였을지도 모르겠다.

여기서 한 걸음 더 나아가면, 동트기 전의 안티고네와 인생의 마지막에 이르러 (헤겔의 용어로 표현하자면) 회색 위에 회색을 덧칠하는 콜로노스의 오이디푸스 사이에는 연결 고리가 있다. 그러나 이 연결 고리는 두 인물 사이의 대비를 선명하게 보여 준다. 안티고네가 동트기 전의 삶을 경험하는 것은 남근적 차원의 중지인 반면, 삶에 대한 오이디푸스의 마지막 저주는 이 남근적 차원의 웅장한 긍정을 가장 순수하게 표현한다. 우리는 〈콜로노스의 오이디푸스〉에서 오이디푸스의 운명을 베케트적 모티프의 또 다른 변형으로 읽을 수 있다. "다시 시도하고, 다시 실패하고, 더 잘 실패하라." 죽음을 무대에 올림으로써 콜로노스의 오이디푸스는 자신의 파멸을 가져온 근친상간과 부친살해 행위보다 '더 잘 실패'한다.

이 점을 자세히 설명해 보자. 〈콜로노스의 오이디푸스〉는 포스트휴먼 주체성의 윤곽이 처음으로 명확하게 드러나는 독특한 연극이다. 다시 말해, 만일 인간에서 포스트휴먼으로 가는 통로가 오이디푸스에서 콜로노스의 오이디푸스로의 이행이라면 어쩔 것인가? 인간 주체가 오이디푸스적이라면(이 모든 것이 의미하는 바는 상징적 거세를 통한 성숙, 상징적 법을 통한 욕망의 규제 등이다), 포스트휴먼 주체는 콜로노스의 오이디푸스처럼 '반反오이디푸스', 혹은 라캉이 말했듯이 오이디푸스를 넘어 의미 사슬의 잔여 배설물로 전락한 존재다.[53] 헤겔이 말했듯이, 죄책감은 비극적 영웅에게 최고의 명예인데—죄책감을 박탈하면 그를 철저한 굴욕에 굴복시키는 셈이다—오이디푸스는 이 죄책감이라는 명예마저 박탈당하며, 이는 "그가 자신의 욕망으로 자신의 운명에 참여하는 것조차 허용되지 않는다"[54]는 뜻이다. 자신의 행위로 이끈 '무의식적 욕망'이 그에게 없었기 때문에 그는 자신이 한 일을 알게 된 후 비극적 영웅으로서 행동하길 거부하고 자신의 죄의식을 떠안길 거부한다. 라캉이 반복해서 말했듯이, 우리 모두와는 달리 오이디푸스는 오이디푸스 콤플 렉스가 없는 유일한 사람이다. 일반적인 오이디푸스 시나리오에서, 우 리는 상징적 법칙에 복종하여 욕망의 진정한 (근친상간) 대상을 포기함 으로써 자신의 욕망과 타협한다. 반면 콜로노스의 오이디푸스는 끝까지 고집을 부리며 자신의 욕망에 완전히 충실한 채, **자신의 욕망을 양보하 지 않는다.** 역설적이게도 콜로노스의 오이디푸스는 자신과 화해하는 주 체이다. 욕망의 허무함을 아는 현명한 노인이 아니라, 오로지 욕망에 온 전히 순응하는 주체다. 라캉은 콜로노스의 오이디푸스에 대해 쓴 첫 번 째 세미나에서 이 점을 분명히 인식했다. "오이디푸스는 분명 존재하며, 그는 자신의 운명을 완전히 깨닫습니다. 그는 그 마지막 지점에 이르러 서야 비로소 그것을 깨닫는데, 그것은 자신을 쳐서 넘어뜨리고, 산산조 각 내고, 스스로를 찢어발기는 일과 완전히 동일한 일에 다름 아닙니다. 그는 더 이상, 더 이상 아무것도 아닙니다. 그리고 바로 그 순간에 그는 내가 지난 시간에 환기했던 말을 합니다. **'인간이 되기를 그친 순간에야 나는 사람이 되었나?'**" 오이디푸스가 이렇게 말하는 바로 그 순간은, 그 가 죽은 장소가 그곳의 주민들에게 이익이 될 것임을 알게 된 귀족들이 더 이상 그를 버려진 배설물로 취급하지 않고 그의 도움을 구할 때다. "그들은 그를 좇아 달려갑니다. 온갖 유형의 대사들, 현자들, 정치가들, 열광자들, 자신의 아들과 같은 방문자들을 여럿 맞게 되리라는 얘길 듣 자 오이디푸스는 **'인간이 되기를 그친 순간에야 나는 사람이 되었나?'**라 고 말합니다." 어떤 의미에서 그는 인간이 되기를 그쳤을까? "신탁의 예 언[석방]이 완전히 성취되었을 때, 오이디푸스의 삶이 그의 운명 속으로 완전히 넘어갔을 때, 오이디푸스에게는 무엇이 남았을까요? 이것이 바로 〈콜로노스의 오이디푸스〉가 우리에게 보여 주는 것입니다. 본질적인 운명의 드라마, 자선, 형제애, 인간적 감정이라고 부르는 것과 관련된 그 모든 것의 완전한 부재입니다."[55]

라캉은 이 지점에서 에드거 앨런 포의 이야기 속 자성磁性에 의해 죽음에서 깨어난 발데마르 씨가 끔찍하고 불가능한 말을 하는 장면을 떠올린다. "빨리! 나를 다시 잠들게 해 줘! 나는 이미 죽었어." 하지만 (테리 이글턴이 지적한 것처럼) 오이디푸스는 바로 그 자체로, 모든 인간의 감정과 자비심에서 배제된 채로 정치인이 되어 새로운 강력한 도시 국가인 아테네의 기반을 닦는다. 콜로노스의 오이디푸스는, 새로운 정치 질서의 초석이 된다. 오이디푸스의 오염된 몸은 부활의 기회를 가지려면 폴리스가 자신의 끔찍한 기형성을 인식해야만 하는 성문 앞에서의 괴물 같은 공포를 상징한다. 이 비극의 심오한 정치적 차원은 라캉 자신의 성찰에서 짧게 언급된다. 성 바울이 예수를 따르는 사람들을 인종차별적으로 묘사한 '땅의 쓰레기'나 마르크스가 프롤레타리아트로 묘사한 '인간성의 완전한 상실'처럼 폴리스의 찌꺼기와 쓰레기가 된 오이디푸스는 자신의 정체성과 권위를 박탈당하여 자신의 찢겨진 몸을 새로운 사회 질서의 초석으로 제공할 수 있게 된다. '내가 더 이상 인간이 아니게 된 이 시간에 나는 사람이 된 것인가?' (또는 '내가 아무것도 아닌/ 더 이상 인간이 아닐 때에만 나는 무언가로 간주되는가?')라고 거지 왕은 큰 소리로 의문을 품는다.[56]

훗날 거지 왕이 된 그리스도는 아무것도 아닌 존재로 죽음으로써—그는 제자들에게조차 버림받는다—새로운 신자 공동체의 토대를 마련한다. 오이디푸스와 그리스도 모두 잔여 배설물로 환원되는 원점(제로 레벨)을 통과함으로써 다시 등장한다. 즉 "쿠르크 테 글레다"의 제스처 뒤에 오는 것은 새로운 사회정치적 질서이다. 여기서 중요한 교훈은 혁명이 아버지 살해로 정점을 이루는 부계 인물에 대한 오이디푸스적 반란이 아니라, 주체적 궁핍이라는 제로 단계를 통과하고 배설적 동일시를 가정하는 주체에 의해 촉발되는 포스트 오이디푸스적 공간에서 일어나는 사건이라는 점이다. 따라서 우리는 볼리비아에서 체포된 후 총살당하기 직전의 사진 속 가운데 인물인 체 게바라를 추가해야 한다. 그를 체포한 군인들 사이에 자리 잡은 체 게바라의 위치, 머리 스타일, 얼굴 표정 등에는 틀림없는 예수론적 차원이 드러난다.

예수처럼 (그리고 칠레의 살바도르 아옌데와 빅토르 하라처럼) 게바라도 컬트적인 인물이 되기 위해 비참한 죽음을 맞이해야 했다. 그의 죽음을 통해 그는 실제 업적이라는 '정상적인' 기준이 더 이상 중요하지 않은 신성한 인물이 되었다. 가장 유명한 게바라 노래 〈Hasta siempre〉를 작곡한 카를로스 푸에블라는 또 다른 게바라 노래인 〈Lo eterno(영원한 자)〉에 직접적으로 예수론적 울림을 동원하고 있다.

사람들은 체 게바라, / 당신이 죽었다는 것은 거짓말이라고 말하네. / 빛나는 별처럼 / 지속적이고 밝은 당신의 존재는 / 여전히 경계 태세를 갖추고 전투를 준비하고 있지. / 체 게바라 사령관님. 당신 같

은 사람은 / 역사에서나 시간에서나 / 지워지지 않아요. / 영원한 사람이 어떻게 죽을 수 있단 말인가! / 당신은 사람 그 이상이었고 / 빛과 모범이었기에 / 민중의 마음속에 / 영원히 살게 될 거예요.[57]

예수처럼 게바라도 고의적으로 또는 무의식적으로 죽기 위해 분투했으며, 볼리비아에서 자신의 대의가 패배했다는 것을 알고 있었다고 주장할 수도 있다. 게바라를 다룬 영화 〈모터사이클 다이어리〉에 대한 리뷰에서 폴 버먼은 다음과 같이 비판적으로 주장했다.

영화 전체가 그 컨셉과 어조에서 순교에 대한 예수론적 숭배, 죽음을 향해 나아가는 영적으로 우월한 사람에 대한 숭배로 가득 차 있다. 정확히 라틴아메리카 가톨릭교회가 수 세기 동안 조장했던, 그

러나 비참한 결과만 낳던 그러한 종류의 숭배 말이다. 이 영화에
서 반동적인 가톨릭교리에 대한 반항은 그 자체로 반동적인 가톨릭
교리의 표현이다. 라틴아메리카의 전통적 교회에는 끔찍한 피를 흘
리는 성인의 동상이 가득하다. 그리고 그 성상들의 마조히즘적 매력
은 영화에서 많이 묘사된 바로 그 장면들, 천식으로 폐를 토해 내듯
기침을 하고 찬물에서 수영을 하며 자신을 시험하는 젊은 체 게바라
의 모습에서 볼 수 있다.[58]

이에 대해 우리는, "사실 그렇다, 그린데 그게 뭐 이째서?"라고 간단
히 답해야 한다. 혁명적 정치가 가톨릭의 순교 숭배를 이어받아서는 안
되는 이유가 무엇인가? 콜로노스의 오이디푸스와 게바라의 중요한 유
사점은 순교의 고통 그 자체가 아니라 우리의 정체성을 정의하는 상징
적 회로 밖으로 나아가는 발걸음임을 분명히 보여 준다. 여기서 우리는
역사와 영원이 만나는 독특한 순간을 마주하게 된다. 단순히 역사에서
내면의 심연으로 물러나는 것이 아니라 급진적인 역사적 변화를 위해
필요한 배설적 동일시, 즉 진정한 혁명적 행위가 치르는 높은 주체의 대
가를 가시화한다. 물론 비참한 죽음에서 영광으로의 반전은 직접적이지
않다는 점에 유의해야 한다. 둘 사이에는 간극이 존재하며, (잘 알려진 예
를 들자면!) 예수의 죽음은 하찮게 잊혀진 세부 사항으로 남았을 수도 있
었다. 이에 대한 극단적인 표현은 예수가 십자가에서 겪은 마지막 고통
을 '승리'로 묘사한 〈Here's to you〉의 가사(엔니오 모리코네의 음악에 조안
바에즈가 작사)의 예수론적 내용에서 찾아볼 수 있다. 이 가사는 북미 신
문 연합의 기자 필립 D. 스트롱에 의해 반제티Vanzetti가 했던 진술로 확

인된 것을 인용한 것이다. "이런 일들이 없었다면 나는 길모퉁이에서 사람들을 비웃으며 평생을 살았을지도 모릅니다. 나는 눈에 띄지도 않고, 알려지지도 않은 낙오자로 죽었을지도 모릅니다. 이제 우리는 낙오자가 아닙니다. 이것은 우리의 경력이자 승리입니다. 우리가 평생을 살면서 지금처럼 우연히 관용과 정의, 인간에 대한 인간의 이해를 위해 그런 일을 하기를 바랄 수는 결코 없었을 것입니다. 우리의 말, 우리의 삶, 우리의 고통은 아무것도 아닙니다! 우리의 목숨, 즉 선량한 구두닦이와 가난한 생선장수의 목숨을 빼앗는 일이 전부입니다! 그 마지막 순간은 우리에게 속합니다. 그 고통은 우리의 승리입니다."[59] 여기서 경계해야 할 것은 반제티가 승리를 얻기 위해 의식적으로 고통(죽음)을 선택했다고 도착적으로 이 대목을 읽는 일이다. 그러한 조작은 작동하지 않는다. 원점을 통과하는 일은 오로지 주체가 자신의 배설물적 상태를 실질적으로 받아들일 때에만 새로운 시작으로 간주된다. 승리는 나중에 일종의 '부수적 피해'로서 생겨난다. 예수의 경우, 십자가에서의 죽음을 승리로 해석한 바울이 없었다면 그는 그저 일련의 거의 잊혀진 종파적 순교자 중 하나로 남았을 터이다.

그렇다면 예술사의 독특한 순간에 죽어 가는 예수 자신이 비슷한 방식으로 묘사되어 아버지 하느님에게 "잘났어 당신!"을 날리는 것도 놀라운 일은 아니다. 볼프람 호그레브는 미켈란젤로의 미완성 그림인 십자가에 매달린 그리스도를 그렇게 읽어 보자고 제안했는데, 미켈란젤로는 열정적이고 친밀한 친구였던 비토리아 콜로나에게 그 그림을 먼저 주었다가 별다른 설명 없이 다시 돌려 달라고 부탁했다. 그녀는 그 그림에 열광한 나머지 이를 거절했고, 그림 속에 미켈란젤로가 발각될까

두려워했던 어떤 금지되고 반쯤 숨겨진 비밀이 숨어 있기라도 한 것처럼 거울과 돋보기를 들고 꼼꼼하게 살펴본 것으로 알려져 있다.[60] 이 그림은 "나의 하나님, 나의 하나님 왜 나를 버리셨나이까?"라는 예수의 의심과 절망이 깃든 '결정적' 순간을 표현한 것으로, 회화 역사상 처음으로 예술가가 아버지 하나님으로부터 버려진 예수의 모습을 포착하려고 시도한 작품이다. 예수의 눈은 위를 향하고 있지만, 그의 얼굴은 고통을 묵묵히 받아들이는 것이 아니라 반항심이 섞인—여기서 몇 가지 불안한 세부 사항은 깊이 자리한 분노한 반항의 태도를 나타낸다—절망적 고통을 표현한다. 두 다리는 평행하지 않고, 마치 예수가 자기 몸을 자유롭게 하고 일어나려는 와중에 붙잡힌 것처럼 한 다리가 다른 다리 위로 살짝 올라간 모습이지만, 정말 충격적인 세부 사항은 오른손이다. 손톱은 보이지 않고 집게손가락이 뻗어 있는데, 미켈란젤로도 알고 있을 퀸틸리아누스의 몸짓 수사학에 따르면 이는 악마의 반항적인 도전을 의미하는 저속한 제스처이다. 예수의 "왜?"라는 물음은 체념하는 것이 아니라 공격적이고 힐책하는 투다. 더 정확히 말하면, 그림에는 예수의 얼굴 표정(절망과 고통)과 손(반항, 도전) 사이에 암묵적인 긴장감이 존재하는데, 마치 얼굴이 감히 표현하지 못하는 태도를 손이 표현하는 것처럼 느껴진다. 괴테의 공식, "아무도 신에 대적할 수 없다Nemo contra deum nisi deus ipse"를 떠올려 보면, 미켈란젤로의 그림에서 우리가 얻는 것은 아들 신이 아버지에게 "잘났어 당신"이라고 말하는 장면이다. 물론 이것은 예수의 마지막 말씀이 아니다. 정신을 잃기 직전에 예수는 "모두 끝났다!"라고 하며, "아버지, 내 영혼을 아버지의 손에 맡기나이다"(또 손이다!)라고 덧붙이는데, 이는 공격적인 "잘났어 당신!"에서—헌신적인 체념으로가 아니라—심지어 훨씬 더 도전적인 "쿠르크 테 글레다!"로의 이행으로 해석되어야만 한다.

급진적 정치 행위의 이러한 종교적 차원은 매우 정확한 사실에 근거한다. 혁명의 승리는 기존의 경제 및 사회 질서의 주요 성문화되고 성문화되지 않은 규범을 중단함으로써 그 질서에서 벗어 나는 순간이며, 우리는 그 질서 내에서 불가능해 보이는 일을 (시도) 한다. 우리는 패권적 이데올로기가 "하지만 그냥 이렇게 할 수는 없어!"라고 반응하는 일들을 한다. 브레히트가 공산주의를 찬양하면서 "실행하기 어려운 단순한 일"이라고 불렀던 것들, 즉 은행과 대기업 국유화, 무상 교육 및 보건 서비스 확대, 빈곤층을 위한 주택 제공, 동성애자 및 성소수자의 권리 합법화 등의 일을 해낸다. 1970년 칠레 아옌데 정부가 출범 첫해에 학교에서 무료 급식을 제공하고, 구리 광산을 국유화하며, 노동자 주택 건설에 착수하는 등 이 '간단한 일'을 했던 것을 기억해 보자. 그 당시의 특수한 상황에서 그들은 끝까지 가야만 했다. 미합중국의 지원을 받는 지역 부르주아지의 잔인한 저항으로 그들은 실패**해야만** 했고, 인플레이션이 치솟는 등의 일이 있었다. 그들은 기성 질서 세력의 저항뿐만 아니라 내재적 이유 때문에도 실패할 수밖에 없었다. (지도자의 폭력적인 죽음으로 예시되는) 그들의 실패는 그 운동에 새로운 활력을 부여하는 배설적 동일시의 지점을 제공한다. 혁명가들이 충분히 실용적이지 않았다는 사실을 개탄하는 일은 무의미할 뿐이다. 혁명가들이 정권을 잡은 후 그들의 행동의 초점이 바로 기존의 '실용적 규범'을 위반하는 것이었다. 새로운 문제가 무엇이든, 아옌데 정부는 칠레를 어떤 의미에서 국민들이 숨쉬는 공기조차 다른 '해방된 영토'로 바꾸었고, 칠레가 직면한 문제들은 기존 질서 내에서는 노동자들에게 무료 급식과 주택을 제공하는 것과 같은 '단순한 일'조차 불가능하다는 사실을 증명할 뿐이었다. 나중에 혁명가들은 물론 실용주의자가 되어야 하지만, 그들은 미친 듯이 단순한 행위로 시작**해야만 했다**. 로베스피에르가 혁명력 8일 차에 했던 마지막 연설에서 혁명을 일련의 실제적 사건으로만 보고 그것을 지탱하는 숭고한 이념(또는 바디우가 말했듯이 사건의 차원)에 주목하지 않으면 혁명을 또 다른 범죄를 파괴하는 '시끄러운 범죄'로 볼 뿐이라고 지적했을 때 그가 완전히 옳았던 이유가 여기에 있다.

> 그러나 내가 장담하건대, 감정적이고 순수한 영혼은 정말로 존재한다. 부드럽고 당당하며 저항할 수 없는 열정, 대범한 마음의 고통과 기쁨이 존재한다. 폭정에 대한 깊은 공포, 억압받는 자들에 대한 연민 어린 열정, 조국에 대한 성스러운 사랑, 인류에 대한 더욱 숭고하고 거룩한 사랑이 존재하는데, 이것들 없이는 위대한 혁명은 다른 범죄를 파괴하는 시끄러운 범죄에 불과하다. 세계 최초의 공화국을 이 지구상에 수립하려는 관대한 야망은 정말 존재한다.[61]

이제 우리는 추상적인 도덕관—"모든 이데올로기적인 것, 혁명에 울려 퍼지는 꿈은 잊어버리고 그 안에서 실제로 일어난 일만 염두에 둔 채 이러한 사실을 도덕적으로 판단해야 한다"는 입장—이 어떻게 그 반대인 철저하게 냉소적인 무관심을 은폐하는지 알게 된다. 그렇다면 루비치에서는 이런 모습이 어떻게 나타날까? 루비치의 많은 영화에서 이런 비슷한 태도를 발견할 수 있다. 이것은 우리의 현실로부터의 일탈을 알리는 신비로운 내적 평화의 순간이 아니다. 아누이의 핵심 대사를 다시 읽어 보자. "들판은 젖어 있었어. 들판은 무슨 일이 일어나길 기다리고 있었지. 온 세상이 숨을 죽이고 기다리고 있었어. 길 위에서 나 혼자 얼마나 시끄러운 소리를 냈는지 몰라. 기다리고 있던 게 그 무엇이든 나를 기다리지 않는다는 게 신경 쓰였어." 자, 세상이 기다리는 무언가가 있다. **그것이 다만 나를 기다리지 않을 뿐이다.** 안티고네가 소음을 내고 싶지 않은 이유도 여기에 있다. 세상의 내적 평화를 방해하기 위해서가 아니라 자신의 소음이 반향을 일으키지 않기 때문이다. 간디의 유명한 좌우명인 "당신이 세상에서 보고 싶은 그 변화가 되도록 하라"는 말을 기억해 보자. 우리가 지금 다루고 있는 이 순간은 바로 우리가 그 변화가 아니라는 것을 깨닫는 순간이다. 우리는 현실이 요구하는 사건의 일부가 아니라는 고통스러운 사실을 받아들여야만 한다.

또한 〈트러블 인 파라다이스〉에서 개스톤이 온화한 품성을 잃고 마리에타에게 분노를 폭발시키는 그 유명한 불화의 순간을 떠올려 보자. (마리에타는 자기 돈을 훔친 그녀의 관리자가 아니라 개스톤과 같이 보잘것없는 사기꾼을 기소할 생각인데, 그들이 둘 다 동일한 계급에 속하기 때문이다.) 이 순간에 현실은 회색으로 변하고, 그 모든 에로틱한 색들이 박탈되며, 개스톤의 분노는 마리에타뿐만 아니라 자신에게도 향한다. 세상이 기다리고 있는 소음, 그가 비난하는 부패를 폐지하는 데 필요한 변화는 사회 혁명이라는 소음이지만, 자신이 생계를 유지하는 방식(그는 사기꾼이자 도둑이므로)으로 인해 그는 기존 사회 질서에 기생할 뿐이라는 것을 알고 있다. 비슷한 불협화음의 순간이 〈니노치카〉, 〈사느냐 죽느냐〉, 특히 루비치의 마지막 완성작인 〈클루니 브라운〉에서도 등장하는

데, 이 영화는 통째로 루비치의 세계에 불협화음을 일으킨다. 이 영화는 제2차 세계대전 전 영국으로 온 체코 난민 아담 벨린스키가 파시스트의 위협에 맞서 여론을 결집시키려는 이야기를 담고 있다. 부유한 영국인 친구가 그를 자신의 시골 저택으로 초대하는데, 그곳에서 벨린스키는 배관일에 매료된 평범한 소녀 클루니 브라운을 만나 그녀의 자발성에 취하고 상쾌함을 느낀다. 긴 이야기를 짧게 줄이자면, 결국 그들은 결혼한 뒤 미국으로 이주하고, 거기서 벨린스키는 베스트셀러 탐정 소설을 출판하여 둘 다 부자가 된다. 파시즘과의 투쟁은 이야기에서 간단히 사라진다. 즉, 두 연인은 (그리고 우리 관찰자들도) 세상이 기다리고 있는 것, 즉 파시즘과의 전쟁을 듣지 **않기** 위해 온갖 소동을 벌인다.

어쩌면 에로틱한 사랑 자체는 세상이 기다리지 않는 것, 연인들 사이에서만 떠들썩하고 사회 현실에서는 공명하지 않는 것일지도 모른다. 사랑의 환상은 모든 현실이 사랑과 공명해야 한다는 것, 즉 세상이 시선을 돌려 행복한 연인을 되돌아보아야 한다는 것이지만, 사회 현실은 사랑의 색채에 영향을 받지 않은 채 지속되고 회색으로 남아 있다. 어쩌면 여기에 루비치 영화의 숨겨진 교훈, 특히 이 주제를 직접적으로 다룬 〈니노치카〉의 숨겨진 교훈이 있을지도 모른다. 그리고 그 안에는 프로이트의 교훈도 있다. **"모든 것이 성적(성화된)인 것은 아니며, 탈성적인 보편 원인을 위한 공간이 존재한다."** 이 공간에서 우리는 라캉과 함께 다음 사실, 즉 성적인 영역 밖에 있는 것은 우리의 원인을 뒷받침하는 욕망의 대상–원인인 오브제 a라는 점을 '탈성적'으로 읽어야만 한다.

3장

잉여향유,
혹은 왜 우리는 억압을 즐기는가?

바이킹, 솔라리스, 카틀라: 대타자와 그 변천

라캉이 '대타자'라고 부르는 것은 현실의 영역과 향락주의의 쾌원리 그리고 무자비하게 목표에 도달하기 위해 적용되는 불순한 계산과 조작을 넘어서는(또는 오히려 그 아래 있는) 차원, 즉 어떤 의미에서는 선과 악을 넘어서는 차원을 가리킨다. 그러나 이러한 차원은 이기주의적 계산으로 환원될 수 없는, 서로 존중하는 우정이라는 '피상적인' 연결 고리의 외관을 하고 나타날 수도 있다. 아마도 예기치 못했을, 그러나 완벽한 예를 들어 보자.

TV 시리즈 〈바이킹스〉에서 라그나르 로드브로크는 미래를 예측하는 반쯤 눈이 먼 늙은 바이킹 선지자에게 이렇게 말한다. "나는 신들의 존재를 믿지 않소. 자기 운명의 주인은 신이 아니라 인간이오. 신은 지독히 두려운 답을 스스로한테 내리기 위해 인간이 만든 피조물이오."

라그나르가 자기 운명의 주인으로 행동하는 최고의 사례는 스스로의 죽음을 계획하고 그것을 가장 위대한 승리로 바꾸려는 것이다. 시즌 4에서 라그나르는 지치고 패배한 상태이다. 영국과 프랑스에서의 전투에서 진 뒤, 자신감을 잃은 채 집으로 돌아온다. 경멸받고 무시당하며, 아들들조차 더 이상 그를 믿지 않는다. 그는 자신의 죽음에 집착하게 되어, 귀국하자마자 아들들에게 자신을 찔러 죽이고 왕관을 빼앗으라고 요구하지만, 아들들은 이를 거부한다. 나중에 그는 나무에 목을 매달려고 시도하지만 실패한다(나무에 내려온 까마귀가 밧줄을 마술처럼 물어뜯어 버린다). 이 가장 낮은 시점에서 그는 자신의 죽음을 이용해 적을 패배로 이끌고 아들들에게 승리와 명성을 안기려는 복잡한 계획을 세운다. 영국에서 학살당한 바이킹 공동체에 대한 복수로 영국을 다시 습격하겠다는 계획을 발표했지만 이에 동참할 지원자가 없자, 그는 자신의 보물을 꺼내어 뇌물로 늙은 전사들을 매수하여 합류시킨다. 유일하게 자원한 불구 아들 이바르와 함께. 그러나 그곳에 상륙하자마자 라그나르와 이바르는 다른 바이킹들을 모두 죽이고, 둘이 함께 웨섹스 왕 엑버트의 성(로마의 빌라)으로 가서 그에게 항복한다. 왜 그럴까?

라그나르에게는 영국의 엑버트와 노섬브리아의 아엘라 왕이라는 두 명의 주요 적수가 있다. 그는 두 사람의 땅을 모두 약탈했지만, 엑버트의 경우는 사정이 더 복잡하다. 라그나르는 엑버트와 조약을 맺어 농사를 짓고 싶어 하는 북쪽 사람들에게 바이킹 정착지를 위한 비옥한 땅을 주기로 했지만, 라그나르가 노르웨이로 돌아온 직후 엑버트는 모든 바이킹 정착민을 학살함으로써 라그나르를 백성들의 눈에 무능한 통치자로 보이게 만들었다. 라그나르는 복수를 해야만 했다. 하지만 늙고 지친 그가 곧장 영국 침공을 할 수는 없기에, 복수를 위해 바이킹을 동원할 수 있는 유일한 방법은 자신이 그곳에서 끔찍하게 죽는 것이라는 냉정한 계산을 내린다. 그래서 그는 아들 이바르와 함께 엑버트에게 항복한다. 불구가 된 아들을 죽이진 않을 테니 그가 자신의 끔찍한 죽음에 대한 소식을 안고 집으로 돌아가게 되면, 모든 아들들과 모든 바이킹이 영국 침공에 동원될 것이라 확신했다. 그는 엑버트를 속여 바이킹 정착민을 학살한 그의 죄가 용서되었다고 믿게 한 후 거래를 제안한다. 엑버트가 자신을 아엘라에게 넘겨 처형되게 하고 이바르를 풀어 준다면, 바이킹의 침략은 웨섹스를 평온하게 두고 아엘라를 파괴하는 데만 집중할 수 있다는 것이다. (아엘라는 라그나르를 정말 싫어하기 때문에, 바이킹을 분노하게 할 끔찍한 방법으로 라그나르를 죽일 것이 분명하다.) 그러나 그는 이바르에게 작별 인사를 하면서, 바이킹들이 아엘라뿐만 아니라 엑버트에게도 더 크게 복수를 해야 한다고 속삭이는데, 정확히 그 일이 벌어진다. (하지만 엑버트가 라그나르의 거짓말을 실제로 믿지 않았다는 징후가 있다. 그는 바이킹들이 자신에게 복수를 할 것이라는 점을 알기 때문에 바이킹들이 도착하자 자신의 별장에서 라그나르처럼 죽을 준비를 하고 홀로 그들을 기다린다.) 이로써 라그나르 죽음의 기본 목표, 즉 엑버트와 아엘라를 모두 파괴하고 영국에 대규모 바이킹 정착지를 세우는 일이 달성된다.[1]

그러나 라그나르와 엑버트는 성격도 비슷하고 바이킹 이교도와 기독교 사이에서 갈등하는 수도사 애설스탠을 사랑하는 점도 공통되는 등 이들은 서로에 대해 큰 존중심을 지녔다. 라그나르가 엑버트에게 항복한 후 두 사람은 오랜 시간 동안 술을 마시며 실존적 논쟁을 벌이는데, 무엇보다도 라그나르가 자신이 무신론자임을 인정하는 등 우정과 진정한 지적 교류의 끈을 이어 간다. 수수께끼는 라그나르가 왜 엑버트에게 돌아와 그에게 항복했는지(이는 라그나르의 복수 음모로 설명될 수 있음)가 아니라 액버트가 별다른 놀라움 없이 그를 맞이한 이유다. "오는 데 왜 그렇게 오래 걸렸는가?" 엑버트는 여기서 복수의 행위를 위해 돌아오는 일을 말한 것이 아니다. 그는 라그나르가 혼자서 그에게 돌아올 것으로 예상했다. 따라서 라그나르가 자신의 음모를 추구하기 위해 엑버트와의 우정을 가장했다고 말하기는 너무 쉽다. 두 사람은 만나서 진심으로 기뻐한다. [2]

라그나르에게는 교활한 음모로는 설명할 수 없는 또 나른 과잉이 있는데, 바로 죽고 싶다는 그의 소망이다(이전에도 두 번이나 자살을 시도한 적이 있다). 그리고 라그나르가 죽은 후에 엑버트도 동일한 과잉을 보인다. 그는 라그나르의 최후 순간에 수많은 구경꾼들 사이에서 신분을 숨긴 채 깊이 흔들린다. 아엘라를 무찌르고 죽인 바이킹 군대가 웨섹스의 권좌('빌라')에 접근하자 모든 주민은 바이킹의 손이 닿지 않는 안전한 지형으로 대피하지만, 엑버트는 홀로 궁전에 남아 라그나르의 아들들이 도착하여 그에게 복수하길 기다린다. (특별한 호의로, 그들은 이바르가 원하는 대로 블러드 이글, 즉 바이킹식 처형을 가하는 것이 아니라, 스스로 죽음을 선택할 수 있도록 허락한다. 그는 로마 수영장에서 손목을 베지만, 그 대가로 바이킹을 왕실 후계자로 지정해야 한다.) 다른 사람들과 함께 탈출할 수 있었는데 왜 (라그나르가 혼자 항복한 것과 똑같이) 혼자 바이킹에게 항복했을까?

자신의 파란만장한 죽음을 계획하는 라그나르의 계략은 기독교적 희생의 이교도적 전유로 읽을 수 있지만, 상대를 교묘하게 조종하는 일을 넘어선 두 가지 과잉은 다른 차원을 가리킨다. 서로 무관해 보이지만 (죽고 싶다는 소원이 진정한 지적 교류 및 우정과 무슨 상관이 있을까?), 둘 사이에는 하나의 연결 고리가 있다. 그들 모두가 쾌원리와 그 보완물인 현실 원칙 너머에 위치한다는 점, 즉 둘 다 권력과 지배라는 정치적 또는 사회적 목표의 추구라는 측면에서 설명할 수 없다는 점이다. 문제는 상호 조종을 넘어 라그나르와 엑버트가 서로를 정말로 사랑했다는 사실이 아니라, 그들의 상호교류의 바로 그 **형식**이 그 내용(복수 등)으로 환원될 수 없다는 점이다. 두 사람 모두에게 공손한 상호교류는 형식에 불과하지만, 즉 (상대의 파괴를 포함한) 자신들의 무자비한 이해관계를 실현하기 위한 가면이지만, 이 형식(가면)에는 그 밑에 있는 이기주의적 내용보다 더 많은 진실이 담겨 있다.[3]

이 형식은 전달되는 내용 이전에 그리고 그 내용과 무관하게 그 자체의 진실을 담고 있는데, 이는 라캉이 '대타자'라고 부른 것이다. 예를 들어 내가 상대를 정중하게 호칭하면, 나의 호칭이 비록 상대를 속이기 위한 것이더라도 그 정중한 형식으로 인해 모종의 지속되는 어떤 상호주체적 관계가 형성된다. 대타자는 이처럼 순전히 가상의 정체성으로서 나의 더 깊은 진실을 담고 있지 않으며, 형식 그 자체가 진실이다. 그러나 라캉이 주장한 것처럼 "대타자는 없다." 이는 대타자가 그 자체로 실체가 없는 가상일 뿐만 아니라 그 자체로 비일관적이고/불완전하며 틈이 뚫려 있다는 것을 의미한다. 이러한 간극은 또 다른 버전의 타자, 즉 우리가 인정하지 않는 환상을 직접적으로 실현하는 메커니즘인 소위 이드-기계Id-machine로 가장한 실재로서의 타자라는 환상적 유령에 의해 채워진다. 이는 늘 존중할 만한 것은 아니지만 오랜 계보를 지니고 있다.

영화 쪽에서 이 계보는 셰익스피어의 『템페스트』의 이야기 골격을 먼 행성으로 옮겨 놓은 프레드 윌콕스 감독의 〈포비든 플래닛〉(1956)에서 시작된다. 이 영화는 섬에서 (다른 남자를 만난 적이 없는) 딸과 단둘이 사는 미친 천재 과학자의 이야기를 다루고 있다. 이들의 평화는 한 무리의 우주 여행자들의 도착으로 인해 깨진다. 곧 보이지 않는 괴물의 이상한 공격이 시작되고, 영화가 끝날 무렵 이 괴물은 근친상간적 평온을 훼방한 침입자에 대한 아버지의 파괴적 충동의 구체화일 뿐이라는 것이 분명해진다. 아버지도 모르는 사이에 파괴적인 괴물을 생성한 이드-기계는 이 먼 행성의 표면 아래에 있는 거대한 메커니즘으로서, 자신의 생각을 직접 구체화해 주는 기계를 개발하는 데 성공함으로써 스스로를 파괴한 과거 문명의 신비한 잔재다. 여기서 이드-기계는 프로이트의 리비도적 맥락에 확고하게 자리 잡는다. 이드-기계가 만들어 내는 괴물은 딸과 자신의 공생을 위협하는 다른 남자들에 대한 원시적 아버지의 근친상간적 파괴충동이 실현된 것이다.[4]

이드-기계의 궁극적인 변형은 뭐니 뭐니 해도 스타니스와프 렘의 소설을 원작으로 한 안드레이 타르코프스키의 〈솔라리스〉다. 이 영화에서 이 사물(이드-기계)은 또한 성관계의 교착 상태와 관련되어 있다.[5] 〈솔라리스〉는 최근 이상한 일(과학자들이 미치고, 환각에 빠지고, 자살하는 등)이 일어나고 있는 새로 발견된 행성 솔라리스 상공의 반쯤 버려진 우주선에 파견된 우주 요원 심리학자 켈빈의 이야기다. 솔라리스는 해양성 유체 표면을 가진 행성으로, 끊임없이 움직이며 때때로 정교한 기하학적 구조뿐만 아니라 거대한 아이의 몸이나 인간 건축물 등 인식 가능한 형태를 모방한다. 행성과 교신하려는 모든 시도는 실패하지만, 과학자들은 솔라리스가 우리의 마음을 읽는 거대한 뇌라는 가설에 빠져들게 된다. 도착 직후 켈빈은 자기 침대의 자기 자리에서 죽은 아내 해어리의 시신을 발견한다. 해어리는 수년 전 켈빈이 자신을 버린 후 지구에서 스스로 목숨을 끊었다. 켈빈은 해어리에서 헤어 나오지 못한다. 그녀를 없애려는 모든 시도가 비참하게 실패하고(로켓에 실어 우주로 보낸 다음 날 그녀는 다시 출현한다), 세포 조직을 분석한 결과 그녀가 일반 인간처럼 원자로 구성되어 있는 게 아니라 특정 미세 수준 아래에는 아무것도 없고 공백만이 존재한다는 사실을 알게 된다. 마침내 켈빈은 해어리가 자신의 내면에 잠재된 트라우마적 환상을 구체화한 존재라는 사실을 깨닫는다. 해어리의 기억에 있는 이상한 간극의 수수께끼가 이것으로 설명된다. 물론 해어리는 실제 사람이 아니라 해어리에 대한 **그의** 환상적인 이미지가 그 모든 비일관성을 포함하여 단순히 구체화된 것일 뿐이기에, 실제 사람이 알아야 할 모든 것을 알지 못한다. 문제는 해어리가 자신의 실질적인 정체성이 없기 때문에 영원히 존속하며 제자리로 돌아가는 실재의 지위를 획득한다는 점이다. 마치 데이비드 린치의 영화에 나오는 불처럼, 그녀는 영원히 "영웅과 함께 걷고", 그에게 달라붙어, 놓아주지 않는다. 이 연약한 유령, 순수한 유사물semblance로서의 해어리는 **결코 삭제될 수 없다.** 그녀는 '언데드undead'로서, 두 죽음 사이의 공간에서 영원히 재출현한다. 그렇다면 우리는 남자의 중상으로서의 여성, 남자의 죄책감(죄에 빠지는 일)의 구체화, 자살을 통해서만 남자(그리고 자신)를 구할 수 있는 여성이라는 전형적인 바이닝거식Otto Weininger 반여성주의 관념으로 돌아간 것이 아닐까? 〈솔라리스〉는 여성이 단지 남성의 환상을 구체화한다는 개념을 물질적 사실로 제시하기 위해 공상 과학의 규칙에 의존한다. 해어리의 비극적인 처지는 그녀가 모든 실질적인 정체성을 박탈당하고 타자의 꿈으로만 존재하기 때문에 자신이 아무것도 아니라는 것을 인식하게 된다는 데 있다. 이 곤경이야말로 그녀를 자살이라는 궁극적인 윤리적 행위로 내모는 것이다. 자신의 영원한 존재로 인해 켈빈이 어떻게 고통받는지 알게 된 해어리는 마침내 자신의 재구성을 막는 화학물질을 삼켜 스스로 목숨을 끊는다. (이 영화의 궁극적인 공포 장면은 솔라리스에서의 첫 번째 자살 시도 실패 이후 유령이 된 해어리가 다시 깨어날 때다. 액체 산소를 들이마신 후 그녀는 바닥에 꽁꽁 얼어붙어 누워 있다. 그런 뒤 갑자기 움직이기 시작하자 그녀의 몸은 에로틱한 아름다움과 비참한 공포가 혼합된 상태에서 참을 수 없는 고통을 견디며 비틀린다. 우리가 우리의 의지와는 상관없이 화폭에 남아 있는 외설적 점액질로 전락해 버려서, 자기삭제에 실패한 장면보다 더 비극적인 것이 있을까?) 여성을 남성의 단순한 '증상'으로서, 즉 남성 판타지의 구체화이자 진정한 남성 주체성의 히스테리적인 모방으로 보는 바이닝거의 여성에 대한 존재론적 비하는, 만일 공개적으로 인정되고 완전히 수용된다면, 여성의 자율성에 대한 잘못된 직접적 주장보다 훨씬 더 전복적이다. 어쩌면 궁극적인 페미니스트의 진술은 "나는 내 자신 안에 존재하지 않으며, 단지 타자의 판타지가 구체화된 것에 불과하다"라고 공개적으로 선포하는 일일 것이다.

따라서 〈솔라리스〉에서 우리에게 남은 것은 해어리의 **두 번의** 자살이다. 첫 번째 자살(켈빈의 아내로서 지구상에서의 '진짜' 존재일 때)과 두 번째 자살, 즉 언데드 존재로서의 자기소멸이라는 영웅적 행위. 첫 번째 자살 행위가 삶의 부담으로부터 단순한 도피였던 반면, 두 번째는 온전한 윤리적 행위라고 할 수 있다. 다시 말해, 지구에서 자살하기 전의 첫 번째 해어리가 '정상적인' 인간이었다면, 두 번째 해어리는 실질적 정체성의 마지막 흔적을 박탈당했다는 점에서 가장 급진적인 의미의 **주체**다. (영화에서 그녀가 말하듯, "아냐, 이건 내가 아니야… 내가 아니야… 난 해어리가 아니야… 말해 봐… 말해 봐… 말해 봐… 내가 지금 그대로의 모습이라 역겨워?") 켈빈에게 나타난 해어리와 우주선에서 켈빈의 동료 중 하나인 지바리안(영화가 아닌 소설의 인물로 영화에서 타르코프스키는 그녀를 작고 순진한 금발 소녀로 대체했다)에게 출현한 '괴물 같은 아프로디테'의 차이점은 지바리안의 망령이 '실제 생활'의 기억에서 나온 것이 아니라 순전히 환상에서 나온다는 사실이다. "거대한 흑인 여자가 부드럽게 구르는 걸음걸이로 조용히 내게 다가오고 있었다. 나는 그녀의 눈 흰자위에서 반짝이는 빛을 보았고 그녀의 맨발이 부드럽게 발 딛는 소리를 들었다. 그녀는 짚으로 엮은 노란 치마만 입고 있었고, 거대한 가슴은 자유롭게 흔들리며 검은 팔은 허벅지처럼 굵었다."[6] 원초적인 환상적 유령과의 대면을 견디기 힘들었던 지바리안은 수치심에 죽음을 맞이한다.

이야기가 전개되어 가는 이 행성, 생각하는 것처럼 보이는 신비한 물질로 이루어진 이 행성, 즉 어떤 의미에서 사유 그 자체의 직접적인 구체화인 이 행성은 사실 '외설적인 젤리'[7]로서 라캉적인 사물의 모범적인 사례가 아닐까? 즉 외상적인 실재, 상징적 거리가 무너지는 지점, 그 안에서는 사유가 실재에 직접 개입하기 때문에 언어, 기호가 필요 없는 그런 지점은 아닐까? 이 거대한 뇌, 이 '타자-사물Other-Thing'은 일종의 정신병적 단락과 연관된다. 질문과 대답, 요구와 그 충족의 변증법을 단락시킴으로써 우리가 질문을 제기하기도 전에 답을 제공하거나 (오히려 우리에게 강요하며), 우리의 욕망을 뒷받침하는 가장 내면의 환상을 직접 구체화한다. 솔라리스는 나의 모든 정신적 삶이 그것을 중심으로 돌아가고 있지만 현실에서는 내가 결코 받아들일 준비가 되지 않은, 궁극적인 환상적 대상의 대리보충/파트너를 현실 자체에서 생성/실체화하는 기계다.

자크-알랭 밀레르[8]는 자신의 비존재, 구성적 결핍, 즉 자신의 핵심에 있는 주체성의 공백을 가정하는 여성과 꾸며진 여성la femme a postiche, 가짜의, 위조 여성을 구분한다. 이 꾸며진 여성은 상식적인 보수적 통념이 지칭하는 존재(자신의 타고난 매력을 불신하고, 자녀 양육, 남편 섬김, 집안 돌보기 등 자신의 소명을 포기한 채 세련된 옷차림과 화상, 퇴폐적인 난잡함, 직업 등의 사치에 탐닉하는 여성)와는 다르며, 오히려 거의 정반대의 여성이다. 자신의 주체성의 중심부에 있는 공백으로부터, 즉 "갖고 있음"(가족생활의 안정적인 지원, 자녀 양육, 자신의 진정한 소유 등)이라는 가짜 확신을 통해 자신의 존재를 표시하는 "갖고 있지 않음"으로부터 회피하는 여성이다. 이 여성은 단단히 정박된 존재, 일상생활의 회로에 만족하는 자기폐쇄적 삶을 누리는 존재라는 인상을 준다. 그녀의 남자는 격렬하게 분주한 반면, 그녀는 차분한 삶을 영위하고 그녀의 남자가 항상 돌아올 수 있는 굳건한 바위 또는 안전한 피난처 역할을 한다. (물론 여성에게 '갖고 있음'의 가장 원초적인 형태는 아이를 갖는 것이기 때문에 라캉에게 있어 여자와 어머니 사이에는 궁극적인 적대감이 존재한다. "존재하지 않는" 여성과 대비되어 어머니는 **분명** 존재한다.) 여기서 주목해야 할 흥미로운 점은, 상식적인 기대와 달리, 가부장적 남성 정체성에 위협이 되지 않을 뿐 아니라 심지어 보호막이자 지지대 역할을 하면서 자신의 결핍을 부정하는 자기만족적인 **꾸며진 여성**이 '그것을 갖고 있는' 여성인 반면, 이와는 반대로 남성 정체성에 심각한 위협이 되는 것은 자신의 결핍('거세')을 과시하는 여성, 즉 공백을 가리는 유사물들의 히스테리적 종합으로 기능하는 여성이라는 점이다. 다시 말해, 여성이 폄하되고 공백을 둘러싼 일관성 없고 실체 없는 유사물들의 종합으로 축소될수록 확고한 남성의 실체적 자아 정체성을 위협한다는 역설(오토 바이닝거의 작품 전체가 이 역설에 초점을 맞춘다)이 있으며, 이 역설로 인해 반대로 여성이 확고하고 자기폐쇄적인 실체일수록 남성 정체성을 더 많이 지지한다.

비록 부인되었지만 표준적인 이 남성적 시나리오의 핵심 특징을 〈솔라리스〉는 보완한다. 남성의 증상으로서의 여성이라는 구조는 남성이 자신의 타자-사물, 즉 자신의 가장 깊은 꿈을 '읽고' 그것을 그의 증상으로, 그 주체가 인정할 준비가 되지 않은 진정한 형태의 자기 메시지로서 되돌려 주는 불투명한 기계와 대면하는 한에서만 작동할 수 있다. 여기서 〈솔라리스〉를 융의 관점에서 읽는 일을 우리는 거부해야 한다. 솔라리스의 요점은 (남성) 주체의 거부된 내적 충동의 구체화로서의 단순한 투사가 아니다. 훨씬 더 중요한 점은 이 '투사'가 일어나려면 파악 불가능한 타자-사물이 이미 여기에 있어야 한다는 것, 즉 진짜 수수께끼끼는 이 타자의 존재라는 것이다. 타르코프스키의 문제는 외적 여정이 단지 자기정신의 심연으로의 입문적 여정을 외화하거나 투사한 것에 불과하다는 융식 읽기를 스스로 분명히 선호한다는 것이다. 그는 인터뷰에서 〈솔라리스〉에 대해 다음과 같이 말했다.

어쩌면 솔라리스에서 실질적으로 켈빈의 임무는 단 하나, 타인의 사랑이 모든 생명에 필수 불가결하다는 것을 보여 주는 것일지도 모릅

283

니다. 사랑이 없는 인간은 더 이상 인간이 아닙니다. 전체 '솔라리스론'의 목표는 인류가 반드시 사랑해야 한다는 것을 보여 주는 일입니다.[9]

이와는 대조적으로 렘의 소설은 솔라리스 행성, 이 '생각하는 사물'(여기에 딱 들어맞는 칸트의 표현)의 불활성 외부 상태에 초점을 맞추고 있다. 소설의 요점은 바로 솔라리스가 우리와의 소통이 불가능한 타자로 남아 있다는 것이다. 그렇다. 우리의 내면 깊숙이 자리한 부인된 환상을 돌려준다. 하지만 그 행위의 이면에 있는 "무엇을 원하는가?"라는 질문은 완전히 파악불가능하다. (왜 그것은 그렇게 할까? 순전히 기계적인 반응으로? 우리와 악마의 게임을 하기 위해서? 우리가 부인된 진실을 마주하도록 돕기 위해, 혹은 마주하길 강제하기 위해?) 소설과 영화 사이의 이러한 간극은 서로 다른 결말에서 더 잘 드러난다. 소설의 마지막에는 켈빈이 우주선에서 홀로 솔라리스 바다의 신비로운 표면을 응시하는 반면, 영화는 주인공이 던져진 타자성(솔라리스의 혼란스러운 표면)과 향수 어린 그리움의 대상, 즉 그가 돌아가고 싶어 하는 고향집 **다차**(러시아 목조 시골집), 솔라리스 표면의 유연한 점액질로 외곽이 둘러싸인 그 집을 한 장면 안에 결합하는 전형적인 타르코프스키식 판타지로 끝을 맺는다. 급진적인 타자성 속에서 우리는 내면의 가장 깊은 그리움의 대상을 발견하게 된다.

이드-기계를 묘사한 가장 최근의 시도는 아이슬란드 텔레비전 시리즈인 〈카틀라〉인데[10], 이드-기계의 논리를 복잡하게 구현해서 도덕적으로 훨씬 더 애매하게 만든다. 〈카틀라〉는 1년 넘게 화산 활동을 하고 있는 활화산 카틀라의 절벽에 위치한 아이슬란드의 작은 마을 비크를 배경으로 하고 있으며, 비크는 끊임없이 쏟아지는 화산재로 덮여 있다. 마을 주민 대부분은 이미 이곳을 떠나 다른 곳으로 이주했고, 일부 고집 센 주민들만 남았다. 죽은 것으로 추정되던 사람들이 화산 근처 어딘가에서 화산재와 진흙을 뒤집어쓴 채 갑자기 돌아오기 시작하면서 이야기가 시작된다. 어떻게 그리고 왜? 에피소드 7에서, 레이캬비크에서 온 지질학자 대리는 화산 속 운석을 조사하기 위해 빙하 아래로 내려가 암석 샘플을 수집한 후, 오래전에 지구에 추락한 운석에 생명체를 살리는 이상한 외계 원소가 들어 있다는 사실을 추론해 낸다. 이 요소는 운석이 마을 사람들의 가장 강렬한 감정을 감지할 수 있게 해 주고, 이를 이용해 실종된 사람들을 재생하는 데 사용된다. 이 복제인간은 사람들이 그들에 대해 갖는 생각에 의해 만들어지며, 실제 인물보다 더 과장된 버전으로, 그 인물을 존재하게 만든 주요 특징에 집중하며, 인물에 대한 플라톤적 이데아의 훨씬 더 직접적인 구현의 일종이다. 복제인간이 귀환하는 이유는 지역의 민담이 제공하는데, 그에 따르면 둔갑물changeling이 등장하는 데는 어떤 목적이 있고, 그 목적이 달성되면 사라진다.

시리즈의 첫 번째 시즌에서 일어나는 주요 사건은 다음과 같다. 병원에 누워 있는 경찰서장 기슬리의 아내는 자기만의 둔갑물을 창조해 낸다. 그녀는 병상에 누워 있지 않던 과거의 기억으로부터 휴머노이드를 만드는데, 이를 통해 헤어진 부부는 다시 만나게 된다. 시리즈의 주인공인 그리마에게는 죽은 여동생 에이사의 둔갑물이 나타난다. 에이사의 죽음 이후 그리마는 그녀의 슬픈 운명에 대한 기억에 사로잡혀 항구적인 우울증에 시달렸고, 에이사의 실종(죽음)에 대처하기 위해 그녀의 둔갑물을 만들었는데, 이것이 에이사가 다시 나타난 목적이다. 그러던 중 그리마의 따뜻함을 다시 느끼고 싶었던 남편 크자르탄이 만든 그리마 자신의 둔갑물이 나타났다. 그는 자신의 기억을 바탕으로 그리마를 에이사가 사라지기 전의 모습으로 변하게 만들었다. 그리마의 둔갑물은 비극을 겪지 않았기 때문에 훨씬 더 행복하고 애정 어린 모습이었다. 진짜 그리마는 이 사실을 깨달은 후 자신의 둔갑물을 대면하여 러시안 룰렛 게임에 끌어들인다. 하지만 진짜 그리마는 게임에서 살아남지 못하고, 그녀의 둔갑물이 아무도 차이를 눈치채지 못하도록 애정, 따뜻함, 온화함을 갖춘 채 그리마의 자리를 대신한다. 원조 그리마의 시신은 재로 덮인 채 집 밖에 묻힌다.

군힐드의 20년 젊어진 둔갑물은 그녀의 아들(비욘)의 유전적 장애에 대해 자책했던 군힐드 스스로가 만들었다. 그녀는 시간을 거슬러서 (자신이 20년 전 임신했던 시절로) 돌아가 자신의 부주의와 낙태에 대한 생각으로 인해 아이에게 준 고통을 되돌리고 싶었다. 그녀의 남편 토르는 그녀의 잘못이 아니라고 말한다. 그 증후군은 유전적인 것이므로 군힐드가 비욘의 결함에 협력한 바가 거의 없다는 것이다. 비욘을 만나기 위해 마지막으로 병원을 방문한 군힐드는 자신의 둔갑물이 사라졌다는 사실을 알게 된 후 거울을 보며 미소를 짓는다. 마침내 후한에서 벗어날 수 있게 되었다. 둔갑물이 만들어진 목적이 달성된 셈이다.

그렇다면 대리와 라켈의 아들인 미카엘이 다시 나타난 이유는 무엇일까? 운석은 가장 가까운 사람들의 생각과 감정을 기반으로만 돌연변이를 생성하기 때문에, 미카엘은 오직 대리와 라켈이 그에 대해 기억하는 것만 기억할 수 있다. 대리는 항상 아들 미카엘이 위험한 미치광이라고 믿었고, 둔갑물은 실제 미카엘보다 대리의 해석에 더 부합한다. 두 부모는 자신들의 진짜 아들은 죽었고 눈앞에 나타난 이 유령은 단지 일탈일 뿐이라는 데 동의하고는, 아들의 손을 잡고 바다로 이끌고 가서 그러지 말아 달라고 애원하는 아들을 바다에 빠뜨린다. 이 행동으로 두 사람은 더 가까워지고, 이는 이혼을 미카엘 탓으로 돌렸던 대리의 생각을 간접적으로 충족시킨다.

또한 둔갑물의 모습으로 카틀라로부터 돌아온 것은 무엇일까? 라그나르가 엑버트에게 "신은 지독히 두려운 답을 스스로한테 내리기 위해 인간이 만든 피조물이오"라고 말한 것을 떠올려 보자. 이런 의미에서 (그리고 이런 의미에서만) 카틀라는 신성하다. 그것은 비크에 남아 있는 개인들에게 "스스로에게 주기에는 너무 두려운 답"을 돌려주는 것이다. 다시 말해, 카틀라는 오히려 신성의 어두운 면을 드러낸다. 어떤 주체에게 둔갑물이 출현할 때 주체는 내면의 진실과 숭고한 대면을 하는 것이 아니다. 이러한 출현은 냉정한 이기주의적 계산에 근거한 모습이다. 대리와 라켈의 경우, 두 부모는 자의식이 있는 생명체로서 존재하는 둔갑물을 죽이면서도 자신들의 관계를 회복하기 위해 이 사실을 편리하게 무시하고 냉혈한 살인을 저지른다. 같은 맥락에서 크자르탄은 자신의 상상이 현실화된 둔갑물을 자신의 옛날-새로운 아내로 냉정하게 받아들인다. 자신의 상상이 구체화된 존재이기에 그녀가 자신의 목적에 더 잘 맞는다고 생각한다.

이것은 우리가 내 파트너의 현실과 파트너에 대한 내 환상을 구분하는 법을 배워서 파트너에게 내 환상을 그(녀)에게 투영하지 않고도 내 파트너의 현실을 대해야 한다는 뜻인가? 상황을 더욱 복잡하게 만드는 것은 우리 각자가 또한 다른 사람들이 생각하는/꿈꾸는 그(녀)의 모습이기도 하다는 점이다. 다시 말해, 내 파트너와 파트너의 둔갑물 사이의 분열은 내 파트너의 현실과 파트너에 대한 나의 생각/투사 사이의 분열이라고 말하는 것만으로는 충분하지 않다. 이 분열은 내 파트너 자신에게 내재되어 있다. 〈카틀라〉의 주요 장면에서 크자르탄은 자신의 집 안을 돌아다니며 두 버전의 그리마(20년 만에 스웨덴에서 돌아온 진짜 그리마와 20년 전의 모습을 한 둔갑물)와 대화를 나누지만, 실제로 두 사람이 있다는 사실을 깨닫지는 못하는데, 이런 일이야말로 우리에게 항상 일어나시 않는가? 평범한 반유대주의자가 유대인과 대화할 때도 똑같은 일을 하고 있지 않은가? 그의 인식과 상호작용에서 그의 눈앞에 있는 유대인의 현실은 유대인에 대한 그의 환상과 뗄 수 없이 섞여 있다(예를 들어, 유대인이 돈을 세어 나에게 돌려주면 나는 이것을 돈에 대한 강렬한 유대인의 태도를 표현한 것으로 인식할 것이다). 그러나 중요한 점은, 수천 년에 걸친 유대인에 대한 배제와 박해, 그리고 유대인에게 투사된 모든 환상은 또한 필연적으로 박해의 근거가 된 환상에 대한 반응으로 형성된 유대인의 정체성에도 영향을 미쳤기 때문에, 우리는 '진짜' 유대인과 다른 사람들에게 인식되는 유대인을 단순히 구분할 수 없다.

여기서의 일반적인 논지는 나와 나의 상징적 정체성 사이의 간극이 나의 외부에 있는 것이 아니라는 점, 즉 나는 상징적으로 거세되었다는 것을 의미한다. 그리고 타인에게 비춰지는 나의 이미지를 단지 소외의 한 형태, 즉 진정한 자아에 도달하기 위해 버려야 할 것으로 치부하지 않도록 주의해야 한다. 나는 의심과 약점으로 가득 차 있음에도 타인은 나를 신뢰하고 영웅으로 보는 상황을 상상하기는 쉽기 때문에, 내가 약점을 극복하고 타인이 나를 보고 기대하는 수준에 맞춰 행동하려면 큰 노력이 필요하다.

〈카틀라〉에서 둔갑물의 도덕적 애매성은 그것들이 단순히 정확한 목적이나 목표에 봉사하지는 않는다는 데 있다. 사물-카틀라는 우리의 환상을 맹목적으로 실현하는 기계일 뿐이고, 인간은 이기적인 목적에 맞게 그것을 기회주의적으로 이용한다. 우리가 간과하는 것은 둔갑물 자체에 연관된 주체성이다. 여기서 우리는 〈솔라리스〉를 통해 〈카틀라〉를 읽고, 그 심리가 다른 사람의 그에 대한 생각만을 담고 있기 때문에, 자율성이 없는 둔갑물이 주체화하는 순간에 집중해야 한다. 꾸며진 여성(가짜)과 자신의 비존재라는 공백을 가정하는 여성을 구분하는 밀레르의 관점에서 보면, 자신의 비존재를 가정하는 지점에서 실체를 박탈당한 순수한 주체로서 등장하는 것은 오직 둔갑물인 반면, '진짜' 여성은 가짜로 남는다. 다시 말해, 타인의 환상을 구체화할 뿐이며, 타인이 그에 대해 환상을 갖는 한에서만 존재한다는 것을 인식하게 되는 둔갑물의 위치가 진정한 입장이라고 할 수 있다. 나의 존재가 실질적 지지를 받지 못하고, 내가 타인의 꿈의 일부인 한에서만 존재한다는 것을 인식하는 일보다 더 불안을 자극하는 실존적 상황을 상상할 수 있을까? 수십 년 전 들뢰즈가 지적했듯, 다른 누군가의 꿈에 사로잡히면 당신은 끝장이다.

그렇다면 둔갑물은 버클리의 주관적 관념론의 기준에 부합하는 존재, 즉 다른 사람의 생각 속에 있는 한에서만 존재하는 존재일까? 여기서 우리는 또 다른 핵심적인 복합성을 도입해야 한다. 존재 자체가 어떤 비-지식을 함의한다면 어쩔 것인가? 존재와 앎 사이의 이러한 역설적 관계는 사물이 그것에 대한 우리의 지식과 독립적으로 존재한다는 일반적인 유물론과 **에세 에스트 페르시피**esse est percipi(사물은 마음에 의해 알려지거나 인식되는 한에서만 존재한다)라는 주관주의적 관념론 사이의 표준적 대립에서 세 번째 항목, 즉 사물은 알려지지 않는 한에서만 존재한다는 명제를 도입한다. 존재와 무지를 연결하는 가장 기이한 사례는 잘 알려진 프로이트의 꿈 중 하나인 '자신이 죽은 줄 모르는 아버지'의 유령에 관한 꿈으로서, 프로이트에게 있어 이 꿈의 전체 공식은 다음과 같다. "아버지는 자신이 죽었다는 것을 (내가 바란다는 것을) 알지 못한다." '내가 바란다는 것을'이라는 기표의 생략은 주체(꿈꾸는 사람)의 욕망을 등록한다. 그러나 이러한 표준적인 독해에서 놓치는 것은 자신이 죽었다는 사실을 모르는 아버지의 장면, 즉 자신이 죽었다는 사실을 인식하지 못하기 때문에 살아 있는 한 실체의 기묘한 효과이다.

죽은 아들이 아버지에게 나타나 "아버지, 제가 불타고 있는 게 안 보여요?"라는 오싹한 비난을 퍼붓는 프로이트의 꿈을 라캉식으로 다시 해석한 후 이 꿈을 읽어 보면 어떨까? 아버지가 죽기를 바라는 소원을 억압된 무의식적 소망이 아니라 꿈꾸는 사람을 괴롭히는 전前의식적 문제로 해석하면 어떨까? 그렇게 되면 꿈의 역학관계는 이렇게 된다. 몽상가는 아버지를 간호하는 동안 아버지가 죽기를 바랐다는 (전의식적인) 죄책감을 잠재우기 위해 꿈을 꾸지만, 꿈에서 마주치는 것은 전의식적인 죽음 소망보다 훨씬 더 충격적인 것, 즉 자신이 죽었는지 몰라서 아직 살아 있는 아버지의 모습, 언데드 상태인 아버지의 외설적 망령이다. 라캉은 '자신이 죽었다는 것을 모르는' 아버지의 매혹적인 모습에서 그 배경에 숨어 있는 질문으로 옮겨 간다. 즉 아버지가 죽었다는 것을 **알고**

있으며, 이런 식으로 역설적으로 **아버지가 죽었다는 것을 말하지 않음으로써 그를 살아 있게 하는 다른** 주체(이 경우 아버지가 그 앞에 출현하는 몽상가)로 초점을 옮긴다. 만화에 나오는 전형적인 장면을 떠올려 보자. 한 고양이가 절벽 위의 공중에 떠서 걷다가 아래를 내려다보고는 자기 발밑에 지지대가 없다는 것을 알게 되면 떨어진다. 몽상가는 고양이의 주의를 발밑의 심연으로 끌어들이는 사람과 같아서, 아버지는 자신이 죽었다는 사실을 알게 되면 실제로 죽게 된다. 물론 이 결과는 몽상가에게 궁극적인 재앙으로 경험되기 때문에, 그의 모든 전략은 타자/아버지를 앎으로부터 막는 것, 즉 "오! 그런 일이 일어나지 않기를! 그가 알게 하느니 차라리 내가 죽는 게 낫지!"처럼 자기희생으로까지 고양되는 방어에 맞춰져 있다. 이를 통해 우리는 희생의 근본적인 기능 중 하나, 즉 상대방이 알지 못하도록 자신을 희생하는 일에 이르게 된다. 이것이 바로 로베르토 베니니의 〈인생은 아름다워〉가 말하는 바가 아닐까? 아버지는 아들이 (죽음의 수용소에 있다는 사실을) 알지 못하도록 자신을 희생한다. 아버지의 추론은 라캉의 말로 이렇게 다시 표현할 수 있다. "죽음의 수용소에 있다는 것을 아들에게 알리기보다는 차라리 내가 죽는 게 낫다!"

정신분석의 증상 개념은 무언가가 말해지지 않은 채 남아 있는 한에서, 그 진실이 상징적 질서에서 명료화되지 않는 한에서만 존속하는 그러한 현실을 가리킨다. 즉 정통 정신분석적 해석이 실제에 영향을 미치는 이유가 여기에 있다. 다시 말해, 정신분석은 증상을 해소할 수 있다. 이러한 현실 개념은 관념론적 광기의 모범적 사례로 보일 수 있지만, 우리는 그 유물론적 핵심을 놓치지 말아야 한다. 현실은 단순히 사고/발화의 외부, 상징적 공간의 외부에 있는 것이 아니다. 현실은 이 공간을 내부로부터 방해하여 불완전하고 일관성 없는 공간으로 만들며, 실재와 상징을 구분하는 경계는 상징계에 외적이기도 하고 동시에 내적이기도 하다.

문제는 구조(타자)를 어떻게 생각해야 그 안에서 주체가 출현할 수 있느냐는 것이다. 라캉의 대답은 구성적 공백/불가능성을 중심으로 발화되는 일관되지 않은, 비-전체의 상징적 구조다. 더 정확히 말하자면, 주체는 구조 자체에 그 구성적 결여를 각인시키는 구조의 반성적 자기관계성을 통해 출현한다. 이 각인은 구조로부터 구성적으로 배제된 것의 구조 안에 새겨짐, 즉 "다른 기표들을 위해 주체를 표상하는 기표"이다.

하지만 우리는 여기서 모순에 빠진 것이 아닌지 의문이 든다. 나는 다른 사람의 환상인 한에서만 존재하고, 나는 다른 사람의 파악에서 벗어나는 한에서만 존재하는 것이 아닌가? 해답은, 돌은 아무도 생각하지 않을 때도 존재하지만, 돌은 생각되든지 그렇지 않든지에 관해 그저 무관심할 뿐이고, 주체의 경우엔 그 존재는 생각되어짐과 상관관계가 있지만 불완전하게 생각되어짐과 관련된다. 나는 타자의 사유에 있는 결핍이고, 생각에 내재되어 있는 결핍이다. 우리는 이 주장을 문자 그대로 받아들여야 한다. 나는 대타자(상징적 질서)가 완전히 통합/상징화할 수 없는 본질적 실체가 아니며, 대타자가 나를 통합할 수 없는 이 불가능성이 **바로** 나 자신이다(라캉이 분열된 주체, $에 대해 이야기하는 이유가 이 때문이다). 타자가 그 존재를 모르는 한 주체는 존재하며, 주체는 기표의 결핍을 반사적으로 표시하는 주인기표인 S_1을 통해 타자 안에 새겨진다. 이것이 의미하는 바는 주체가 상징적 가면 뒤에 있는 진짜 인물이 아니며 실제 인물과의 거리두기를 통한 가면 자체의 자기인식이라는 점이다.

이것은 또한 상호주관적 의사소통에서 최소수가 둘이 아니라 셋인 이유를 설명한다. 둘이 만날 때 그들은 모두 자기경험과 상징적 정체성으로 분리되며, 이 이중화는 둘로 환원될 수 없는 대타자, 즉 세 번째 계기가 작동할 때만 작동할 수 있다. 알폰소 알리아스의 오래된 이야기, 가면무도회에서 만나기로 한 라울과 마거리트의 이야기를 떠올려 보자. 서로의 가면을 알아본 두 사람은 숨겨진 구석으로 물러나 가면을 벗었는데, 놀랍게도 그는 그녀가 마거리트가 아니고 그녀는 그가 라울이 아니라는 사실을 알게 된다. 그렇게 이중으로 잘못된 만남은 물론 논리적 넌센스다. 그가 라울이 아니라면 어떻게 그가 마거리트를 보리라 예상하며 그녀의 진짜 얼굴을 보지 못해서 놀랄 수 있었을까? 그 반대도 마찬가지 아닐까? 놀라움은 파트너 중 어느 한쪽이 이런 식으로 속게 될 때만 작동한다. 하지만 실제 생활에서도 이런 이중 속임수와 같은 일이 일어나지 않을까? 나는 내가 알고 또 나를 아는 사람을 만나기로 약속하는데, 치열한 교환을 통해 나는 그가 내가 생각했던 사람이 아니라는 것을 발견하고 그는 내가 그가 생각했던 사람이 아니라는 것을 발견한다. 진짜 충격은 여기서 나만의 것이다. 상대방이 나를 알아보지 못한다는 사실은 내가 나 자신이 아니라는 것을 뜻한다.

하지만 우리가 여전히 서로를 알아보는 이유는 내가 타인을 위해 쓰고 있는 가면(타인이 나를 생각하는 모습을 형상화한 가면)과 상대방이 나를 위해 쓰고 있는 가면(내가 그를 생각하는 모습을 형상화한 가면)이 어떤 의미에서 가면 뒤에 있는 모습보다 더 진실하기 때문이다. 어떻게 그럴 수 있을까? 여기에 대타자의 차원이 들어온다. 서로가 던지는 "다른 사람들은 나를 어떻게 생각할까(나는 그를 어떻게 생각하고, 그는 나를 어떻게 생각하는가)"라는 질문은 "대타자(우리 둘이 전제하는 가상 실체)가 나와 그를 어떻게 생각할까"로 대체(또는 지양)된다.

다시 〈카틀라〉로 돌아가 보면, 우리는 이드-기계의 경우 둔갑물이 다른 사람들에게(타자가 아니라) 나(창조자)를 대표한다고 말할 수 있다. 즉, 타자의 이미지이지만 그것은 나, 나의 판타지 세계를 의미한다. 따라서 둔갑물은 그 자체로 가상의 상징적 내타사의 오작동을 표시한다. 즉 대타자는 더 이상 가상의 상징적 공간이 아니라 실재하는 사물, 즉 형식으로서의 자신의 진리를 더 이상 갖지 않는 거대-객체로서 억압된 내용을 구체화할 뿐이다. 이드-기계가 대타자(현실의 일부)보다 더 현실적이며, 동시에 대타자에게 고유한 상호주관적 영역(사물은 우리의 주관적 환상을 반영/실현한다)보다 더 주관적인 이유가 여기에 있다. 이드-기계는 네트워크에 연결된 뇌, 즉 온전히 존재하면서 나를 탈주체화하는 타자의 전망을 향한 첫걸음이다. 왜냐하면 그 속에서는 외부 현실의 경계가 무너지기 때문이다.

이 방향으로 가장 잘 알려진 프로젝트는 뉴럴링크Neuralink로서, 일론 머스크와 다른 8명이 설립한 신경기술 회사이다. 신경제어 인터페이스(NCI), 마음-기계 인터페이스(MMI) 또는 직접신경 인터페이스(DNI)라고도 하는 이식형 뇌-컴퓨터 인터페이스(BCI)를 개발하는 데 전념한다. 이 모든 용어는 직접 통신 경로라는 동일한 아이디어를 지칭하는데, 첫째는 증강된 또는 네트워크에 연결된 뇌와 외부 장치 사이에서, 그다음엔 뇌 자체들 사이에서 작동한다. 우리의 뇌와 디지털 기계 사이의 직접적인 연결에 의해 열린 이른바 '포스트 인류'의 전망, 뉴에이지 몽매주의자들이 특이점이라고 부르는 것, 공유된 인식의 신적인 글로벌 공간은 어떤 종류의 종말을 선언하는 것일까? 우리는 네트워크 연결된 뇌에 대한 전망을 아직 멀고 실제로 실현할 수 없는 환상이라고 선언하려는 유혹에 저항해야 한다. 그러한 견해는 위협으로부터의 도피, 그 자체로 새롭고 전례 없는 무언가가 효과적으로 출현하고 있다는 사실로부터 도피하는 일이다. 이 위협에 냉정하게 접근하여 그 위협의 손아귀에서 벗어날 수 있는 차원이 있는지 질문을 제기해야 한다. 랑시에르의 "꿈꾸는 코기토의 패러다임"[11]이라는 용어는 뉴럴링크의 완전한 객관화에서 벗어나는 두 가지 차원, 즉 코기토와 무의식이 지속되는 꿈의 영역을 근사하게 결합한다. 라캉이 코기토가 무의식의 주체라는 유명한 주장을 했을 때, 그는 합리적이고 자기투명한 코기토의 숨겨진 이면으로서의 바로 그 '꿈꾸는 코기토'를 의미했다.[12]

한 가지는 확실하다. 집단적으로 공유되는 경험의 파괴적인 영향력을 과소평가해서는 안 된다. 비록 그것이 오늘날의 장대한 특이점에 대한 비전보다 훨씬 더 소박한 방식으로 실현되더라도, 모든 것은 달라질 것이다.[13] 왜 그럴까? 뉴럴링크를 사용하면 대타자는 더 이상 (솔라리스나 카틀라처럼) 우리 밖에 있는 수수께끼 같은 **사물**이 아니기 때문이다. 우리는 직접 **사물 그 안에** 있고, 그 안을 떠다니며, 외부 현실과 우리를 분리하는 거리를 상실한다.

그렇다면 이것이 〈카틀라〉의 내용이다. 자연재해로 인해 (작은 마을의) 공동체가 위기에 처하고, 상징적 연결고리가 심하게 교란된 소수의 주민들만 남게 된다. 그들은 더 이상 상징적 교류의 중립적 영역으로서 대타자에 의존할 수 없고, 이러한 실패를 보완하기 위해 현실에 침입하는 상호 환상의 거미줄에 점점 더 사로잡히게 되어, 이 현실은 일관성을 잃게 된다. 물론 이드-기계는 허구이지만 실제 효과가 있는 허구이며, 우리는 팬데믹이나 열돔, 홍수에 대한 사람들의 반응에서 이러한 효과를 관찰하고 측정할 수 있다. 음모론과 기타 편집증적 구조물에서는 둔갑물 같은 존재가 현실의 일부처럼 취급된다. 둔갑물의 등장이 초래한 잠재적으로 해방적인 측면은 우리의 일상적인 경험에서 뭉쳐진 것(눈앞에 있는 사람과 그 사람에 대한 우리의 환상 투사)을 명확하게 분리한다는 것인데, 이로 인해 비판 작업은 다소 쉬워진다.

이드-기계가 가상의 대타자의 실패를 표시한다는 사실은 그것이 예외적으로만 나타난다는 뜻이 아니다. 대타자는 그 자체로 실패하고, 일관되지 않는데, 이는 어떤 형태로든 항상 이드-기계를 자신의 보충물로 삼는다는 것을 뜻한다. 대타자가 실패할 때 이드-기계는 일종의 방어-병리학으로서 정신병으로의 완전한 퇴행을 막는 병리적 형성물이다. 이런 의미에서 대타자와 이드-기계 사이의 관계는 상징적인 법과 초자아 사이의 관계와 유사하다. 초자아는 또한 법의 구조적 불완전성으로서, 법의 해체를 막는 병리적 형성물이다.

법의 위반에서 나온 초자아의 탄생

프로이트가 자아, 초자아, 이드(여기에 자아와 다른 나(I) 및 초자아와는 다른 도덕 법칙을 추가해야 한다)의 복잡한 상호작용을 정교하게 설명했을 때, 그의 출발점은 "무의식적 죄의식"이라는 이상한 현상이다.

무의식적 죄의식은 새로운 문제들을 우리에게 던져 주는데, 많은 신경증에서 이런 종류의 무의식적인 죄의식이 결정적인 경제적 역할을 하고 회복을 방해하는 가장 강력한 장애물이 된다는 것이 점차 분명해질 때 특히 그러하다. 가치의 척도로 다시 한번 돌아간다면, 자아에서 가장 낮은 것뿐만 아니라 가장 높은 것도 무의식일 수 있다고 말해야 한다.[14]

또는 프로이트가 같은 글의 뒷부분에서 지적하듯이, "정상적인 사람이 자신이 믿는 것보다 훨씬 더 비도덕적일 뿐만 아니라 자신이 아는 것보다는 훨씬 더 도덕적이라는 역설적인 명제를 누군가 제시한다면, 그 주장의 전반부가 근거를 두고 있는 정신분석은 후반부에 대해서도 이의를 제기하지 않을 것이다."[15] (여기서 믿음과 지식 사이의 대립에 주목해야 한다. 정상적인 사람은 자신이 **믿는** 것보다 더 비도덕적이고 자신이 **아는** 것보다는 더 도덕적이다.) 초자아가 도덕성의 주체이고 이드가 어두운 '사악한' 충동의 저장소이기 때문이 아니며, 초자아가 내면화된 사회적 억압을, 이드가 해방되어야 할 욕구를 상징하기 때문도 아니다. 프로이트는 항상 초자아와 이드 사이의 어두운 숨겨진 연결 고리를 주장했다. 초자아의 견딜 수 없는 폭압은 이드의 에너지에 의해 유지될 뿐만 아니라, 우리는 우리가 아는 것보다 더 도덕적일 수 있다. 자신을 모든 종류의 쾌락을 추구하는 관용적인 이기주의자로 인식하는 전형적인 포스트모던의 자유방임적 개인을 상상해 보자. 자세히 살펴보면 그의 활동이 자신이 알지 못하는 금기와 금지에 의해 규제되고 있음을 금방 알 수 있다.

그러나 이러한 무의식적 도덕성은 나의 자아가 인식하지 못하는 병리적 억제에만 국한되지 않는다. 내가 거부한 일에 대해 어떤 대가를 치르더라도 내가 용납할 수 없다고 생각하는 행위를 저지르지 않으려는 저항과 같은 윤리적 기적도 포함한다. 안티고네를 생각해 보자. 그리고 라캉이 그녀의 인물됨을 독해할 때 우리가 분석가에게 기대할 수 있는 것(병적인 집착, 근친상간의 흔적 등 찾는 작업)을 하지 않고, 정확히 크레온에 대한 그녀의 **'아니오'**라는 거절의 윤리적 순수성을 지키려 애썼다는 것을 기억하자. 또는 자살할 정도로 영웅적인 무언가를 해야 한다고 느끼게 하는 억누를 수 없는 계명을 생각해 보자. 우리는 단지 그렇게 하지 않을 수 없기 때문에 (대중 시위에 목숨을 걸고, 독재나 점령에 반대하는 저항에 동참하고, 자연재해에 처한 다른 사람들을 돕는 일 등을) 그렇게 한다. 여기서도 우리는 그러한 행위를 설명할 수 있는 '더 깊은' 병리적 동기(예컨대 죽음충동과 나르시시즘의 결합)를 찾으려는 명백한 유사-정신분석적 유혹에 저항해야 한다. 오늘날 목숨을 걸고 있다는 사실을 잘 알고 있으면서도 보수도 제대로 받지 못한 채 감염자를 돕고 있는 수천 명의 의료진들과 기꺼이 도움을 제공하는 자원봉사자들을 떠올려 보자. 잔인한 폭군에게 복종한 사람들보다 그들의 숫자가 훨씬 더 많다. 라캉이 프로이트 무의식의 지위가 윤리적이라고 주장하는 이유도 바로 여기에 있다. 라캉에게 칸트의 도덕 법칙은 가장 순수한 욕망이다.

이러한 배경을 두고서야 우리는 '탈성적인 사회적 영역이 어떻게 리비도가 투자된 상호작용의 영역과 구별되는가'라는 질문에 답할 수 있다. 이 질문은 프로이트가 1차 대전에 대해 보인 반응의 맥락에서 찾아야 한다. 오늘날 사람들은 진보에 대한 유럽적 신뢰의 기반을 무너뜨리고 공산주의와 파시즘과 같은 현상을 낳은 이 전쟁의 트라우마적인 영향을 잊어버리는 경향이 있다. 무의식적 리비도 과정 이론으로 '비이성적' 폭력의 폭발에 잘 대비한 것처럼 보였던 프로이트조차도 자신의 기본 이론적 전제를 근본적으로 재구성해야 할 필요성을 느꼈다. 그는 세 단계로 문제를 해결했다. 먼저, 그는 『쾌원리의 너머』(1920)에서 쾌락은 없고 고통만 유발하는 꿈과 행위를 설명하기 위해 죽음충동이라는 개념을 도입했다. 그다음에 『군중심리학과 자아의 분석』(1921)에서 그는 개인이 '이성적' 행동을 포기하고 자기파괴적 폭력에 굴복하도록 만드는 사회 집단의 형성을 분석했다. 오스트리아의 대표적인 법철학자인 한스 켈젠은 프로이트의 군중 형성 이론이 규범적 구조에 의해 결합된 사회 형성을 설명할 수 없다고 비판했고, 켈젠의 비판에 대한 반응으로 프로이트는 『자아와 이드』(1923)에서 우리의 질문에 직접 답을 했다. 사회적 영역의 탈성화 과정의 작동자는 초자아라는 얘기다.

에티엔 발리바르는 그의 뛰어난 에세이 「초자아의 발명」[16]에서 프로이트와 한스 켈젠의 대화를 다루고 있다. 아이러니한 것은 『자아와 이드』라는 제목이 어떤 의미에서는 기만적이라는 사실이다. 이 책자에 소개된 중요한 새 용어는 초자아로, 자아, 이드와 함께 삼위일체를 이룬다. 프로이트의 상세한 분석의 초점은 어떻게 자기비판적 양심의 역할을 하는 우리 심리적 삶의 계기인 초자아가 주로 부모와 교사로부터 배운 사회적 기준을 내면화하면서 이드의 가장 어둡고 사디즘적이자 마조히즘적인 심층에서 리비도적 에너지를 끌어내는지와 관련 있다. 그러나 라캉은 프로이트에게 혼란이 있음을 설득력 있게 보여 준다. 『자아와 이드』의 세 번째 장의 제목이 '자아와 초자아(자아이상)'이기 때문에 프로이트는 이 두 용어를 동의어로 사용하는 경향이 있고(자아이상Ego-Ideal을 초자아의 전신으로 생각한다), 또한 자아이상과 이상적 자아ideal ego를 서로 교환가능한 용어로 사용하기도 한다. 라캉의 해명의 전제는 주이상스와 초자아의 등치다. 즐긴다는 것은 자신의 자발적인 성향을 따르는 문제가 아니라 일종의 기이하고 뒤틀린 윤리적 의무로서 우리가 행하는 무언가라는 것이다.

이 등식을 바탕으로 라캉은 세 가지 용어를 정확하게 구분한다. "이상적 자아"는 주체의 이상화된 자기 이미지(내가 되고 싶은 모습, 타인이 나를 보았으면 하고 바라는 모습)를 의미하고, "자아이상"은 내가 자아의 이미지를 통해 감동을 주려는 시선의 에이전시, 나를 감시하고 내가 최선을 다하도록 자극하는 대타자, 내가 따르고 실현하려는 이상이다. "초자아"는 자아이상과 동일한 에이전시이되 복수적이고 가학적이며 처벌적인 측면을 지닌다. 이 세 가지 용어의 기본 구조 원리는 분명히 라캉의 상상계-상징계-실재의 3자 관계이다. 이상적 자아는 상상계, 즉 라캉의 '소타자', 내 자아의 이상화된 이중 이미지이고, 자아이상은 상징계, 즉 내 상징적 동일시의 지점, 내가 나를 관찰하고 (판단하는) 대타자 내의 지점이다. 초자아는 실재, 즉 불가능한 요구로 나를 폭격하고 그 요구를 충족하려는 나의 실패를 조롱하는 잔인하고 만족을 모르는 에이전시이자, 내가 나의 '죄스러운' 노력을 억제하고 그 요구를 충족하려고 할수록 그 시선 앞에서 더욱 죄라고 느끼게 되는 에이전시이다. 전시용 공개 재판에서 자신의 결백을 공언한 피고인들에 대한 오래된 냉소적 스탈린주의의 모토("결백할수록 더 총살당해 마땅하다")는 가장 순수한 초자아이다. 따라서 라캉에게 초자아는 "가장 의무적인 요구에 관한 한 도덕적 양심과는 아무런 관련이 없다."[17] 반대로 초자아는 반反윤리적 에이전시, 즉 윤리적 배신에 대한 낙인찍기다.[18]

프로이트의 군중 개념에 대한 비판에서 신칸트주의자인 켈젠은 자아이상(익명의 대타자, 비심리적인 지위를 지닌 상징 질서로서, 경험적이고 심리적인 과정으로 환원될 수 없다)과 초자아(개인과 타인의 상호작용에서 경험적이고 심리적인 역동성의 산물)의 구별에 기댄다.[19] 프로이트에 대한 비난은, 단순화하자면, 그가 지도자에 의해 결집된 군중의 경험적이고 심리적인 기원만을 제공한다는 것이어서, 그의 이론에는 대타자, 즉 개별 주체를 지탱하는 이상적인 상징적 질서, 우리를 이중적인 의미(자율적 주체와 법에 복종하는 개인)에서 주체화하는 제도적 국가 권위라는 공적 영역을 위한 여지가 없다는 것이다. 더 정확히 말하면, 프로이트가 말하는 법의 병리적 왜곡은 신화적이고 군중심리학적 차원으로의 퇴행이다. 프로이트는 (라캉식 표현을 빌리자면, 나와 오브제 a의 단락을 통해 구성되는) 군중 병리를 설명하지만, 상징계의 개념이 결여되어 있기 때문에 정상-규범적인 대타자를 놓치고 있다. 라캉의 입장에서 보면 프로이트의 자아-초자아-이드의 삼위일체에 기표의 주체인 '순수한'/삭제된 주체($), 심리적-경험적이기보다 데카르트의 코기토나 칸트의 초월적 통각에 방불하는 주체를 위한 공간이 없는 이유도 여기에 있다. 라캉의 주체는 자아가 아니다(라캉에게 자아는 상상적 동일시에 의해 정의된다).

이 지점에서 발리바르는, 프로이트로 돌아와 그를 변호한다. 심리적 과정으로서의 초자아는 우발적인 병리적 왜곡이 아니라, 주체가 법을 내면화하여 자신에게 권위를 행사하는 행위체로서 자신의 심리적 삶에 통합할 수 있게 만드는 과정이다. 이처럼 초자아는 그 자체로 법에 필연적으로 수반되는 '병리적' 대리보충인데, 왜냐하면 공법은 **오직** 주체에 의해 내면화된 상태에서만 존재하기 때문이다. 주체는 권력과 종속의 대인관계 정치학의 형식인 미해결된 오이디푸스적 긴장에 사로잡혀 있는 한에서만 법의 주체가 된다는 뜻이다. 이러한 지속적인 긴장은 주체를 법의 권위에 노출한다. 즉 내적-심리적 긴장을 완화할 수 있는 안정된 기준짐인 외부(비심리적) 에이진시로서 법의 권위를 받아들이도록 주체를 밀어붙인다.

물론 프로이트가 묘사한 긴장은 단순히 주체 내부에 있는 것이 아니라 대인관계(가족) 정치학, 곧 권력투쟁의 일부다. 발리바르가 군중의 형성과 초자아의 기원에 대한 설명에서 프로이트가 "정치학의 정신분석"(그 자체로 비정치적인 리비도적 과정을 통한 군중의 정치적 역학에 대한 설명)이 아니라, 오히려 그 반대인 "정신분석의 정치학"(가족 내의 '정치적' 권력투쟁을 통한 자아-이드-초자아의 삼원적 구조의 부상에 대한 설명)을 제공한다고 지적했던 이유가 바로 이 때문이다. 또는 라캉이 말했듯, 프로이트의 무의식은 정치적이다.

그러나 라캉이 반복해서 지적했듯이, 상징적 법이라는 대타자가 여기에 이미 존재해야만 주체는 그 대타자를 중립적 외부 공간으로 지칭할 수 있다. 그래서 우리는 여기서 한 걸음 더 나아가야 한다. 비심리적 지위를 지닌 공권력 자체는 어떻게 출현할 수 있는가? 라캉의 대답은, 대타자는 심리적 에이전시로 환원될 수 없지만, 주체에 의해 '외부화'될 때만 존재한다는 것이다. 법의 '내면화'는 사실상 그것의 외부화, 비심리적 상징 공간으로서의 (전제)위치이다. 법은 비심리적이지만, 그것을 존재하는 것으로 받아들이는 주체가 있을 때만 존재한다. 여기서 우리는 매우 엄밀해야 한다. 라캉은 심리적 역학에서 대타자의 기원을 제공하는 것이 아니다. 그의 논지는 오히려 주체가 그 자체로 구성적으로 분열되어 있으며, 그 심리적 내밀함은 대타자가 있을 때만, 즉 대타자가 관계 맺는 주체로부터 소외된 공간이 있어야 한다는 것이다. (정신병에서만 이러한 소외가 중지된다.) 대타자의 주관적 상관물은 가장 깊은 심리적 과정의 모든 내밀함보다 더 '내밀'한, 텅 빈 '삭제된' 주체($)이다. 따라서 우리는 '순수한' 추상적 주체(데카르트적 코기토)가 일종의 이데올로기적 환영으로서, 그 현실태는 심리적 적대감에 사로잡히고 찢긴 실제의 구체적 개인이라는 일반적 관념을 뒤집어야 한다. 개인의 '내적 삶'의 모든 풍부함은 궁극적으로 순수한 주체의 빈 공간을 채우는 내용일 뿐이다. 이런 의미에서 라캉은 자아가 "나(I)의 일부"라고 말했다.

그러나 오늘날 아버지들은 점점 더 이상적 자아로 행동하며 자녀와 나르시시즘적 경쟁을 벌이고 더 이상 아버지의 '권위'를 상정하지 않는다. 역설적으로 이 과정은 해방적 여정에 심각한 장애물이 되고 있다. 칠레의 경우를 예로 들어 보자. 현재 진행 중인 투쟁의 어려움은 피노체트의 억압적인 독재의 유산 자체가 아니라 그의 독재 체제의 점진적인 (가짜) 개방의 유산이다. 특히 1990년대를 거치면서, 칠레 사회는 소비주의적 쾌락주의, 피상적인 성적 관용, 경쟁적 개인주의 등이 폭발적으로 증가하는 등 급속한 탈근대화를 겪었다. 권력자들은 이러한 원자화된 사회 공간이 사회적 연대에 의존하는 급진 좌파 프로젝트에 대한 국가의 직접적인 억압보다 훨씬 더 효과적이라는 것을 깨달았다. 계급은 '그 자체로' 존재하지만 '독자적으로' 존재하지는 않으며, 우리는 같은 계급의 다른 사람들을 연대적 이해관계를 가진 같은 그룹의 구성원보다는 경쟁자로 더 많이 본다. 국가의 직접적인 억압은 반대파를 단결시키고 조직화된 형태의 저항을 조장하는 경향이 있는 반면, '포스트모던' 사회에서는 극단적인 불만조차도 명확한 프로그램을 가진 조직화된 세력의 '레닌주의적' 단계에 도달하지 못하고 곧 동력이 소진되는 혼란스러운 반란(월가 점령부터 노란 조끼까지)의 형태를 취한다.[20]

너 일반적인 수준에서, 이것은 상징적 법(아버지 하나님)이 권위를 상실하면, 즉 금지가 없어지면, (법을 위반할 가능성에 의해 유지되는) 욕망 자체가 사라진다는 것을 의미하며, 관용이 욕망을 죽이는 이유가 바로 이것이다. 이러한 맥락을 따라서 피에르 르장드르와 다른 라캉주의자들은 오늘날 문제가 아버지 하나님, 즉 부성적 상징 권위의 쇠퇴이며, 그 부재 속에서 병적인 나르시시즘이 폭발하여 원초적 실재 아버지의 유령을 야기한다고 주장한다. 따라서 우리는 금지의 대리인으로서 모종의 법을 회복하려고 노력해야 한다.

이 아이디어는 거부해야 하지만, 이 관점은 주인의 쇠퇴가 자동적으로 해방을 보장하는 것이 아니라 훨씬 더 억압적인 지배의 모습을 낳을 수 있다는 점을 정확하게 지적한다. 그러나 법에 의해 유지되는 금지로 돌아가는 것만이 유일한 탈출구일까? 이 문제를 인식한 말년의 라캉은 밀레르가 라캉을 읽으면서 '냉소적'이라고 부르는 또 다른 해결책을 제시했다. 우리는 법의 권위로 돌아갈 수는 없지만 마치 우리가 법을 지지하는 것처럼 행동할 수는 있다. 우리는 그것이 사실이 아니라는 것을 알면서도 법의 권위를 필수적인 것으로 유지해야만 한다. 에이드리안 존스턴은 이 해결책의 복잡성과 애매성을 잘 드러냈다.[21]

'주체적 궁핍'이라는 종결적 경험을 통과해 가는 일, 그 과정에서 자아 차원의 동일시와 대타자 및 안다고 가정된 주체들 같은 참조점들이 흔들리거나 완전히 사라지는 일은 정말로 라캉의 분석 과정의 핵심적이고 중요한 순간이다. 그럼에도 불구하고 라캉은 이러한 분석을 종결시키는 궁핍 상태에 항구적으로 머무르는 일이 가능하지도 바람직하지도 않다고 생각한다. 그는 자아, 대타자, 안다고 가정된 주체 등의 부류가 분석이 끝난 다음에 분석자를 위해 스스로를 재구성하는 일이 마땅하고 불가피하다고 본다. 바라건대, 분석의 와중에 그리고 분석에 대한 반응으로 이렇게 재구성된 버전이 분석자에게 더 나은, 더 활용 가능한 버전이 되었으면 한다.

우리가 여기서 얻는 것은 일종의 '포스트모던' 라캉이다. 우리는 드물게 명료한 순간에만 실재와 마주할 수 있지만, 이 극단적인 경험은 지속될 수 없으며, 우리는 상징적인 유사물 속에, 상징적 허구 속에 사는 평범한 삶으로 돌아가야 한다. 따라서 그림에서 신을 지우는 것 말고 유일한 방법은 '아버지의 이름으로서 신Dieu comme le Nom-du-Pere의 활용법'을 배우는 것이다. 그렇다면 종교적 환상에 속지 않는 척하는 사람들, 즉 "속지 않는 자들이 실수한다les non-dupes errent"는 정확히 어떤 의미에서 잘못인가? 존스턴은 그 사정을 알려 준다.

라캉은 도스토옙스키의 말을 빌려 '신이 죽었다면 아무것도 허용되지 않는다'고 했는데, 욕망에 대한 엄격한 라캉의 정의에 따르면 항구적인 급진 무신론이 바람직하지 않다는 의미를 전달하는 듯하다. 드 케젤은 라캉에게 종교는 욕망을 지탱하는 미덕을 누린다고 주장한다. 그렇다면 라캉식의 분석은 정말로 유신론, 종교성 등을 없애려고 하는 것일까? 욕망의 대상 원인인 소타자 a와 관련된 근본적인 환상을 지닌 욕망에 초점을 맞춘 무의식의 리비도적 경제는 죽은 아버지 그리고/혹은 '아버지의 이름'으로서의 신의 법에 의해 뒷받침된다. 이 신이 죽으면 그가 지탱하는 경제 전체가 무너진다(즉, '아무것도 허용되지 않는다'). 『텔레비전』에서 라캉은 오이디푸스 문제에 대해 언급하며 '가족 내 억압의 기억이 사실이 아니더라도, 그것들은 발명되어야 할 것이며, 그것은 분명 그렇게 된다'고 말한다. 이 발언을 다시 풀어보면, 라캉의 관점에서 신이 죽었다면, 적어도 리비도적 이유 때문에라도 신은 부활해야 할 것이고, 또 분명히 그렇게 되었다.[22]

신이 존재하지 않으면 이성 자체가 사라진다는 아감벤의 생각도 이렇게 읽을 수 있다. "신이 존재하지 않는다면 모든 것이 금지된다"는 말은 모든 것이 금지되는 교착 상태를 피하기 위해서 예외를 요구하는, 즉 주이상스를 낳는 위반의 공간을 열어 주는 **금지**가 있어야 한다는 뜻이 아닐까? 아니면, 우리의 욕망을 유지하기 위해서는 신과 같은 것(비록 그것이 안다고 가정된 주체라는, 더 중립적인 비종교적 형태일지라도)이 필요하다는 것일까? 이것을 무신론이 정신분석 경험의 정점이라는 라캉의 주장과 어떻게 결합할 수 있을까? 아버지-하나님을 폐지하지 말고 유일한 탈출구로 활용해야 한다는 라캉의 노선은 옳은가? 밀레르는 이 입장의 정치적 함의에 대해 서슴없이 피력했다. 정신분석은 "사회적 이 데올로기를 그 유사물적 본성에서, 나아가 향유의 실재성인 실재와 연 관된 유사물의 차원에서 드러낸다고 덧붙일 수 있다. 이것은 냉소적인 입장으로서, 향유만이 **유일하게 참된 것**이라고 말하는 데 근거한다."[23] 이것이 의미하는 바는 이러하다.

> 정신분석가는 유사물이 제자리를 지키도록 행동하면서도 자신이 돌보는 주체가 그것들을 **실재하는** 것으로 받아들이지 않도록 해야 한다. 주체는 어떻게든 자신이 그것들에 현혹된 (속아 넘어간) 상태 에 있도록 만들어야 한다. 라캉은 '속지 않는 자들이 잘못을 저지른 다'고 말할 수 있다. 유사물이 진짜인 것처럼 행동하지 않는다면, 그 것들의 효능이 방해받지 않게 두지 않는다면, 상황은 방향을 틀어 악화된다. 모든 권력의 징후가 유사물에 불과하며 주인의 담론의 자 의성에 의존한다고 생각하는 사람은 나쁜 사람이다. 그들은 더욱 더 소외된다.[24]

이 냉소적인 지혜의 공리는 다음과 같다. "우리가 계속 **누릴** 수 있 어야 한다는 충분한 이유 때문에 권력의 유사물은 보호되어야 한다. 요 점은 기존 권력의 유사물에 집착하지 않되 그것들을 필수적인 것으로 간주하는 일이다. '이것은 볼테르의 방식으로 냉소주의를 정의하는 것 으로, 그는 신이란 사람들이 적절한 품격을 유지하는 데 필요한 발명품임을 납득시킨다.' 사회는 유사물에 의해서만 유지되는데, '이는 억압이 없는 사회, 동일시가 없는 사회, 무엇보다도 루틴이 없는 사회는 없다는 것을 뜻한다.'"[25] 그러나 이러한 냉소적 입장이 유일한 탈출구일까? 여러 가지 의문이 제기된다.

첫째, 신성한 권위인 하나님은 신도가 "하나님은 사람들이 적절한 품격을 유지하는 데 필요한 발명품"이라는 것을 인식할 때만 실제로 기능한다면 어떨까? 보들레르는 이 점을 잘 알고 있어서 이렇게 썼다. "신은 통치하기 위해 자신이 존재할 필요조차 없는 유일한 존재다Dieu est le seul être qui, pour régner, n'ait même pas besoin d'exist."[26] 따라서 내가 궁극적으로 신적 처벌의 위협을 느끼기 때문에 윤리적으로 행동한다는 외설적 추론, 즉 물에 빠진 아이를 보고 내가 그렇게 하지 않으면 지옥에 갈까 봐 아이를 구하기 위해 물에 뛰어들기로 결정한다면, 이는 최악의 비도덕적 셈산의 경우이다. 윤리적인 사람은 신이 없다는 것을 알면서도 종교가 정한 방식대로 행동한다. 신이 등식에 개입하는 순간 우리는 믿음이 아니라 계산을 하는 셈이다. 그렇기 때문에 우리는 무신론자만이 진정한 믿음을 가지고 있다는 역설을 받아들여야 한다.

신자가 직접적으로 "진짜로 믿는다"고 하면, 우리는 근본주의에 빠지게 된다. 모든 정통 종교는 그 권위가 물신주의적 가짜라는 것을 알고 있다. 나는 그것이 진짜 사실이 아니라는 것을 알지만 그것을 믿는다. 근본주의의 반대는 우리가 말하는 권위가 진정한 토대가 아니라 심연에 자기참조적으로 근거를 둔다는 것을 아는 일이다. 어쩌면 놀라워할 만할 예를 들어 보자. 바그너의 〈라인의 황금〉의 피날레는 잃어버린 순수를 애도하는 라인의 처녀들Rhinemaidens의 탄식과 법의 지배에 대한 강력한 주장인 신들의 장엄한 발할라 입성을 대비시키며 끝난다. 신들의 의기양양한 발할라 입성이 가짜이고 공허한 스펙터클이라는 것을 선명하게 드러내는 것이 라인의 처녀들의 진지하고 진정성 있는 호소라고 주장하는 것이 일반적이다. 그런데 라인의 처녀들의 슬픈 노래의 배경이 발할라 입성에 진정한 위대함을 부여하는 것이라면 어쩔 것인가? 신들은 자신들이 사라질 운명이라는 것을 알고 있지만 그럼에도 불구하고 영웅적으로 의식 행위를 수행한다. 이런 이유로 우리는 여기서 일반적인 물신주의적 부인이 아니라, 칸트의 "네가 할 수 있으니 해야만 한다!"라는 대사를 따라 위험을 감수하고 나의 한계를 무시하는 용기 있는 행위, 즉 내가 너무 약해서 할 수 없다는 것을 나는 알지만 그럼에도 불구하고 하겠다는 행위, 냉소주의와 정반대의 제스처를 다루고 있는 셈이다.

이 결론을 다른 출발점에서 뒷받침해 보자. 권위는 그 소유자에게 상징적 거세 효과를 가져온다. 예를 들어 내가 왕이라면, 즉위 의식이 나를 왕으로 만들고, 내가 착용하는 휘장에 권위가 구체화되기에, 어떤 의미에서 내 권위는 내 외부에 나의 비참한 현실로 존재하는 사람이라는 것을 받아들여야 한다. 라캉이 말했듯이, 정신병자는 상징적 투자 과정 없이 본성 그대로 자신이 왕이라고 생각하는 왕(또는 아버지인 아버지)이다. 이는 어떤 '경험적' 아버지도 자신의 상징적 기능, 즉 직책에 걸맞게 살 수는 없기 때문에, 아버지가 되는 것이 정의상 실패인 이유를 설명해 준다. 그런 권위에 결탁된다면 나는 어떻게 나의 상징적 지위와 현실을 정신병적으로 직접 동일시함으로써 이 간극을 모호하게 만들지 않고 살아갈 수 있을까? 밀레르의 해결책은 냉소적 거리두기이다. 나는 상징적 지위가 유사물, 환상에 불과하다는 것을 알고 있지만, 사회 질서 뿐만 아니라 내 욕망의 능력을 방해하지 않기 위해 **마치** 그것이 사실인 것처럼 행동한다.

아론 슈스터는 권위를 가지고 행동하는 것이 불가능하다는 것을 다루기 위해 세 가지 방식을 추가한다. (프로이트가 권력 행사를 불가능한 세 가지 직업 중 하나로 꼽은 것은 바로 이러한 불가능성 때문이다.) "타자가 없는 것처럼 가장하는 것, 자신을 타자의 대변인으로 만드는 것, 타자를 자신의 카리스마적 페르소나와 동일시하는 것"(191). 첫 번째 옵션의 예는 포스트모던적인 친근한 상사의 경우로, 마치 우리 중 한 사람인 깃처럼, 팀의 일원인 것처럼 행동하고, 우리와 더러운 농담을 나누고, 술자리에 함께할 준비가 되어 있지만, 그렇게 하면서도 그는 자신의 상징적 권위를 온전히 유지하며 우리를 더욱 무사비하게 대할 수 있다. 두 번째 옵션은 비인격적인 과학(또는 법)의 권위가 발언하는 매개체인 전문가의 형상으로 의인화되는데, 이러한 인물은 명령을 내리는 것이 아니라 (시장 메커니즘을 교란해서는 안 된다고 주장하는 경제학자처럼) 과학이 해야만 하는 일을 말하는 듯 가장함으로써 권위자의 위치를 회피한다. 세 번째 옵션은 도널드 트럼프와 같은 외설적인 카리스마를 가진 지도자가 예시하는데, 그는 자신을 모든 개인적인 단점에도 불구하고 대타자의 직접적인 화신으로 간주하며, 그의 권위는 그의 지식이 아니라 그의 의지에 근거한다. "그게 그런 것은 내가 그렇게 말했기 때문이다." 이 시점에서 슈스터는 중요한 언급을 한다.

유능하고 치밀한 지도자는 뒤로 물러나 대타자의 이름으로 말하며,

자신의 권위를 자기 자신의 의지에 근거를 두고 지식을 공개적으로 경멸하는 과잉대표된 지도자에서 자신의 기이한 대항 세력을 발견한다. 이 반항적이고 반체제적인 극장이야말로 민중들에게 동일시의 지점으로 기능한다.(234)

따라서 외설적 카리스마 지도자는 마스터의 모습을 한 채 아무런 도움 없이 행동하는 척하는 전문 지식의 '억압된 것의 귀환'이다. 억압된 주인(법을 의인화하는 권위)은 (거의, 아니 완전히) 정신병적 형태를 띠고 무법적인 외설적 주인으로 돌아온다. 주인은 여기서 '과잉대표' 된다. 그는 상징적 존엄성으로 환원되지 않고, 모든 특이성을 지닌 권위를 상징한다. 외설적 주인의 등장으로 인해 지식은 어떻게 될까? 우리가 풍부하게 볼 수 있듯이, 중립적인 전문 지식은 그 (내재적) 반대인 음모이론의 '특별한' 지식으로 변형되어 가담자에게만 제공된다(지구 온난화는 사기이며 코로나-19 대유행은 국가기구와 의료 기업에 의해 발명되었다 등).

그렇다면 이 교착 상태에서 벗어날 방법이 있을까? 가장 확실한 방법은 권위를 가진 사람이 그에게 복속된 주체들에게 자신이 권위를 행사할 자격이 없음을 공개적으로 인정하고 그대로 물러남으로써 피지배자들이 능력껏 현실에 직면하게 두는 것이다. 슈스터는 부모의 권위와 관련해서 이러한 제스처의 윤곽을 그려 낸 한나 아렌트의 말을 인용한다.

현대인이 갖는 세상에 대한 불만, 있는 그대로의 사태에 대한 혐오감과 관련해서, 자녀에 대한 책임을 떠안기 거부하는 부모들의 태도보다 더 명확하게 표현하는 사례를 알지 못한다. 마치 부모들이 매일 이렇게 말하는 것과 같다. '이 세상에서는 우리조차도 편안하게 안락함을 느끼지는 못해. 그 안에서 어떻게 움직이고, 무엇을 알고, 어떤 기술을 습득해야 하는지는 우리에게도 미스터리지. 그러니 너희들은 최선을 다해 알아내려고 노력해야 하며, 어떤 경우에도 우리에게 책임을 물을 자격이 없어. 우리는 결백하고, 너희에게 관여하지 않을 거야.'²⁷

아렌트가 떠올린 부모의 이 말은 어느 정도 사실이지만, 그럼에도 불구하고 실존적으로 거짓이다. 부모는 이런 식으로 관심을 거둘 수 없다. ("나는 자유의지가 없고, 내 결정은 뇌 신호의 산물이므로 나는 결백하고, 내가 저지른 범죄에 대해 책임이 없다!"라는 말도 마찬가지다. 설령 이것이 사실이라고 하더라도 나의 주관적 입장으로서는 거짓이다.) 이 말은 "윤리적 교훈은 부모가 (해야 할 일과 세상이 어떻게 돌아가는지) 아는 척해야 한다는 것인데, 왜냐하면 권위를 떠안는 것 외에는 권위의 문제에서 벗어날 수 있는 방법이 없고, 권위의 바로 그 허구성과 그에 따르는 모든 어려움과 불만을 떠안아야 한다"는 뜻이다. (219)

그러나 다시 말하지만, 이것이 밀레르의 냉소적인 해결책과 어떻게 다를까? 역설적이게도, 주체는 권위를 행사할 수 없는 자신의 무능함을 충분히 인식하면서도, 냉소적인 거리가 아니라 필요하다면 목숨까지 희생할 준비가 되어 있는 진정성을 가지고 권위를 표방한다. 이 차이를 이해하기 위해서는 리비도적 경제, 다양한 주이상스의 양태를 감안해야 한다. 정치는 주로 유사물과 동일시(상상계과 상징계)의 수준에서만 일어나는 것이 아니라, 주이상스의 실재와도 항상 관련되어 있다. 정치적 유사물과 동일시에는 다양한 방식의 주이상스가 깊숙이 스며들어 있다(다른 인종이나 여성에게 귀속된 주이상스, 그들을 공격하고 모욕하는 주이상스 등 주이상스를 동원하지 않는 인종주의나 반페미니즘은 상상할 수도 없다). 제라르 밀레르가 비시 치하의 프랑스의 페탱주의 담론에 대한 상세한 분석에서 페탱의 "즐기게 하려는 충동(심지어 절정에 이르게 하려는 충동)"에 대해 말하는 이유가 여기에 있다.[28] 이와 유사한 방식으로, "즐기게 하려는 충동"을 고려하지 않고 우리가 트럼프를 이해하겠다고 할 수 있을까?

해방의 목표를 가진 사회도 마찬가지다. 라캉 자신의 정신분석 학파(그가 해체했기에 실패했다고 인정한 학파)를 예로 들어 보자. 그 학파 역시 '유사물에 의해서만 결집되는' 모임이었을까? 유사물의 영역에서 벗어나는 유일한 단계는 오로지 분석 과정에서 '환상을 가로지르는' 개별적인 순간일 뿐인가? 분명 이렇게 되리라고 의도한 것은 아니었다. 모임을 조직하려던 라캉의 시도는 '유사물에 의해서만' 결집되는 사회가 아니라 '대의라는 실재'에 의해 뭉쳐지는 사회를 구성하려는 '레닌주의적' 시도가 아니었을까? (이 때문에 라캉은 자신의 학파를 해체한 후, 대의 그 자체를 품은 학파인 〈프로이트 대의학교〉라는 새로운 학파를 설립했지만, 이 역시 실패했다.)

라캉의 반도스토옙스키적 공식을 뒤집는다면 이 혼란에 질서를 부여하는 데 도움이 될까? 신이 **정말로** 존재한다면 **아무것도** 금지되지 않을까? 이것은 신의 직접적인 도구, 즉 신의 의지대로 행동하기 때문에 원하는 것은 무엇이든 할 수 있는 소위 '근본주의자'에게만 해당된다는 것이 분명하다. PC 엄격주의와 종교적 근본주의가 어떻게 동전의 양면과 같은지 우리는 알 수 있다. 두 경우 모두, 예외는 없다. 아무것도 금지되지 않거나 모든 것이 금지된다. 이 상황을 좀 더 명확하게 설명하기 위해, 우리는 아마도 라캉의 이른바 성차 공식을 활용해야 할 것이다. 예외에 기반을 둔 보편성과 예외가 없다는 것을 의미하는 비보편성('비-전체')의 두 쌍이 바로 그것이다.

권위에서 허용으로… 그리고 뒤로

그렇다면 무한한 PC적 규정들로 인해 모든 것이 금지되는 것으로 드러나는 포스트모던적 허용의 상태는 어떤 것일까? 남성적(…을 제외한 모든 것이 허용됨)인가 아니면 여성적(…을 제외한 모든 것이 금지됨)인가? 두 번째 버전이 옳은 것처럼 보인다. 허용적인 사회에서는 (성적 관용을 보장한다고 주장하는) 규정의 위반 자체가 실제로 금지되며 은밀하게 용납되지 않는다. 이것은 우리가 라캉의 주장을 여성적인 형태로 바꿔야 한다는 것을 의미한다. 신이 존재하지 않는다면 금지되지 않는 것은 아무것도 없다. 이는 비-전체가 금지된다는 것을 의미하며, 이 비-전체는 보편적 관용의 외양을 띠고 존재한다. 원칙적으로는 모든 것(모든 다른 형태의 섹슈얼리티)이 허용되지만, 모든 특정한 경우는 금지된다. 정치적 차원에서는, 캄푸체아의 크메르 루즈 헌법 제15장에는 이렇게 명시되어 있다. "캄푸체아의 모든 시민은 어떤 종교든 그에 따라 예배할 권리와 어떤 종교든 그에 따라 예배하지 않을 권리가 있다. 민주 캄푸체아와 캄푸체아 국민에게 해로운 반동적 종교는 절대적으로 금지된다."[29] 따라서 모든 종교는 허용되지만 기존의 모든 특정 종교(불교, 기독교 등)는 반동적이라 '절대 금지'된다.[30] 금지에서 허용적 규제로의 전환이 영화 계에서 어떻게 작동하는지에 대해서는 듀에인 루셀이 설명하는 또 다른 버전이 있다.

> 1930년대에 '헤이즈 코드Hays Code'는 영화 내에서 일련의 금지 또는 규칙을 규정했다. 스크린에서 섹슈얼리티의 전시나 표현을 명시적 으로 금지했다. 그런데 오늘날에는 어떤 일이 벌어지고 있을까? 오 스카가 정한 최신 규칙을 보면 더 이상 섹슈얼리티를 보편적으로 금 지하는 것이 아니라, 섹슈얼리티의 특정 또는 선별적 긍정(궁극적으 로는 쿼터제)으로 가는 분명한 변화가 있었다. 즉, 스크린에 특정 섹 슈얼리티의 표현을 반드시 포함해야 한다는 것이다. 내가 향유에 대 한 특정한 긍정을 강요하는 새로운 문화 논리의 중요성을 강조해 온 이유가 여기에 있다.[31]

이런 사례를 찾기는 쉽다. 할리우드에는 게이의 비율이 상대적으 로 높은데도 이야기에 게이로 묘사된 인물이 하나도 없다는 것이 〈라라 랜드〉에 대한 반응 중 하나였다. (오늘날 출판계도 마찬가지다. 어떤 주제 에 대한 독자의 제안을 받으면 출판사의 첫 번째 반응은 "저자에 여성, 흑인, 아 시아인 등이 충분히 포함되어 있는가?"이다. 최소한의 진지한 접근 방식은 다른 질문을 제기해야 한다. 왜 선택된 주제를 다룬 훌륭한 작가들 가운데 여성, 흑인 이 그리 많지 않을까?) 이 차원에서 무언가가 바뀔 수 있을까? 동등한 비 율(충분한 여성, 흑인 등)을 직접 부과하는 것은 반생산적이며 분노를 불러울 뿐이다. 중국에는 콜로키움을 조직하는 일이 정치적으로 올바른 규칙을 따르는 문제가 된다. 여성, 흑인, 아시아계, 라틴계, 게이, 트랜스를 찾아라….

특정 정체성과 관련된 향유의 균형 잡힌 분배라는 전체 절차가 잘못되었다. 헤이즈 코드의 조건에서는 적어도 금지 사항을 위반하는 방법이 명시되었다. 동성애에 대한 언급은 금지되었지만, 영화에서 남성이 향수를 사용하는 것으로 언급되면 그가 게이라는 신호이고, 매춘을 다루는 것은 금지되었지만 여성이 뉴올리언스 출신으로 묘사되면…. 정치적으로 올바른 '정의'가 들어서면, 금지가 규제 명령으로 대체되기 때문에 검열은 어떤 의미에서 훨씬 더 심해진다. 벤 버기스의 책 제목을 인용하자면, 철회(취소) 문화의 행위자는 "세상이 불타고 있을 때의 코미디언"이다.[32] '너무 급진적'인 것과는 거리가 먼 이들의 새로운 규칙 제정**은 항상 변화를 위해 싸우는 척하면서 실제로는 아무것도 바뀌지 않도록 하는** 유사행동의 모범적인 사례 중 하나라고 할 수 있다. 이러한 맥락에서 사로지 기리는[33] 반인종주의와 친이민 투쟁을 결합하는 새로운 형태의 자본, 특히 반트럼프 기술자본가들(구글, 애플, 페이스북)을 '깨인 자본주의woke capitalism'라고 부르며 주목했다. 불균형의 근본적인 원인을 공격하지 않고 피상적인 '정의로운' 균형을 이루기 위한 조치를 처방한다고 해서 상황이 바뀌지는 않는다. 최근의 사례가 여기 있다.

캘리포니아 교육부는 성적이 우수한 학생과 그렇지 못한 학생 간의 격차가 사라져야 하며, 말만으로는 충분치 않다고 선언했다. 학교는 교실에서 '공정'을 제공해야 한다는 것이다. 이러한 노력에는 교사가 성적이 우수한 학생은 뒤로 물러나게 하고, 지적 능력이 떨어지는 학생은 앞으로 밀어붙이는 (마치 모든 학생이 실제로 동등한 능력을 가진 것처럼) 일이 포함된다. '우리는 타고난 재능과 재주라는 생각을 거부한다'고 성명서는 주장하며, '한 아이가 영재이고 다른 아이가 그렇지 않은 경우를 결정하는 탈락 기준은 없다'고 강조한다. 이 제안은 또한 '타고난 수학 영재와 영재성에 대한 개념을 모든 학생이 성장 경로에 있다는 인식으로 대체하길' 희망한다.[34]

이것은 시기와 증오를 낳을 뿐인 가짜 평등주의의 대표적인 사례다. 분명한 문제는 진지한 과학을 수행하려면 훌륭한 수학자가 필요하다는 것인데, 제안된 조치는 이 점에서 확실히 도움이 되지 않는다. 해결책은 무엇일까? 모든 사람에게 좋은 교육을 더 많이 제공하고, 가난한 사람들에게 더 나은 생활환경을 제공하는 것은 어떨까? 게다가 잘못된 평등주의로 향하는 다음 단계를 상상하기는 쉽다. 어떤 개인이 다른 개인보다 성적으로 훨씬 더 매력적이라는 사실도 최고의 불의의 사례가 아닐까? 그렇다면 우리는 여기서도 정의를 향한 일종의 추진력, 즉 **한 사람이 성적으로 매력적이고 다른 사람이 그렇지 않은 경우를 결정하는 탈락 기준은 없기** 때문에 더 매력적인 사람을 뒤로 물러나게 하는 방법을 발명해야 하지 않을까? 사실상 섹슈얼리티는 무서운 불공정과 불균형의 영역이다. 향유의 공정성은 거짓 평등주의의 궁극적인 꿈이다.

그렇다면 오늘날의 팬데믹 규제는 어떻게 봐야 할까? 이 규정은 위반 행위(사적인 열광과 파티, 심지어 폭력적인 폭발)도 조장하는가? 그러나 이러한 규정은 법이 아니라, 과학적 근거에 기반을 둔 규정이며 대학 담론에 속한다. 과학자들과 보건 행정가들은 왜 그것들이 요구되는지 기꺼이 설명하며, 그것들은 심연의 법으로, 의문을 제기해서는 안 되는 규정으로 기능하지 않는다. 그렇다면 주이상스의 쾌락주의는 대학 담론의 지배의 이면인가? 그러나 팬데믹 금지와 규제에 저항하는 사람들이 과학적 근거에 기반을 둔 규제와 근거 없는 자의적 금지(위반을 조장하는)를 혼동하고 있다면 어쩔 것인가? 물론 덧붙여서, 이러한 혼란이 이미 사태 그 자체 내에 존재하고 있다면 어떻게 해야 할까? 대학 담론의 '진리'는 주인이 아닌가? 아니면 오늘날 거론되듯, 팬데믹에 반대하는 금지 사항을 강요하는 사람들의 (쏙 감춰진 것은 아닌) 비밀 의제가 사회적 통제와 지배를 하자는 주장은 아닐까?

상황을 더 복합적으로 사유하기 위해 여기에 두 가지 다른 축을 소개해야겠다. 첫째, 허용된 것과 금지된 것(명령된 것)의 축. 라캉의 주장은 일단 허용된 쾌락은 조만간 필연적으로 명령으로 바뀐다는 것, 즉 우리는 **즐겨야만** 하며, 쾌락주의는 가장 잔인한 초자아라는 것이었다. 우리는 금지를 위반할 때가 아니라 즐길 수 없을 때 죄책감을 느낀다는 것이 오늘날의 허용주의의 진실이다. 그렇기 때문에 정신분석은 환자가 완전히 즐길 수 있도록 하는 것이 아니라 초자아의 힘을 제한하고, 금지된 것에서 허용된 것으로 향유를 바꾸도록 하는 것이 목표이다(즐길 수는 있지만 즐길 의무는 없다).

다른 축은 가능성과 불가능성의 축이다. 라캉이 반복해서 주장했듯이, 여기서 금지는 향유 자체가 불가능한 것은 아니며 우리는 금지를 위반함으로써만 향유에 도달할 수 있다는 착각을 불러일으키는 일에 다름 아니다. 정신분석의 목표는 바로 금지에서 내재적 불가능으로 나아가는 것이다. 따라서 금지는 주로 그 자체로 불가능한 것을 금지한다. 하지만 이것은 너무 멀리 나가는 것이 아닐까? 굶주린 가난한 사람이 자신의 것이 아닌 음식 조각을 잡는 것이 금지될 때, 이 금지는 그 자체로 충분히 가능한 것을 금지하는 일이 아닌가? 다시 말해, 이데올로기의 기본 작동 역시 경제적 계급 이익과 지배의 이익 때문에 금지되는 것을 그 자체로 불가능한 것으로 제시하는 것은 아닐까(보편적 의료보험은 불가능하기 때문에 안 되며, 경제를 망칠 것이다…)?

여기서 또 다른 역설이 발생한다. 위반할 수 있을 뿐만 아니라 위반할 의무가 있는 금지 사항이 있기 때문에, 진정한 위반 행위는 금지 규칙을 엄격하게 지키는 일이다. (이를 나는 내재적 위반이라고 부른다. 폐쇄적인 커뮤니티의 은밀한 위반 의식에 참여하지 않으면, 명시적인 규칙을 위반하는 경우보다 더 빨리 제외된다.) 그리고 그 자체로 금지된 금지 사항이 있다(따르긴 하지만 공개적으로 발표할 수는 없다). 외양의 대타자가 여기 개입한다. 금지 사항을 준수하지만 이것이 마치 아무 의미도 없는 것처럼, 마치 원한다면 쉽게 할 수 있듯이 기회가 된다면 따르지 않을 수도 있는 것처럼 공개적으로 행동하는 것이다. 그리고 반대로, 우리는 금지를 위반할 수 있다. 다만 드러내 놓고, 공개적인 방식의 위반은 아니다. (트럼프와 오늘날의 뉴라이트 포퓰리스트들은 이 규칙을 어기고 공개적으로 금지 사항을 위반하고 있다.)

더 복잡한 문제가 있다. 우리가 억압을 위반하는 것뿐만 아니라 억압 자체를 즐긴다면 어떻게 될까? 이것이 바로 잉여향유의 원초적 형태는 아닐까? 예를 들어 팬데믹과 관련하여 다리안 리더는 팬데믹으로 인해 당국이 부과한 규칙을 준수하는 것이 그 자체로 강박적인 만족감을 가져올 수 있다고 지적했다. 마찬가지로, 정치적으로 올바른 향유는 우리가 무의식적으로 PC 규칙을 어떻게 위반했는지 발견하는 바로 그 과정을 통해 발생한다("이제 내가 사용한 문구에 인종 차별적 차원이 있다는 것을 발견했다…"). 앞서 언급한, 중매인이 자신이 대리하는 여성과 결혼하도록 청년을 설득하는 농담을 떠올려 보자. 그의 전략은 모든 반대를 긍정적인 요소로 바꾸는 것이다. 이 농담의 구조와 아내가 연인을 갖는 것을 원칙적으로 허용하지만 모든 특정 선택에 반대하는 관용적인 남편의 속담에 예시된 구조 사이에는 상동성이 있다("왜 하필이면 이 끔찍한 남자를 선택했어? 그 사람만 아니라면 누구라도…"). 여기서 진실의 순간은 프로이트의 농담에 나오는 중매인과 유사하게, 남편이 그 남자가 부적절한 이유를 찾지 못해 아무런 이유 없이, 그저 반대를 위한 반대를 위해 금지하는 연인을 아내가 제안할 때 찾아온다. 프로이트의 농담과는 달리, 그는 완벽하기 때문에 '불완전'(일련의 이유에 맞지 않음)하다. 여기서 한 걸음 더 나아가면, 권력관계에 봉사하거나 권력과 지배의 폭압하에서 행해지는 것이 아니라면 어떤 제약도 없이 섹스를 옹호하는 PC 투쟁의 일부 급진적 실천가들이 성 착취에 반대할 때 작동하는 것과 비슷한 입장은 아닐까? 실제로 이것은 가능한 성적 접촉의 모든 구체적인 사례(특히 이성애인 경우)가 거부된다는 것을 의미하는데, 그들이 비판적 분석을 통해 거기서 권력관계의 흔적(그 남자가 당신보다 부유하고 당신의 경력에 영향을 미칠 수 있다…)을 식별하기 때문이다. 언젠가는 완전히 수용 가능한 파트너가 있기를 바라며, 그 사람의 특정 속성 때문이 아니라 섹스 자체가 권력관계와 얽혀 있기 때문에 거부한다. 이 중요한 작업의 잉여향유는 모든 경우에 권력이 관련되어 있다는 것을 발견하는 (따라서 성적 쾌락을 포기해야 한다는) 반복적인 기쁨에 있다.

여기서 최악의 해결책은 필수적인 억압(생존을 위해 일부 욕망의 충족을 포기하는 것) 및 착취와 지배를 대신하여 행해지는 잉여억압surplus-repression에 (허버트 마르쿠제처럼)[35] 반대하는 것인데, 개념적인 이유로 이러한 구별은 불가능하다. 첫째, 지배와 착취는 원칙적으로 우리의 생존에 필요한 포기 행위가 리비도적으로 투자되는 바로 그 방식으로 작동한다. 둘째, (첫 번째 요점과 명백히 모순되게도) 잉여향유를 만드는 것은 잉여폭압(명백한 이유가 없는 금지)이다. 즉 라캉이 말했듯이 향유는 그 무엇에도 봉사하지 않는다. 셋째, 여기서 다시 한번 억압repression과 폭압oppression을 구분해야 한다. 폭압(잔인한 권력 행사)은 억압이 아니다. 폭압은 직접 경험되지만 우리는 (프로이트적 의미의) 억압을 인식하지 못한다. 내가 폭압을 받을 때 억압되는 것은 종종 내가 이 폭압을 즐기는 방식(불만 표출 등을 포함하는 모든 것)이다.

따라서 여기서 우리가 얻는 것은 기호학적 사각형의 두 축(불가능-가능, 금지-허용)뿐만 아니라 허용-명령의 축, 심지어 폭압-억압-우울의 삼각형까지 포함하는 복잡한 직물이다. 밀레르는 여기서 이미지를 단순화하여 폭압이 필요하다고 주장하는데, 이는 폭압(욕망의 걸림돌, 금지) 없이는 향유도 없다는 의미다. 폭압의 반대는 원하는 것을 할 수 있는 자유가 아니라 **욕망 자체의 상실인 우울증**이다. 하지만 폭압만이 우리의 욕망을 살리는 유일한 방법이고, 우울증을 피할 수 있는 유일한 방법일까? 이 시점에서 우리가 제기해야 할 질문은 억압은 어디에 있는가 하는 것이다. 라캉은 억압을 외부의 폭압이 피해자의 정신에 내면화되는 것(사회적 억압을 나의 욕망을 방해하는 심리적 힘으로 잘못 인식하는 것)

으로 보는 전통적인 프로이트-마르크스주의의 논리에 철저하게 반대하면서, 억압이 (프로이트가 '원초적 억압'이라고 부르는 것의 모습으로) 먼저 오며, 인간의 주체성을 구성하는 내재적인 불가능성을 지칭한다고 말한다. 이 '원초적 억압'은 우리가 '자유'라고 부르는 것의 다른 얼굴로서, 자연적 원인들의 사슬에 균열과 공백을 내어 우리를 자유롭게 만든다. 금지의 대리인으로서 외부의 상징적인 법의 모습은 이미 이러한 욕망의 내재적 불가능성을 모호하게 만든다.

그렇기 때문에 정신분석은 우리가 원하는 것을 자유롭게 욕망할 수 있도록 우리의 욕망을 해방시키는 것이 아니라(우리가 원하는 것은 우리가 욕망하는 것이 아니다. 우리의 가장 내면의 욕망은 일반적으로 우리가 원하지 않는 것, 우리를 두렵게 만드는 것으로 나타난다), 더 정확하게는 우리의 욕망 능력이 근거하고 있는 불가능성을 완전히 전제한다는 바로 그 의미에서만 우리의 욕망을 해방시키는 것을 목표로 삼는다. 정신분석은 이러한 불가능성을 새로운 방식으로 표시하려고 노력하는데, 그 전제는 우리가 구성적 불가능성을 제거할 수는 없지만 다른 방식으로 재기입할 수는 있다는 것이다.

그렇기 때문에 정신분석 치료의 목표가 환자의 내적 심리적 갈등(의식적 자아와 무의식적 욕망 및 금지 사이의 갈등)에서 자기소모적인 내적 갈등 없이 접근할 수 있는 행복을 방해하는 외부의 장애물로 옮겨 가도록 하는 일이라는 생각을 단호히 거부해야 하다. 이 아이디어는 프로이트에게 낯선 것이 아니었다. 이미 그의 초기 저서『히스테리 연구』(1895년, 브로이어와 공동 집필)에서 그는 상상 속의 독자/환자에게 "우리가 당신의 히스테리적 고통을 일반적인 불행으로 바꾸는 데 성공한다면 많은 것을 얻을 수 있다"라고 썼다. "건강하게 회복된 정신적 삶을 통해 당신은 그 불행에 맞서 더 잘 싸울 수 있을 것이다."[36] 그러나 나중에, 죽음충동과 소위 '부정적인 치료 반응'이라는 새로운 주제는 분명히 우리의 심리적 삶을 구성하는 내재적 갈등을 가리킨다.

불가능 없이는 자유도 없다

따라서 정신분석이 성취한 발걸음은 헤겔적, 즉 외적인 대립에서 내재적 불가능성으로의 발걸음이다. 이는 공산주의 사회의 비전에도 적용된다. 불가능성이 없는 자유는 없으며, 이 불가능성은 외부 현실이 우리에게 부과한 한계(우리의 욕구를 충족시키는 대상의 제한된 숫자)뿐 아니라 우리 욕망의 내재적 '자기모순'도 포함한다. 그러나 여기에는 또 다른 함정이 숨어 있다. 이 불가능성을 우리의 유한성과 혼동하여, 우리의 자유의 근거가 되는 불가능성을 위험과 불투명성으로 가득한 필멸의 삶이라는 사실로 여기는 태도이다. 불멸에는 자유가 없다.

헤겔, 마르크스, 하이데거, 마틴 루터 킹에 대한 새로운 독서를 통해 유물론, 실존적 유한성, 반자본주의를 결합한 일관된 세계관을 제시하는 마틴 해글룬드Martin Hägglund가 대표적 사례이다.[37] 그의 출발점은 영원에 대한 종교적 이상을 거부하는 것이다. 우리에게 있는 유일한 삶은 이승의 삶, 즉 우리의 사회적, 육체적 존재로서, 이는 환원불가능하게 필멸과 불확실성으로 낙인찍혀 있다. 우리의 운명을 보장하는 다른 세계나 더 높은 존재에 대한 모든 믿음은 환상이며, 따라서 믿음은 세속적인 용어로 재인식되어야 한다. 그것은 유한성으로 인해 우연성에 노출되고 항상 실패의 위험을 수반하는 우리의 현실적인 헌신을 표현한다. 그러나 우리는 더 상위의 보장 없이 결정해야 하는 바로 그 유한한 존재이기 때문에 자유롭다. 자유와 필멸은 동전의 양면이다.

책의 두 번째 부분에서 해글룬드는 우리의 유한한 현세적 존재인 '이승'에 초점을 맞춘 일이 갖는 사회경제적, 정치적 함의에 대해 이야기한다. 유한한 인간으로서 우리는 무한한 시간을 마음대로 사용할 수 없기 때문에(그리고 궁극적으로 불멸한다면 우리의 삶을 무의미하게 만들 것이기 때문에, 우리의 참여를 결정하는 인생 프로젝트를 선택하는 것은 유한한 생애에서만 일어날 수 있다), 우리의 핵심 관심사는 우리만의 시간을 갖는 것, 가능한 한 많은 시간을 자유롭게 써서 다양한 창의적 역량을 개발하는 데 사용하는 것이다. 그러나 생존을 위해 대부분의 시간을 임금을 받고 일해야 하는 자본주의에서는 우리가 본성적으로 신경 쓰지 않는 일에 '시간 낭비'를 해야 하기 때문에 이런 일이 일어날 수 없다. 이러한 소외를 극복하기 위해서는 돈으로 환산되는 가치를 자유 시간의 가치로 대체하는 새로운 가치 재평가가 이루어져야 한다. 이를 위한 유일한 방법은 자본주의적 삶의 형태를 생산수단의 사적 소유와 우리의 삶을 규제하는 소외된 국가 장치가 사라지는 포스트 자본주의적 민주사회주의로 대체하는 것이다. 이렇게 되면 우리는 더 이상 화폐 가치의 소유를 위해 서로 경쟁하지 않고 자발적으로 공동선을 위해 일하게 될 것이며, 공동선과 나의 개인적인 이익 사이의 적대감은 사라지게 될 것이다.

해글룬드는 이러한 급진적인 사회 변화를 실현하는 방법에 대해 구체적으로 설명하지 않았으며, 많은 비평가들은 이러한 모호함에서 책의 주요 실패 원인을 찾는다. 혹자는 또한 이러한 모호함 때문에 『현세』
가 학계뿐만 아니라 대형 언론에서도 찬사를 받게 되었다고 말할 수도
있다. 탈소외disalienation라는 주제, 즉 사람들의 직접적인 권력 행사라는
주제는 급진적인 차이에도 불구하고 헤글룬드와 트럼프를 하나로 묶어
주는 특징이다.

하지만 가차 없이 단순화해서 말하자면, 내가 훨씬 더 문제라고 생
각하는 것은 헤글룬드의 세계에 프로이트가 들어설 자리가 없다는 점이
다. 어떻게 자본주의 이후의 사회에서 사람들이 자발적으로 공동선을
위해 일하게 될 것이라고 주장할 수 있을까? 무슨 이유로? 인간의 욕망
을 구성하는 시기심은 어디에 있나? 프로이트가 설명했고 그의 죽음충
동 개념에 집중되어 있는 인간 욕망의 기본적인 '도착성'은 모두 어디에
있나? 인간이 저지를 수 있는 모든 끔찍한 일들, 즉 자기파괴, 불행을 추
구하는 모든 복잡한 방식들, 고통과 굴욕 속에서 쾌락을 찾는 행위 등이
특정한 소외된 사회적 형태의 효과로 환원될 수 있다는 휴머니즘적 신
뢰가 헤글룬드의 책을 더 많은 대중에게 매력적으로 보이게 하는 이유
이다. 내가 전개하고자 하는 것은 이러한 모든 공포, 언어라는 사실 자
체가 내포하는 '소외', 인간 욕망의 모든 반사적 왜곡(욕망의 억압이 필연
적으로 억압에 대한 욕망으로 변하는 방식 등)과 양립 가능한 공산주의에 대
한 비전이다. (케빈 베이컨은 이렇게 말했다. "나는 내가 연기한 어떤 역할보다
그냥 잘 알려져 있어서 유명하다는 말을 더 많이 들었다."[38]) 이것이 바로 언
어의 반사성, 즉 헤겔식으로 말하면, 언어에서 한 속genus이 그 자체로 자
신의 하나의 종species이 될 수 있는 방식이다. 즉 '무엇으로-잘-알려짐'
은 여러 종을 가지며, 그중 하나가 '잘-알려짐으로-잘-알려짐'이다. 킴

카다시안의 경우에도 마찬가지일 뿐만 아니라 좀 더 구체적으로 말하자면 사랑도 그렇다. 누군가를 사랑해야 하는 이유 때문만이 아니라 사랑 그 자체로도 누군가를 사랑할 수 있다(그리고 항상 그렇게 하고 있다). 이 반사성은 헤겔이 말하는 실제적 무한성(끝이 없는 수열의 가짜 무한성과는 대조적으로)의 이름이며, 이 반사성이 프로이트적 죽음충동을 구성하는 것이므로, 우리는 여기서, 적어도 나의 프로이트-라캉적 관점에서는, 인간 조건의 근본적 유한성에 대한 해글룬드의 주장이 지닌 운명적 한계를 만나게 된다.

유한성의 철학의 공리는 우리 존재의 초월할 수 없는 지평으로서 유한성/죽음을 벗어날 수 없다는 것이다. 라캉의 공리는 우리가 아무리 노력해도 불멸성을 벗어날 수 없다고 말한다. 하지만 이 선택지가 거짓이라면, 즉 유한성과 불멸성이 결핍과 과잉처럼 시차적 쌍을 이룬다면 어떻게 될까? 이 둘이 다른 관점에서 본 동일자라면 어떻게 될까? 불멸성이 유한성에 대한 잔여/초과의 대상이라면, 유한성이 불멸의 과잉으로부터 벗어나려는 시도라면 어떻게 될까? 키르케고르가 옳았지만 잘못된 이유에서 옳았다면? 그 역시 우리 인간이 생물학적 죽음 이후 사라지는 필멸의 존재에 불과한 이유가 불멸의 영혼에 따르는 윤리적 책임을 회피하기 위한 쉬운 방법이기 때문이라는 주장을 이해했던 것이라면 어떨까? 그는 불멸을 인간의 신성하고 윤리적인 부분과 동일시하는 한에서 잘못된 이유에서 옳았지만, 거기에는 또 다른 불멸이 있다. 캔터가 무한성을 위해 했던 작업을 우리는 불멸을 위해 해야 하며, 불멸의 다중성을 긍정해야 한다. 즉 (인간 동물의 유한성과는 대조적으로) 바디우식 **사건**의 전개의 고귀한 불멸/무한성은 라캉이 사드의 근원적 환상이라고 부르는 더 기본적인 형태의 불멸성 뒤에 온다. 무한히 고문당할 수 있지만 그럼에도 불구하고 마술처럼 아름다움을 유지하는 희생자의 또 다른, 멋진 신체에 대한 환상 말이다. (톰과 제리와 다른 만화 영웅들이 모든 우스꽝스러운 시련에서 온전하게 살아남는 것처럼, 타락한 고문관으로부터 끝없는 굴욕과 훼손을 당하면서도 신비롭게 살아남는 어린 소녀의 사드적 모습을 떠올려 보자.) 이러한 형태에서 코믹한 것과 역겨우리만치 끔찍한 것(대중문화에 있는 좀비, 뱀파이어 등 다양한 버전의 '언데드'를 떠올려 보자)은 뗄 수 없는 관계에 있다. 진정으로 급진적인 악에는 파괴할 수 없는 무언가가 있다는 직관이 그 기저에 깔려 있다. 리비도의 이러한 맹목적인 불멸에의 고집을 프로이트는 '죽음충동'이라고 불렀는데, 이 죽음충동은 역설적이게도 정확히 그 대립물을 부르는 프로이트적 이름, 즉 정신분석학에서 불멸이 나타나는 방식을 부르는 이름이다. 다시 말해 삶과 죽음, 생성과 부패의 (생물학적) 순환을 넘어 지속되는 기이한 삶의 과잉, '언데드'한 충동을 일컫는다. 프로이트는 죽음충동을 소위 '반복강박'과 동일시하는데, 이는 고통스러운 과거 경험을 반복하려는 기괴한 충동으로서, 그 영향을 받는 유기체의 자연적 한계를 뛰어넘어 그 유기체의 죽음 이후에도 지속되는 것처럼 보이는 충동이다.

매튜 플리스페더는 1960년대의 '이론적 반인간주의'와 오늘날의 '포스트휴머니즘'을 명확하게 구분 짓는 두 가지 특징에 주목했다. "1960년대의 반휴머니스트들이 주체의 죽음을 선포했다면, 오늘날 우리는 훨씬 더 불안한 인간의 죽음을 마주하고 있다. 반휴머니스트들이 담론 안에서 주체를 해체하는 데 그쳤다면, 오늘날 포스트휴머니스트들은 인류의 수직성에 의해 대체되었다고 주장하는 물질과 객관성으로의

회귀를 실현하는 데 훨씬 더 야심차게 나서고 있다."³⁹ 따라서 1960년
대에 푸코와 알튀세르에 의해 제시된 주체 개념(주체로서의 우리의 자기
인식)은 역사적으로 특정한 담론 형성(알튀세르에게는 보편적인 이데올로
기적 오인에 더 가깝지만)으로서 '해체'되었다. 게다가 이 해체의 궁극적인
지평은 담론이었다. 즉 담론은 일종의 초월적 선험으로서, 우리가 현실
을 다룰 때 항상 이미 여기에 있는 것으로 상정되었다. 이에 반해 오늘
날의 포스트휴머니즘은 '주체의 죽음'이 아니라 '인간의 죽음'을 다루며,
자유롭고 책임감 있는 존재로서 인간이라는 자기인식의 허구성을 주장
하고, 이러한 자기인식은 무시된 담론적 메커니즘이 아니라 우리가 실
제로 어떤 존재인지를 무시하는 데 근거를 둔다는 점을 증명한다. 우리
는 우리 뇌에서 일어나는 '맹목적인' 신경세포 과정에 불과하다. 1960년
대의 반인간주의와 달리 오늘날의 포스트휴머니즘은 직접적인 유물론
적 환원주의에 의존한다. 우리의 자유와 개인의 존엄성은 '사용자의 환
상'이며, 우리는 실제로 환경과 상호작용하는 복잡한 신체적 과정의 네
트워크에 불과하다.

  반인간주의에서 포스트휴머니즘으로의 이러한 전환이 초래한 아
이러니한 결과는 인간의 완전한 자연화라는 포스트휴머니즘의 도전에
직면했을 때, 여전히 반인간주의자이거나 (밀레르 같은) 그 추종자가 갑
자기 인간 자기경험의('탈중심화'되었지만) 독특성과 그것을 '객관적인' 신
경 과정으로 완전히 환원할 수 없음을 강조하면서 (거의) 휴머니스트처
럼 떠벌리기 시작한다는 것이다. 또 다른 차이점은, 담론적 해체가 우
리의 일상생활(우리가 자유로운 책임 주체로서 자신을 계속 경험하는)에 직
접적인 영향을 미치지는 않는 반면, 포스트휴머니즘은 우리의 현실에

개입하여 우리의 자기인식을 근본적으로 변화시킬 것을 약속(어느 정도
는 이미 달성)한다는 것이다. 우리가 완전한 디지털 통제에 복종하고 우
리의 뇌가 직접 네트워크에 연결될 때, 우리의 유전자가 변환될 수 있고
알약이 우리의 행동과 애정을 바꿀 수 있을 때, 이는 기본적으로 우리가
자신을 경험하고 행동하는 방식에 영향을 미친다.

2021년 7월, 탐사 저널리즘의 큰 성과가 대중들에게 충격을 안겨
주었다. 이스라엘 사이버 무기 회사 NSO 그룹이 개발한 스파이웨어인
페가수스가 발견되었는데, 이 바이러스는 휴대폰(및 기타 디바이스)에 은
밀하게 설치되어 문자 메시지 읽기, 통화 추적, 비밀번호 수집, 위치 추
적, 대상 디바이스의 마이크와 카메라 액세스, 앱에서 정보 수집이 가능
하다. 페가수스는 많은 국가에서 반체제 인사, 야당 정치인, 언론인 등
을 통제하는 데 사용되었고 (지금도) 사용되고 있다. 물론 페가수스와 같
은 것이 작동한다고 짐작했기 때문에 우리는 이미 알고 있던 사실을 알
게 되었다. 하지만 그럼에도 불구하고 우리가 구체적인 데이터를 알게
된 것이 중요하다. 막연한 일반적인 의심에 머물러 있다면 우리가 통
제당하고 있는 수준을 무시할 수 있지만, 이제는 모르는 척 넘어갈 수
없다.

다시 플리스페더로 돌아가서, 그와 나의 유일한 차이점은 이러한
통찰을 바탕으로 그가 오늘날 필요한 전 지구적 해방 투쟁의 토대가 될
수 있는 새로운 보편적 휴머니즘을 주장한다는 점이다. 그의 주장은 궁
극적으로 초월적 성찰의 새로운 버전이다. "신경과학자로서의 내가 신
경세포와 생물학적 과정의 집합에 불과하다고 주장할 때, 나는 항상 이
성적 논증의 형태로 이를 수행하며, 과학 공동체의 일원으로서 다른 사

람들을 설득하려고 노력한다. 내가 이성에 의해 설득되는 자유로운 이성적 존재로서 타인에게 말 걸고 (행동하는) 이 공동체의 공간은 추상적인 데카르트 코기토가 아니라 인간 집단으로서 항상 여기에, 내 활동을 통해 작동하고 있다." 따라서 이미지를 조금 단순화하자면, 플리스페더는 인류, 즉 인간됨의 근본 차원이 아닌 주체를 희생할 준비가 되어 있지만, 나는 정반대로 하고 싶은 유혹을 받는다. 나는 (지금까지 우리가 인식해 온 것처럼) 주체가 아니라 우리 존재의 기본적 특징을 희생할 준비가 되어 있다. '인간성'은 인격, 우리 영혼의 '내적 풍요' 등과 같은 차원의 개념으로서, 궁극적으로 '주체'라는 공백을 채우는 현상적인 형식, 즉 가면이다. 주체가 의미하는 것은 헤겔이 자기관계적 부정성, 프로이트가 죽음충동이라고 부르는 인간됨의 비인간적 핵심이다. 따라서 칸트가 초월적 통사의 주체를 인간의 영혼 및 그 영혼의 풍요와 구별했듯, 프로이트와 라캉이 무의식의 주체와 깊은 열정으로 가득찬 융의 인격을 구별한 것처럼, 우리 특유의 곤경에 처한 우리는 인간됨의 유혹에 맞서 비인간적인 주체성의 핵심에 충실해야 한다. 주체란 인간 안에 있는 인간 이상의 것, 인간 존재를 산죽음의 존재로 만들며 삶과 죽음의 순환 너머를 고집하는 죽음충동의 불멸성이다.

죽음충동 개념의 존재론적 함의는 역설적이다. 우리에게 일어날 수 있는 최선의 일이 애초에 태어나지 않는 것이라면, 우리의 존재는 이미 일종의 실패, 즉 태어남이라는 실패, 아예 태어나지 않는 최적의 상태에 도달하지 못한 실패이며, 실패한 존재는 존재의 부족이 아니라 비존재를 달성하지 못한 우리의 존재 자체다.[40] 다시 말해, 우리의 존재는 비존재라는 반실재적 가설에 의해 내적으로 측정된다. 이러한 반전으로부터 급진적인 존재론적 결과를 도출하는 일을 두려워해서는 안 된다. 표준적 존재론적 구성에 따르면, 개체는 완벽을 위해 노력하고, 그들의 목표는 잠재력을 실현하여 완전한 존재가 되는 것이며, 존재의 결핍은 사물이 잠재력을 완전히 실현하지 못했다는 신호다. 이러한 구성을 뒤집어야 한다. (특정한 실체라는 의미에서) 존재 그 자체는 실패를 의미하고, (특정 실체로서) 존재하는 모든 것은 실패로 표시되며, 완벽을 달성하는 유일한 방법은 비존재의 공백에 몰입하는 것이다.

어떤 의미에서 플라톤 자신도 이것을 알고 있었다. 모든 존재(들)는 존재 너머의 에페케이나 테스 우시아스epekeina tes ousias, 즉 최고선으로부터 유래하며, 사건-지평선이 떠오르는 블랙홀처럼, (이 남용된 비유를 적용하자면) 우리는 사건-지평선 너머로 즉자에 대한 우리의 환상적 구성을 투사한다. 우리는 즉자인 공백에 도달하는 일에 실패하는데, 왜냐하면 헤겔이 『정신현상학』에서 분명히 말했듯, 현상의 베일 너머의 이념은 우리(주체)가 거기에 설정한 것일 뿐이기 때문이다. 모든 존재는 또한 비존재에 이르려는 실패한 시도이다. 존재는 실패한 비존재라는 논제는 보통 급진적인 부정적 행위가 희극적 실패로 반전되는 일로 읽힌다. "깊은 절망 속에서 당신은 자기파괴를 원하지만 이것조차 실패한다." 여기에 이러한 유형의 부정의 부정은 헤겔에게 이질적이며, 프로이트(부정으로서의 억압, 부정의 부정, 억압된 것의 귀환, 억압/부정의 실패에 대한 증거)에 훨씬 더 가깝다는 점을 덧붙여야겠다. 하지만 이러한 논리가 헤겔에게 정말 낯선 것일까? 헤겔의 가장 유명한 구절 중 하나인 주인과 노예의 변증법도 정확히 실패한 비존재로부터 시작하지 않는가? 삶과 죽음의 투쟁을 벌이는 두 자의식의 대결에서 양쪽이 모두 목숨을 걸고 끝까지 갈 준비가 되어 있다면, 그 투쟁은 막다른 골목에서 끝난다. 즉 한쪽은 죽고 다른 한쪽은 살아남지만 싸움을 인정할 타자가 없다.[41] 자유와 인정의 전체 역사, 다시 말해 전체 역사, 문화의 전 존재는 이 근원적인 타협을 통해서만 생겨날 수 있다. 눈과 눈을 맞댄 대결에서 한쪽(미래의 노예)은 "눈을 피하며" 끝까지 갈 마음이 없다.

억압, 폭압, 우울

심원적인 문제가 여기에 있다. 어떻게 하면 억압으로 돌아가지 않고 우울증을 피할 수 있을까, 심지어 폭압을 행사하는 사회적 권위의 형태라도 필요해서 그 권위의 위반이 우리에게 만족을 가져다줄 수 있을까? 야니스 바루파키스는[42] 그의 소설 『또 다른 현재Another Now』에서 억압과 우울증 사이의 이러한 대립을 사회 현실 자체에 적용한다. 줄거리를 최대한 단순화하자면, 현재를 살아가는 한 무리의 개인이 2008년 위기 이후 역사가 다른 방향으로 전환된 대체 현재"Another Now"로 들어가 소통할 방법을 찾아내는데, 그 결과가 민주주의적 시장 사회주의라는 글로벌 사회이다. 투명한 방식으로 화폐 공급을 조절하는 중앙 국가은행이 딱 하나 있고, 금융 투기는 의미가 없어져 사라지고, 각 시민이 자신의 몫을 할당받아 소유권이 분산되며, 의료와 인권이 모두에게 보장된다. 요컨대, 모든 요구가 반영되는 글로벌 자기관리가 이루어지기에 적대도 없고 반항할 이유도 없다. 우리 그룹이 직면한 선택은, '어나더 나우'에 남을 것인가, 아니면 우리가 알고 있는 모든 투쟁과 폭력이 있는 신자유주의적 현재로 돌아갈 것인가이다. 바루파키스는 '어나더 나우'의 완벽함을 망치는 일련의 특징을 제시한다. 첫째, 경제적 소외와 착취는 극복되고 소외된 실체로서의 국가는 사회의 투명한 자기관리로 해체되지만, 여성에 대한 더 근본적인 억압은 일상적인 관행 수준에서 더 미묘한 방식으로 살아남는다. (여기서 나는 바루파키스의 의견에 동의하지 않는다. 오늘날 우리는 정반대의 선택지, 즉 인종주의와 가부장적 억압은 사라졌지만 경제적 착취는 여전한 포스트모던 다문화 사회라는 선택에 직면해 있다.)

둘째, 시장 교환과 이것이 내포하는 경쟁적 태도("거래상의 주고받기 정신")는 여전히 위세를 떨친다.

내가 기업, 화폐, 토지 소유권, 시장의 민주화 등 '어나더 나우'에서 반란군이 이룩한 성과에 매료되고, 감명을 받고, 경외감을 느낀다는 것을 인정한다. 다만 민주화된 시장이 여전히 선의 주권과 궁극적으로 우리의 근본적인 복지를 훼손하는 거래상의 주고받기 정신을 우선시한다는 점을 제외하면 말이다. 자본주의에서 벗어난 민주화된 시장 사회는 한 가지 중요한 점을 제외하면 지금보다 무한히 바람직하지만, 교환가치를 고착화하여 시장을 최종적으로 무너뜨리는 진정한 혁명을 불가능하게 만든다는 점이 우려된다.(218-19)

프랑크푸르트학파의 용어로 하면, 이 계산적인 교환 사회에는 무언가 '도구적 이성'과 같은 것이 남아 있다. 단순한 선의, 그저 선의에서, 사랑에서 나오는 행위, 대가로 무언가를 기대하지 않고 이루어지는 행위를 위한 공간은 존재하지 않는다. 그러나 우리는 여기서 바루파키스를 보완해야 한다. '어나더 나우'에서 상상된 사회를 망쳤을 법한 것은 인간의 욕망을 구성하는 질투이다. 라캉에게 인간 욕망의 근본적인 난관은 주관적-객관적 속격 모두에서 타자의 욕망이라는 점이다. 즉 타자에 대한 욕망이자 타자에 의해 욕망되기를 바라는 욕망, 그리고 특히 타자가 욕망하는 것에 대한 욕망이다. 이미 성 아우구스투스가 잘 알고 있듯이, 시기심과 원한은 인간 욕망을 구성하는 요소이다. 라캉이 자주 인용하는 『고백록』의 한 구절, 어머니의 젖을 빠는 동생을 질투하는 아이를 묘사하는 장면을 떠올려 보자. "나는 아이가 말을 할 수는 없지만 질투한다는 것을 직접 보고 알게 되었다. 아이는 창백해지고 동생에게 씁쓸한 표정을 지었다."

이러한 통찰을 바탕으로 장-피에르 뒤피는[43] 롤스의 정의론에 대한 설득력 있는 비판을 내놓았다. 롤스의 정의로운 사회 모델에서 사회적 불평등은 그 불평등이 또한 사회 사다리의 맨 아래에 있는 사람들을 돕는 한에서만, 그리고 그것이 유전된 위계가 아니라 우연적인 것으로 간주되는 자연적 불평등—장점이 아니라—에 근거하는 한에서만 용인된다는 것이다.[44] 롤스가 보지 못한 것은 그러한 사회가 어떻게 분노의 통제되지 않은 폭발을 위한 조건을 조성할 수 있는지에 대한 것이다. 라캉은 니체와 프로이트와 마찬가지로 평등으로서의 정의는 시기심, 즉 내가 갖지 못한 것을 가지고 그것을 누리는 타자에 대한 시기심에 기반을 둔다는 생각을 공유한다. 제임슨은 『아메리칸 유토피아』에서, 공산주의에서 시기심이 자본주의적 경쟁의 잔재로 청산되어 연대적 협력과 타인의 쾌락에 대한 쾌락으로 대체될 것이라는 지배적인 낙관주의적 견해를 완전히 거부한다. 더 정의로운 사회가 되어야 할 것이기 때문에 공산주의에서 시기심과 분노는 폭발할 것이라고 강조하며, 이 신화를 일축한다. 정의에 대한 요구는 궁극적으로 상대방의 과도한 향유를 줄여 모든 사람이 평등하게 향유할 수 있도록 해야 한다는 요구다. 물론 이 요구의 필수적인 결과는 금욕주의다. 모두에게 동등한 향유를 강요할 수 없으므로 강요할 수 **있는** 것은 동등하게 공유하는 **금지**다. 그러나 오늘날 우리 사회에서 이 금욕주의는 그 반대의 형태, 즉 "즐겨라!"는 일반화된 명령의 형태를 취하고 있다는 사실을 잊지 말아야 한다. 우리 모두는 이 명령의 마법에 걸려 있으며, 그 결과 우리의 향유는 그 어느 때보다 더 방해받고 있다. 아마도 이것이 니체가 최후의 인간이라는 개념에서 염두에 두었던 것일 터이다(오늘날에 와서야 우리는 지배적인 쾌락주의적 금욕주의의 외피를 쓴 최후의 인간의 윤곽을 제대로 파악할 수 있다).

셋째, '어나더 나우'의 사회는 매우 투명해서 나의 재산과 활동이 타인에게 투명하고 나의 행동이 엄격한 PC방식으로 규제되는 등 완전한 통제가 이루어지는 사회이다. 넷째, 매우 민주적인 투명성과 정의로 인해 '어나더 나우'에서는 반항할 것이 없다. 책에 등장하는 노회한 급진 좌파 아이리스가 그려지는 방식이 이와 같다.

시스템에 대한 분노는 아이리스의 유일한 존재 방식이자 고독에 대한 백신이었다. '어나더 나우'는 분노하기에는 너무 유쾌하고 건전했다. 그것은 아이리스의 삶을 견딜 수 없게 만들었을 것이다.(219). "양오, 분명히 당신이 나에 대해 알고 있는 한 가지가 있다면"이라며 그녀는 유쾌하게 대답했다. "내가 반체제주의자라는 것이지. 반대편에 있는 내게는 완벽한 사회를 만들었다는 그들의 정치적 올바름과 우쭐거림 외에는 반대할 것이 아무것도 없었어."(228). "사랑하는 양오, 이 '나우'는 내 선천적 서식지여서, 내가 살아 있고 쓸모 있게 위험한 인물이라고 느끼는 일은 정말로 끔찍해. 반란을 경험하고 반란이 만든 제도를 겪었기에 나는 지배 계급과 그 체제의 어리석음을 비난하는 일에 있어서 그 누구보다 자신 있게 말할 수 있지. 말이 나와서 말이지 여기서 그것들을 전복하는 게 훨씬 더 쉬워."(229)

그렇다면 아이리스는 2020년과 2021년에 인기 없는 독재자에 대한 반란이 일어났던 벨라루스에서 아주 편안함을 느끼지 않았을까? 그녀는 2022년 3월 러시아의 침략에 저항하는 우크라이나에서 매우 편안하지 않을까? 그렇다면 (지금 우리의) 억압과 ('어나더 나우'에서의) 우울증 사이의 교착 상태를 어떻게 해결할 수 있을까? 반란이 우리 삶의 의미이기 때문에 반란을 일으키기 위해서는 먼저 폭압의 힘을 구축해야 한다는 명백하지만 잘못된 결론을 피하는 방법은 무엇일까? 아이리스는 자신이 진정한 반란군으로 느끼고 행동할 수 있도록 수백만 명이 불필요한 고통을 계속 당하는 것을 정말 받아들일까? 전형적인 해결책은, 폭압에 대한 투쟁은 끝이 없고 새로운 형태의 폭압이 항상 발생한다고 상정함으로써 교착 상태를 피하는 것이다. 이 해결책은 이미 헤겔이 칸트의 무한 과제의 도덕론에 내재하는 모순을 분석하면서 비판했다. 또는 핀들리의 간결한 요약을 인용하자면 이렇다. "최고의 선을 도덕에 순응하는 **자연**으로 간주하면, 도덕은 순응하지 않는 **자연**을 전제하기 때문에 이 선에서 도덕 자체가 사라져 버린다. 절대적 목적인 도덕적 행동은 그 도덕적 행동의 제거를 지향하는 것처럼 보인다."[45] 아이리스가 불평하는 것이 바로 이런 것 아닐까? 절대적인 목적으로서의 반역은 반역의 제거를 고대하는 것처럼 보인다. 이 교착 상태에서 벗어날 유일한 해결책은 헤겔적 방책이다. 완전한 민주주의가 모든 소외 구조를 폐지하는 자기투명한 사회라는 이상을 버려야 한다. 소외는 자유의 조건이며, 자유를 행사할 수 있는 숨 쉴 공간을 제공한다. 내가 기거하고 있는 대타자(사회적 실체)가 나와 **그 자신에게** 투명하지 않은 한(줄을 당기는 비밀스러운 **주인**이 없는 한)에서만 나는 자유롭다. 화해는 소외를 극복하는 것이 아니라 소외와의 화해를 뜻하며, '어나더 나우'의 문제점은 바로 소외를 실질적으로 폐지한다는 것이다.

욕망과 쾌락과 관련하여 이 소외의 역설은 욕망이 대상과 관계 맺는 방식을 복잡하게 만든다. 아이리스의 '시스템에 대한 분노'가 어떻게 그녀의 '유일한 존재 방식'으로 묘사되는지 방식을 떠올려 보자. "'어나더 나우'는 분노하기에는 너무 유쾌하고 건전했다." 따라서 소설 말미에서 아이리스의 급진적인 결정은 욕망이 가장 근본적으로 이것(우리 세계)이나 저것(다른 현재)에 대한 욕망일 뿐만 아니라 이것이나 저것을 **거부**하는 욕망일 수도 있다는 사실, 따라서 주체가 거부할 공간이 박탈당할 때 자신의 욕망이 위협받는 것을 경험한다는 사실을 예시한다. 이 역설로 인해 우리는 또한 잉여향유의 최소한의 구조와 맞닥뜨린다. 우리가 욕망하는 대상은 쾌락을 제공하는 반면, 대상에 대해 **아니오**라고 말하는 것만으로 제공되는 만족은 이 대상의 잉여, 즉 주체에게 다른 대상을 제안한다고 해서 줄어들지 않는다. 요컨대, '어나더 나우'에서 아이리스는 잉여향유를 박탈당했을 법하다.

다시 말해, 아이리스는 소외를 극복하면 향유도 박탈당할 수 있다는 것을 직관적으로 파악한다. 아론 슈스터는 「풍자를 넘어서」[46]에서 향유는 구조적으로 가장 기본적인 차원에서 **소외 자체에 대한 향유**이며, 상징적 소외를 우회하는 '직접적인' 향유는 존재하지 않는다는 것을 보여 주었다. 가장 원초적인 형태의 즐거움, 즉 자신의 엄지손가락을 빠는 것을 예로 들어 보자. 신화 속 최초의 빨기는 신체적 욕구(갈증)를 충족시키기 위해 수행되었지만, 후에는 빨기 행위 자체에 즐거움이 집중되어 (액체를 빨지 않는) 공허한 형태로 수행될 때에도 잉여의 향유가 발생하게 된다. 이러한 자기 자신으로의 반사적인 전환이 가능한 이유는 (음료에 대한) 욕구가 이미 '언어처럼 구조화'되어 있고, 요구가 곧 사랑에 대한 요구라는 상징적 질서에 의해 과잉결정되어 있기 때문이다. "나는 어머니의 모습으로 체화된 대타자에 의존하며, 어머니에게 우유를 달라는 나의 요구는 동시에 우유를 줌으로써 사랑을 보여 달라는 요구를 어머니에게 하는 것이다."

"인간의 욕망은 타자의 욕망"이라는 상징적 질서에서 소외된 후, 향유는 일종의 자기로의 복귀, 즉 소외된 욕망의 조건을 마치 자신의 것인 양 전유하는 일이 뒤따른다(인간 주체는 자신에게 부과된 바로 그 조건을 소유할 수 있고, 그것에 만족할 수 있다).

따라서 향유는 대타자와 관련한 일종의 자율화이다. 나는 타자의 사랑이 필요하지 않으며, 만족은 내 자신의 활동에서 나온다. 소외의 구조는 여기에 남아 있으며, 나는 이전과 똑같은 일을 계속하고, 그 일이 충족시키려는 욕구뿐만 아니라 내 욕구도 충족시킴으로써 나를 향한 사랑을 표현한 타자로부터 그 일을 분리할 뿐이다. 이런 식으로 나의 활동은 나의 것이 되고, 나의 즐거움을 만들어 낸다.

향유를 통해 나는 내 탈소유를 소유하거나 또는 적어도 탈소유를 즐기게 된다. 내 욕망은 내 것이 아닐 수 있지만, 그럼에도 불구하고 나는 분열된 존재를 지배하는 일련의 기표들 속에서 어떤 만족을 찾을수 있다. 상실과 소외에서 오는 이 흥분이 바로 주이상스라는 개념이 가리키는 것이다. 다시 말해, 향유는 언제나 주체의 소외에 대한향유이며, 주체가 이 소외를 어떻게 살아 내고 그것을 '자기 것'으로만드는가 하는 것이다.(181)

우리가 놓치지 말아야 할 것은 소외 자체에 대한 향유는 욕망과 향유의 관계를 특징짓는 환원 불가능한 시차의 한 측면에 불과하다는 것이다. 한편으로 라캉이 말했듯이, "욕망은 한계를 넘어서는 것에 대한방어, 즉 주이상스의 한계를 넘어서는 것에 대한 방어"이다.[47] 욕망은 항상 충족되지 않는 것이기 때문에, "결코 그것이 아닌" 모든 가능한 대상을 넘어서는 것을 목표로 하기 때문에, 욕망은 우리를 쾌락의 숨 막히는과잉현존으로부터 보호해 준다.

하지만 주이상스는 욕망에 대한 방어이기도 하다고 덧붙여야 하지않을까? 부분적인 만족으로 이해되는 향유는 상징적 질서에서 주체의 소외, 즉 자신의 소외를 살만한 것으로 만드는데, 비록 그것이 직접적인 방식으로 즐겁게 하거나 만족을 주지는 않더라도 그렇다. 향

유는 상징적 결핍에 구체적 형태를 부여하는 과잉이다.(241)

따라서 향유는 동시에 욕망의 공백 또는 순수한 초월에 대한 방어(또는 도피)이다. 욕망이 정의상 결코 완전히 충족될 수 없다면, 향유는 부재하는 사물을 여전히 그리워하면서도 그것을 반복적으로 결핍하는 행위 그 자체에서 만족을 얻는 반사적 전환을 일으킨다. 이 이중성은 바로 욕망과 충동의 이중성이다. 욕망은 결핍, 불만족을 의미하는 반면, 욕구의 순환 운동은 만족을 만들어 낸다. 욕망과 충동은 상호의존적이다. 각각은 상대방에 대한 대응으로 이해된다. 욕망은 환유적이어서 항상 하나의 대상에서 다른 대상으로 미끄러지고, "이건 그것이 아니야"라는 일을 반복해서 경험하며, 충동은 잃어버린 대상 주위를 도는 끝없는 순환을 만족의 원천으로 승화시킴으로써 이 끝없는 욕망의 움직임을 종결한다. 충동은 폐쇄적인 원환에 갇힌 순환 운동이며, 욕망은 이 폐쇄성을 깨고 상황에 신선한 공기를 불어넣어 대상을 외부화하며 주체로 하여금 대상을 찾아 나서게 한다. 이러한 상황은 가장 순수한 시차이며, 두 항목 중 어느 것도 다른 항목보다 더 원초적이지 않다. 제3의 항목은 이 둘의 합성물이 아니라 순수한 간극 그 자체이며, 욕망과 충동은 이 간극에 대한 두 가지 반응으로, 즉 욕망은 결핍을 원인-대상으로 외화시키고, 충동은 대상을 중심으로 순환한다. 욕망에서 이 간극은 결핍으로 나타나고, 충동에서는 삶의 순환을 탈선시키는 과잉으로 나타난다.

욕망과 충동 간의 구분이 지닌 다공성porosity을 가장 잘 보여 주는 사례는 안티고네의 경우다. 라캉은 정신분석의 윤리학에 관한 세미나에서 "적어도 분석적 관점에서 유죄가 될 수 있는 유일한 일은 자신의 욕망을 포기하는 것"(321)이라고 주장했다. 따라서 그의 모토는 "욕망을 포기하지 않는다ne pas ceder sur son desir"이다. 그러나 여기에 곧바로 애매성이 개입한다. 욕망은 히스테릭하고 환유적이기 때문에, 요구 너머 또는 요구 사이의 간극을 목표로 하기 때문에, '욕망을 포기하지 않는다'는 것은 결정적인 대상이 '그것'이 아니므로 한 대상에서 다른 대상으로 넘어갈 준비가 되어 있는 일이다. 즉 라캉이 〈앙코르〉 세미나에서 말한 것처럼 "당신에게 내가 주는 것은 '그것'이 아니기 때문에 나는 당신이 (당신에게) 거부해 줄 것을 요구한다Je te demande de refuse ce que je t'offre parce c'est pas ça(1972년 2월 9일 세션)"는 것에 해당한다. 하지만 안티고네는 정반대로 행동하지 않는가? 그녀의 행위는 법의 위반이 아니라 심층의 법에 대한 무조건적인 충성을 표현하는 일, 즉 오빠를 제대로 묻어 달라는 요구를 무조건적으로 고집하는 것인데, 여기에는 환유적인 욕망도 없고 타협도 없다. 이제 우리는 라캉의 충동 공식이 왜 요구와 연결된 주체, 즉 $ ◇ D인지 이해할 수 있다. 안티고네가 바로 이렇게 행한다. 라캉의 윤리 공식(욕망을 타협하지 말라)이 항상 새로운 변형으로 돌아오는 라캉의 다른 공식과 달리 단 한 번만 선언되고 다시는 돌아오지 않는 이유도 여기에 있다.

욕망의 대상-원인인 동시에 충동의 대상이 되는 오브제 a의 위치에서도 동일한 시차가 재생산된다. 욕망에서 오브제 a는 욕망이 결코 도달할 수 없는, 항상 회피적인 잉여와 같은 기능을 하며, 충동에서는 요구가 순환하는 중심의 공백과 같은 기능을 한다. 좀 더 형식적인 차원에서 오브제 a는 셸링이 '나눌 수 없는 잔여'라고 불렀던 것, 즉 기계의 원활한 작동을 방해하는 쓰레기 조각처럼 형식적 구조를 벗어난 **잔여물**이자 기계 자체를 스스로 돌게 만드는 순전히 형식적인 뒤틀린 구조이기도 하다. 이 둘은 엄밀한 상관관계가 있다. 쓰레기 조각은 기계 자체의 뒤틀림에 형체를 부여하며, 어느 것이 먼저인지는 결정할 수 없다.

주체가 대타자(상징적 질서) 안에서 구성적으로 소외되어 있다면, 라캉에게 있어 향유를 특징짓는 반전은 소외에 뒤따르는 분리의 순간으로 기능하는 것일까? 아니다. 분리는 타자 자체에서의 분리, 즉 타자에 대한 주체의 결핍이 타자 자체로 전치되는 것, 타자의 자기 자체로부터의 분리이다. 타자가 가지고 있다고 가정된 것(주체의 욕망의 대상-원인)을 타자 자체는 가지고 있지 않기 때문에 나와 타자를 결합하는 것은 이 공유된 결핍이다. 그렇다면 여기서 분리는 어디에 들어갈까? 욕망과 향유는 결핍과 과잉으로 관계 맺지만 뫼비우스의 띠의 반대편에 있는데, 과잉은 결핍 자체의 이면이기 때문에 결핍을 채우기 위해 과잉을 사용할 수는 없다. 따라서 욕망과 향유는 어떤 종류의 더 높은 종합이나 두 극의 근거가 되는 더 근본적인 차원으로의 전환을 통해 통합될 수 없다. 가장 먼저 도래하는 것은 결핍과 과잉이라는 두 극을 분리하는 간격 자체일 뿐이다. 분리는 순수한 형태와 형태 없는 잔여물, 결핍과 과잉이라는 두 가지 버전의 오브제 a를 나누는 이 틈새에 위치해야 한다. 이 틈새는 동일한 대상을 그 자체로부터 분리하여 형체가 있는 형태와 형체 없는 형체로 나눈다.

그렇다면 잉여향유란 무엇인가?

브레히트/바일의 〈세 푼짜리 오페라Dreigroschenoper〉의 유명한 장면(1막의 피날레)에서 폴리는 행복해지고 싶고, 진정으로 사랑할 수 있는 남자를 찾고 싶다는 소망을 표현한다. 아버지 피첨은 (손에 성경을 든 채) 그녀의 소망에 동의하지만, 반전이 있다.

> 이 지상에 사는 사람의 권리는,
> 사람은 오래 살지 않기에, 행복을 느끼고
> 이 세상의 모든 즐거움을 누리고,
> 돌이 아닌, 먹을 양식을 얻는 일.
> 이것은 지상의 인간의 정당한 법이지만,
> 안타깝게도 지금까지는 어느 누구도 들은 적 없다.
> 그것이, 그 정당한 일이 실현되었다는 얘기를!
> 원하는 것을 얻고 싶지 않은 사람이 있을까?
> 하지만 상황은, 그렇지 (좋지) 않다.[48]

그리고 다음과 같은 후렴구가 나온다.

> 우리는 좋은 사람이 되려 하지 / 그렇게 / 잔인하지 않고,
> 하지만 상황은, 그렇지 않다.

이 가사는 바일의 독창적인 음악과 결합되었을 때만 효과적이며,

그 단순함에서 진정한 천재의 작품이다.[49] 아버지 피첨의 답가 가사를 먼저 살펴보면, 전반부(5행으로 구성)는 우리 모두가 살고 싶은 방식(지상의 즐거움으로 가득한 길고 행복한 삶)을 설교투의 종교적 스타일로 찬양하고, 후반부는 이러한 희망적인 생각을 객관적인 사회적 상황으로 인한 불행과 고통의 잔인한 현실("하지만 상황은, 그렇지(좋지) 않다")과 대립시킨다. 냉소적인 풍자가 분명한 이 마지막 대사는 이미 음악의 곡조 변화를 암시하는데, 이 곡조는 예상했을 법한 것과 정반대의 방향으로 흘러간다. 전반부는 지상의 쾌락을 찬양하는 즐거운 음악으로, 후반부는 우리의 환상을 파괴하고 일상의 슬픔과 절망을 불러일으킬 것으로 우리는 예상했을 터이다. 실제로는 전반부는 종교적 예배 투의 느린 설교하는 방식으로, 후반부는 즐겁고 냉소적인 활기찬 방식으로 되어 있다. 즉 나쁜 소식(슬픈 메시지)이 전달되는 명백한 즐거움이 바로 잉여향유의 가장 순수한 형태가 된다. (폴리도 피첨의 이 냉소적으로 즐거운 태도에 합류한다는 점에 주목해야 한다.) 이 잉여향유는 마지막 두 줄의 거의 황홀한 어조에서 절정을 이룬다. "우리는 좋은 사람이 되려 하지 / 그렇게 / 잔인하지 않고, / 하지만 상황은, 그렇지 않다." 전반부와 후반부 모두에서 주관적 발화의 위치와 '객관적' 내용을 분리하는 간극이 두드러지는데, 가혹한 상황에 대한 언급은 순수한 위선에 구체성을 부여하는 즐거움과 함께 환기된다. "내가 뭘 할 수 있겠어, 다른 방법으로 하고 싶지만 상황이 이런 걸 어떡해!" 그것은 자신의 주체적인 참여를 흐릿하게 만드는 방법이며, 『위험한 관계』에 나오는 발몽의 저 유명한 "내 잘못이 아니야!C'est pas ma faute!"처럼 자신을 상황으로 인한 무력한 희생자로 만드는 것이다. (이어지는 다음 노래에서는 동일한 냉소적인 지혜의 반전된 버전을 발견할 수 있다. "다르게 할 수도 있지만, 이렇게도 할 수 있지!") 이는 일반적인 좌파의 만트라(주문)와는 정반대되는 말로서, 상황이 지금처럼 반드시 불가피한 것이 아니라 다르게 될 수도 있다는 것, 즉 또 다른 세계가 가능하다는 말이다.

소외 즐기기

향유가 어떻게 소외되는지에 대한 더 좋은 예를 상상할 수 있을까? 향유의 구성적 소외가 의미하는 바는 우리가 궁극적으로 대타자에 의해 매개되는 향유를 경험한다는 점이다. 즉 우리가 접근할 수 없는 타자의 향유(남성에게는 여성의 향유, 우리 집단에게는 다른 민족의 향유 등)를 경험하거나 타자에 의해 우리의 정당한 향유를 빼앗기거나 위협받는다는 것이다. 러셀 스브리글리아는 2021년 1월 6일 트럼프 지지자들이 국회의사당을 습격했을 때 이 '향유의 도둑질'이라는 차원이 어떻게 결정적인 역할을 했는지 알았다.

트럼프 지지자들이 국회의사당을 습격하면서 외쳤던 '도둑질을 멈춰라!'는 구호보다 '향유의 도둑질'이라는 논리를 더 잘 보여 주는 예가 있을까? 도둑질을 멈추라고 국회의사당을 습격한 행위의 쾌락주의적이고 카니발적인 성격은 의도된 반란 시도에서 우연히 생겨난 일이 아니다. 이 국가의 타자(흑인, 멕시코인, 무슬림, LGBTQ+ 등)에게 빼앗긴 (그렇게 추정하는) 향유를 되찾기 위한 것이기에 카니발

적 요소는 절대적으로 필수적이었다.[50]

2021년 1월 6일 국회의사당에서 일어난 일은 쿠데타 시도가 아니라 카니발이었다. 카니발이 진보적 시위 운동의 모델이 될 수 있다는 생각, 즉 시위의 형식과 분위기(연극 공연, 유머러스한 구호)뿐만 아니라 탈중앙집권적 조직에서도 카니발적이라는 생각은 심각한 문제가 있다. 후기자본주의 사회 현실 자체가 이미 카니발적이지 않은가? 1938년 악명 높았던 '크리스탈나흐트', 즉 유대인 가정, 회당, 기업, 그리고 사람들 자체에 대한 반은 조직적이고 반은 자연적인 폭력 공격의 폭발은 카니발이 아니었나? 게다가 '카니발'은 집단 강간부터 군중 린치에 이르기까지 권력의 음란한 이면을 가리키는 이름이 아닐까? 미하일 바흐친이 1930년대에 쓴 라블레에 관한 저서에서 스탈린주의 숙청의 카니발에 대한 직접적인 대응으로 카니발이라는 개념을 발전시켰다는 사실을 잊지 말아야 한다. 전통적으로 권력층에 저항하는 '하층민'의 전략 중 하나는 중산층의 품위 의식을 교란하기 위해 끔찍한 잔인함을 보여 주는 것이었다. 하지만 의사당에서 일어난 사건으로 카니발은 다시 순수성을 잃었다.

의회 의사당 시위대의 대부분은 "백인 특권의 대의를 위해 죽을 각오를 하고 부유한 교외에서 미 국회의사당으로 날아왔다."[51] 사실이지만, 그들 중 다수는 대기업들로 이루어진 상상 속의 연합체(새로운 디지털 미디어 기업, 은행 등), 국가 행정(일상생활 통제, 봉쇄, 마스크, 총기 규제 및 기타 기본 자유 제한), 자연재해(전염병, 산불) 및 "타자들"(빈곤층, 다른 인종, LGBT+ 등)에 의해 자신의 특권이 위협받는다고 생각하는 중하

층에 속한 사람들이기도 하다. 이들은 타자들이 국가의 재정을 고갈시
켜 세금 인상을 강요하고 있다고 주장한다. 핵심은 여기 "우리 삶의 방
식"이라는 범주에 있다. 술집과 카페테리아 또는 대규모 스포츠 행사에
서의 사교, 자유로운 자동차 이동과 총기 소유권, 이러한 자유에 위협이
되는 모든 것(마스크와 봉쇄 등)과 국가 통제(하지만 '타자'를 통제하는 것에
반대하지는 않음)에 대한 거부, 이러한 삶의 방식에 위협이 되는 모든 것
(불공정 중국 무역 관행, 정치적으로 올바른 '테러', 지구 온난화, 전염병 등)은
음모로 비난받는다. 이 '삶의 방식'은 분명히 계급 중립적이지 않으며,
스스로를 '미국다운 모습'의 구현으로 인식하는 백인 중산층의 삶의 방
식이다.

따라서 이 음모의 주체가 단순히 선거를 훔친 것이 아니라 우리의
(삶의 방식을) 빼앗아 가고 있다는 소식을 들었을 때, 우리는 여기에 또
다른 범주인 **향유의 도둑질**을 적용해야 한다. 자크 라캉은 1970년대 초
에 자본주의 세계화가 우리의 향유(우리 삶의 방식에 대한 몰입이 제공하는
깊은 만족감)를 빼앗아 가겠다고 위협하는, 그리고/또는 그 자체가 우리
의 손아귀에서 벗어나는 과도한 향유를 소유하고 표시하는 타자의 모습
에 비중을 둔 새로운 인종차별의 양상을 낳을 것이라고 예측한 바 있다
(비밀 유대인 의식에 대한 반유대주의의 환상, 흑인 남성의 우수한 성적 능력에
대한 백인 우월주의 환상, 멕시코인은 강간범과 마약상이라고 보는 인식을 상기
하는 것으로 충분할 것이다…). 여기서 향유는 성적 쾌락이나 다른 쾌락과
혼동되어서는 안 된다. 그것은 우리의 특정한 삶의 방식에 대한 더 깊은
만족감 또는 타자의 삶의 방식에 대한 편집증이다. 타자에서 우리를 성
가시게 하는 것은 일반적으로 일상의 작은 세부 사항(음식 냄새, 음악이나

웃음소리 등)에 구체화된다.

덧붙여서, 의사당에 침입한 시위대에 대한 좌파의 반응에도 비슷한 매혹과 공포가 섞여 있지 않았는가? '평범한' 사람들이 신성한 권력의 자리에 침입하는 것, 우리의 공공 생활 규칙을 일시적으로 중단시킨 카니발…. 내 친구들 중 일부는 의사당에 침입한 폭도들의 총격에 완전히 충격을 받았다고 말하면서 이렇게 말했다. "군중이 권좌를 장악하는 일, 이건 우리가 해야 할 일이야! 지금 엉뚱한 사람들이 하고 있네!" 포퓰리즘 우파가 좌파를 그토록 짜증나게 하는 이유는 아마도 이처럼 우파가 좌파의 향유를 훔치고 있기 때문일 것이다.

잉여향유의 사회적 차원을 다룰 때, 우리는 라캉의 잉여향유에 대한 개념이 마르크스의 잉여가치 개념을 모델로 하고 있음을 명심해야 한다. 하지만 잉여향유와 잉여가치 사이의 연관성에 대해 매우 엄밀하게 파악해야 한다. 알렌카 주판치치의 말처럼 "우리는 여기서 잉여향유와 잉여가치, 자유주의와 사회적 경제 사이의 평행이 아니라 둘 사이의 **단락**短絡을 다루고 있다." 잉여가치 추출에 초점을 맞춘 자본주의는 우리가 욕망하는 방식의 기본 좌표를 바꾼다는 것이다. 토드 맥고완은 자본주의의 탄력성(적응력)에 대한 라캉적 설명을 제공하면서 어떤 (아주 제한된) 의미에서는 자본주의가 '인간의 본성'에 실질적으로 부합한다는 점을 과감하게 인정했다. [52] 인간 욕망의 역설을 모호하게 만들고 욕망이 단순한 목적론적 방식으로 구조화되어 있다고 가정하는 전근대적 사회 질서와 달리(인간은 행복이든 다른 종류의 물질적 또는 정신적 성취든 어떤 궁극적 목표를 향해 노력하며 그 성취에서 평화와 만족을 찾는 것을 목표로 한다), 자본주의는 인간 욕망의 기본 역설을 자기 기능에 통합하는 최초이자 유일한 사회 질서다. 이 역설은 우리의 리비도적 경제에서 잉여의 기능과 관련되어 있다. 우리가 성취하는 것은 결코 '그것'이 아니며, 우리는 항상 다른 것을 더 원하고, 욕망의 궁극적인 목적은 어떤 궁극적인 목표를 달성하는 것이 아니라 끝없이 확장된 형태로 자기재생산을 하는 것이다. 시스템의 불균형이 자본주의를 정의하는 이유가 여기에 있다. 자본주의는 끊임없는 자기파괴와 혁명을 통해서만 번영할 수 있다. 역설적이게도 우리는 모든 대상에서 벗어난 잉여를 욕망하기 때문에, 쾌락과 만족을 향한 우리의 지향성 자체가 우리에게 다가올 만족을 위해 현재 가능한 만족을 영구적으로 희생하도록 강요하는데, 자본주의에서는 이렇게 쾌락주의와 금욕주의가 일치한다.

이것은 자본주의적 소비주의가 본질적으로 히스테리적이라는 것을 의미할까? 제품을 구입한 후에 우리는 정의상 실망하고, 신비한 요소는 상품에 결코 존재하지 않으며, 우리가 사는 것은 결코 '그것'이 아니기에, 욕망의 환유를 통해 다음 대상으로 넘어간다는 얘기일까? 실제로는 그렇지 않다. 주판치치는 소비주의에서 히스테리적인 태도가 도착적 리비도 경제에 의해 효과적으로 재전유된다는 점을 예리하게 지적했다. 소비주의자로서 우리는 우리가 원하는 것을 얻지 못할 것이라는 것을 미리 잘 알고 있기에 실제로 결코 실망하지 않으며, 철저하게 히스테리적인 기만의 드라마는 일어나지 않고, 히스테리적 드라마를 중립화하는 이 앎이 바로 도착을 정의한다. 히스테리는 질문을 던지는 주체의 자세(내가 진정으로 원하는 것은 무엇인가? 타자는 내 안에서 무엇을 보거나 원하는가? 즉, 타자에게 나는 무엇인가?)인 반면, 도착자는 알고 있기에 질문에 사로잡히지 않는다. 오늘날의 소비주의자는 알고 있는 냉소적 도착증자다. 이런 식으로, 욕망은 중립화되고, 욕망의 대상을 성취해도 아무 일도 일어나지 않으며, 진정한 만남의 사건이 일어나지도 않고, 사랑할 때도 사랑에 **빠지는 일**은 없다.

같은 맥락에서 우리는 자본주의 속 자본가의 향유와 자본 자체에 속하는 향유를 더 구분해야 한다. 자본가 역시 자본의 확대된 자기재생산을 관찰하는 것을 즐기고 (적극적으로 장려하는) 도착적 위치에 있다. 헤겔은 『백과사전』의 맨 마지막에 절대 이념은 반복되는 자기재생산을 즐긴다고 썼다. "영원한 이념은 그 본질의 완전한 구현 속에서 영원히 스스로를 절대정신으로 작동시키고, 생성하고, 즐긴다."[53] 절대적 앎의 정점에서 철학자는 절대 이념의 이러한 자기향유를 보는 무심한 관찰자에 불과하다. 자본의 자기향유를 관찰하는 자본가도 마찬가지가 아닐까?

로버트 팔러는 '비인격적 신념'이라는 개념을 자세히 설명했는데, 이는 (거의) 아무도 직접 믿지는 않지만 하나의 사회적 사실로 작용하여 우리의 행동 방식을 결정하는 신념이다. 개인이 흔히 하는 변명은 다음과 같다. "사실이 아니라는 것을 알지만, 커뮤니티의 구성 요소이기 때문에 규칙을 따른다"라는 식이다. 분명히 말하자면, 이러한 비인격적 믿음은 주체(다른 사람이 믿는다고 믿거나 믿는다고 전제하는 사람)와 독립적으로 존재하는 것이 아니라, 믿지 않는 척하는 주체에 의해 (혹은 믿는 바로 그때) 전제될 때만 존재(또는 오히려 작동)한다. 따라서 이 비인격적 신념의 지위는 정확히 대타자의 위상이다. "나는 믿지 않는다. 하지만 대타자는 믿기 때문에 그것을 위해 나는 믿는 것처럼 행동해야 한다"는 것이다. 그리고 다시 알렌카 주판치치의 말을 빌리자면, 비인격적 믿음과 병행하여 **비인격적 향유**라고 부를 수 있는 것, 즉 개인('직접 향유하는 주체')에게 귀속될 수 없는 향유, 즉 대타자의 어떤 형상에 귀속되는 향유도 있다고 가정해야 한다. 이러한 비인격적 향유가 도착의 특징이며, 이것이 바로 라캉이 자신을 타자의 향유의 도구로 생각하는 행위자를 도착증자로 정의하는 이유이다. 또한 『세미나 XI』의 마지막 페이지에서 라캉이 암시하는 바이기도 하다.

> 모호한 신들을 위해 제물을 바치는 일은 마치 '괴물 같은 주문'에 걸린 것 같아서 복종을 거부할 수 있는 신민이 거의 없다. 무지, 무관심, 시선 회피는 이 베일 아래 어떤 수수께끼가 숨겨져 있는지 설명해 줄 수 있다. 그러나 이 현상을 향해 용기 있게 시선을 돌릴 수 있는 사람이라면, 그리고 다시 한번 말하지만 희생 그 자체가 주는 매력 자체에 굴복하지 않는 사람은 거의 없을 것이지만, 그에게 희생은 우리가 욕망의 대상에게서 내가 어둠의 신이라고 부르는 이 대타자의 욕망이 존재한다는 증거를 찾으려 한다는 사실을 의미한다.[54]

이 '괴물 같은 주문' 아래서 신성한 타자의 쾌락을 위해 행동하는 도착자는 피해자를 고문하는 것을 즐기는 천박한 더러운 사람이 아니라, 반대로 의무를 위해 비인격적인 방식으로 자신의 임무를 수행하는 냉철한 직업인이다. 평범한 사디스트에서 진정한 도착자로 변모하는 일은 나치 강제 수용소의 관리자로서 나치 친위대ss가 돌격대sa를 대체하면서 일어난 변화에 대한 한나 아렌트의 설명의 근간이 된다.

돌격대의 맹목적인 야수성 뒤에는 자신보다 사회적, 지적, 육체적으로 더 잘 살고, 마치 원대한 꿈을 이루기라도 한 듯 권력을 쥐고 있는 모든 사람들에 대한 깊은 증오와 분노가 자리 잡고 있었다. 수용소에서 완전히 사라지지 않은 이 분노는 **인간적으로 이해할 수 있는 마지막 남은 감정**으로 우리에게 다가온다. 그러나 진짜 공포는 나치 친위대가 수용소 관리를 장악하면서 시작되었다. 이전의 자발적인 야수성은 인간의 존엄성을 파괴하기 위해 계산된 절대적으로 냉정하고 체계적인 인간 신체의 파괴로 바뀌었고, 죽음은 회피되거나 무기한 연기되었다. 수용소는 더 이상 인간의 형상을 한 짐승, 즉 실제로 정신병원과 감옥에 속한 사람들을 위한 놀이 공원이 아니었다. 그 반대가 현실이 되었다. 캠프는 완전히 정상적인 남성이 나치 친위대의 본격적인 일원이 되도록 훈련받는 '훈련장'으로 바뀌었다.[55]

아이히만은 단순히 기차 시간표 등을 정리하는 관료가 아니었다. 그는 어떤 의미에서 자신이 조직하고 있는 공포를 인식하고 있었지만, 이 공포로부터의 거리두기, 즉 자신이 그저 임무를 수행하는 관료인 척하는 것이 그의 향유의 일부였고, 그의 향유에 잉여를 더하는 것이었다. 그는 즐겼지만, 순전히 상호수동적인 방식으로 타자를 통해, 사드가 "악의 최고 존재l'êtresuprême en mechanceté"로 지칭한 "어둠의 신"을 통해 즐겼던 것이다. 다소 단순화된 용어로 표현하자면, 나치 친위대 장교는 자신이 이로움(조국의 적을 제거하여 조국의 이득)을 위해 일하는 척(심지어 진심으로 믿기도) 하지만, 그가 조국을 위해 일하는 방식(강제 수용소의 잔혹함)은 그를 사악한 관료, 즉 헤겔이 조국의 윤리적 본질Sitten이라고 불렀을 법한 것의 대리인으로 만든다. 이는 그가 국가의 진정한 위대함을 오해하는 일에 그치지 않는다. 국가라는 개념의 고귀한 위대함과 그 어두운 이면 사이의 긴장이 국가라는 개념 자체에 새겨져 있는 것이다. 유대인 침입자에 의해 위협받는 유기적 공동체로서의 독일 국가에 대한 나치의 생각은 그 자체로 거짓이며, 유대인의 음모라는 형상으로 되돌아오는 내재된 적대성을 폐제한다. 유대인을 제거해야 할 필요성이 독일의 정체성에 대한 (나치의) 개념 자체에 새겨져 있다.

새로운 우파 포퓰리즘도 상황은 비슷하다. 트럼프의 공식적인 이데올로기적 메시지(보수적 가치)와 그의 대중 연설 스타일(머릿속에 떠오르는 대로 말하고, 다른 사람을 모욕하고, 모든 예절 규칙을 위반하는 등)의 대조는 우리가 처한 곤경에 대해 많은 것을 알려 준다. 대중을 외설적인 저속함으로 폭격하는 일이 모든 것이 허용되고 오래된 가치가 무너지는 사회의 승리로부터 우리를 보호하는 마지막 장벽으로 나타나는 세상은 도대체 우리에게 어떤 세상일까? 주판치치가 말했듯, 트럼프는 오래된 도덕적 다수의 보수주의의 유물이 아니라, 이 사회 자체의 적대감과 내적 한계의 산물인 포스트모던 '허용 사회' 자체의 캐리커처적인 반전 이미지에 훨씬 더 가깝다. 에이드리안 존스턴은 이렇게 말했다. "억압은 항상 억압받는 것의 귀환'이라는 자크 라캉의 말을 보완적으로 비틀어 말하면, 억압받는 것의 귀환은 때때로 가장 효과적인 억압이 될 수 있다."[56] 이것이 트럼프의 모습에 대한 간결한 정의이기도 하지 않을까? 프로이트가 도착에 대해 말했듯이, 도착 안에서 모든 억압된 것, 모든 억압된 내용은 온갖 외설적인 모습을 드러내지만, 억압된 것의 복귀는 억압을 강화할 뿐이다. 트럼프의 외설이 해방적인 것이 아니라 사회적 억압과 신비화를 강화할 뿐인 이유도 여기에 있다. 따라서 트럼프의 외설적인 퍼포먼스는 그의 포퓰리즘의 허구성을 표현한다. 가차 없이 단순화하자면, 그는 평범한 사람들을 돌보는 것처럼 행동하면서 거대 자본을 조장한다.

전체주의적 주인들은 종종 일을 완수하기 위해 잔인한 깡패를 고용해야 한다는 것을 알고 있으며, 이 깡패들이 잔인한 권력 행사를 즐기는 사디스트라는 사실을 은밀히 인정한다. 그러나 쾌락을 구조의 순수성을 해치는 '인간적 요인'으로 제한하는 것은 잘못이다. 잔인한 외설은 사회 구조에 내새되어 있으며, 이는 이 구조 자체가 적대적이고 일관되지 않다는 표시다. 사회생활에서도 사회 구조를 가로지르는 간극(모순)을 메우기 위해 잉여향유가 필요하다. 주판치치는 여기서 2단계 잉여의 가설을 제안한다. 다른 생산 방식과 달리 자본주의는 구조적 불안정성을 억제하려고 하지 않고, 다른 사회 구성체를 불안정하게 만드는 잉여를 활용한다. 잉여로 번성하고 잉여에 의존한다. 그러나 조만간 자본의 재생산에 포함될 수 없는 잉여(시스템에 대한 노동자들의 불만)인 두 번째 수준의 잉여가 생산되며, 우파 포퓰리즘은 인종 차별적 향유, 노동 계급의 분노, 반지성주의의 모습으로 자본주의 재생산의 원활한 실행을 불안정하게 만드는 이 과잉을 재구성하려는 시도이다.

그렇다면 도착의 도구가 되는 이 타자는 누구일까? 그것은 매우 다른 두 가지 모습으로 나타난다. 발몽형 도착자(발몽이 『위험한 관계』에서 마담 드 쿠르벨을 유혹하는 방식)가 있다. 피해자가 약해진 순간에 유혹할 뿐만 아니라 그녀가 굴복한 것을 완전히 인식하게 하여 종속의 즐거움을 부끄러워하게 만듦으로써 추가적으로 굴욕을 주려는 냉정하고 체계적인 유혹자이다. 따라서 피해자는 객체가 아니라 완전히 주관화되어 자신의 굴욕 속에서 향유를 느낄 수 없는 분열된 주체가 된다.

오늘날 권력과 섹슈얼리티의 관계의 이러한 측면은 무시되는 경향이 있다. 내가 다른 사람으로부터 성적으로 욕망된다면, 나는 나를 사랑하는 상대방에 대해 어느 정도의 권력을 부여받고, 상대방은 나에 대한 종속을 즐길 수도 있으며, 나는 이 권력을 무자비하게 이용할 수 있다. 이러한 권력 유희는 성적 욕망의 변증법에 내재된 부분으로서, 내가 누군가를 열정적으로 사랑하거나 욕망할 때 나는 그 사람에게 무력하게 노출되며 따라서 매우 취약해진다. 반면에 다른 대상에 대한 나의 (탈성적인) 권력은 그를 성적으로 착취할 수 있게 한다. 교사는 학생에게 성적 호의를 요구할 수 있고, 상사는 부하 직원에게 같은 것을 요구할 수 있다. 나에게 행사할 수 있는 권력을 지닌 누군가가 나에게 성적 호의를 요구함으로써 나를 어떻게 착취할 수 있는지에 초점을 맞추고 있는 성과 권력에 대한 현대의 논쟁에서, 의미심장하게도 앞의 첫 번째 측면은 거의 무시되고 있다.

그러나 아우슈비츠의 나치 친위대 처형자들은 그렇게 하지 않았고, 그들의 향유는 희생자가 아니라 비인격적인 대타자 안에서 외면화되었다. 도착자는 향유가 작동하는 방식에서 예외가 아니다. 도착자는 오히려 주체와 관련된 향유의 기본적인 탈중심화를 드러낸다. 향유는 '내 것'으로 가정되지만 **결코 직접적으로 주관화되지 않으며**, 주관화는 항상 향유의 트라우마적인 침입에 대한 대응이고, 향유에 대해 거리를 획득하는 방식이다. 어쩌면 욕망은 향유가 주관화되는 방식의 이름이다.

필름 느와르 인물로서의 마틴 루터

이제 우리는 주제의 핵심인 향유의 신학적-정치적 차원에 도달했다. 유물론적 관점에서 '신학'은 주체와 관련된 향유의 탈중심화를 의미한다. '신'은 향유하는 대타자의 궁극적인 모습이며, 이러한 대타자의 모습은 주체의 자유에 위협을 가하고 인간의 자유를 폐지하도록 강요한다. 프랭크 루다는 이 주제를 자세히 전개했는데, 그의『자유를 폐지하기』[57]를 읽을 때 그 전제(자유를 폐지해야 할 필요성 등)를 일종의 포스트모던적 아이러니로, 즉 문자 그대로의 의미가 아니라 진정한 자유를 인식하게 하기 위해 공식화된 일련의 역설로 받아들이지 않는 것이 중요하다. 루다의 전제는 문자 그대로 진지하게 받아들여야 한다. '자유'는 오늘날 루다가 말했듯이 방향성 상실을 가리키는 용어로, 중요한 구분선을 긋는 대신 이 선을 모호하게 만드는 용어다. 루다 책의 근간을 이루는 수수께끼는, 종교적 의미의 예정론이든 자연주의적 의미의 뇌과학이든 의지의 자유가 없다면, 자유의지를 부정하는 사람들이 우리를 설득하고 우리에게 자유의지가 없다는 것을 인정하게 만드는 일이 왜 그렇게 중요한가 하는 것이다. 마치 이러한 인정이 큰 차이를 만들 것처럼 말이다. 전문용어로, 우리는 여기서 화용론적 모순을 다루고 있다. 발화된 명제 내용(완전 결정론)은 다른 실질적인 사실이나 주장이 아니라 그 발화 과정 자체에 의해 모순에 빠진다. (자유의지가 없다고 주장하고 설득하려는 주체는 합리적인 논증에 참여하는 자유 주체로서 행동한다.) 이 모순은 더 근본적인 간극을 나타낸다. 해결책은 이렇다. 맞다. 자유의지는 궁극적으로 객관적인 과학에 의해 발견되기를 기다리는 사실이 아니라 하나의 외양일 뿐이지만, 이 외양 자체에는 나름대로의 효율성이 있다. 피핀은 투르네르의 고전 『과거로부터』를 읽으면서 느와르 영화에서 주인공이 처한 곤경에 대한 섬세한 묘사에 주목한다. 맞다. 우리는 망할 운명이고, 운명은 줄을 당겨서, 모든 조종자는 자신의 차례에 조종당하며, 자신의 운명을 결정하는 자유 행위자의 모든 위치는 착각이다. 이러한 곤경을 단순히 인정하고 가정하는 것 역시 착각이며, 책임의 부담을 회피하는 도피주의다.

스스로 알고, 숙고를 잘하고, 무심하게 효과적인 행위자에 대한 전통적인 가정이 점점 더 신뢰도가 떨어지고 압력을 받고 있다면, 우리가 스스로를 대하는 방식은 어떻게 달라져야 할까? '진실'을 인정하거나 불확실성을 실질적으로 감안하는 일은 실제로 어떤 의미일까? 단순히 사실을 인정하는 것, 행위성에 대한 모든 가식을 포기하는 일이 어떤 의미일지 상상하기는 어렵다. 둘 모두 '쓸모가 없다'는 캐시의 운명론적 규정을 제프가 받아들이기 거부한 뒤 싸울 필요가 없다고 말하며 경찰에 신고할 때, 그는 하나의 입장, 실용적인 관점을 취한다. 이 관점은 사실상 이 시점까지 그에게 허용된 행동의 여지가 얼마나 제한적인지 받아들이지만, 그가 단순히 그의 역사(과거)나 그의 본성('쓸모없음')의 결과에 '휩쓸린다'고 전제하지는 않는다. 아무리 제한적이고 타협했더라도, 그는 그가 될 수 있는 유일한 방식으로 행위자가 된다. 그는 행위자처럼 행동한다.[58]

우리는 운명의 손아귀에서 벗어날 수 없지만, 그렇다고 운명에 대

357

한 책임의 부담에서 벗어날 수도 없다. "많은 최고의 느와르 영화들은 이 복잡하고 역설적인 상황이 바로 현대인의 운명이라고 할 수 있다는 느낌을 우리에게 잘 전달한다."[59] 정신분석학이 우리의 곤경을 잘 보여주는 이유가 바로 여기에 있지 않을까? 그렇다, 우리는 중심을 잃고, 이질적인 거미줄에 걸리고, 무의식적 메커니즘에 의해 과도하게 결정된다. 그렇다, 나는 말하기보다 더 많이 '말해지고' 타자는 나를 통해 말하지만, (책임을 거부한다는 의미에서) 단순히 이 사실을 가정하는 것도 거짓이며, 자기기만의 사례다. 정신분석은 전통적인 도덕보다 나를 더 책임있게 만들고, 내 (의식적) 통제 범위를 벗어난 것에 대해서도 나를 책임지게 만든다. 여기서 우리는 '부정의 부정'의 좋은 사례를 얻는 게 아닐까? 먼저 주체적 자율성이 부정되지만, 다음에는 이 부정 자체가 '부정'되어 주관적 전략으로 거부되는 것이 아닐까?

하나님의 계명을 이행할 수 없는 우리의 완전한 무력함과 무능력에 대한 한계 경험, 즉 우리에게 자유의지가 없다는 것을 받아들일 수밖에 없게 만드는 경험만이 우리를 참된 신앙으로 이끌 수 있다는 논지를 전개할 때의 루터가 정확히 같은 역설을 다루고 있지 않았을까? 이 역설에 대한 루다의 간결한 설명은 다음과 같다.

하나님은 '창세하기 전부터' 영원토록 원하셨던 것을 원하셨다. 이러한 이유로 그의 '사랑과 미움은 영원하며 세상의 창조 이전부터 존재'한다. 이것이 예정이 존재하는 이유다. 또한 그분이 원치 않으시거나 않으셨으면 우리가 그분의 계명을 이행할 수 없는 이유이기도 하다. 계명은 우리가 얼마나 무능한 존재인지 '부인할 수 없는 경험'을 할 수 있도록 하기 위해 존재한다. 따라서 율법은 자신의 무능력과 무력함, '얼마나 큰 약점이 있는지'에 대한 앎을 만들어 낸다. 계명은 자유의지가 없다는 사실에 대한 앎을 낳는다.(31-2)

여기서 가장 먼저 주목해야 할 것은 신성한 계명의 초자아적 차원이다. 프로이트에게 초자아는 우리가 그 계명을 지키지 못하도록 폭격하는 외설적 대리인으로부터 오는 것으로서 계명에 부합하지 못한 우리의 실패를 가시화하려는 목표를 지닌다. 여기서 즐기는 자는 타자(신)이며, 우리의 실패를 가학적으로 즐기고 있다. 우리가 명령을 지키지 못했을 때 성취되는 이 복잡한 명령의 구조는 프로이트가 지적한 초자아의 역설을 설명한다. 초자아의 계명에 더 많이 순종할수록 우리는 죄책감을 더 많이 느낀다. 라캉을 따라 즐기라는 명령으로 초자아를 파악할 때에도 이러한 역설이 적용된다. 향유는 불가능한 실재이며, 우리는 그것을 완전히 달성할 수 없고, 이러한 실패는 우리를 죄책감에 빠지게 한다. (여기서 또 다른 역설이 작용한다. 불가능한 실재로서의 향유는 우리가 그것을 결코 얻을 수 없다는 것을 의미하며, **아울러** 그것을 제거하려는 우리의 시도 자체가 그 자체로 잉여향유를 생성하기 때문에 그것을 제거할 수 없다는 뜻도 된다.)

오늘날 사회를 특징짓는 일련의 상황은 생태학, 정치적 올바름, 빈곤, 부채 일반에 이르기까지 이러한 유형의 초자아적 개별화를 완벽하게 예시한다. 지배적인 생태 담론은 우리를 선험적으로 죄인이며 대자연에 빚을 진 존재, 즉 우리의 개별성에 호소하는 생태학적 초자아의 항시적 압력 아래 서 있는 존재로 보는 것이 아닌가? "오늘 자연에 대한 빚을 갚기 위해 무엇을 했습니까? 모든 신문을 제대로 된 재활용 쓰레기 통에 넣었나요? 그리고 맥주병이나 콜라 캔은 모두 버렸나요? 자전거나 대중교통을 이용할 수 있었는데도 자동차를 이용했나요? 창문을 활짝 여는 대신 에어컨을 사용했나요?"[60] 이러한 개별화의 이데올로기적 이해관계는 쉽게 파악할 수 있다. 우리 산업 문명 전체에 대해 훨씬 더 유효한 전 지구적 질문을 제기하는 대신 나 자신에 대한 자기성찰에 빠져들게 된다. 그렇기 때문에 내가 죄책감을 느끼는 것은 어찌 보면 당연한 일이다. 재활용 등의 명령을 따르는 것은 궁극적으로 우리가 생태 위기의 원인에 실제로 대처할 수 있는 일을 미룰 수 있게 하는 의례들을 따르는 것을 의미하기 때문이다.

끊임없는 정치적 올바름에 대한 자기성찰도 마찬가지다. 승무원을 바라보는 나의 시선이 너무 거슬렸거나 성적으로 불쾌감을 주지는 않았나? 승무원에게 말을 걸 때 성차별적인 뉘앙스가 담긴 단어를 사용하지 않았나? 등등. 이러한 자기성찰이 주는 즐거움과 스릴은 분명하다. 순진한 농담이 결국은 순진하지 않았고 인종차별적 요소가 포함되어 있다는 사실을 알게 되었을 때 자책성 후회가 기쁨과 어떻게 뒤섞이는지 떠올려 보자. 자선 단체에 관해서는, 소말리아에서 아이들이 굶주리고 있거나 쉽게 치료할 수 있는 질병으로 불필요하게 죽어 가는 동안 우리의 편안한 생활 방식에 대해 죄책감을 느끼게 하는 동시에 쉽게 탈출할 수 있는 방법도 제공하는 메시지에 항상 시달리고 있다("당신은 변화를 **만들 수** 있습니다! 매월 10달러를 기부하면 흑인 고아를 행복하게 해 줄 것입니다!"). 여기서도 이데올로기적 토대를 쉽게 파악할 수 있다. 라자라토의 '빚진 인간' 개념은 빚을 지고 있다는 초자아의 압력이 구성적이라는, 데카르트의 표현을 빌리자면, '나는 빚을 지고 있다, 고로 나는 사회 질서에 통합된 주체로서 존재한다'는 주체성의 일반적인 구조를 마련해 준다.

그리고 일부 서구 자유주의 좌파가 이슬람 혐오증이라는 죄책감에 대해 갖는 병적인 두려움에 대해서도 마찬가지가 적용되지 않을까? 이슬람에 대한 모든 비판은 서구의 이슬람 혐오증의 표현으로 비난받고, 살만 루시디는 불필요하게 무슬림을 자극하여 (적어도 부분적으로는) 그를 사형에 처하려는 **파타와**에 책임이 있다고 비난받는다. 이런 태도의 결과는 이런 경우에 예상할 수 있는 바로 그것이다. 서구의 자유주의 좌파가 그들의 죄책감을 더 깊이 파헤칠수록 이슬람 근본주의자들로부터 이슬람에 대한 증오심을 감추려는 위선자라는 비난을 더 많이 받게 되는 것이다. 이러한 구도는 타자가 요구하는 것에 순종하면 할수록 더 죄책감을 느끼게 되는 초자아의 역설을 다시 완벽하게 재생산한다. 마치 이슬람을 더 많이 관용할수록 관용의 압력이 더 강해지는 것과 같다.

그리고 루터의 암묵적인 교훈은 우리가 이 초자아 개념을 하나님 자신과 그분이 우리 인간과 어떻게 관계하는지에 적용하는 것을 두려워해서는 안 된다는 것이다. 하나님은 우리가 이행할 수 없다는 것을 알면서도 우리에게 계명을 부과할 뿐만 아니라, 우리가 그 계명을 따르는 데 성공할 수 있을 것이라는 희망을 가지고 우리를 시험하기 위해서가 아니라, 정확히 우리를 절망에 빠뜨리고 실패를 깨닫게 하기 위해서 그렇게 한다. 그리고 바로 이 지점에서 우리는 정통 기독교의 한계에 도달한다. 우리의 완전한 무능력에 대한 이러한 인식이 자유의 행위이며, 이는 모든 것을 변화시킨다. 우리의 자유 덕분에 우리의 무기력함에 대한 경험은 우리를 절망으로 이끈다. 자유가 없다면, 우리는 그저 신성한 기계장치의 자유롭지 못한 톱니바퀴에 불과하다는 사실을 받아들일 뿐이다(반대로 우리가 도전에 맞서고 신의 계명에 따라 행동할 수 있는 힘을 우리 자신에게서 발견한다면, 이는 우리가 자유롭다는 의미가 아니라 신의 계명에 따라 행동하는 능력이 우리의 본성, 타고난 성향과 잠재력의 일부라는 의미일 것이다). 우리의 절망과 완전한 무능력에 대한 이러한 통찰을 위해 그리스도가 필요하지는 않으며, 단지 전능하신 숨겨진 신이 우리와 대적할 뿐이다. 루다의 말을 빌리자면, "[이는] 하나님과 인간을 연결하는 공통된 척도는 없다는 사실의 긍정, 즉 인간과 신의 관계는 존재하지 않는다는 사실을 긍정하는 일이다. 에라스무스는 인간과 신 사이에 연속성이 있다고 잘못 가정함으로써 '설법된 신과 숨겨진 신'을 혼동한다. 우리가 고려해야 할 것은 바로 이 구별(헤겔의 용어로는, 대자적 하나님과 즉자적 하나님의 구별)이다. 하나님은 그분의 말씀이 아니다. 말씀은 인류에게 계시된 하나님이다. 하나님을 생각하려면 계시(말씀, 그리스도)와 하나님을 융합하려는 유혹을 피해야 한다."(32)

그러나 여기서 우리는 핵심에 있는 헤겔식 비틀기를 소개하지 않을 수 없다. "계시된 하나님(성경)과 그 자신 안에 있는 하나님(숨겨진 또는 '벌거벗은' 하나님)을 분리시키는 근본적인 차이, 다른 모든 차이와는 다른 차이가 있다면"(33), 이 차이는 하나님 자체와 하나님이 우리에게 나타나는 방식 사이의 차이일 뿐만 아니라 하나님 자체의 차이이기도 하다. 하나님이 나타난다는 사실은 하나님의 정체성에 깊은 영향을 주는 사건이다. 인간과 신의 관계는 존재하지 않지만, **이러한 비관계는 인간이신 그리스도의 모습에서 그대로 존재**한다. 즉, 그리스도는 신과 인간 사이의 중개자, 즉 신이 인간과 사랑의 보살핌으로 관계한다는 증거가 아니라, 신과 인간 사이의 비관계가 신 자체로 전치되어 인간과 신을 분리하는 간격이 신에게 내재하는 것으로 주장되는 것이다. "나의 하나님, 나의 하나님, 어찌하여 나를 버리셨나이까?"라는 절망을 경험하는 사람은 바로 신(아들) 자신, 즉 십자가에서 죽어 가는 그리스도이며, 그리스도에 대한 나의 믿음을 통해 나는 바로 그 절망 속에서 신과 동일시하게 된다. 신과의 동일시는 어떤 숭고한 영적 고양을 통해서가 아니라, 우리 자신의 무능과 무력함을 신 자신에게 전치시킴으로써 완전한 절망을 통과할 때에만 이루어진다.[61] 이렇게 될 때, 아버지 신은 더 이상 외설적 초자아가 아니며, 완전한 절망의 심연은 나의 급진적 자유의 다른 얼굴로 나타나게 된다. 루터의 환상에서 개인이 절망에 빠지는 것은 어떤 불가능한 일을 수행해야 해서가 아니라, 신의 계명에 순종하지 못하는 자신의 무력함과 무능력을 경험할 때(이미 낙원에서 아담과 이브는 금단의 사과를 먹었다)임을 잊지 말아야 한다. 그렇다면 자유는 정확히 계명에 순종하지 **않을** 자유가 아닐까?

그리스도의 독특한 역할은 최고의 신비주의자인 에크하르트도 벗어난 것이다. 에크하르트가 하나님 없이 천국에 가느니 차라리 하나님과 함께 지옥에 가겠다고 말한 것은 옳은 방향이었지만, 각기 분리된 실체들로서의 인간과 신이 사라지고 심연의 하나됨에서 둘이 신비롭게 일치하는 궁극적 지평을 설정함으로써 그는 자신의 통찰에서 가능한 모든 결과를 이끌어 내지 못한다. 진정한 '가난'이 무엇인지에 초점을 맞춘

에크하르트의 설교 87편("심령이 가난한 자는 복이 있나니")을 길게 인용해
보자.

어떤 사람이 여전히 하나님의 소중한 뜻을 이루려는 의지를 가지고
있는 한, 그 사람은 우리가 말하는 가난이 없습니다. 왜냐하면 이 사
람은 여전히 하나님의 뜻을 이루려는 의지를 가지고 있으며, 이것은
진정한 가난이 아니기 때문입니다. 사람이 참된 가난을 가지고 있다
면, 그는 창조되기 전과 마찬가지로 피조물로서 지금 자신의 의지로
부터 자유로워야 합니다. 영원한 진리에 맹세코 말씀드리건대, 하나
님의 뜻을 이루려는 의지가 있고 영원과 하나님을 갈망하는 한, 여
러분은 진정으로 가난하지 않습니다. 아무것도 원하지 않고 아무것
도 바라지 않는 사람만이 가난한 사람입니다. 그러므로 우리는 사람
이 너무 가난해서 하나님의 일을 성취할 수 있는 자리에 있지도 않
고 그런 자리를 갖지도 않아야 합니다. 이 사람이 여전히 그 안에 그
런 자리를 가지고 있다면 그는 여전히 이중성에 집착하는 것입니다.
하나님을 모든 피조물의 근원으로 이해하는 한, 나의 본질적 존재는
하나님 위에 있기 때문에 나는 하나님에게서 나를 제거해 달라고 하
나님께 기도합니다. 우리가 말하는 신성한 배경, 신이 모든 존재와
이원성 위에 있는 그 신성한 배경에서, 현재의 인간 형상을 창조하
기 위해 나는 나 자신이었고, 나 자신을 의지했으며, 나 자신을 알았
습니다. 그러므로 나는 영원한 존재에 따라 나 자신의 근원인 것이
지, 현세적인 나의 존재에 따라 나 자신의 근원인 것이 아닙니다. 그
러므로 나는 태어나지 않았으며, 태어나지 않은 것과 마찬가지로 결

코 죽지 않을 것입니다. 내가 태어남에 따라 존재하는 것은 죽고 소멸할 것이니, 그것은 필멸적인 것이므로 시간이 지나면 반드시 부패할 것입니다. 나의 영원한 탄생에서 만물이 태어났고 나는 나 자신과 만물의 근원이었으니, 만일 내가 그렇게 원했다면 나나 만물이 없었을 것이나, 만일 내가 없었다면 신이 없었을 것이니, 내가 신의 존재의 원인이기 때문이요, 내가 없었다면 신은 신이 아니었을 것입니다. 그러나 그것을 알 필요는 없습니다.[62]

에크하르트는 여기서 피조물, 즉 하나님(모든 피조물의 기원)을 정점으로 하는 피조물 영역의 일부로서의 나와 모든 피조물적 삶을 넘어 하나님과 하나되는 영원한 비인격적 나("나는 내 자신의 의지와 하나님, 하나님의 뜻, 하나님의 모든 일, 하나님 자신으로부터 비어 있기 때문에 나는 모든 피조물 위에 있으며, 하나님도 피조물도 아니고, 오히려 나는 지금 그리고 영원히 그래 왔고 그렇게 될 나이다") 사이의 구별에 의탁하고 있다.[63] 그러나 이러한 구분은 하나님 없는 천국보다 하나님과 함께 지옥에 있는 것이 더 낫다는 에크하르트 자신의 주장을 설명하기에 충분하지 않다.

여기서 우리는 엄밀해야 한다. 에크하르트는 그리스도에 대해 말하는 것이 아니라 하나님에 대해 이야기하고 있다. "나는 천국에 있으면서 하나님을 갖지 못하는 것보다 차라리 지옥에 있으면서 하나님을 갖기를 원한다."[64] 여기서 '하나님'을 '그리스도'로 바꿔야 한다는 것이 나의 주장이다. 하나님은 천국이기 때문에 천국에서 하나님 없이 있을 수 없고, 지옥에서 하나님이 있을 수 있는 유일한 방법은 그리스도의 형상으로 있는 것뿐이다. 따라서 '신'을 '그리스도'로 바꿔야 하는 이유는 단순히 이것이 에크하르트의 명제를 기독교적 의미에서 의미 있게 만드는 유일한 방법이기 때문이다. (여기에는 오인용이 원본보다 더 진리에 가깝다는 좋은 예가 있다.) 또는 한 걸음 더 나가 보면, 신이 없는 세상은 지옥일 뿐만 아니라 그리스도 없는 신(즉, 인간과 분리된 신)은 악마 그 자체이다. 따라서 하나님과 마귀의 차이는 시차의 차이다. 그 둘은 단지 다른 관점에서 보았을 뿐이지 하나의 동일한 실체다. 악마는 초자아적 권위로 인식되는 신이며, 자신의 변덕을 행사하는 주인이다.

나와 하나님이 용해되는 신비로운 합일은 천국과 지옥을 넘어서는 것이고, 그 안에는 그리스도를 위한 마땅한 자리조차 없으며, 영원의 공백이다. 그럼에도 불구하고 천국을 내가 하나님과 완전히 하나가 되는 영원의 행복으로 정의하는 한, 성육신한 개인으로서, 동시에 필멸의 피조물인 신으로서 (십자가에서 죽으시는) 그리스도는 분명히 지옥의 영역에 속한다. 람슈타인 밴드는 자신들의 노래 〈천사〉에서 천국에는 사랑이 없기 때문에, 어쩌면 하나님의 무관심의 가면인 치명적으로 질식할 것 같은 사랑이 없기 때문에, 두려워하면서 외롭게 천국에 머무는 천사들의 슬픔과 공포를 단순하지만 감동적인 용어로 묘사한다. "아버지 하나님께서는 제가 천사가 되고 싶지 않다는 것을 아시고도 저를 그곳에 머물게 하십니다. 사랑은 오직 그리스도를 통해서만 오며, 그리스도의 자리는 삶이 있는 곳, 열정이 우리를 분열시키는 지옥에 있습니다. 그리고 여기서 한 걸음 더 나아가 공허의 심연에 도달하기 위해 최고의 피조물인 신을 제거해야 한다면, 그렇게 할 수 있는 유일한 장소는 신이 정의상 부재하는 지옥뿐입니다. 피조물의 영역에서 벗어나려면 피조물의 가장 낮은 단계인 지옥으로 내려가야 합니다."

에크하르트는 그의 도발적인 주장에서 그리스도와 함께 있을 곳과 없는 곳을 상상할 뿐만 아니라, 우리가 해야 할 진정한 선택, 즉 하나님과 그리스도 사이의 선택, 다시 말해 천국과 지옥 사이의 선택을 제안한다. 랭보는 『지옥에서 보낸 한 철』에서 "나는 내가 지옥에 있다고 믿는다. 그러므로 나는 지옥에 있다"라고 썼다. 우리는 이 주장을 완전히 데카르트적 의미로 받아들여야 한다. 지옥에서만 나는 유일하고 독특한 나, 그럼에도 불구하고 우주적 질서에서 분리되어 원초적 공허 속으로 들어갈 수 있는 유한한 피조물로 존재할 수 있다.

에크하르트는 피조물의 현세적 질서에서 영원의 원초적 심연으로 나아가고 있지만, 이 원초적 심연에서 피조물이 어떻게 생겨나는가 하는 핵심 질문은 피하고 있다. "현세의 유한한 존재로부터 어떻게 영원에 도달할 수 있는가?"가 아니라 "어떻게 영원 자체가 현세적 유한 존재로 내려올 수 있는가?"이다. 셸링이 알고 있었듯, 유일한 대답은 영원은 궁극의 감옥이자 질식할 것 같은 폐쇄이며, 인간의 (그리고 심지어 신적인) 경험에 개방을 가져오는 것은 오직 피조물적인 삶으로의 추락뿐이라는 것이다. 이 점은 '불교와 기독교의 영적 동일성'을 주장하는 유행을 두고 논평했던 G. K. 체스터턴이 매우 명확하게 지적한 바 있다.

사랑은 인격을 욕망하므로 사랑은 분열을 욕망한다. 하나님이 우주를 작은 조각으로 나누신 것을 기뻐하는 것이 기독교의 본능이다. 이것이 불교와 기독교 사이의 지적인 심연이다. 불교나 신지학적 인물에게는 그것이 인간의 타락이고 기독교인에게는 하나님의 목적이다. 기독교는 분리하고 자유를 주는 칼이다. 다른 어떤 철학도 신

이 우주를 살아 있는 영혼으로 분리하는 것에서 실제로 기쁨을 느끼게 만들지는 않는다.[65]

그리고 체스터턴은 하나님이 인간을 그분 자신으로부터 분리시켜 인류가 그분을 사랑하게 하는 것만으로는 충분하지 않으며, 이 분리는 다시 하나님 자신에게 반영되어, 하나님이 **자기 자신**에게 **버림받아야만 한다**는 것을 잘 알고 있다.

세상이 흔들리고 태양이 하늘에서 사라졌을 때, 그것은 예수의 죽음에서가 아니라 십자가로부터의 외침, 즉 신이 신으로부터 버림받았다고 고백했던 외침이었다. 이제 혁명가들이 모든 신조들 중에서 신조를 선택하고 세상의 모든 신들 중에서 신을 선택하여, 필연적인 반복과 불변의 힘을 가진 모든 신들을 신중하게 저울질하게 하자. 그들은 반란을 일으킨 또 다른 신을 찾지 못할 것이다. 아니, (인간이 발설하기에 그 문제는 너무 어려워지지만) 무신론자들이 스스로 신을 선택하게 하자. 그들은 자신의 고립을 발설했던 단 하나의 신을 찾을 것이고, 신이 한순간 무신론자로 보였던 단 하나의 종교를 발견하게 될 것이다.[66]

인간이 하나님으로부터 고립된 것과 하나님이 **자신으로부터** 고립된 것이 겹치기 때문에, 기독교는 "엄청나게 혁명적이다. 선한 사람이 벽에 등을 돌릴 수 있다는 것은 우리가 이미 알고 있는 것과 다름없지만, 신이 벽에 등을 돌릴 수 있다는 것은 모든 반란자에게 영원히 자랑

거리다. 기독교는 하나님의 전능하심이 하나님을 불완전하게 한다고 느낀 지구상의 유일한 종교다. 완전한 신이 되려면, 신은 왕이면서 동시에 반역자여야 한다고 느낀 종교는 기독교뿐이다."[67] 우리는 모두 양자물리학에 반대한 아인슈타인의 주장을 알고 있다. "신은 주사위 놀이를 하지 않는다!" 닐스 보어는 아인슈타인에게 기막히게 대답했다. "신에게 이래라 저래라 하지 말아요!" 그리고 우리는 이 방향으로 끝까지 밀고 가야 한다. 어떤 신학자가 "신은 악할 수 없다!"라고 주장할 때, 우리는 "신이 무엇이 될 수 있고 무엇이 될 수 없는지 말하지 마시오!"라고 대답해야 한다. 체스터턴은 우리가 접근하는 문제가 "논의하기는 수월하지만 실상 더 어둡고 끔찍한 문제"라는 것을 충분히 알고 있다. "위대한 성인들과 사상가들이 접근하기를 두려워했던 문제다. 그러나 수난에 관한 그 위대한 이야기에는 만물의 창조주가 (상상할 수 없는 방식으로) 고통뿐 아니라 의심도 겪었다는 뚜렷한 감정적 암시가 있다."

무신론의 표준적 형태에서는 해방된 인간이 신을 믿지 않고, 기독교에서는 신이 **스스로** 죽는다. "나의 하나님, 나의 하나님, 어찌하여 나를 버리셨나이까?"라는 말로 그리스도 자신은 기독교인에게 궁극적인 죄, 즉 신앙의 흔들림이라는 죄를 범한다. 그리고 다시 말하지만, 이것이 에크하르트에게는 떠오르지 않는다. 그에게 신은, 모든 피조물 생명의 근원이자 최고의 존재로서의 신도 인간이 극도의 빈곤에 도달하면 사라진다는 의미에서, "스스로 죽는다." 즉 이 바닥 지점에서 인간과 신은 구별이 불가능한 심연의 존재이다. 그러나 체스터턴에게 기독교의 궁극적 신비는 그 정반대로, 그리스도의 모습으로 하나님 자신으로 변모된 하나님과 인간의 분리이다.

여기서 우리는 마침내 루터 신학의 궁극적인 역설에 도달한다. 신적 자기분열은 자유와 예정론의 관계에 어떤 영향을 미치는가? 예정론은 객관적인 사실이 아니라 선택의 문제, 우리의 현세적 존재에 앞서는 우리 자신의 무의식적 선택의 문제이다.

우리가 처하게 된 이 독특한 종류의 선택은 프로이트가 '신경증의 선택'이라고 부르는 것과 구조적으로 유사한데, 이 선택은 독특하게도 '경험과 무관'하다. 이것은 어떤 의미에서 주체가 자신의 무의식을 선택하도록 강요받는다는 것을 의미한다. 말하자면 주체가 자신의 무의식을 선택한다는 이 주장은 정신분석의 가능성의 바로 그 조건이다.(162)

프로이트가 이 강제된 선택(항상 이미 일어났기 때문에 강제된 선택이며 우리는 결코 선택하지 않는다), 즉 동시에 불가능하면서도 필수적인(피할 수 없는) 이 선택이 "경험과 무관하다"고 말할 때, 우리는 이 공식에 온갖 칸트적 중요성을 부여해야 한다. 신경증의 선택이 경험과 무관하다는 사실은 그것이 경험적(칸트의 의미에서 '병리적') 선택이 아니라, 우리의 경험적 시간적 현존에 선행하는 정말로 초월적인 선택이라는 것을 뜻한다. 칸트는 우리 인격의 이러한 영원한/탈시간적 선택에 대해 이야기하고, 셸링은 이 지점에서 그를 추종한다. 내가 악하다면, 그것이 내 인격이기에, 나는 내 삶에서 악한 방식으로 행동하는 것을 피할 수 없지만, 그럼에도 불구하고 나는 탈시간적 행위로 그것을 선택했기 때문에 거기에 책임이 있다. 그렇다면 우리는 사례와 구분되는 범례의 문제로 돌아가는 것이 아닐까? 물론 영원한/탈시간적 선택은 우리의 시간적 현실에서 결코 일어나지 않는다는 점에서 허구이고, 우리의 모든 실제 행위와 선택이 전제된 허구적 X이며, 바로 그런 점에서 자유 선택의 바로 그 범례다. 또는 칸트의 용어로 표현하자면, 우리의 모든 현세적 선택은 자유로운 행위가 아니라 우리의 우발적 이해관계와 결정에 의해 조건화된 '병리적'인 것으로 의심될 수 있다. 오직 영원한/탈시간적 선택만이 실제로 자유롭다.

루다는 이러한 선택이 프로이트의 "해부학은 운명이다"라는 공식을 옳게 설명하는 것으로 본다. 프로이트의 말은 주어가 서술어로 옮겨가는 헤겔의 사변적 진술로 읽어야만 한다. 이는 "성기가 있느냐 없느냐의 해부학적/생물학적 사실이 남성 또는 여성으로서의 사회적 운명을 결정한다"는 의미가 아니라 (거의) 정반대를 뜻한다. 우리가 해부학적 사실로 (잘못) 인식하는 것은 상징적 운명이라는 것, 즉 강요된 선택으로 운명을 택하고, 이러한 선택은 우리의 성적 정체성이 해부학에 근거한다는 일상적 인식의 기저에 깔려 있음을 뜻한다.

> 이 모든 것을 가시화하는 것이 여성의 논리라는 사실은 프로이트에게 여성은 우리가 알지 못하는 독특한 자유의 이름이라는 것을 뜻한다. 그러나 여성이 이 선택의 이름이라면, 이는 또한 여성의 논리 안에서 여성은 (고정된 실체로서) 존재하지 않는다는 뜻이기도 하다. 오히려 여성은 이 행위의 이름이다.(163)

이 선택 행위는 중립적이지 않으며, 성적 차이에서 어느 한쪽을 선택하는 중립적 주체는 없다. 선택 행위는 여성적이고, 남성은 선택된 정체성이다. 다소 단순화된 용어로 표현하자면, 성차는 궁극적으로 되기becoming와 있기being 사이의 차이이며, 이는 여자는 존재하지 않는다는 라캉의 주장으로도 읽을 수 있다. 남자는 있고, 여자는 되고 있다. 이는 또한 남자는 객체, 여자는 주체라는 의미이기도 하다. 이것은 해부학적 차원에서도 확인되지 않는가? 캐서린 말라부는[68] 『지워진 쾌락』에서 음핵(클리토리스)의 역설적 지위에 대한 철학적 고찰을 제공한다. 즉 음핵은 어떤 것도 관통하지 않으며, 따라서 지배와 침투의 의지로부터 자유로운 다른 방식의 권력 관계의 가능성을 내포힌디고 말한다. 음핵은 아무것에도 봉사하지 않는, 다시 말해 오로지 즐거움만을 주는 유일한 기관이다. (다른 포유류에게도 음핵이 있지만, 오르가즘을 주는지는 확실치 않다.) 그것은 관통하는 음경과 질의 구멍이라는 이분법적 상보성을 벗어난 무정부 상태의 과잉을 신체에 제공한다.

클리토리스를 진화론적 방식으로 임신 초기 몇 주에 태아의 양성애성이 남긴 잔여로서, 지금은 (남성 유방 젖꼭지처럼) 기능하지 않는 것으로 설명하기는 쉽다. 그러나 물론 관건은 음핵의 진화적 기원이 아니라 여성의 상징적 영역에서 (남성에게) 외상을 입히는 음핵의 역할, 고의적으로 무시되고 심지어 원형화(음핵 절제술) 되는 대상이다. 그러나 말라부는 너무 빨리 라캉(과 프로이트)을 남근중심적이라고 일축한다. 우리에게 '정상적인' 남근 구성(발기된 음경, 삽입할 질 구멍, 사정 및 질 오르가즘)이 있고, 이 남근 구성에 위협이 되는 요소로서 클리토리스가 도전하는 이질적인 순간, 이는 남근적 섹슈얼리티와는 무관한 쾌락의 원천을 도입하는 것이 아니다. 이것이 라캉의 섹슈얼리티 공식에 맞는 것처럼 보일 수도 있다. 남성적 위치는 남근적인 반면, 여성적 위치는 남근적 논리에 갇힌 비-전체로서 무언가 남근 논리를 벗어난 것인데, 이 무언가(비남근적 여성적 주이상스)는 클리토리스에 구현된다. 그러나 이러한 독해는 라캉의 공식의 역설을 무시한다. 비-전체라는 여성적 위치는 예외가 없다는 것을 의미하고(남근적 기능을 벗어나는 것은 없다), 남성적 논리는 예외가 있다는 것을 뜻한다. 라캉에 대한 이러한 참조를 통해 우리는 남근적 구성(음경/질)과 클리토리스가 불가능한 것으로서의 성차에 관한 동일한 포괄적 구성의 계기임을 알 수 있다.

따라서 우리는 강조점을 바꿔야 한다. 음핵이 남근을 보완하는 질의 쾌락과 대립해서 자율적인 여성적 쾌락을 구현한다는 단순한 얘기만이 아니다. 클리토리스를 통해 성적 차이 자체가 여성의 신체에 통합/반영된다. 클리토리스는 남근적 잔여이며, 그 가시적인 귀두는 '작은 성기'다(하지만 그 안쪽은 훨씬 더 커서 질 입술 아래로 퍼져 있다). 그렇다면 여성의 섹슈얼리티를 정의하는 것이 음핵과 질 구멍 사이의 거리 자체, 비남근적 음핵 오르가즘과 남근적 질 오르가즘 사이라면 어떻게 될까? (페니스에 삽입된 상태에서 음핵 자위를 하는 여성의 고전적인 장면을 떠올려 보자). 이성애 남성의 경우, 구분은 외적이어서, 음경 대 질인 반면, 여성의 경우 구분이 내적이어서 질 구멍 대 음핵으로 나뉜다. 여기서 '여성'은 선택함을 상징하고 '남성'은 (남근의) 완수된 선택을 뜻한다는 것을 명확하게 알 수 있다. 또는 좀 더 추상적인 존재론적 수준에서 보면 '여성'은 심연의 자유를, '남성'은 예정설을 의미한다.

엄마를 갖지 않으려는 욕망

우리는 여기서 사이비 프로이트적 유혹을 피해야 한다. 심연의 자유를 상징하는 '여성'은 어머니가 **아니다**. 이 심연에 감히 맞서는 주체(여성 포함)는 바로 어머니를 거부해야 한다. 즉 모성을 거부함으로써 (자식을 죽임으로써) 이 심연을 떠안는 메데이아다. 독일 밴드 람슈타인은 이 거부를 그들의 대표곡 중 하나인 〈엄마〉에 잘 표현하고 있다. 이 가사는 자궁에서 태어나지 않고 실험으로 태어나 진정한 아버지나 어머니가 없는 아이에 대한 이야기로, '자신을 낳지 않은' 어머니와 자신 모두를 죽이려는 계획을 묘사한다. 그러나 아이는 자살에 실패하고 대신 훼손된 채로 전보다 나아진 것이 없는 상태로 끝난다. 아이는 힘을 달라고 애원하고 기도하지만 죽은 어머니는 대답하지 않는다. 그의 상황은 애매하다. 자궁에서 실험적으로 태어난 것인지, 그가 죽은 것으로 노래하는 낙태인지, 아니면 좀 더 일반적인 수준에서 '조국'이 파괴되어 삶이 망가진 2차 세계 대전 후 독일인의 상황에 대한 은유인지? 여기서 우리는 노래의 '진짜 내용'이 무엇인지 결정하려는 유혹에 저항해야 한다. 그 노래의 '진짜 내용'은 자살에서 살아남은 어머니 없는 아이의 공식적인 면모다. 그리고 비슷한 애매함이 놀랍게도 노래의 다른 음악 버전에서도 작동한다. 하드록 원본이 있지만 피아노 또는 교향악단과 함께한 솔로 소프라노를 위한 버전, 남성 합창단, 심지어 어린이 합창단 (러시아어 가사가 포함된) 버전도 있으며, 가사에 묘사된 사건의 극도의 잔인성에도 불구하고 모두 '자연스럽게' 들린다.

가사의 (명백한) 말도 안 되는 말도 (엄마가 없는 아이가 어떻게 그녀를 죽일 수 있을까?) 여기서는 의미가 있다. 어머니는 실패했고, 그녀는 필요할 때 거기에 있지 **않았기** 때문에 유죄다. 백발을 가진 아이들은 단지 오래된 아이들의 역설이 아니다. 신생아는 종종 백발과 주름진 피부를 가진 노인처럼 보일 수 있다. 머리카락이 없고 매끄러운 피부를 가진 '어린이가 되는' 데는 며칠이 걸린다. 이 아이는 태어나지 않은 것도 태어난 것도 아닌, 연옥에 갇힌 천사는 아닐까? (하늘에 있는 천사도 어머니가 없다.) 그러나 노래의 교훈은 훨씬 더 급진적이고 형이상학적이며, 심지어 그것이 묘사하는 극단적인 상황은 실제로 존재하는 우리 모두의 보편적인 곤경이다. 정신분석학의 용어로는, 어머니는 불가능/실재이며, 실제 어머니는 어머니가 아니므로 우리 모두는 어떤 의미에서 완전히 태어나지도 않았고, 세상에 완전히 던져지지도 않은 괴물이다. 문제는 우리가 여전히 어머니의 몸 안에 갇혀 있다는 점이 아니라 그 몸에 있었던 적이 없다는 사실, 즉 우리는 처음부터 자궁에 기생하는 외계인이었다는 사실이다. 주인공의 자살이 실패할 수밖에 없었던 이유는 그가 온전히 살아 있지 않기 때문이며, 자살의 실패를 통해서만 그는 존재가 될 수 있다. 존재는 실패한 비존재라는 것의 궁극적인 증거다.

그렇다면 이 교착 상태에 행복한 결말이 있을까? 그렇다. 시간을 거슬러 올라가 과거의 자신으로 살 수 있게 된 에반(애쉬튼 커쳐 분)의 이야기를 다룬 영화 〈나비 효과〉(2004, 에릭 브레스, J. 맥케이 그루버 감독)를 보자. 그는 과거의 행동을 바꾸고 자신과 친구들을 위해 상황을 바로잡아 비극적인 현재를 바꾸려고 반복해서 시도하지만, 그렇게 하고 현재로 돌아올 때마다 상황은 더욱 악화되고 결국 유일한 해결책을 찾게 된다. 그는 에반의 어머니가 에반을 출산하기 직전의 모습이 담긴 아버지의 가족 영화를 보게 된다. 에반은 그 순간으로 돌아가 뱃속에서 탯줄로 스스로 목을 졸라 자신이 지속되는 일을 막는다(이 결말은 이 영화의 감독판에서만 볼 수 있으며, 극장에서 개봉한 버전은 표준적 해피엔딩이다).[69] 이 영화가 옳다. (가장 큰 행복은 아예 태어나지 않는 것이라고 쓴 소포클레스가 알고 있었듯이) 이것이 우리가 상상할 수 있는 유일한 진정한 해피엔딩이다. 에반의 마지막 행위를 (칸트가 말한) 우리의 영원한 인격, 우리 자신을 선택하는 원초적 탈시간적 결정이라는 초월적 차원으로 끌어올려야 한다. 이 경우 그는 자신의 비존재를 성공적으로 선택한다.

그러나 이것이 이 주제에 대한 마지막 말은 아니다. 에반의 실수는 자신의 삶을 행복, 고통을 피하는 방법, 즉 자신과 타인이 고통받지 않도록 자신의 사랑마저 희생하는 것에만 초점을 맞춘다는 것이다. 그러나 바디우의 용어를 빌리자면, 행복은 '인간 동물'의 범주이며, 도착적임에도 불구하고 모든 형태의 쾌락과 만족을 지평으로 삼는 우리 평범한 삶의 범주이다. 이 삶은 사실상 연기된 자살적 절망에 불과하다. 이 절망을 극복하려면 우리는 바디우가 과학(철학 포함), 예술, 정치(정치화된 경제 포함), 사랑이라는 네 가지 양태의 사건이라고 부르는 존재의 다른 차원으로 들어가야 한다. 사건에 충실하게 산다는 것은 행복이 아니라 투쟁과 위험과 긴장의 삶, 우리 존재를 뛰어넘는 대의를 위한 창조적 참여의 삶을 수반한다.

정치적 범주로서의
주체적 궁핍

최근 하이데거의 『블랙 노트』가 출간된 후, 그의 반유대주의와 나치와의 연관성 때문에 그를 진지하게 받아들여야 할 철학자 목록에서 제외하려는 시도가 많았다. 바로 이런 이유 때문에 우리는 하이데거가 여전히 중요하다고 주장해야 한다. 하이데거가 최악의 상황에 처했을 때에도 예상치 못한 연결 고리가 드러난다. 1930년대 중반 하이데거는 이렇게 말했다. "역사가 없는 인간과 인간 집단(예를 들어 카피르와 같은 흑인)이 있다. 그러나 동물과 식물은 1000년의 긴 역사를 가지고 있다. 인간 영역에서는 흑인과 마찬가지로 역사가 없을 수 있다."[1] ('카피르'는 아파르트헤이트 당시 남아공의 흑인을 가리키는 인종적 비하 용어였다.) 인용된 대목은 하이데거의 기준에서도 이상하다. 동물과 식물은 역사가 있는데 '흑인'은 없다는 말인가? 하지만 엄밀한 하이데거적 의미에서 존재의 획기적인 탈은폐는 확실히 아니다. 그렇다면 하이데거의 특정한 의미에서 역사적이지 않은 중국이나 인도 같은 나라는 어디에 속할까? 그러나 단순한 오해의 사례로 치부해서는 안 되는 진짜 수수께끼는 코넬대에서 가르치는 저명한 현대 흑인 철학자 그랜트 파레드의 경우다. 그의 짧은 책 『마르틴 하이데거, 내 인생을 구하다』[2]는 2013년 가을, 집 밖에서 낙엽을 긁어모으던 중 인종차별을 당한 후 쓴 글이다. 한 백인 여성이 멈춰서서 "다른 직업을 갖고 싶지 않나요?"라고 물었다. 파레드는 "코넬대 교수 연봉만 맞출 수만 있다면요."라고 대답했다. 파레드는 자신에게 무슨 일이 일어났는지 이해하기 위해 하이데거를 참조했다. "하이데거는 내게 인종에 대해 한 번도 써 본 적 없는 방식으로 글을 쓸 수 있는 언어를 주었기 때문에 나를 구원했다. 하이데거는 내가 이런 방식으로 글을 쓸 수 있게 해 주었는데 왜냐하면 생각하는 방법에 대해 생각하게 해 주었기 때문이다."[3] 그가 하이데거에게서 매우 유용하다고 생각한 것은 "존재의 집"으로서의 언어 개념이었다. 과학과 국가 행정의 주상적이고 보편적인 언어가 아니라 특정한 삶의 방식에 뿌리를 둔 언어, 역사적으로 구체적인 방식으로 우리에게 현실을 드러내는 항상 독특한 삶의 경험의 매체로서의 언어 말이다. 이러한 입장이 어떻게 한 주체가 기술 지배의 세계로 삼켜지는 것에 저항할 수 있게 하는지는 쉽게 상상할 수 있다. 그렇지만 이것이 우리 삶의 '미국화'라고 불리는 것과 싸울 수 있는 방법일까? 이 질문에 답하기 위해 우리는 생각해야 하며, 파레드가 반복해서 지적했듯이 이것이 그가 하이데거에게서 배운 것, 즉 그냥 생각하는 것뿐만 아니라 생각하는 것에 대해 생각하는 일이다.

우리는 생각하기의 절박함을 환기시키는 독특한 순간에 살고 있다. 지금은 편안하게 세상을 성찰할 기회를 제공하는 평화로운 시대가 아니라, 우리의 마음 자체("네트워크에 연결된 뇌")를 침범하려는 완전한 디지털 제어의 전망, 통제할 수 없는 바이러스 감염, 지구 온난화의 영향 등 여러 방향에서 인간으로서의 생존 자체가 위협받고 있는 시기다. 최근 인터뷰에서 브라이언 그린은 이러한 어려운 상황에 처했을 때 대응하는 두 가지 상반된 방법이 있다고 제안했다.

모든 미래 계획이 뒤집어지고 삶의 취약성이 끔찍할 정도로 선명하게 드러나는 이 글로벌 위기의 순간에는 매일, 매 시간, 매 끼니를 있는 그대로 맞이하는 현재의 순간에 집중하는 일에서 많은 위안을 찾을 수 있다. 그러나 이 순간, 이 세기, 이 밀레니엄을 넘어 시간의 시작과 우주의 죽음까지 거슬러 올라가면 내면의 평화를 찾을 수 있다.[4]

따라서 우리는 즉각적인 (공간적, 시간적) 근접성으로 물러나거나-글로벌 위기를 잊고 눈앞의 풀, 우리가 씹고 있는 좋은 음식에 대해 생각하기-우리를 보이지 않는 작은 방울로 만드는 우주에 대한 글로벌 관점으로 물러난다. 빅뱅과 최초의 별 형성에 대해 생각할 때 우리는 작은 은하계의 작은 행성에서 일어나는 일은 무시할 수 있다.[5] 하지만 이렇게 어수선한 시기가 다른 의미에서 '영원한' 질문을 제기하기에 적절한 시기라면 어떨까? 오늘날 최악의 상황은 우리가 현실적인 문제 해결에 집중하고 '영원한' 질문은 잊어야 한다고 말하는 것이다. 단순히 은유적인 것과는 거리가 먼 어떤 의미에서, '영원성'은 오늘날 우리가 당면한 문제다. 하지만 '철학'이라는 이름이 여전히 우리의 곤경에 대한 이러한 사고에 적합한 이름일까? 우리 철학자들은 철학의 시대가 끝났다는 개념으로 사방에서 포격을 당하고 있지 않은가?

철학의 두 가지 종말

하이데거는 짧지만 중요한 후기 저서 『철학의 종말과 사유의 과제』[6]에서 현대 과학과 기술과 관련하여 서양 철학의 정점 이후 사유의 가능성에 대한 자신의 기본적인 통찰을 간결하게 정리했다. 그러나 철학의 종말이라는 주제는 칸트 이후 유럽 철학을 지배해 왔다. 칸트는 자신의 비판적 접근을 미래의 철학(형이상학)을 향한 프롤레고메나로 규정했고, 피히테는 철학이 아닌 '학문의 원칙Wissenschaftslehre'을 말했다. 헤겔은 자신의 체계를 더 이상 철학(지혜의 사랑)이 아닌 지식 자체로 보며, 마르크스는 철학을 실생활의 학문과 대립시켰고, 이는 '철학의 종말과 사유의 과제'를 모토로 한 하이데거까지 이어진다.

　나의 첫 번째 논제는 이 사실에 깊은 역설이 있다는 것이다. 철학은 칸트의 혁명과 함께, 초월적인 것에 대한 그의 개념과 함께 비로소 그 자체로 존재하게 되었다. 그렇다면 궁극적으로 철학 **그 자체**가 칸트, 그의 초월론적 전환과 함께 시작되는 것은 아닐까? 이전의 철학 전체가 칸트에 의해 열린 관점에서 '시대착오적으로' 읽어야만 '전체 우주', 즉 존재의 총체에 대한 단순한 설명이 아니라 유한한 인간에게 실체가 자신을 드러내는 지평에 대한 설명으로 제대로 이해될 수 있는 것이 아닐까? 하이데거 자신이 존재가 역사적으로 결정되고 예정된 의미의 지평 안에서 나타나는 장소로서 현존재의 개념을 공식화할 수 있는 장을 열어 준

것도 칸트가 아니었던가? (나는 하이데거가 결코 자신의 접근 방식에 '초월적'이라는 용어를 사용하는 것을 받아들이지 않았을 것이라는 걸 잘 알고 있다. 왜냐하면 그에게는 '초월적'이라는 개념이 근대적 주관성이라는 개념으로 환원 불가능하게 낙인찍혀 있기 때문이다. 그럼에도 불구하고 나는 실체가 우리에게 나타나는 지평이라는 개념을 나타내는 데 가장 적합한 용어라고 생각하기 때문에 계속 사용한다.)

물론 철학은 끝났다는 주장에 대해서는 수많은 반응이 있다. 지난 수십 년 동안 우리는 칸트 이전의 형이상학적 존재론을 소생시키려는 시도를 해 왔다. 들뢰즈 사상의 지위는 이미 애매하다. 데리다가 궁극적인 역사주의적 해체주의자인 반면, 들뢰즈는 그의 위대한 저작들(『차이와 반복』부터)에서 현실에 대한 일종의 전 지구적 비전을 전개하지 않는가? 그리고 바디우의 '세계의 논리'는 가능한 모든 실재에 대한 일종의 선험적인 것이 아닌가? (그는 나와의 대화에서 자신의 '세계의 논리'를 자연변증법이라고 표현했다.) 뒤이어서 인간을 사물 중 하나로 간주하는 새로운 '만물론'(그레이엄 하먼Graham Harman)을 장착한 '객체지향 존재론'(퀭탱 메이야수Quentin Meillassoux)이 등장한다. 내가 보기에 하먼은 단순히 현실에 대한 또 다른 초월적 비전을 전개하고 있을 뿐이지만, 이는 분명 그의 의도가 아니다. 하먼에서 마르쿠스 가브리엘에 이르는 새로운 반초월적 실재론자들은 새로운 존재론, 새로운 보편적 만물론을 전개한다. 우리가 제안해야 할 것은 새로운 복수複數의 존재론, 플라톤의 『파르메니데스』를 실재론적으로 읽는다는 의미에서 다중우주이다. 즉 서로 다른 존재론적 모델은 서로 다른 세계를 묘사한다. 현상이 근본적으로 안정된 본질로 환원될 수 있는 세계, 영혼이 육체의 내재적 원리인 세계, 철저한 필연성이 지배하기 때문에 우연성이 없는 세계, 현상들의 무한 우연적 상호작용의 세계, 신에 의해 총화된 세계 등을 설명한다.

이러한 존재론으로의 회귀와 달리 나는 하이데거 이후에는 더 이상 그러한 사고가 불가능해졌다고 생각한다. 또한 모든 것을 자연적인 객관적 실재로 환원하는 좁은 한계치를 피하는 더 세련된 버전의 자연주의를 제공하려는 시도도 있다. 휴 프라이스는 「재현주의 없는 자연주의」[7]에서 객관적 자연주의(ON)와 주관적 자연주의(SN)의 차이에 대해 자세히 설명한다. 존재론적 원리로서 ON은 "어떤 중요한 의미에서 과학이 연구하는 세계가 존재하는 전부라는 관점이다. 인식론적 원리로서는 모든 진정한 지식이 과학적 지식이라는 관점이다." 객관적 현실에 직접적으로 초점을 맞추는 이 접근 방식과 대조적으로, SN은 "과학이 **우리 자신에 대해** 알려 주는 것에서 시작한다. 과학은 우리 인간이 자연적인 존재라고 말하며, 철학의 주장과 야망이 이 견해와 상충한다면 철학은 양보해야 한다. 이것이 바로 흄과 니체의 의미에서 자연주의다. 나는 이를 주관적 자연주의라고 부르겠다." ON은 보편적이고 SN은 특수한 경우(자연적 존재로서의 우리, 인간)인 것처럼 보이지만, 프라이스는 미묘한 분석을 통해 SN이 논리적 우선순위를 갖는다는 것을 보여 주었다. "주관적 자연주의는 이론적으로 객관적 자연주의보다 우선하는데, 그 이유는 후자가 주관적 자연주의적 관점에서의 검증에 의존하기 때문이다." 이것이 의미하는 바는 언어에 대한 우리의 개념이 표상적 기능(우리는 비언어적 외부 현실을 지칭할 때 단어를 사용한다)에서 수행적 기능, 즉 다양한 규칙에 따르는 수많은 게임(명령, 표현, 사실의 선언)을 포함하는 물질적 실천으로서의 언어로 전환되었다는 얘기다. '객관적인' 과학적 접근은 항상 이러한 상징적 실천에 뿌리를 두고 있는데, 이는 프라이스의 SN이 자연주의를 미묘하게 초월화한다는 것을 의미한다. 우리가 자연의 일부이긴 하지만, 우리가 객관적 현실을 분석하려면 상징적 실천은 이미 여기에 있어야만 하는 선험이다. 그러나 내 관점에서 볼 때, SN은 여전히 궁극적인 질문, 즉 언어 이전의 현실에서 어떻게 주체가 출현할 수 있는가라는 의문을 남긴다.[8]

첫 번째 결과를 요약하자면, 현실과 초월적 지평 사이의 간극은 현실이 우리에게 어떻게 나타나는지에 대한 보편적 구조와 관련 있다. 즉 우리가 어떤 것을 실제로 존재하는 것으로 인식하기 위해서는 어떤 조건이 충족되어야 하는가? 이런 식으로 우리는 철학이 과학적 연구에 근거하지 않은 비합법적인 우주의 비전이라는 비난을 피할 수 있다. 초월론적 사고는 현실의 모든 것, 즉 현실이 실제로 어떻게 존재하는지에 대해 사변하는 것이 아니라, 실제 삶에서 어떻게 우리가 무엇을 실제로 존재하는 것으로 받아들일지와 관련이 있다. '초월론적'은 현실의 좌표를 정의하는 이러한 틀에 대한 철학자의 전문 용어다. 예를 들어 과학적 자연주의자에게는 자연법칙에 의해 규제되는 시공간적 물질 현상만이 실제로 존재하는 반면, 전근대적 전통주의자에게는 인간의 투사뿐만 아니라 정신과 의미도 현실의 일부임을 인식하게 하는 것이 초월론적 접근 방식이다. 반면 존재적ontic 접근법은, 현실 자체, 현실의 출현과 전개에 관심을 갖는다. 우주는 어떻게 생겨났을까? 우주에 시작과 끝이 있을까? 그 안에서 우리의 위치는 무엇일까?

칸트의 초월론적 단절 이전에 철학은 존재의 총체성에 대한 관념, 즉 모든 현실은 어떻게 구성되어 있는가, 가장 높은 존재가 있는가, 그 안에서 인간의 위치는 무엇인가에 대한 관점이었다. 탈레스는 보통 최초의 철학자로 꼽히며, 그의 대답은 물이 모든 것의 본체라는 것이었다. (일반적인 신화적 대답인 땅이 아니라 물이라고 말한 점에 주목하자!) 이미 헤겔이 지적했듯이 궁극적 본체로서의 물은 우리가 보고 느끼는 경험적 물이 아니다. 최소한의 관념론이 이미 여기에 작용하고 있으며, 탈레스의 물은 '이상적' 실체다. 이러한 단락은 하나의 특정 요소가 모든 것을 대표한다고 보는 철학의 설립적 제스처를 상징한다.

이러한 단락이 보편성으로의 불법적인 도약을 수행한다는 것이 오늘날의 일반적인 비난이다. 형이상학적 사변에 있어서 철학은 적절한 경험적 연구와 정당화없이 보편화를 제시한다. 오늘날 물리학의 '만물론'을 통해 우리는 점차 '큰' 질문에 대한 진지한 과학적 해답에 접근하고 있으며, 이는 철학의 종말을 의미한다. 최근 수십 년 동안 실험 물리학의 기술적 발전은 고전 과학계에서는 상상할 수 없었던 새로운 영역, 즉 '실험 형이상학'이라는 영역을 열었다. "이전에는 철학적 논쟁의 대상으로만 여겨졌던 질문들이 경험적 탐구의 궤도로 들어왔다."9 지금까지 '심리 실험'의 주제였던 것이 점차 실제 실험실 실험의 주제가 되고 있으며, 그 예로 유명한 아인슈타인-로젠-포돌스키 이중 분할 실험, 처음에는 상상만 하다가 알랭 아스펙트에 의해 실제로 수행된 실험이 있다. 테스트되는 적절한 '형이상학적' 명제는 우연성의 존재론적 상태, 인과관계의 지역성 조건, 우리의 관찰과 무관한 현실의 상태 등이다.

여기서 우리는 철저하게 분명히 해야 한다. 이러한 설명은 불완전함에도 불구하고 어떤 의미에서 단순한, 아니 명백한 **사실**이므로, 과학을 회피하는 모종의 신비한 차원에 대한 모든 몽매한 또는 영성주의적인 언급을 버려야 한다. 그렇다면 우리는 단순히 이 전망을 지지하고 철학을 포기해야 할까? 철학 가운데서 인류의 완전한 과학적 자기객관화에 대한 저항의 지배적인 형태임에도 과학의 업적을 인정하는 것은 신칸트주의 초월철학(오늘날 하버마스가 그 대표적인 사례)이다. 자유롭고 책임감 있는 주체로서 우리의 자기 인식이 단지 필수적 환영이 아니라 모든 과학 지식의 초월적 선험이라는 것이다. 하버마스에게, "1인칭 주관적 경험을 3인칭의 객관화하는 관점에서 연구하려는 시도는 이론가를 수행적 모순에 빠지게 한다. 왜냐하면 객관화는 과학자의 인지적 활동을 그 규범적 가치로 조건짓는 언어적 실천의 상호주관적으로 제도화된 체계에 참여하는 것을 전제하기 때문이다."[10]

하버마스는 이 합리적 타당성의 상호주관적 영역을 그 안에 구성된 의식적 자아의 공동체라는 현상학적 면모로는 이해할 수 없는 '객관적 정신'의 차원으로 특징짓는다. 그것은 규범적 영역의 본질적으로 상호주관적인 지위로, 그 작동이나 기원을 체계 그 자체보다 더 단순한 실체나 과정의 측면에서 설명하려는 어떤 시도도 배제한다. (이 '객관적 정신'을 일컫는 라캉의 용어는 물론 '대타자'인데, 날것의 현실의 실재뿐만 아니라 우리의 자기경험이라는 상상계로도 환원될 수 없다.) 참여자의 현상학적(상상적) 또는 신경생물학적(실제적) 면모는 이 사회적 '객관적 정신'의 구성조건으로 인용될 수 없다.

하버마스와 하이데거는 철학적으로 큰 대립각을 세웠지만, 과학적 자연주의에 한계를 제기하는 기본적인 초월적 접근 방식을 공유한다. 하이데거는 초월적 접근 방식을 급진화하여 철학의 종결에 도달했다고 할 수 있다. 그는 현실(실체)과 현실이 나타나는 지평을 엄격하게 구분하고, 이 둘 사이의 간극을 "존재론적 차이"라고 불렀다. 예를 들어, 현대인인 우리에게 현실은 영적인 요소와 더 깊은 의미로 가득했던 전근대인들의 현실과 다르게 나타난다. 현대 과학에서는 이러한 차원이 존재하지 않으며, '실재'는 과학이 측정하고 정량화할 수 있는 것에 불과하다.

내가 어렸을 때 고등학교에서 사용했던 오래된 교조적 마르크스주의 철학 입문서에서 하이데거를 '불가지론적 현상학자'로 묘사했던 것을 기억한다. 웃기지만 사실이다. 하이데거는 실체의 초월적 출현 양상이 자신의 궁극적 지평이라는 점에서 '현상학자'이고, 어떤 초월적 존재의 계시 안에서 실체의 출현 이전이나 이후의 지위를 무시한다는 점에서 '불가지론자'다. 가차 없이 단순화해서 말하자면, 하이데거의 진정한 문제는 존재가 아니라 존재의 지평 바깥에 있는 존재자의 지위다. (이것이 바로 객체지향 존재론의 일부 당파가 '존재론'을 '존재자론onticology'으로 대체하는 일이 옳은 이유다.) 따라서 하이데거가 신에 대해 말할 때, 그는 존재의 다양한 시대적 탈은폐에서 신성이 우리 인간에게 어떻게 나타나는지에 국한한다. 이런 의미에서 하이데거는 '철학의 신'의 등장, 즉 추상적 개념인 **자기원인**causa sui의 부상을 명백히 개탄한다.

이것은 철학의 신에게 적합한 이름이다. 인간은 이 신에게 기도하거나 제물을 바칠 수 없다. 자기원인 앞에서 인간은 경외심에 무릎

을 꿇을 수도 없고, 이 신 앞에서 음악을 연주하거나 춤을 출 수도 없다.[11]

다시 말하지만, 여기서 문제는 어떤 신의 모습이 더 참되냐가 아니라, 엄밀히 말해 신의 다양한 시대적 출현에 관한 것이다. 그리고 마찬가지로 하이데거의 위대한 반대자인 하버마스도 종교에 대한 그의 새로운 존중에도 불구하고 우리가 종교적 믿음에 대해 **불가지론적** 태도, 질문을 열어 두어서 신의 존재에 관한 질문도 배제하지 않는 태도를 취해야 한다고 주장한다.[12]

따라서 오늘날 우리는 그저 철학의 종말이 선언된 시대에 살고 있는 것이 아니라 철학의 **이중적** 종말 시대에 살고 있다. '네트워크와 연결된 뇌'라는 전망은 인간 사고의 자연화의 일종의 최종 지점이다. 우리의 사고 과정이 디지털 기계와 직접 상호작용할 수 있게 되면, 그것은 더 이상 외부 현실과 반대되는 '우리'의 내적 사고가 아니라 사실상 현실의 객체가 되는 것이다. 반면에 오늘날의 초월적 역사주의에서는 현실에 대한 '순진한' 질문은 정확히 '순진한' 것으로 받아들여지는데, 이는 그 질문들이 우리 지식의 궁극적인 인지적 틀을 제공할 수 없다는 것을 의미한다. 과학자는 이렇게 반박할 수 있다. 좋다. 그런데 역사인류학은 진화가 진행되는 동안 전통과 구체적인 사회적 상황에서 다양한 형태의 **에피스테메**episteme가 어떻게 생겨나는지 설명하지 않았나? 마르크스주의는 복잡한 사회적 총체성 속에서 새로운 이데올로기와 과학이 어떻게 출현하는지에 대해 설득력 있는 설명을 제공하지 않는가? 우리가 해석학적 원환에서 벗어나기 힘들다고 주장하는 하버마스가 바로 여기서는 옳다. 인간의 인지 능력에 대한 진화론적 설명은 이미 현실에 대한 특정한 인식론적 접근을 전제한다. 따라서 여기서 시차는 환원 불가능하다. 명백히 '순진한' 현실주의 수준에서는 인간이 광대한 현실 영역에서 진화한 것은 분명하지만, 현실에서 우리의 위치에 대한 모든 설명이 이미 특정한 의미의 지평에 의존하기 때문에 현실에 우리 자신을 포함시키는 원환은 결코 완전히 닫힐 수 없다. 그렇다면 무엇을 해야 할까?

하이데거는 초월론적 접근에 실존적 전환을 부여했다. 초월론적-현상학적 존재론으로서의 철학은 현실의 본질을 탐구하는 것이 아니라 모든 현실이 주어진 시대적 구도에서 우리에게 어떻게 나타나는지 분석한다. 오늘날의 기술과학 시대에 우리는 과학적 연구의 대상이 될 수 있는 것만 '실제로 존재하는 것'으로 간주하며, 그 외의 모든 실체는 환상적인 주관적 경험, 상상된 것 등으로 환원된다. 하이데기의 요점은 그러한 견해가 전근대적 견해보다 다소간 '참'이라는 것이 아니라, 근대성을 특징짓는 존재의 새로운 탈은폐로 인해 무엇이 '참' 또는 '거짓'인지에 대한 바로 그 기준이 바뀌었다는 것이다. 그러한 접근법의 역설을 인지하기는 어렵지 않다. 하이데거는 존재의 문제에 독특하게 초점을 맞춘 사상가로 인식되는 반면, 그는 우리의 '순진한' 전前초월적 입장에서 우리가 이 질문으로 무엇을 이해하고 있는지는 전혀 고려하지 않는다. 우리가 그것들과 관계하는 방식과 독립적으로, 우리에게 나타나는 방식과 독립적으로, 사물은 어떻게 존재하는가?

하지만 이것으로 충분할까? 초월론적 차원이 우리가 지각하는 환원 불가능한 틀 또는 (그리고 엄격한 칸트적 의미에서 존재자적 창조와는 무관하게 현실을 구성하는) 지평이라면, 우리는 어떻게 현실과 그 초월적 지평이라는 쌍을 넘어 (또는 그 아래로) 이동할 수 있을까? 이 두 차원이 중 첩되는 바닥 차원이 존재할까? 이 차원에 대한 탐색은 독일 관념론의 큰 주제다. 피히테는 절대적 나(초월적 자아)의 자기정립에서 그것을 발견 했고, 셸링은 주체와 객체, 능동과 수동, 지성과 직관이 바로 일치하는 지적 직관에서 그것을 발견했다.

이러한 시도가 실패한 이후, 우리의 출발점은 현실의 그 바닥 차원 이어야 하며 그 초월적 지평은 이 둘의 어떤 종류의 종합이 아니라 둘 사이의 파열 그 자체에서 발견되어야 한다. 오늘날에는 과학적 실재론 이 헤게모니적 관점이기 때문에, 제기해야 할 질문은 초월론적 차원을 이러한 측면에서 설명할 수 있는가 하는 것이다. 초월론적 차원은 어떻 게 현실에서 발생하거나 폭발할 수 있을까? 이에 대한 답은 직접적인 현 실주의적 환원이 아니라 또 다른 질문의 제기다. 즉 우리의 현실 개념에 서 구성적으로 배제(원초적으로 억압)되어야 하는 것은 무엇일까? 요컨 대 초월적론 차원이 우리의 현실 개념에서 '억압된 것의 귀환'이라면 어 떻게 될까?

재앙으로서의 인간

그러므로 이것이 우리의 교착 상태다. 우리는 철학의 두 가지 종말, 즉 오래된 형이상학적 사변의 분야를 점령한 실증과학이 하나요, 초월론적 접근법을 급진적인 결론으로 몰고 가서 철학을 역사적 '사건'에 대한 설 명, 존재의 탈은폐의 양상으로 환원한 하이데거가 다른 하나다. 이 둘은 서로 보완하는 것이 아니라 상호 배타적이지만, 각각의 내재적 불충분성으로 인해 다른 하나를 위한 공간이 열린다. 과학은 원을 폐쇄하거나 대상을 분석할 때 사용하는 접근법을 그 대상에 근거 지을 수 없다. 오직 초월론적 철학만이 이를 할 수 있다. 존재의 서로 다른 탈은폐를 설명하는 일에 자신을 제한하는 초월론적 철학은 존재자적 질문(우리에게 현상하는 그 지평의 밖에 있는 실체들은 어떻게 존재하는가)을 무시해야 하며, 과학은 이 공백을 사물들의 본질에 대한 자신의 주장으로 채운다. 이러한 시차가 우리 사고의 궁극적인 입장일까, 아니면 우리는 그 너머(또는 오히려 그 아래)에 도달할 수 있을까?

파국의 전망에 직면했을 때 하이데거가 취한 전형적인 조치는 존재자 차원에서 존재론적 지평으로 되돌아가는 것이다. 1950년대 핵전쟁의 전망으로 모두가 괴로워하던 시절, 하이데거는 진정한 위험이 실제 핵전쟁이 아니라 자연에 대한 과학적 지배가 핵심인 존재의 탈은폐라고 썼다. 오직 이 지평 안에서만 궁극적인 핵 자멸이 일어날 수 있는 것이다. 그의 용어를 패러디하자면, 파국의 본질은 본질 자체(에서)의 파국이라고 말할 수 있다. 이러한 접근 방식은 너무 단편적이다. 인류의 궁극적인 자멸이 존재의 탈은폐의 유일한 장소로서의 현존재를 동시에 전멸시킬 것이라는 점을 무시한다.

하이데거는 궁극적인 초월론적 철학자이지만, 그가 이 초월 이전의 영역으로 모험을 떠나는 신비한 구절들이 있다. 하이데거는 진리의 차원보다 더 오래된 비진리(망각)라는 개념을 정교하게 설명하면서, 인간이 "진리의 본질적인 전개 속에 발을 들여놓는 일"이 어떻게 "존재자들 사이에서 자신의 위치로부터의 탈선/미쳐감이라는 의미에서 인간 존재의 변형"인지 강조한다.[13] 하이데거가 말하는 '탈선'은 심리적 또는 임상적 광기의 범주가 아니라 훨씬 더 급진적이고 제대로 된 존재론적 반전/일탈을 뜻하는 것으로서, 우주 자체가 그 토대에서 어떤 식으로든 '이음매를 벗어난', 즉 그 궤도에서 벗어난 상태를 가리킨다. 여기서 중요한 것은 그가 셸링의 『인간의 자유에 관한 논고』를 집중적으로 읽던 시절에 이 대목을 썼다는 사실이다. 이 책은 악의 기원을 다름 아닌 일종의 존재론적 광기에서, 존재자들 사이에서 인간의 위치(자기중심성)로부터의 '탈선'에서 파악한다. 이 탈선은 '인간 이전의 자연'에서 상징적 우주로 이행하는 과정에 있는 필수적 중간 단계("사라지는 매개자")이다. "인간은 그 본질 자체가 **재앙**이며, 이는 인간을 진정한 본질에서 멀어지게 하는 반전이다. 인간은 존재자들 사이에서 유일한 재앙이다."[14]

그러나 어떤 의미에서 모든 것이 결정되는 이 결정적인 시점에서, 나는 하이데거의 공식, 즉 "존재자들 사이에서 인간의 위치로부터의 탈선"과 관련해서 한 걸음 더, 하이데거 자신의 몇몇 다른 공식이 가리키는 쪽으로 더 나아가야 한다고 생각한다. 인용된 공식에서 하이데거가 지향하는 바는 분명해 보일 수 있다. 현존재로서 인간(존재의 '거기 있음', 존재의 탈은폐의 장소)은 그의 몸에 환원할 수 없이 뿌리내린 실체다(여기서는 하이데거가 쓰고 있는 그대로 남성적 형식을 사용했다). 약간의 수사학적 과장을 덧붙이자면, 하이데거의 "탈은폐의 장소로서의 존재임Being-There 없이 존재는 없다"는 말은 헤겔의 "절대자를 본체로서뿐만 아니라 주체로서도 파악해야 한다"는 말의 자기식 버전이라고 할 수 있다. 그러나 실체의 전체 영역의 탈은폐가 단일한 실체에 뿌리를 둔다면, "탈선된" 무언가가 생겨 나게 된다. 어떤 특정 실체가 모든 실체가 나타나고 존재를 획득하는 배타적인 장소가 되어서, 가차없이 표현하자면, 한 사람을 죽이면 동시에 "존재를 죽이게" 된다. 존재의 개방과 특정 실체 사이의 이러한 단락은 존재의 질서에 파국적인 탈선을 도입한다. 신체에 뿌리를 둔 인간은 외부에서 실체를 바라볼 수 없기 때문에, 존재의 모든 탈은폐, 모든 개방은 비진리(은폐/숨김)에 근거를 두어야만 한다. 따라서 현존재와 관련된 탈선의 궁극적인 원인은 현존재가 정의상 체화되어 있다는 사실에 있다. 그리고 하이데거는 생애 말년에 이르러 철학에서 "몸 현상은 가장 어려운 문제"라고 인정했다.

인간에게 육체적인 것은 동물적인 어떤 것이 아니다. 육체에 수반되는 이해의 형태는 지금까지 형이상학이 다루지 않았던 그 무엇이나.[15]

우리는 이 핵심적 질문을 처음으로 다룬 것이 바로 정신분석 이론이라는 가설을 감수하고 싶은 유혹을 느낀다. 성감대를 중심으로 조직되고, 리비도에 의해 유지되는, 프로이트의 관능적인 신체가 바로 이 비동물적, 비생물학적 신체 아닌가? **이런** (동물적이지 않은) 신체가 정신분석의 온전한 대상이 아닐까? 〈졸리코너 세미나〉에서 프로이트를 인과론적 결정론자라고 일축할 때, 하이데거는 이 차원을 완전히 놓치고 있다.

그는 의식적인 인간 현상들에 관해 그것들이 틈새 없이, 즉 인과적 연결의 연속성으로 설명될 수 있다고 가정한다. '의식'에는 그러한 연결이 존재하지 않기 때문에, 그는 '무의식'을 발명해야만 하는데, 여기에 틈새 없는 인과적 연결이 존재해야 한다.[16]

이런 해석이 정확해 보일 수 있다. 프로이트는 우리의 의식에 혼란스럽고 우연적인 심리적 사실(말실수, 꿈, 임상 증상)의 배열로 나타나는 것에서 인과적 질서를 발견하고, 이런 식으로 우리의 정신을 움직이는 인과적 연결 고리를 닫으려 한 것이 아닌가? 그러나 하이데거는 프로이트의 '무의식'이 인과적 연결의 연속성을 정확하게 **끊고**, 방해하는 타자성과의 트라우마적인 만남에 기반을 둔다는 점을 완전히 놓치고 있다. 우리가 '무의식'에서 얻는 것은 완전하고 끊어지지 않은 인과적 연결이 아니라 트라우마적 방해의 반향, 즉 후폭풍이다. 프로이트가 '증상'이라고 부르는 것은 외상적 상처에 대처하는 방법이고, '환상'은 이 상처를 은폐하기 위해 형성된 것이다. 하이데거에게 유한한 인간이 선험적으로 불교적 깨달음(열반)의 내적 평화와 평온에 도달할 수 없는 이유도 바로 여기에 있다. 존재론적 파국을 배경으로만 우리에게 세계가 탈은폐된다. "인간은 존재자들 가운데 유일한 재앙이다."

하지만 여기서 다시 한 걸음 더 나가 보자. 인간이 유일한 재앙이라면 인류가 등장하기 전에는 재앙이 없었고, 자연은 오직 인간의 **오만**으로 인해 탈선된 균형 잡힌 질서였다는 뜻일까? (재앙이란 소행성이 지구에 충돌하는 것과 같은 존재자적 재앙을 의미하는 것이 아니라 전체 생명체 네트워크의 더 급진적인 탈선을 의미한다.) 문제는 인간만이 '존재자들 가운데 있는' 유일한 파국이라면, 그리고 존재자들이 우리 인간에게만 탈은폐된다면, 인간을 둘러싼 비파국적 존재자들의 공간 자체가 이미 존재론적으로 인간의 부상이라는 파국에 근거한다는 점이다.

이제 우리는 핵심적인 질문과 마주한다. 인간은 예외로서 존재자들 가운데 유일한 파국이며, 따라서 우리가 안전한 거리에서 우주를 바라본다는 불가능한 관점을 가정한다면, 우리는 파국에 의해 탈선되지 않은 존재자들의 보편적인 배열을 보게 되는 것일까? (왜냐하면 인간은 존재자들에 대한 접근의 근거가 되는 예외로서, 자신의 입장에서만 파국이기 때문이다.) 이 경우, 우리는 칸트의 입장으로 돌아간다. 현실이 우리에게 현상하는 존재의 개방 외부에 있는 현실 '그 자체'는 알 수 없으며, 우리는 오직 하이데거 자신이 자연 자체에 일종의 존재론적 고통이 있다는 생각을 가지고 음미할 때 행하는 방식으로만 현실에 대해 사변할 수 있다. 아니면 하이데거의 사변을 진지하게 받아들여서, 우리는 파국이 인간일 뿐만 아니라 이미 그 자체로 자연이며, 언어의 존재로서의 인간에게는 현실 그 자체의 토대가 되는 이 파국이 언어로 다가온다고 해야 할까? (양자물리학은 현실의 토대가 되는 파국에 대한 나름의 버전, 즉 깨진 대칭, 공백의 교란, 양자적 진동을 제시하고, 신학철학적 사변들은 또 다른 버전, 즉 우리 세계를 탄생시키는 신격 자체의 자기 분열 또는 타락을 제시한다.)

한 신학생과의 토론에서 리처드 도킨스는[17] 종교의 역사적 기원과 그 전개에 대한 연구를 할 때 신학과에서 하고 있는 작업을 자신은 진지하게 받아들인다고 말했다. 우리는 여기서 탄탄한 인간학적 연구를 목격한다. 그러나 그는 예를 들어 기독교 예식에서 성체변화(로마 가톨릭과 동방 정교회 교리에 따르면, 성체 봉헌 시 성체가 빵과 포도주의 외형만 유지한 채 그리스도의 몸과 피가 되는 기적적인 변화)의 정확한 본질에 대한 신학자들의 논쟁을 진지하게 받아들이지 않는다. 이와 반대로 나는, 이러한 논쟁이 단순한 은유로 축소되어서는 안 되며, 신학의 기본 존재론적 전제에 접근하게 할 수 있을 뿐만 아니라 일부 마르크스주의 개념에 새로운 빛을 던지는 데 사용될 수 있다는 점에서 매우 진지하게 받아들여야 한다고 생각한다. 프레드릭 제임슨은 예정론이 마르크스주의에서 볼 때 가장 흥미로운 신학적 개념이라고 옳게 선언했다. 예정론은 온전한 변증법적 역사 과정을 특징짓는 소급적 인과성을 나타낸다. 비슷한 방식으로, 우리는 에크하르트, 야곱 보메 또는 F. W. J. 셸링의 신학적 사변에서 메타-초월론적(변증법적 유물론적) 접근의 흔적을 찾는 일을 두려워해서는 안 된다. 물론 칸트주의자에게 그러한 사변은 공허한 말장난Schwarmerei, 즉 아무것도 아닌 것에 대한 열광적인 왈가왈부에 지나지 않지만, 우리는 여기서만 실재에 닿을 수 있다.

우리가 이 선택지를 지지한다면, 우리는 유일한 후속적 결론을 도출해야 한다. '객관적 현실'의 모든 이미지나 구성, 그 현실이 그 자체로 '우리로부터 독립적으로' 존재하는 방식은 존재자가 우리에게 탈은폐되는 과정 중 하나이며, 우리를 구성하는 재앙에 토대를 둔 (동시에 그 토대를 모호하게 만드는) 것으로서 그 자체로 이미 어떤 기본적인 의미에서 '인간중심적'이다. 현실이 '그 자체로' 어떻게 존재하는지에 근접하기 위한 주요 후보로는 상대성 이론과 양자물리학의 공식들이 있다. 즉 현실에 대한 우리의 직접적인 경험과는 조응하지 않는 복잡한 실험 및 지적 작업의 결과물이다. '우리로부터 독립적인' 실재와 우리의 유일한 '접촉'은 실재로부터의 우리의 분리, 즉 하이데거가 파국이라고 부르는 급진적 탈선이다. 역설은 우리를 실재 '그 자체'와 결합시키는 것이 우리가 실재로부터의 분리로 경험하는 바로 그 간극이라는 점이다.

마찬가지 경우가 기독교에도 해당되는데, 신과의 일치를 경험하는 유일한 방법은 십자가에서 고난당하는 그리스도와 동일시하는 일, 즉 신이 자기 자신과 분리되는 지점과 동일시하는 일이다. 내가 '유물론적 신학' 또는 '기독교적 무신론'이라고 부르는 것의 기본 전제는 인간이 신으로부터 몰락한 것은 동시에 신이 그 자신으로부터 몰락한 것이며, 이 몰락에 선행하는 것은 아무것도 없다는 점이다. '신'은 그 자신의 몰락의 소급 효과다. 그리고 그 간극 자체를 통일의 지점으로 경험하는 이 움직임이 바로 헤겔 변증법의 기본 특징이다. 우리가 초월적인 것 너머의 공산이라고 지칭한 하이데서 사유 너머의 공산이 바로 헤겔 사유가 속한 공간인 이유가 여기에 있다. 이 공간은 과학으로 환원될 수 없는 사유의 공간이기도 한데, 하이데거는 이 모호한 사항에 대해 그 나름의 애매한 공식화를 한다.

나는 종종 스스로에게 인간이 없는 자연은 어떤 모습일까 묻는데, 이는 오랫동안 내게 근본적인 질문이었다. 자연은 그 최적의 힘을 얻기 위해 인간을 통해 공명하지 않으면 안 되는가 하고 자문한다.[18]

이 구절은 하이데거가 1929~30년에 『형이상학의 기본 개념들』을 강의한 직후에 쓴 것으로서, 그는 여기서 셸링의 가설, 즉 동물은 어쩌면 지금까지 알려지지 않은 방식으로 자신의 결핍, 세계와의 관계에서 자신의 '궁핍'을 인식할지 모른다는 가설을 공식화하기도 한다. 어쩌면 살아 있는 자연 전체에 무한한 고통이 퍼져 있는지도 모른다.

특정 형태의 박탈이 고통의 일종이고, 세계의 빈곤과 박탈이 동물의 존재에 속한다면, 일종의 고통과 괴로움이 동물의 영역 전체와 생명의 영역 전반에 퍼져 있어야만 할 터이다.[19]

그렇다면 하이데거가 인간과 무관한 자연 자체의 고통에 대해 사유할 때, 우리는 인간중심적–목적적인 사고에 빠지지 않고 어떻게 이 주장을 읽을 수 있을까? 그 해답은 다름 아닌 『정치경제학 비판 요강』의 서문에서 마르크스가 제시했다.

부르주아 사회는 가장 발달하고 가장 복잡한 역사적 생산 조직이다. 그 관계를 표현하는 범주, 그 구조에 대한 이해는 또한 사라진 모든 사회 구성체의 구조와 생산관계에 대한 통찰을 가능하게 하는데, 그 사라진 사회 구성체들의 그 폐허와 요소들로부터 자본주의는 스스로를 구축하고, 자신의 내부에 부분적으로 여전히 정복되지 않은 그 사회의 잔재들을 담고 있으며, 그 폐허들에 대한 단순한 암시만으로도 자본주의 안에서 명시적인 중요성이 전개된다. 인간의 해부학에는 유인원의 해부학에 대한 열쇠가 들어 있다. 그러나 하위 동물 종들 사이에 있는 고등 발달에 대한 암시는 이미 고등 발달이 알려진 후에야 이해할 수 있다.[20]

요컨대 피에르 바야르의 말을 빌리자면,[21] 마르크스가 여기서 말하는 것은 유인원 해부학이 비록 인간의 해부학보다 더 일찍 형성되었지만, 그럼에도 불구하고 어떤 면에서는 **인간의 해부학을 예지적으로 표**

절한다는 것이다. 여기에는 목적론이 없으며, 목적론의 효과는 철저하게 반동적이다. **일단 자본주의가 여기에 있으면**(전적으로 우발적인 방식으로 출현하면) 다른 모든 구성체에 보편적인 열쇠를 제공한다. 목적론은 인간 해부학의 핵심이 유인원 해부학이라는 바로 그 진화론적 진보주의에 들어 있다. 알렌카 주판치치는 라캉의 "성적 관계는 없다"는 발언도 마찬가지라고 지적했다. 즉, 유인원이나 다른 동물들 사이에는 본능적으로 조절되는 조화로운 성관계가 존재하지만 인간이 등장하면서 부조화가 폭발한다는 뜻이 아니라는 것이다. 유인원 등에도 이미 성적인 관계가 없으며, 그들의 복잡한 짝짓기 의식이 이를 보여 주지만, 이 부조화는 '그 자체로,' 즉 (아마도 고통스럽게 경험될) 단순한 사실인 반면, 인간에게는 그 실패가 그 자체로, '독자적으로' 등록된다. 이런 의미에서 자연의 고통은 그것을 등록하는 상징적 질서를 지칭한다.[22]

이러한 맥락을 따라서 우리는 칸트가 어떤 의미에서 세계는 우리가 그 안에서 도덕적 투쟁을 할 수 있도록 창조되었다고 주장했는지 그 이유를 이해할 수 있다. 우리에게 모든 것을 의미하는 격렬한 투쟁에 휘말렸을 때, 우리는 마치 실패하면 세계 전체가 무너지는 것처럼 경험하고, 격렬한 사랑의 실패를 두려워할 때도 마찬가지다. 여기에 직접적인 목적론은 개입하지 않는다. 사랑의 만남은 우연한 만남의 결과이므로 일어나지 않았을 수도 있지만, 일단 일어나면 우리가 현실 전체를 경험하는 방식을 결정하기 때문이다. 벤야민이 거대한 혁명적 전투가 현재의 운명뿐만 아니라 과거의 모든 실패한 투쟁의 운명도 결정한다고 썼을 때, 그는 결정적인 전투에서 우리의 운명뿐만 아니라 신 자신의 운명도 결정된다는 종교적 주장에서 그 절정에 이르는 동일한 소급 메커니즘을 동원한다. 헤겔만이 이 역설을 생각할 수 있게 한다.

전체적인 그림을 다소 단순화하면, 변증법적 유물론적 시각의 기본 특징은 우주에 새겨진 환원 불가능한 반사성이라는 관점, 즉 (예컨대 내용과 형식 사이의) 외적 차이는 내용 자체에 새겨져 있기에 외적 차이와 내적 차이는 일치한다는 관점이다. '미완성된' 조각상이 자신의 (미완성된) 시체가 조각된 돌을 뚫고 나오려는 한 남자를 묘사한 조각에서 때때로 발견되는 형식과 내용 사이의 반사성을 생각해 보자. 조각상이 '재현하는' 것은 힘을 과시하는 영웅적 노력만이 아니라 조각상이 나타내는 것과 이 표현된 형태가 그 물질과 어떻게 관련되는지 간의 관계 자체에도 새겨져 있다.[23] 이런 이유로 변증법적 반전의 기본 모델은 반대(마오의 완전히 비헤겔적인 '모순' 개념)에 맞선 거대한 투쟁이 아니라, 모든 것을 기적적으로 변화시키는 동일자 안에서의 작은 변위(또는 오히려 반전)이다. 문장의 주어와 서술어의 단순한 뒤바꿈은 그 의미를 근본적으로 바꿀 수 있는데, 이는 페드로 칼데론 데 라 바르카의 희곡 제목 〈인생은 꿈이다〉의 뒤바꿈에서도 알 수 있다. 그 제목은 "우리의 삶은 아무런 실질적 생명력이 없는 무기력하고 비참한 모습이다"와 같은 뜻을 담고 있다. 그러나 "꿈은 인생이다"라고 말하면 완전히 다른 말을 하는 셈이다. "우리는 꿈속에서만 완전히 살아 있으며, 꿈은 우리의 비참한 존재의 제약과 대조적으로 완전한 생명력을 갖는다." 이와 상응하는 맥락에서, "섹스는 죽음이다"라고 말하면 나는 성적 쾌락을 거짓된 것으로 간주하여 섹스가 타락과 죽음을 가져오는 죄악된 퇴폐적인 것이라는 사실을 모호하게 만드는 것이지만, "죽음은 섹스다"라고 말하면 죽음 자체가 성적일 수 있고 예상치 못한 즐거움을 가져올 수 있다는 것을 나타낸다. 마지막으로, 헤겔과 관련하여, "주체는 실체다"라고 말하면 현실의 진정한 실체는 주체이며, 그 주체는 모든 현실을 생성하는 근거라는 점을 암시하지만, "실체는 주체다"라고 말하면 실체 자체가 그 자체로 '주관적'(절단, 모순, 불완전성으로 각인된)임을 나타낸다.

헤겔의 변증법은 역동적인 초월론적 차원(브랜덤과 피핀이 주장하는 것처럼 현실이 우리에게 나타날 수 있는 모든 가능한 방식의 연속)도 아니고, 현실 자체의 '객관적인' 변증법적 과정(마르크스주의 '변증법적 유물론자'와 객관적 관념론자들이 주장하는 것처럼)도 아니다. 그 숨겨진 원천은 이 둘에 선행하는 환원 불가능한 간극의 경험이다. 이런 식으로 우리는 또한 자연주의적 ('기계론적') 유물론, 관념론, 그리고 변증법적 유물론의 차이를 어느 정도 해명할 수 있다. '기계적' 유물론은 플라톤 이전의 유물론자들부터 오늘날의 과학적 자연주의와 객체지향 존재론(스스로를 '비유물론'으로 특징짓더라도)에 이르기까지 광범위한 영역을 포괄한다. 이들 모두는 초월적 구성을 무시하고 현실을 무언가 주어진 것으로 대한다. 관념론은 초월적 접근법의 우세라는 특징이 있다. 변증법적 유물론은 우리가 초월적인 것을 넘어 미지의 영역으로 이동할 때 나타난다. 이는 칸트 이후 셸링과 헤겔의 전환, 일부 신학철학적 사변(발터 벤야민의 사변철학 포함), 라캉의 잠정적 공식들, 양자물리학에 대한 몇몇 사변적 해석에서 예시되기도 했다.[24] 그렇기 때문에 우리는 어떤 존재론, 즉 초월적이거나 단순한 현실주의적 존재론을 벗어나는 미지의 영역을 한정하기 위해 '신학'이라는 용어를 사용하길 두려워해서는 안 된다. 미친 소리처럼 들릴지 모르지만, 때로는 철학적 관념론에서 우리를 벗어날 수 있게 도와주는 것은 유물론적 신학뿐이다.

이 모든 다양한 접근 방식이 지향하는 입장을 내가 스탈린주의 전통에서 분리하기 어려운 용어인 '변증법적 유물론', 즉 가장 어리석은 철학적 이데올로기, 인지적 가치는 없지만 정치적 결정을 정당화하는 데만 쓰이는 철학을 표상하는 용어로 부르는 이유는 뭘까? 내가 여기서 염두에 두고 있는 것은 궁극적으로 이름을 붙일 수 없는 것이기 때문에 '적절한' 이름은 없다. 유일한 해결책은 그 개념만의 부적절함을 가능한 한 명확하게 표시하는 용어를 사용하는 것이다. 다시 말해, "헤겔은 변증법적 유물론자"라는 주장은 "정신은 뼈다귀다"라는 사변적 진술의 새로운 버전으로 읽어야 한다. 곧이곧대로 받아들이자면, 이 주장은 명백한 넌센스로서, 헤겔의 사상과 변증법적 유물론 사이에는 무한한 간극이 있다. 하지만 **헤겔의 사유는 정확히 이 간극의 사유이다.**

"우리는 죽을 때까지 살아야 한다"

재앙으로서의 인간에 대한 이 전 지구적 전망을 배경으로 해야만 이 책 전체가 답하려는 질문에 접근할 수 있다. 우리가 잉여향유의 악순환에서 벗어날 수 있는 주체적 제스처가 있을까? 위에서 우리가 윤곽을 그려본 공간, 하이데거의 사유 너머의 공간(급진적 의미에서 초월적인 것을 넘어서는 공간)은 주체가 주체적 궁핍을 실현할 수 있는 영역이다. 하이데거의 공간이 죽음을 향한 존재의 공간이라면, 이 공간은 삶-죽음의 공간이다. 종종 그렇듯, 이 해답의 압축된 공식은 람슈타인의 노래 한 곡이 제공한다.

영광스러운 초기 연대노조 시대의 폴란드 낙서에는 이런 말이 적혀 있다. "삶이란 무엇인가? 성관계로 전염되는 질병으로서 늘 죽음으로 끝나는 것이다." 그렇다면 이 노선을 피하는 삶도 존재할까? 그렇다. 살아 있는 죽은 자의 삶이 있다. 람슈타인의 노래 〈달라이 라마〉의 중심 주제는 점점 더 파멸의 상태로 빠져들지만 결정적으로 계속 살아야 한다는 것, 즉 죽음 자체가 아니라 죽을 때까지 살아야 한다는 사실, 이 끝없는 삶의 질주, 이 끝없는 반복의 강박을 가장 순수하게 표현한다.[25] 이 노래는 프랑스에서 라팔리사드("그가 죽기 1분 전, 팔레스 씨는 아직 살아 있었죠"와 같은 공허한 동어반복)로 불리는 노래처럼 들릴 수 있다. 하지만 람슈타인은 "아무리 오래 살아도 결국에는 죽는다"는 뻔한 통념을 뒤집어, 죽을 때까지는 살아야 한다고 말한다. 람스타인의 버전을 공허한 동어반복으로 만들지 않는 것은 그 윤리적 차원이다. 우리가 죽기 전에는 (당연히) 살아 있을 뿐만 아니라 **살아야만** 한다. 삶은 유기적인 연속이 아니다. 우리 인간에게 있어 삶은 결정이며 적극적인 의무다. 우리는 이 의지를 잃을 수도 있다. 그러나 〈달라이 라마〉의 교훈은 슈베르트의 〈죽음과 소녀〉에서 소녀를 초대하는 죽음처럼 매혹적인 천사의 목소리에 굴복하고 죽음을 받아들여야 한다는 얘기가 아니다. "이 사랑스럽고 부드러운 생명체여, 네 손을 다오. / 나는 너의 친구요, 벌주러 오지 않는다. / 용기를 내오. 나는 잔인하지 않으니 / 너는 내 품에서 부드럽게 잠들 테요." 그러나 이 노래의 교훈은 필사적으로 삶에 집착하고 죽음을 피해야 한다는 것도 아니다. 죽음을 피할 수는 없지만 죽음을 받아들이는 것조차 해결책이 되지 못한다는 것, 궁극적인 부정(죽음) 그 자체는 실패하고 우리는 죽을 때까지 살아야 하며 이 삶은 계속될 뿐이라는 교훈이 담겨 있다.

레닌은 러시아 혁명에 대해 "수십 년 동안의 일들이 한 주에 일어나는 때가 있다"고 말했다. 2020년과 2021년의 팬데믹은 정반대로, 한 주의 일이 1년 동안 일어났다. 약간의 변동은 있었지만 똑같은 주가 몇 번이고 반복해서 재생되었다. 카스트리용과 마르셰프스키는 팬데믹의 파괴적인 효과를 이렇게 설명하며 나를 가볍게 타격했다. "그것은 우리 삶의 상상된 호砀를 근본적으로 파괴하는 거세이지만, 팬데믹은 (지젝에게는 미안하지만) 아직 어떤 종류의 혁명으로 작용해서 초근대성과 디지털 상품 자본주의를 파괴할 정도에 이르게 하지는 못했다."[26] 내 대답은, 맞다, 혁명적 혼란은 일어나지 않았다. 그렇지만 그 전망은 내내 그림자를 드리웠다는 것이다. **실제로** 일어난 일을 설명하는 유일한 방법은 팬데믹 자체의 위협이 아니라 팬데믹에 맞설 수 있는 유일한 적절한 방법(보편적 글로벌 의료, 보편적 기본소득 등)이 주는 위협에 대한 절박한 반작용으로 해석하는 것뿐이다. 또한 팬데믹의 파괴적 효과를 거세의 한 형태로 규정하는 것에 동의하지 않는다. 엄밀한 라캉적 의미에서 이 용어를 사용한다면, 팬데믹의 영향은 거세와 거의 정반대라고 할 수 있다. 우리는 (상징적) 거세의 해방적인 측면을 염두에 두어야 한다. 거세는 해방적인 상실, 창조적 거리두기의 공간을 열어 주는 상실이며, 거세의 부재는 상징이 실재로 격하되는 정신병적 질식을 의미한다. 이것이 바로 팬데믹의 발발과 함께 일어난 일이다. 대타자(적어도 부분적으로는)에 의해 유지되는 우리의 사회적 공간의 개방이 무너졌고, 타인의 지나친 근접성은 치명적인 위협이 되었다.

팬데믹에 대한 조치를 예외 상태의 단순한 연속으로 보는 아감벤에 대한 비판적 행동의 일환으로 추차 바로스는 전형적인 예외 상태 개념과 팬데믹으로 촉발된 예외 상태의 차이를 간단하지만 정확하게 공식화했다. "이 '신종' 바이러스의 경우에 예외 상태(이 용어가 여전히 적용된다면)는 벌거벗은 삶으로서의 생명에 대한 권력 행사가 아니라, 반대로 제대로 살아 있지도 않은 침입 생명체에 대한 정치체의 극단적 (예외적) 자기방어 조치이자 면역 반응이다."[27] 팬데믹의 경우, 국가권력이 시민사회를 침범하여 총체적 통제에 복종시킨 것이 아니라 공격적인 생명체(혹은 진정한 생명체가 아니라 자기재생산 화학 메커니즘일 뿐)가 정치체political body를 침범하고 교란하여 공황 상태에 빠뜨리고 그 정치체의 무능력을 가시화한 것이다.

미국과 유럽의 새로운 야만인들은 바로 개인의 자유와 존엄을 지킨다는 명목으로 팬데믹 방지 조치에 폭력적으로 항의하는 사람들, 즉 2020년 4월에 트럼프가 미국을 "의사들로부터 되찾았다"고 자랑한 재러드 쿠슈너 같은 사람들이었다.[28] 세르지오 벤베누토는 팬데믹 방지 조치가 우리에게 기본적인 인권을 포기해야 할 정도로 큰 희생을 요구한다는 생각의 외설성을 간결하게 정리해 냈다. "우리를 구하기 위해 병원에서 목숨을 걸고 있는 사람들이 있는데, 이러한 희생을 감당할 수 없는 것으로 간주하는 일은 모욕적일 뿐만 아니라 어처구니도 없다."[29]

람슈타인의 "우리는 죽을 때까지 살아야 한다"는 말은 교착 상태에서 벗어날 수 있는 방법을 제시한다. 즉 팬데믹에 맞서 싸우기 위해서는 최대한 강렬하게 살아야 한다. 오늘날 수백만 명의 의료 종사자보다 더 목숨을 걸고 매일 위험을 무릅쓰며 일하고 있는 사람이 있을까? 그들 중 많은 수가 죽었지만, **죽기 전까지 그들은 살아 있었다.** 그들은 우리를 위해 자신을 희생하고 우리의 위선적인 찬사를 받은 것이 아니다. 그리고 그들은 목숨만 남은 생존 기계가 아니라 오늘날 가장 살아 있는 사람들이었다. 그렇다면 이 노래에서 람슈타인이 옹호하는 실존적 입장은 무엇일까? 그것은 정신분석적 과정의 결정적 순간, 라캉이 주체적 궁핍이라고 불렀던 것의 한 형태이다.

죽음을 향한 존재에서 언데드까지

여기서 우리의 전제는 하이데거가 "죽음을 향한 존재"라고 지칭한 것이 궁극적인 실존적 경험이 아니라 그것을 통해 아마도 죽지 않음(불멸)이라는 이름으로 가장 잘 불릴 수 있는 차원으로 넘어가는 일이 가능하다는 얘기다. 이 구절을 좀 더 명확하게 이해하기 위해 어쩌면 예상치 못했을 주제인 드미트리 쇼스타코비치의 교향곡으로 관심을 돌려보겠다. 쇼스타코비치의 오페라 〈므첸스크의 맥베스 부인〉에 대해 《프라우다》에 혹독한 비판이 게재된 뒤에 작곡된 다섯 번째 교향곡은 일반적으로 작곡가의 정치적 재활을 위한 의식적인 타협, 더 전통적인 음악으로의 복귀로 인식된다. 그러나 스탈린이 사망한 지 한참이 지난 지금도 서구에서 가장 인기 있고 가장 자주 연주되는 교향곡으로 남아 있다. 몇 년전, 이 교향곡은 비평가 패널의 투표를 통해 역대 10대 교향곡 중 유일한 20세기 작품으로 선정되기도 했다(분명코 그렇지 않다. 교향곡 장르로만 보면 8번과 10번이 훨씬 낫다). 그러나 여기서 우리가 관심을 갖는 것은 쇼스타코비치의 마지막 두 교향곡인 14번과 15번 교향곡으로, 이 곡들은 죽음 또는 더 정확하게는 죽음에서 언데드로의 전환을 직접적으로 다루고 있다(이 점에서 14번 교향곡에서 15번 교향곡으로의 전환은 히치콕의 작품에서 〈현기증〉과 〈사이코〉로의 이행 또는 시벨리우스 교향곡 4번의 3악장에서 4악장으로의 전환에 비견된다).³⁰ 14번 교향곡을 거론하며 쇼스타코비치는 죽음에 대한 집착을 공개적으로 선언했다.

> "죽음은 우리 모두에게 다가오고 있으며, 나는 우리 삶의 마지막에 좋은 일이 있을 거라고 생각하지 않는다. 죽음은 끔찍하다. 그 너머에는 아무것도 없다." 쇼스타코비치는 죽음이 내세로 가는 영광스러운 시작이라는 견해에 반대했다. 그는 아름답고 찬란하며 황홀한 음악으로 죽음을 묘사한 모든 작곡가들의 견해에 동의하지 않았다.³¹

교향곡 초연에서 일어난 한 사건은 죽음에 대한 이 영광스럽지 않은, 심지어 장난스러운 접근법을 기이한 방식으로 반향한다.

쇼스타코비치는 이 작품을 듣는 동안 특별한 침묵이 필요하다고 말했었다. 따라서 그의 지지자들은 가장 조용한 순간에 강당에서 큰 충돌음이 들리고 한 남자가 서둘러 서투르게 퇴장하자 특히 화를 냈다. 나중에 이 남성이 다름 아닌 공산당 조직책이자 1940년대 후반 쇼스타코비치의 주요 비평가이자 공격적인 박해자였던 파벨 이바노비치 아포스톨로프였다는 사실이 밝혀졌는데, 사람들은 그의 반항이 주의를 최대한 분산시키기 위해 신중하게 계획된 것이라고 생각했다. 뒤늦게 이 공연 중에 아포스톨로프가 실제로 심장마비를 일

으켜 한 달 만에 사망했다는 사실이 알려졌다. 아이러니는 누구도 비켜 가지 않았다.[32]

솔제니친 자신이 구원의 희망이 없는 어둡고 불경건한 이 교향곡의 음색에 겁을 먹은 것은 놀랍지 않다. 그가 옳았을까? 가장 먼저 주목해야 할 것은 14번이 "죽음에 관한 것이 아니라 부자연스러운 죽음, 즉 살인, 억압, 전쟁으로 인한 죽음에 관한 것"[33]이라는 점이다. 두 번째 사항은 14번이 의미 없는 죽음의 신격화로 끝나지 않는다는 점이다. 그 클라이맥스는 의심할 여지 없이 교향곡에서 가장 '진지한' 곡인 '델빅'으로, 아이러니가 없고, 심지어 어떤 면에서는 낙관적인 곡이다. 이 곡은 반란에 실패한 '데카브리스트(12월당)'와 친분이 있던 시인 안톤 델빅의 죽음(1831년)을 기리는 빌헬름 퀴첼베커의 시에 곡을 붙인 것으로, '폭정에 맞선 예술가들의 힘과 우정의 소중함에 대한 찬사'를 담고 있다. (퀴첼베커 자신도 1825년 차르에 대항한 데카브리스트 봉기에 참여했다가 실패한 후 시베리아로 보내져 1846년 귀 멀고 눈 멀어 죽었다.) 시인의 죽음에 대한 이 애도는 교향곡의 다른 모든 곡과 달리 전통적인 방식으로 작곡되었다. "아주 순수한 장조로 작곡된 '델빅'을 제외하면, 고정관념처럼 12음계는 14번 교향곡의 모든 악장을 사로잡고, 반면 다른 곡들은 변덕스럽고 굴곡이 심하며 종종 그로테스크한 무조 선율이 우세하다"[34]는 특징이 있다.

'델빅'은 전체 교향곡에서 정치 영역에 가장 가까운 특별한 노래 〈술탄에게 보내는 편지〉를 따른다는 점이 중요하다. 더 높은 권위에 대한 반란을 잔인한 외설적 행위로 극화한다. 쇼스타코비치는 러시아의 과거로부터 온 이 기막힌 문건에 음악적 형식을 입히기로 작정했다. 1676년 술탄 메흐메드 4세는 자포로지안 코사크족에게 자신의 통치에 복종할 것을 촉구하는 편지를 썼고, 코사크족은 일련의 모욕적이고 저속한 운율을 담아 답장했다.

자포로지안 코사크가 터키 술탄에게! 오 술탄, 터키의 악마이자 저주받은 악마의 친족이자 루시퍼의 비서인 술탄이여. 벌거벗은 엉덩이로 고슴도치도 죽이지 못하는 네가 무슨 악마의 기사라도 되는가? 악마는 똥을 싸고, 네 군대는 먹는다. 창녀의 아들아, 너는 기독교인 아들을 신하로 만들지 마라. 우리는 너의 군대를 두려워하지 않는다. 우리는 육지와 바다에서 너와 싸울 것이다. 꺼져 버려라. 너는 바빌론의 머슴, 마케도니아의 수레꾼, 예루살렘의 밀주업자, 알렉산드리아의 빙충이, 대 이집트와 소 이집트의 돼지몰이, 아르메니아의 돼지, 포돌리아의 도둑, 타르타르의 비역질쟁이, 캄야네트의 갖바치, 온 세상과 지하 세계의 바보, 하나님 앞에서 멍청이, 뱀의 손자, 우리의 거시기의 종기다. 돼지 주둥이, 암말 엉덩이, 도살장의 똥개, 세례 못 받은 눈썹이다. 네 어머니나 엿 먹여라! 자, 자포로지안들은 이렇게 선언한다, 이 비천한 자식아. 넌 기독교도들을 위해 돼지조차 몰지 않을 거다. 우리는 날짜도 모르고 달력도 없으니, 달은 하늘에 있고 해는 주님과 함께 있으니, 이제 결론을 내려주마. 날은 저기나 여기나 똑같으니, 우리 엉덩이나 빨아라! — 코사크 오토만 이반 시르코가 자포로지안 주민 전체의 뜻을 담아.[35]

또한 〈술탄에게 보내는 편지〉는 감방에 홀로 갇힌 남자의 모습을 기욤 아폴리네르가 음악으로 묘사한 〈프리즌〉 세트에 앞서 나온다. 이 곡의 중간에는 고통받는 죄수의 주관적인 입장에 균열을 내는 오케스트라 막간이 나오는데, 이 막간이 지나면 첫 대사가 나온다. "나는 예전의 내가 아니다." 따라서 우리는 이 세 곡의 순서가 갖는 의미를 알 수 있다. 주체를 다른 사람으로 만들고 잔인한 반항으로 밀어붙이는 감옥에서의 절망, 그리고 그 반항이 분쇄된 후의 한탄이 따라 나온다(추가 분석을 통해 교향곡의 11곡을 모두 통합하는 내러티브 라인을 재구성할 수도 있다. 처음 두 곡은 도입부, 마지막 두 곡은 서곡과 동일한 모티프로 시작되는 피날레, 그다음 곡들은 '죽음과 처녀'라는 모티프를 변화시켜 팜므 파탈이 연인을 죽이고 자살하며… 차차 전장에 있는 젊은 남성의 시체로 이동하다가 남자가 반란을 촉발하는 감옥에서 하나의 노래로 축소된다).

그러나 앞서 살펴본 것처럼 교향곡의 정서적 절정인 '델빅'은 "죽음은 끔찍하다. 그 너머에는 아무것도 없다"는 전제를 무색하게 한다. 죽음 너머에는 무의미한 죽음을 고귀한 사건으로 만드는 시가 있다. 죽음 너머에는 아무것도 없다는 것을 정말로 받아들인다면 죽음 이후에는 무엇이 있을까? 쇼스타코비치는 영화 〈블루벨벳〉 세트에서 계속 연주된 그의 15번 교향곡을 통해 그 해답을 제시한다. 데이비드 린치 감독은 자신이 영화에서 원하는 분위기를 표현하고 싶었다. "저는 쇼스타코비치 교향곡 15번 A장조에 맞춰 대본을 썼어요. 그 곡의 같은 부분을 계속 반복해서 들었죠."라고 말했다. 촬영하는 동안 린치는 자신이 원하는 분위기를 전달하기 위해 세트에 스피커를 설치하고 교향곡을 틀었다. 나중에 그는 안젤로 바다라멘티에게 '쇼스타코비치 같은' 영화용 악보를 작곡해 달라고 요청했다.[36] 이 교향곡을 동독에서 처음 연주했던 커트 샌덜링은 이 음악을 외로움과 죽음에 관한 것으로 들었고, 쇼스타코비치의 다른 어떤 작품도 그에게 그렇게 "근본적으로 끔찍하고 잔인하지" 않았다고 했다. 다른 사람들은 그 안에서 장난기 어린 낙관주의를 보는 반면 쇼스타코비치 자신은 그것을 '사악한 교향곡'으로 규정했다. 그 안에서 들리는 목소리의 혼합은 '동지로서의 대상들'의 미친 상호작용으로도 읽힐 수 있다. "우리는 병원의 장비, 전기 충격 치료, 저속함과 풍자를 듣고, 그는 12음기법, 로시니의 〈윌리엄 텔〉부터 바그너의 〈트리스탄과 이졸데〉와 〈니벨룽겐의 반지〉에 이르는 방대한 인용들을 도입한다. 이 음악들은 당신이 정신 나갔을 때 머릿속에 들리는 미친 목소리처럼 다가온다."[37] 그러나 이 정신착란적인 상호작용은 영혼 안에서 일어나는 것이 아니라 주체적 궁핍에 의해서만 그 공간이 열린다. 14번 교향곡이 한 영혼(델빅)의 서정적인 고백으로 절정에 이른다면, 15번에는 영혼이 없다. 유치한 장난기와 언데드가 기괴하게 뒤섞여 있다.

혁명적 자기파괴

어쩌면 여기서 우리는 쇼스타코비치의 한계를 찾을 수 있다. 주체적 궁핍은 그러한 괴물 같은 혼합물로만 나타나는 것이 아니며, 또한 임상 경험에 국한되지도 않는다. 브레히트가 묘사한 정치적 차원을 가지고 있다. 앞 장에서 인용한 〈세 푼짜리 오페라〉의 대사에서 브레히트는 네 가지 기본적인 실존적 입장(일상의 기쁨에 대한 갈망, 잔인한 현실, 종교적 감정, 냉소적 지혜)을 두 가지로 압축하고 마지막 단어로 유쾌한 냉소를 넣었다.[38] 그러나 이것은 브레히트 자신의 마지막 단어는 아니었다. 숨 막히는 시퀀스를 통해 브레히트는 그의 교육극(《예스맨과 노우맨》, 〈조처〉)에서 또 다른 주체적 입장, 즉 더 깊은 의미나 목표에 기초하지 않은 순전히 형식적인 자기희생의 몸짓을 추가했다. 여기서의 암묵적인 논리는 어떤 긍정적인 윤리적 이상으로도 냉소적 지혜를 극복할 수 없다는 것이다. 냉소는 모든 것을 훼손할 수 있으며, 냉소적 거리두기 자체를 약화시키는 것은 완전히 무의미한 자기희생적 행위일 뿐이라는 얘기다. 물론 이러한 행위의 프로이트적 이름은 죽음충동이며, 헤겔적 이름은 자기관계적 부정성이다. 하지만 여기서 우리는 매우 신중해야 한다. 브레히트는 이 행위가 상징적 공간에서 벗어나려는 일종의 순전히 과도한 자살 제스처가 아니라는 점을 분명히 하고 있다(이는 바타유 이론에 더 가깝다). '무한 판단'의 또 다른 사례에서는 죽음충동이 그 정반대, 즉 상징적 질서에서의 급진적 소외와 일치한다. 이와 같은 맥락에서, 사로지 기리는 '혁명적 자기궁핍, 자기객관화'를 주체성의 특수한 형태라고 설명했다.

특수하고 개별적인 삶, 하나의 독특한 인간은 이제 언제든 제거될 수 있는 단순한 대상이 되었다. '대상으로서의 동지'는 탈계급화, 탈인격화의 연속이며, 이제는 혁명적 궁핍의 지점에 이르게 되어 죽을 용기, 죽음과 연루된다. 동지가 살아 있는 인간인 한, 그 동지의 대상화는 죽음에 대한 개방성과 관련이 있을 것이고 또 관련되어야만 한다. 삶은 저울에 매달려 있으며 죽음에의 취약성은 항상적 현존이다. 우리는 결코 안전하지 않으며 삶을 기꺼이 희생하려는 의지는 정중하게 잘 포용해야 한다.[39] (11)

기리는 여기서 과거, 최근, 그리고 더 오래된 것과의 이중 연결 고리를 설정한다. 최근의 경우, 대상화와 궁핍이라는 관념은 파동의 내리막이라는 개념에 가깝다. "완전히 적나라한 내리막이야말로 진정한 격변이 탄생하는 곳이다." 또는 그가 "흑인은 비존재의 영역, 엄청나게 황폐하고 건조한 지역, 완전히 쇠퇴하는 내리막의 영역"(22)이라고 말할 때다. 고대의 과거의 경우, 불교의 혁명적 자아가 있다.[40] (궁핍이라는) 공백의 "도道, '새로운 세계'로의 파열/개방은 붓다의 열반에서 찾을 수 있다. 열반은 흔히 각성 또는 깨달음으로 알려져 있지만, 사실 니르바나는 일차적으로 소멸, 점멸, 사라짐이다."(14)

따라서 기리가 주체적 궁핍이라고 부르는 것은 새로운 형태의 정치적 주체성일 뿐만 아니라 동시에 우리의 기본적인 실존적 차원, 즉 "삶과 죽음의 다른 양상과 결부된 다른 존재의 방식"(15)과 관련된 것이다. 피터 홀워드의 논문집 『다시 생각하기』의 서문에서 바디우는 린 뱌오의 말을 인용한다. "수정주의의 본질은 죽음에 대한 공포다."[41] 정통과 수정주의 사이의 정치적 대립에 대한 이러한 실존적 급진화는 "개인적인 것이 정치적인 것이다"라는 68년의 오래된 모토에 새로운 빛을 던진다. 여기서 '정치적'은 '개인적'인 것이 되고, 정치적 수정주의의 궁극적 뿌리는 죽음에 대한 공포라는 내밀한 경험에 위치한다. 바디우의 버전에 따르면, '수정주의'는 가장 기본적인 차원에서 자신을 주체화하지 못하고, 진리 사건에의 충실성을 떠맡지 못하는 실패이기에, 수정주의자가 된다는 것은 '인간 동물'의 생존주의적 지평에 머무르는 것을 뜻한다.

그러나 린 뱌오의 발언에는 애매한 구석이 있다. 그 발언은 정치적 수정주의의 근원이 죽음을 두려워하게 만드는 인간의 본성에 있다는 얘기로 읽을 수도 있지만, 변하지 않는 인간의 본성은 없기 때문에 죽음에 대한 인간의 내밀한 공포는 이미 정치적으로 과잉결정되어, 공동체적 연대감이 거의 없는 개인주의적이고 이기적인 사회에서 발생한다고 읽을 수도 있다. 공산주의 사회에서 사람들이 더 이상 죽음을 두려워하지 않는 이유가 여기에 있다.

'대상으로서의 동지'는 우리가 냉정한 '객관적' 거리에서 우리 자신을 관찰하고 조작해야 한다는 것을 의미하지 않는다. 그것은 '동지로서의 대상'이라는 전도로 보완되어야 한다. "상품의 물신주의적 힘으로 넘어가는 대신 사물, 대상, 재료의 '숨겨진' 공학적/예술적 힘으로 나아가야 했다. 이를 통해 말하자면 대상이 교감하고 말할 수 있게 함으로써, 우리에게 '동지로서의 대상'의 첫 윤곽을 제시할 수 있다."(6) 이 '동지로서의 대상'은 기리가 (물질적인) 사물 자체의 관념론, 즉 사회적 차원의 외부에서 사물에게 물화된 속성으로 부과하는 물신주의적 관념론과 대립되는, 이른바 정신적 육체성이라고 부를 수 있는 관념론을 보여 준다. 대상을 '동지'로 대하는 것은 사물과의 강렬한 상호작용에서 대상의 가상적 잠재력에 자신을 개방하는 것을 의미한다. 어쩌면 하나의 놀라운 연결 고리, 즉 오늘날의 객체지향 존재론이 '대상으로서의 동지'를 보완하는 '동지로서의 객체'의 의미를 이해하는 데 도움이 될 수 있을 터이다. 다음은 객체지향 존재론의 기본 입장에 대한 그레이엄 하먼의 간결한 설명이다.

세상이라는 경기장은 다양한 물건들로 가득 차 있는데, 그것들의 힘
은 발휘되지만 대부분 애호되지 못한다. 빨간 당구공이 초록 당구공
을 때린다. 눈송이는 자신들을 잔인하게 소멸시키는 빛 속에서 반짝
이고, 손상된 잠수함은 해저를 따라 녹슬어 간다. 제분소에서 밀가
루가 나오고 석회암 덩어리가 지진에 의해 압축되며, 미시간의 숲에
거대한 버섯이 퍼진다. 인간 철학자들이 세상에 '접근'할 수 있는 가
능성을 놓고 서로를 드잡이하는 동안, 상어는 참치를 타격하고 빙산
은 해안선을 들이받는다.[42]

대상을 '동지'로 대하는 이러한 방식은 또한 우리가 쓰레기나 오염
으로 인식하는 것뿐만 아니라 너무 크거나 너무 작아서 직접 인식할 수
없는 것(티모시 모튼의 극초객체hyperobject)을 포함한 모든 복잡한 환경을
생태적으로 받아들이는 새로운 방식을 열어 준다. 이러한 맥락에서 모
튼에게 생태적이라는 얘기는,

자연 그대로의 자연 보호구역에서 시간을 보내는 것이 아니라 콘크
리트 틈 사이로 자라는 잡초를 감상하고 또 콘크리트를 감상하는 것
이다. 그것은 또한 세상의 일부이자 우리의 일부이기도 하다. 현실
은 '이상한 낯선 것들', 즉 '알 수 있지만 기이한' 사물들로 가득 차 있
다. 모튼은 이 낯선 낯섦이 우리가 마주치는 모든 바위, 나무, 테라
리움, 플라스틱 자유의 여신상, 퀘이사, 블랙홀, 마모셋의 환원 불가

능한 부분이다. 이를 인정함으로써 우리는 대상을 지배하려는 시도에서 벗어나 그 난해함 속에서 대상을 존중하는 법을 배우는 방향으로 전환할 수 있다. 낭만주의 시인들이 자연의 아름다움과 숭고함에 대해 찬사를 보냈다면, 모튼은 자연에 편재하는 기괴함에 응답한다. 무섭고, 추하고, 인공적이고, 해롭고, 성가신 모든 것을 자연적인 것의 범주에 포함시킨다.[43]

이러한 혼종의 완벽한 예가 팬데믹 기간 동안의 맨해튼 쥐들의 운명이 아닐까? 맨해튼은 인간과 바퀴벌레, 그리고 수백만 마리의 쥐로 이루어진 살아 있는 시스템이다. 팬데믹이 절정에 달했을 때, 모든 식당이 문을 닫으면서 식당에서 나온 쓰레기를 먹고 살던 쥐들은 먹잇감을 잃었다. 이로 인해 대량 아사가 발생했고, 많은 쥐들이 자신의 새끼를 잡아먹는 모습이 발견되었다. 인간의 식습관을 바꾸었지만 인간에게는 위협이 되지 않았던 식당의 폐쇄는 동지였던 쥐들에게 재앙과도 같은 일이었다. 최근의 또 다른 유사한 사건은 '동지로서의 참새'라고 불릴 수 있다. 대약진 운동이 시작되던 1958년, 중국 정부는 '새는 자본주의의 공공 동물'이라고 선언하고 한 마리당 연간 약 4파운드의 곡물을 소비하는 것으로 의심되는 참새를 퇴치하기 위한 대대적인 캠페인을 벌이기 시작했다. 참새 둥지를 파괴하고, 알을 깨고, 새끼를 죽이고, 수백만 명의 사람들이 무리를 지어 참새가 날아들지 못하도록 시끄러운 냄비와 프라이팬을 때렸다. 둥지에서 쉬고 있는 참새를 지쳐서 죽게 만드는 것이 목표였다. 이러한 대규모 공격으로 참새의 개체 수는 고갈되어 거의 멸종 위기에 처했다. 그러나 1960년 4월, 중국 지도자들은 참새가

들판의 곤충도 대량으로 잡아먹기에 캠페인 이후 쌀 수확량이 증가하기는커녕 오히려 감소했다는 사실을 깨닫게 되었다. 참새 박멸이 생태 균형을 깨뜨리고, 천적의 부재로 인해 곤충이 농작물을 파괴했다. 그러나 때는 이미 너무 늦었다. 자신들을 잡아먹을 참새가 없어지자 메뚜기 개체 수가 급증하여 전국을 휩쓸었고, 광범위한 삼림 벌채와 독극물 및 살충제 오용 등 대약진으로 인해 이미 생긴 생태 문제를 더욱 악화시켰다. 이 생태계의 불균형은 1500만~4500만 명이 기아로 사망한 중국 대기근을 악화시킨 원인으로 지목되고 있다. 중국 정부는 결국 소련에서 참새 25만 마리를 수입하여 개제수를 보충하는 길을 택했다.[44]

요리스 이벤스의 영화에 등장하는 세 가지 사례는 이러한 동지로서의 대상의 차원을 완벽하게 보여 준다. 비가 내리는 암스테르담의 모습을 담은 그의 다큐멘터리 〈비〉(1929)는 동지로서의 비의 초상이 아닐까? 여기서 이벤스의 〈비〉의 음악 반주로 작곡된, 한스 아이슬러의 플루트, 클라리넷, 현악 3중주, 피아노를 위한 12분짜리 12음기법 연습곡인 〈비를 묘사하는 14가지 방법〉을 언급해야만 한다. 그다음으로는 미스트랄이라는 찬바람이 론 계곡을 따라 지중해로 불어오는 프로방스의 삶과 풍경을 동지처럼 묘사한 이벤스의 〈미스트랄을 향해〉(1966)가 '동지로서의 바람'으로 존재한다. 중국에서 촬영한 〈바람 이야기〉(1988)는 늙고 병든 이벤스가 "호흡의 비밀은 가을바람의 리듬에 있다"는 통찰을 묘사하려는 시도로서 바람을 동지로 묘사한 또 다른 작품이다.

그러나 우리는 기리가 충분히 인식하고 있으나 객체지향 존재론이 무시하고 있는 것에 관심을 기울여야 한다. 주체적 궁핍(기리가 라캉에게서 가져온 용어), 즉 대상으로의 환원은 탈주체화를 의미하는 것이 아니라 **바로** 탈인간화를 의미한다. 주체적 궁핍 이후 주체는 더 이상 '인간적'이지 않다(인격의 깊이, 외부 현실 및 이와 유사한 심리적 부담과 대립되는 '풍부한 내면의 삶'이라는 의미에서 인간적이지 않다). 오직 궁핍 속에서 궁핍을 통해서만 순전한 상태의 주체(대문자로 된 주체)가 등장한다.

> 대상으로서의 활동가−동지는 여전히 대주체, 즉 아마도 역사의 이름으로 말하고 '역사의 단계들'에 관한 '메타서사'를 환기시키는 주체이겠지만, 그 주체의 자기궁핍과 자기객관화는 역사 자체의 공백, 텅 빈 지점을 만들어 낼 혁명적 가능성을 열어 놓는다.(13)

주체적 궁핍을 통해 우리는, 궁핍한 주체가 자신을 둘러싼 대상을 동등한 대화 상대로 대하고, 그들을 착취하는 주인으로서의 역할을 포기하는 '동지로서의 대상'과 '대상으로서의 동지' 사이의 행복한 상호작용에 진입하지 않는다. 주체적 궁핍 속에서 주체는 단순히 현실의 흐름에 몰입되는 것이 아니라 오히려 현실의 공백, 텅 빈 지점, 틈으로 환원된다. 이러한 공백으로의 환원을 통해서만, 그 공백의 주체적 위치로부터만 주체는 동지로서의 대상과 대상으로서의 동지의 상호 작용을 인식하고 경험할 수 있다. 다시 말해, 주체적 궁핍을 통해 주체는 순수한 공백과 그 자신으로 존재하는 대상으로 근본적으로 분열된다. 이런 식으로 우리는 필멸성을 극복하고 언데드로 진입한다. 죽음 이후의 삶이 아니라 삶 속의 죽음, 탈소외가 아니라 극도의 자기삭제적 소외로 진입한다. 우리가 소외를 측정하는 바로 그 기준, 즉 안전하고 안정된 관습의 세계로의 완전한 몰입이라는 개념, 평범하고 따뜻한 일상이라는 관념을 내

버려 두어야 한다. 뒤죽박죽의 세계를 극복하는 방법은 일상성으로 돌아가는 것이 아니라 뒤죽박죽을 포용하는 일이다.

이 간략한 설명에서 이미 주체적 궁핍 현상은 동일한 내적 경험으로 환원될 수 없는 다양한 형태를 취한다는 것을 알 수 있다. 갈망과 욕망으로부터 거리를 확보할 수 있게 하는 외부 현실과의 단절, 즉 내가 일종의 비인격적인 태도를 취하고, 내 생각은 사유자가 없는 사유가 되는 불교적 열반이 있다. 그런 다음 열반과 혼동해서는 안 되는 소위 신비로운 경험이 있다. 그것들도 일종의 주체적인 궁핍을 포함하지만, 이 결핍은 나와 더 높은 절대자 사이의 직접적인 동일성의 형태를 취한다 (전형적인 공식은, 내가 신을 보는 눈은 신이 자신을 보는 눈이다). 내 가장 내면의 욕망이 비인격화되고 신의 뜻과 겹쳐지기에, 대타자가 나를 통해 살아간다. 요컨대 열반에서는 '욕망의 수레바퀴'에서 벗어나지만, 신비로운 경험은 우리의 향유와 대타자의 향유가 겹쳐지는 일을 수행한다. 그다음으로는 기리가 설명하는 주체적 자세, 즉 자신을 급진적 사회 변화 과정의 도구-대상으로 환원하는 혁명적 주체의 궁핍이 있다. 그는 죽음에 대한 두려움을 포함해 자신의 인격을 말소함으로써 혁명이 그를 통해 살아나도록 한다. 그다음엔 자기파괴적인 사회적 허무주의의 폭발이 있다. 〈조커〉를 떠올려 보거나 아이젠슈타인의 〈10월〉에서 혁명 폭도들이 겨울 궁전의 와인 저장고에 침투하여 수백 병의 값비싼 샴페인을 파괴하는 난동을 벌이는 장면을 떠올려 보자. 그리고 마지막으로, 정신분석학적 (라캉적) 의미에서의 주체적 궁핍은 환상을 가로지르는데, 이는 생각보다 훨씬 급진적인 제스처이다. 라캉에게 환상은 현실과 대립되는 것이 아니라 우리가 현실로 경험하는 것의 좌표와 우리가 원하는 것의 좌표를 제공하며, 두 좌표는 동일하지는 않지만 서로 얽혀 있다 (우리의 근원적 환상이 해체되면 우리는 현실의 상실을 경험하며, 이는 또한 우리의 욕망 능력을 저하시킨다. 또한 환상을 가로지르는 것이 라캉의 마지막 말이 아니라는 점을 기억해야 한다. 그는 강의 말년에 분석 과정의 마지막 순간으로 증상과의 동일시, 즉 우리에게 적당히 수용 가능한 삶의 형태를 가능하게 하는 제스처를 제안했다).

이러한 유형들은 어떻게 관련될까? 배열되는 두 축이 존재하기 때문에 이것들은 일종의 그레이마스의 기호학적 사각형을 형성하는 것과 같다. 적극적인 참여(자기파괴적 사회적 폭발, 기리가 묘사한 혁명적 궁핍) 대 분리(열반, 신비적 경험), 자기수축(외부 현실에 맞선 파괴적 폭발, 열반) 대 대타자(신비적 경험 속의 신, 혁명적 궁핍 속의 대문자 역사)의 축. 파괴적 폭발에서 우리는 환경을 파괴하는 방식으로 우리 자신 안으로 수축하고, 열반에서는 현실을 있는 그대로 두고 우리 자신 안으로 물러난다. 신비로운 경험에서 우리는 신성에 몰입함으로써 현실에서 벗어나고, 혁명적 궁핍에서 우리는 혁명적 변화의 역사적 과정에 참여함으로써 자아를 포기한다. (라캉의 관점에서 볼 때, 이 마지막 두 입장은 자신을 대타자의 객체-도구로 생각하는 도착적 입장에 빠질 위험이 있다.)

라캉이 주체적 궁핍이라고 부르는 것은 바닥 상태, 즉 이 사각형의 중앙에 있는 중립적 심연이다. 여기서 우리는 매우 엄밀해야 한다. 우리가 주체적 궁핍에서 도달하는 것은 모든 것이 솟아나는 절대적인 공백이 아니라 이 공백의 교란 그 자체이며, 내면의 평화가 아니라 공백의 불균형, 즉 공백으로부터 유한한 물질적 현실로의 추락이 아니라 공백에서 물질적 현실이 출현하게 하는 그 공백 중심부의 적대/긴장이다.

다른 네 가지 버전의 주체적 궁핍은 구조적으로 부차적이어서, 공백의 적대성('자기모순')을 진정시키려는 시도이다.

여기서 제기되는 질문은, 정치적으로 관여된 형태의 궁핍은 어떻게 도착성에 빠지지 않을 수 있는가이다. 답은 분명하다. 그것은 대타자(역사적 필연성 등)에 대한 의존을 중지해야 한다. 헤겔은 철학을 '현존하는 것'을 파악하는 일로 한정했지만, 헤겔에게 '현존하는 것'은 안정된 상태가 아니라 긴장과 잠재성으로 가득한 열린 역사적 상황이다. 따라서 헤겔의 통찰을 생쥐스트Saint-Just의 주장과 연결해야 한다. "혁명가는 자신의 대담성 하나만 믿고 따르는 첫 번째 항해자와 흡사하다." 헤겔이 개념적 파악을 과거에 국한시킨 것의 함의가 바로 여기에 있지 않을까? 참여의 주체로서 우리는 미래를 내다보며 행동해야 하지만, 선험적인 이유로 (마르크스가 생각했던 것 같은) 합리적인 역사적 진보의 패턴에 근거해 결정을 내릴 수 없기 때문에 즉흥적으로 위험을 감수해야 한다는 것이다. 레닌이 1915년 헤겔을 읽으면서 얻은 교훈도 이것이었을까? 역설은 레닌이 역사적 목적론의 철학자, 자유를 향한 냉혹하고 규칙적인 진보의 철학자로 비난받는 헤겔에게서 받아들인 것이 바로 역사적 과정의 완전한 우연성이었다는 점이다.[45]

여기서 상식적인 반론이 제기될 수도 있겠다. 주체적 궁핍은 너무 급진적 제스처여서 계몽된 엘리트에게만 국한되며, 혁명적 열정 같은 드문 경우를 제외하면 대중에게는 불가능한 윤리적 이상이라는 지적이다. 하지만 나는 이러한 비판이 요점을 놓치고 있다고 생각한다. 기리는 주체적 궁핍이 지도자들의 엘리트주의적 입장이 아니라, 오히려 이와는 반대로, 무수한 평범한 전투원들, 다시 한번 코로나-19와의 싸움에서

목숨을 걸고 싸우는 수천 명의 사람들이 보여 주는 것과 같은 태도라고
강조한다.

··· 대 종교적 근본주의

하지만 이런 식으로 우리는 근본주의자들이 생존을 경시하는 태도에 위
험할 정도로 가까워지고 있는 것은 아닐까? 2021년 8월 중순 아프가니
스탄에서 벌어진 상황을 살펴보자. 정부군이 장비도 좋고 훈련도 훨씬
더 우수하고 숫자도 더 많은데, 탈레반이 순조롭게 나라를 장악하고 도
시들은 도미노처럼 무너졌다(30만 대 8만 탈레반 전투원). 탈레반이 접근
하면 정부군은 대부분 괴멸된다. 그들은 항복하거나 도망치는 등 싸울
의지가 전혀 없어 보이는데, 왜 그럴까? 언론에서는 다양한 추측을 내놓
는데 그중엔 직접적인 인종차별주의도 있다. 아프가니스탄 사람들은 민
주주의를 받아들일 만큼 성숙하지 못했고, 종교적 근본주의를 갈망한다
는 얘기다. 반세기 전 아프가니스탄은 (적당히) 계몽된 국가였고 공산당
이 몇 년 동안 집권하기도 했으니 말도 안 되는 주장이다. (진정한 공산당
에 걸맞게 아프가니스탄 인민민주당PDPA은 강경파인 칼크와 온건파 파르참으
로 분열되어 있었다.) 아프가니스탄이 종교적 근본주의 국가가 된 것은 공
산권 붕괴를 막으려는 소련의 점령에 대한 반작용으로 나중에야 시작되
었다.

그 외 미디어는 우리에게 몇 가지 설명을 쏟아 낸다. 첫 번째는 공
포다. 탈레반은 자신들의 정치에 반대하는 사람들을 무자비하게 처형한

다. 두 번째는 믿음이다. 탈레반은 신이 부여한 임무를 완수하기 때문에 자신들의 행위의 최종 승리가 보장되므로 인내심을 갖고 기다릴 수 있으며, 시간은 그들 편이라는 믿음을 갖고 있다. 좀 더 복잡하고 현실적인 설명은, 아프가니스탄의 상황이 전쟁과 부패가 계속되는 등 혼란스럽기 때문에 탈레반 정권이 궁극적으로 억압과 샤리아 법을 도입하더라도 최소한의 안전과 질서가 보장되리라고 본다.

　　그러나 이러한 모든 설명은 자유주의 서방의 관점에서는 트라우마인 기본 사실을 회피하는 듯하다. 이는 탈레반의 생존에 대한 경시, 즉 전사들의 기꺼이 '순교'할 태세, 전투에서뿐만 아니라 자살적 행위로도 죽겠다는 태세다. 근본주의자인 탈레반이 순교자로 죽으면 천국에 갈 것이라고 '정말로 믿는다'는 설명만으로는 부족하다. 이는 지적인 통찰("나는 천국에 갈 것을 알고 있고, 그것은 사실이다")이라는 의미에 대한 믿음과 참여하는 주체적 입장으로서의 믿음 사이의 차이를 포착하지 못한다. 다시 말해, 이데올로기의 물질적 힘, 이 경우엔 믿음의 힘을 고려하지 못한다는 것이다. 이 힘은 단순히 확신의 강력함이 아니라 우리가 얼마나 직접 실존적으로 신념에 헌신하는지에 근거를 두는데, 우리는 이 신념이나 저 신념을 선택하는 주체가 아니고, 이 신념이 우리의 삶에 스며든다는 의미에서 우리는 곧 우리의 '신념'이다. 미셸 푸코가 1978년 호메이니 혁명에 매료되어 이란을 두 번이나 방문했던 것도 바로 이 면모 때문이었다. 그가 이란에서 매료된 것은 순교를 받아들이는 자세, 자신의 목숨을 잃어도 상관없다는 무관심의 자세가 아니었다. 푸코 자신이 지적했듯이, "'진리의 역사'에 대한 매우 구체적인 진술, 즉 근대 서구 권력의 평화적, 중립적, 규범적 형태와 반대로 당파적이고 호전적인 형태의 진리 말하기, 그리고 투쟁과 시련을 통한 변환을 강조하는 태도에 매료되었다. 이 점을 이해하는 데 중요한 것은 역사정치적 담론에서 작동하는 **진리** 개념, 즉 **당파**를 위해 마련된 **편파적인** 진리 개념이다."[46]

권리(또는 오히려 권리들)를 말하는 이 주체가 진리를 말하고 있다면, 그 진리는 더 이상 철학자의 보편적 진리가 아니다. 일반 전쟁에 대한 담론, 평화 이면의 전쟁을 해석하려는 이 담론이 실제로 전투를 전체적으로 묘사하고 전쟁의 일반적인 과정을 재구성하려는 시도인 것은 사실이다. 그러나 그렇다고 해서 총체적이거나 중립적인 담론은 아니다. 항상 원근법적 담론이다. 그것은 오직 일방적인 측면에서 보고, 왜곡하고, 그 자신만의 관점에서 볼 수 있는 한에서만 총체성에 관심이 있다. 다시 말해, 진리는 오로지 진리의 전투적 입장에서, 승리를 추구하는 관점에서, 궁극적으로는 이를테면 말하는 주체 자신의 생존의 관점에서만 전개될 수 있는 진리이다.[47]

이러한 참여적 담론이 아직 근대적 개인주의에 진입하지 못한 전근대적 '원시' 사회의 징표로 일축될 수 있을까? 그리고 오늘날 그 부활은 (내가 몇 차례 좌파 파시스트라고 공표되었던 것처럼) 파시스트 퇴행의 징후로 치부되어야 하는가?[48] 서구 마르크스주의를 조금이라도 아는 사람이라면 그 대답은 분명하다. 죄르지 루카치는 마르크스주의가 편파성에도 불구하고 '보편적으로 참'인 것이 아니라, '편파적이기' 때문에, 즉 특정한 주체적 입장에서만 접근 가능하기 때문에 참임을 증명했다. 하이데거는 종종 마르크스의 테제 11에 대한 비판을 반복했다. 우리가 세계를 변화시키고자 할 때, 이러한 변화는 새로운 해석에 근거해야 하는데, 마르크스는 이 전제를 무시한다는 것, 하지만 그의 작업은 정확히 이 일, 즉 계급투쟁의 역사로서의 역사에 대한 새로운 역사유물론적 해석을 제시한다고 비판한다.[49] 이 비난이 맞는 말일까? 마르크스가 염두에 둔 것은 다른 것이었다고 주장할 수 있다. 변화의 요구가 내재된 해석, 즉 이미 현실을 변화시키려는 노력에 참여하고 있는 사람들만 활용 가능하기 때문에 중립적이거나 공평무사하지 않은 해석이라고 주장할 수도 있다.

우리는 이 견해에 동의하거나 동의하지 않을 수 있지만, 사실 푸코가 먼 이란에서 찾고 있던 것, 즉 쟁투적인('전쟁') 형태의 진리에 대한 진술은 계급 투쟁에 휘말리는 것이 역사에 대한 '객관적' 지식의 장애물이 아니라 그 조건이라는 마르크스주의적 견해에 이미 강력하게 존재하고 있었다는 사실에 주목해야 한다. 특정한 주관적 관여에 의해 왜곡되지 않는 현실에 대한 '객관적'(비편파적) 접근으로서의 지식에 대한 일반적인 실증주의적 개념, 즉 푸코가 "근대 서구 권력의 온건론적, 중립적, 규범적 형태"로 특징지은 것은 가장 순수한 이데올로기, "이데올로기의 종말"에 대한 이데올로기이다. 한편으로는 이데올로기적이지 않은 '객관적인' 전문 지식이 있고, 다른 한편으로는 각자 자신의 고유한 '자기배려'(푸코가 이란 경험을 포기할 때 사용한 용어)에 집중하는 분산된 개인, 즉 자신의 삶에 즐거움을 주는 작은 일들에 집중하는 개인이 있다. 이러한 자유주의적 개인주의의 관점에서 볼 때, 보편적 헌신은, 특히 그것이 생명의 위험을 포함하는 경우, 의심스럽고 '비합리적'이다.

여기서 우리는 흥미로운 역설을 만난다. 전통적인 마르크스주의가 탈레반의 성공에 대한 설득력 있는 설명을 제공할 수 있을지는 의심스러운 반면, 푸코가 이란에서 찾고자 했던 것(그리고 현재 아프가니스탄에서 우리를 매료시키는 것)에 대해서는 완벽한 유럽적 사례를 제공했다. 그것은 종교적 근본주의가 아니라 더 나은 삶을 위한 집단적 참여의 사례였다. 글로벌 자본주의의 승리 이후 이러한 집단적 참여 정신은 억압되었고, 이제 이 억압된 입장은 종교적 근본주의의 모습으로 다시 돌아오는 듯하다.

　　이는 아프간에서 일어난 일의 미스터리를 다시금 생각나게 한다. 카불 공항에서는 수천 명이 필사적으로 아프가니스탄을 떠나려 했고, 이륙하는 비행기에 매달려 있다가 비행기가 공중에 떠 있는 동안 비행기에서 떨어지는 등 마치 오래된 반식민주의 모토인 "양키 고 홈!"에 대한 아이러니한 보충-"양키 고 홈! 나도 데려가!"-의 최신 비극적 사례를 목격하는 것처럼 보인다. 진짜 수수께끼는 탈레반 스스로도 놀랐을 정도로 군대의 저항이 얼마나 빨리 무너져 내렸는지에 있다. 수천 명이 필사적으로 탈출 비행기를 타려 하고 목숨을 걸고 탈출할 준비가 되어 있는데 왜 그들은 탈레반과 **싸우지** 않았을까? 왜 그들은 전투에서 죽는 것보다 하늘에서 떨어져 죽는 것을 더 선호했을까? 이에 대한 쉬운 대답은 카불 공항을 가득 메운 사람들이 미국 협력자 중 부패한 소수라는 것이다. 하지만 겁에 질려 집에 머물러 있는 수천 명의 여성들은 어떨까? 그들도 협력자인가? 사실 미국의 아프가니스탄 점령으로 점차 많은 여성들이 교육을 받고, 고용되고, 자신의 권리를 인식하고, 중요한 독립적인 지적 생활을 하는 일종의 세속적인 시민사회가 만들어졌다. 몇 년 전 고란 테르본이 카불과 헤라트를 방문하여 서구 마르크스주의에 대해 강연했을 때 수백 명의 사람들이 강연에 참석하여 주최 측을 놀라게 했다. 그렇다, 탈레반은 이제 서방 세력이 아프가니스탄을 해방시키기 위해 아프가니스탄에 왔던 20년 전보다 더 강해졌으며 이는 전체 작전의 무용함을 분명히 보여 주지만, 그런 이유로 우리는 서방의 개입의 (부분적으로, 적어도 의도하지 않은) 전향적인 결과를 무시해야 할까?

야니스 바루파키스는 최근 트윗에서 이 어려운 사안을 건드렸다. "자유주의 네오콘 제국주의가 완전히 패배한 날, DiEM25의 생각은 아프가니스탄 여성들과 함께합니다. 우리의 연대는 그들에게 별 의미가 없을 수도 있지만, 이것이 당분간은 우리가 할 수 있는 전부입니다. 자매들이여 힘내세요!"[50] 이 트윗의 두 부분을 어떻게 읽어야 할까. 자유주의 제국주의의 패배가 왜 여성(및 기타)의 권리의 퇴보를 동반했을까? 우리는 (신식민지 제국주의에 반대하는 글로벌 좌파라고 자처하면서) 아프간 여성들에게 세계 자유주의 자본주의가 대패할 수 있도록 그들의 권리를 희생하라고 요구할 권리가 있을까? 바루파키스는 여성 해방을 반제국주의 투쟁에 종속시켰다는 비난을 받았을 때 트위터를 통해 이렇게 반박했다. "우리는 네오콘 제국주의가 여성혐오 이슬람 근본주의MIF를 어떻게 강화할지 예측했습니다. 그랬죠! 네오콘은 어떻게 반응했을까요? MIF의 승리를 우리 좌파의 탓으로 돌렸습니다. 겁쟁이이자 전범이라고 비난했습니다."[51]

나는 이런 식으로 네오콘을 비난하는 일이 다소 문제적이라고 본다. 네오콘은 탈레반과 공통의 언어를 쉽게 찾을 수 있다. 트럼프가 탈레반을 캠프 데이비드에 초대하고 미국의 철수로 가는 길을 열어 준 협정을 맺은 것을 기억하자. 게다가 카불 함락에 대한 네오콘의 반응은 이미 세속적 계몽주의와 개인주의적 쾌락주의라는 서구 전통의 궁극적 패배로 보는 것이다. 아니, 이슬람 근본주의를 부추긴 것은 네오콘이 아니다. 이 근본주의는 서구의 자유주의적 세속주의와 개인주의의 영향에 대한 반작용으로 성장한 것이다. 수십 년 전 아야톨라 호메이니는 "우리는 제재를 두려워하지 않는다. 군사적 침략도 두렵지 않다. 우리가 두려워하는 것은 서구식 부도덕의 침략이다."라고 말했다. 호메이니가 두려움에 대해, 서구에서 무슬림이 가장 두려워해야 할 것에 대해 이야기했다는 사실은 문자 그대로 받아들여야 한다. 무슬림 근본주의자들은 경제 및 군사적 투쟁의 잔인함에 아무런 불만이 없으며, 그들의 진정한 적은 서구의 경제 신식민주의와 군사적 침략이 아니라 "부도덕한" 문화다. 많은 아프리카와 아시아 국가에서 동성애 운동은 자본주의 세계화의 문화적 영향과 전통적인 사회 및 문화적 형태의 훼손에 대한 표현으로 인식되어, 결과적으로 동성애 반대 투쟁이 반식민지 투쟁의 한 측면으로 나타난다. 예컨대 보코 하람Boko Haram의 경우도 마찬가지 아닐까? 보코 하람의 구성원들에게 여성의 해방은 자본주의 근대화의 파괴적인 문화적 영향의 가장 눈에 띄는 특징으로 나타나기 때문에 보코 하람(그 이름은 대략적으로 '서구식 교육의 금지', 특히 여성 교육의 금지로 번역될 수 있다)은 남녀 간의 관계에 위계적 규제를 부과함으로써 자신을 근대화의 파괴적인 영향과 싸우는 주체로서 인식하고 묘사할 수 있다. 그렇다면 왜 식민주의의 착취와 지배, 기타 파괴적이고 굴욕적인 측면에 노출되어 온 무슬림들이 (적어도 우리에게는) 서구 유산의 가장 좋은 부분인 평등주의와 개인의 자유, 그리고 모든 권위에 대한 조롱을 포함한 건강한 아이러니를 공격의 대상으로 삼는 것일까 궁금해진다. 분명한 대답은 그들이 목표물을 잘 선택했다는 것이다. 자유주의 서구를 그토록 받아들이기 힘들게 만드는 이유는 그것이 착취와 폭력적인 지배를 자행할 뿐만 아니라, 설상가상으로 자유, 평등, 민주주의의 탈을 쓰고 이 잔인한 현실을 제공하기 때문이다.

따라서 우리는 다시 한번 마르크스의 중요한 교훈을 새겨야 한다. 사실 자본주의는 자신의 원칙('인권과 자유')을 체계적으로 위반한다. 인간의 자유를 기념하는 근대 초기에 자본주의가 식민지에서 노예제를 소생시켰다는 것을 기억하자. 그러나 동시에 자본주의는 자신의 위선을 측정하는 기준도 제공했다. 따라서 우리는 "인권은 착취의 가면이므로 인권을 버리자"라고 말하지 말고 "인권이라는 이데올로기를 발견한 사람들보다 인권을 더 진지하게 받아들이자!"라고 말해야 한다. 이것이 바로 사회주의가 처음부터 의미했던 것이다.

미국이나 유럽의 포퓰리즘적 우파는 서구 기독교 문명에 대한 주요 위협으로 이슬람 근본주의를 광적으로 반대한다. 이들은 유럽이 유로파스탄이 되기 직전이며 미국의 아프가니스탄 철수는 그들에게 미국의 궁극적인 굴욕이라고 말한다. 그러나 최근 새로운 일이 벌어지고 있다. 백인 우월주의자 및 지하디스트 조직의 온라인 활동을 추적하는 미국의 비정부기구인 사이트 인텔리전스 그룹SITE Intelligence Group의 최근 분석에 따르면,

> 일부 우월주의자들은 탈레반의 정권 장악을 "조국, 자유, 종교에 대한 사랑의 교훈"이라고 칭송했다. 백인 전용 국가로 이어질 피할 수 없는 인종 전쟁을 유발하고 싶어 하는 북미와 유럽의 신나치주의자

와 폭력적인 가속주의자들은 탈레반의 반유대주의, 동성애 혐오, 여성의 자유에 대한 심각한 제한에 대해 찬사를 보내고 있다. 예를 들어, 극우 단체 '프라우드 보이스'가 〈파시스트 파이프라인 텔레그램〉 채널에 쓴 글을 발췌한 인용문을 보자. "이 농부들과 최소한의 훈련을 받은 사람들이 글로보호모globohomo로부터 나라를 되찾기 위해 싸웠다. 그들은 정부를 되찾고, 국교를 법으로 제정하고, 반대자들을 처형했다. 서구의 백인들이 탈레반과 같은 용기를 가졌다면 현재 우리가 유대인의 지배를 받고 있지는 않았을 것이다." '글로보호모'는 '글로벌리스트globalist'를 모욕하는 데 사용하는 경멸적인 단어로써, 음모를 꾸미는 사람들이 자신들의 적(미디어, 금융, 정치 시스템 등을 장악하는 사악한 글로벌 엘리트)을 묘사할 때 사용한다.[52]

탈레반에 동조하는 미국 우파 포퓰리스트들은 자신들이 생각하는 것보다 더 옳다. 아프가니스탄에서 우리가 보는 것은 우리의 포퓰리스트들이 원하는 것의 극단적으로 정제된 버전이다. 양측의 공통점은 '글로보호모'에 대한 반대, 즉 지역사회의 기존 삶의 방식을 약화시키는 성소수자 및 다문화 가치를 전파하는 새로운 글로벌 엘리트에 대한 반대이다. 따라서 포퓰리즘 우파와 무슬림 근본주의자 사이의 대립은 상대적이다. 우파 포퓰리스트는 다른 삶의 방식이 공존하는 것을 쉽게 상상할 수 있다. 신우파가 반유대주의와 친시온주의를 동시에 표방하며, 자기 땅에 남아 동화되기를 원하는 유대인에게는 반대하지만 자기 땅으로 돌아가는 유대인에게는 찬성하는 이유가 여기 있다. 혹은 홀로코스트의 주동자인 라인하르트 하이드리히가 1935년에 쓴 것처럼, "우리는 유대인을 시오니스트와 동화파의 두 가지 범주로 구분해야 한다. 시오니스트는 엄격한 인종적 개념을 공언하며 팔레스타인으로의 이주를 통해 유대인 국가 건설을 돕는다. 우리의 격려와 공식적인 선의는 그들과 함께 한다."고 말하는 이유도 여기에 있다.[53]

더 놀라운 (그러나 그렇지 않은) 일은 일부 좌파들도 제한적이지만 이 흐름에 동참하고 있다는 점이다. 이들은 탈레반 치하 여성들의 운명을 개탄하면서도, 미국의 철수가 전 지구적 자본주의의 신식민주의의 커다란 패배, 다른 나라에 자유와 민주주의의 개념을 강요하는 데 익숙한 시구 열강의 기다란 패배로 인식한다.

"속지 않는 사람이 실수한다"

이들 흐름의 이러한 근접성은 탈레반에 대한 입장에만 국한된 것이 아니라 팬데믹에 대한 대책으로 백신과 사회적 규제를 반대하는 사람들 사이에서도 발견된다. 최근 페가수스 프로그램의 발견은 사회적으로 통제되는 방식에 대한 우리의 일반적인 불신을 더욱 확인시켜 주었으며, 왜 많은 사람들이 예방접종에 저항하는지 이해하는 데 도움이 될 수 있다. 모든 것, 모든 데이터의 흐름과 모든 사회적 활동이 통제된다면 우리 몸 내부는 이 통제에서 벗어나야 하는 마지막 섬으로 나타난다. 그런데 예방접종은 국가기구와 기업이 이 마지막 자유로운 내밀성의 섬조차 침입하는 것 같이 느끼는 것이다. 따라서 우리는 백신 접종에 대한 저항이 모든 버전의 페가수스에 노출된 것에 대해 우리가 지불하고 있는 잘못된 대가라고 말할 수 있다. 과학은 조치를 정당화하는 데 널리 사용되기 때문에, 그리고 백신은 위대한 과학적 성과이기 때문에, 백신 접종에 대한 저항은 과학이 사회적 통제와 조작에 봉사하고 있다는 의구심에 바탕을 두고 있다.

최근 우리는 자크 라캉이 '대타자', 즉 우리의 차이와 정체성만이 번성할 수 있는 공공 가치의 공유 공간이라고 불렀던 것의 권위가 점차 붕괴되는 것을 목격하고 있으며, 이러한 현상은 흔히 "탈진리 시대"라고 잘못 표현된다. 인권을 위해 백신 접종을 거부하는 자유주의적 저항은 레닌주의의 '민주적 사회주의(자유로운 민주적 토론을 통해 결정이 내려지면 모든 사람이 이에 따라야 한다는 것)'에 대한 향수를 불러일으키기도 한다. 우리는 이 민주적 사회주의를 "복종하지 말고 자유롭게 생각하라!" 가 아니라 칸트의 계몽주의 공식의 의미로 해석해야 한다. "자유롭게 생각하고, 자신의 생각을 공개적으로 말하되, 복종하라!"는 의미로 해석해야 한다. 백신에 의구심을 품는 사람들도 마찬가지다. 토론하고, 의구심을 공개적으로 밝히되, 공권력이 규제를 부과하면 복종해야 한다. 이러한 실질적인 합의가 없다면 우리는 서서히 파벌로 구성된 사회로 표류하게 될 것이다.

슬로베니아에서는 2021년 9월, 백신 접종에 대한 자유주의적 접근이 초래한 치명적인 결과를 감수했다. 정부의 접근 방식은 모든 개인이 백신 접종 여부를 자유롭게 선택할 수 있어야 할 뿐만 아니라 사람들에게 백신 선택권도 제공한 것이었다(당국이 한 번의 주사로 완전한 보호를 위해 충분하다고 선언했기 때문에 많은 사람들이 얀센을 선택했다). 정부는 문제가 발생했을 때(어린 학생이 얀센의 혈전으로 인해 사망함), "당신이 선택했으니 당신의 책임이다"라고 말할 수 있었다. 동시에 정부가 백신 접종을 사실상 모든 공공 서비스 등에서 의무화했기 때문에, 그 결과 경찰 및 언론인들과 폭력적인 충돌로 이어진 광범위한 백신 접종 반대 운동이 벌어진 것은 당연한 일이었다. 수십 년 전 다른 전염병의 경우처럼, 의무적인 보편적 예방접종을 시행하는 것이 올바른 전략이었을 것이 분명하며, 이는 사람들에게 목적의식적인 안정감을 주고 예방접종에 대한 모든 주제를 탈정치화했을 것이다. 이제 우파 민족주의 정부는 좌파 야당이 백신 접종 반대 시위를 선동하고 있다고 비난하며, 전략의 실패를 어두운 좌파의 음모의 결과로 해석하고 있는 바, 우리의 현재 상태는 이와 같다.

여기서 우리는 개인의 자유와 사회적 결속력 사이의 연관성을 분명히 알 수 있다. 백신 접종 여부를 선택할 수 있는 자유는 물론 형식적인 자유이지만, 백신 접종을 거부하는 것은 사실상 나의 실제 자유와 타인의 자유를 제한하는 것을 의미한다. 공동체 내에서 예방접종을 받는다는 것은 내가 타인에게 (그리고 타인이 나에게) 훨씬 덜 위협적이라는 것을 의미하므로, 나는 평소와 같이 다른 사람들과 어울릴 수 있는 사회적 자유를 훨씬 더 많이 행사할 수 있다. 나의 자유는 규칙과 금지에 의해 규제되는 특정 사회적 공간 내에서만 실제적인 자유다. 내가 번화한 거리를 자유롭게 걸을 수 있는 것은 길거리의 다른 사람들이 나에게 예의 바르게 행동하고, 나를 공격하거나 모욕하면 처벌을 받을 것이라는 것을 합리적으로 확신할 수 있기 때문이며, 백신 접종도 마찬가지다. 물론 우리는 공동체 생활의 규칙들을 바꿀 수 있으며, 이러한 규칙은 완화될 수도 있고 (팬데믹 상황처럼) 강화될 수도 있지만, 우리 자유의 바로 그

지반으로서 규칙의 영역은 필요하다.

여기에는 추상적 자유와 구체적 자유 간의 헤겔적 차이가 있다. 구체적인 삶의 세계에서는 추상적 자유가 실제 자유의 행사를 좁히기 때문에 그 반대 개념으로 바뀐다. 다른 사람과 말하고 소통할 수 있는 자유의 경우를 예로 들어 보자. 이 자유는 일반적으로 확립된 언어의 규칙(모든 애매성과 행간 사이의 불문율까지 포함)을 준수할 때만 행사할 수 있다. 물론 우리가 사용하는 언어는 이데올로기적으로 중립적이지 않고, 많은 편견을 담고 있으며, 어떤 평범하지 않은 생각을 명확하게 공식화하는 것을 불가능하게 만들기도 한다. 헤겔이 인식하고 있었듯, 생각은 항상 언어로 이루어지며 상식적인 형이상학(현실에 대한 관점)을 동반하지만, 진정으로 생각하려면 이 언어에 반하는 언어로 생각해야 한다. 언어의 규칙은 새로운 자유를 열기 위해 변경될 수 있지만, 정치적으로 올바른 신종발언newspeak의 문제는 새로운 규칙을 직접 부과하면 애매한 결과를 초래하고 더 미묘한 형태의 새로운 인종차별과 성차별을 낳을 수 있음을 분명히 보여 준다.

공공 영역의 붕괴는 미국에서 최악의 상황이며, 이는 공통 문화에 대한 세부 사항으로 잘 설명할 수 있다. 유럽에서는 건물의 1층을 0으로 계산하여 그 위층이 1층이 되는 반면, 미국에서는 1층이 길바닥에 있다. 요컨대, 미국인은 1부터 세기 시작하지만 유럽인은 1이 이미 0의 대용어라는 것을 알고 있다. 좀 더 역사적으로 말하자면, 유럽인은 셈을 시작하기 전에 전통이라는 '밑바탕'이 있어야 하며, 그 근거는 항상 이미 주어져 있으므로 그 자체로 세어 볼 수 없다는 걸 알지만, 근대 이전의 역사적 전통이 제대로 없는 미국에는 그러한 근거가 없다. 미국에서는 모든 일이 직접적으로 자기입법적 자유와 함께 시작되며, 과거는 지워지거나 유럽으로 전치된다.[54] 따라서 어쩌면 우리는 유럽의 교훈을 다시 가정하고 0부터 세는 법을 배워야 할지도 모른다. 정말 그래야 할까? 물론 문제는 0이 결코 중립적인 것이 아니라 내재된 적대감과 모순이 교차하는 이데올로기적 헤게모니의 공유 공간이라는 점이다. 소문이 무성한 '탈진리' 공간조차 품위 있는 공적 공간이라는 대타자와 다를 뿐 여전히 대타자의 한 형태다. 따라서 우리는 우리의 주장을 좀 더 구체적이고 정확하게 표현해야 한다. 토대층을 무시하는 것은 더 강력한 형태의 대타자를 보지 못하게 만드는 일이다.

일부 라캉주의자(자크-알랭 밀레르를 포함하여)는 오늘날 '가짜 뉴스'의 시대에는 타자가 더 이상 존재하지 않는다는 생각을 종종 주장하지만, 이것이 사실일까? 만약 대타자가 그 어느 때보다도 새로운 형태로만 존재한다면 어떨까? 우리의 대타자는 더 이상 사적 교류의 음란성과 명확히 구분되는 공적 공간이 아니라, 우리가 루머와 음모론을 주고받고 '가짜 뉴스'가 유포되는 바로 그 **공적** 영역이다. 안젤라 네이글이 잘 지적하고 분석한, 극우의 파렴치한 외설성의 부상이 주는 놀라운 점이 무엇인지 놓치지 말아야 한다.[55] 전통적으로 (또는 적어도 전통에 대한 우리의 소급적 관점에서는) 파렴치한 공공 음란성은 전복적인 역할, 전통적인 지배를 훼손하고 주인의 거짓 존엄성을 박탈하는 역할을 했다. 오늘날 대중적 외설성이 폭발적으로 증가하면서 우리가 얻게 되는 것은 지배 및 주인 형상의 소멸이 아니라 강력한 재출현이다.[56]

이렇게 좀 더 엄밀한 의미에서, 미국은 오늘날 새로운 외설적 대타자의 나라 그 자체다. 즉 미국이 점점 더 결핍하고 있는 제로(0) 층은 공공의 존엄성, 공유된 헌신의 층이다. 또한 이 외설적인 타자는 (종종 갈등의 형태로) 다양한 모습(국가기구, 법질서, 과학)의 중립적 전문 지식이라는 대타자에 의해 보완되며, 여기서 진짜 문제가 생겨난다. 우리는 이 대타자를 과학의 형태로도 신뢰할 수 있을까? 과학은 기술 지배와 착취, 자본주의적 이해관계의 절차에 사로잡혀 있지 않은가? 과학은 오래전에 중립성을 잃지 않았나? 처음부터 이 중립성은 사회적 지배의 가면이 아니었을까? 이러한 통찰을 팬데믹에 적용했을 때, 이러한 통찰은 봉쇄 조치 및 팬데믹에 대한 다른 반응들의 과학적-의학적 정당성을 문제 삼는 것이 아닐까? 마르크스주의적 코로나 회의론의 가장 대표적 주창자인 파비오 비기는 팬데믹의 재정적 배경에 대한 면밀한 분석이 제공하는 시사점들을 결합하면 우리가 "잘 정의된 내러티브의 윤곽을 볼 수 있다"고 주장한다.

봉쇄와 전 세계적인 경제 거래 중단은 (1) 연방준비은행이 하이퍼인플레이션을 지연시키면서 병든 금융 시장에 새로 인쇄한 자금을 공급하고, (2) 신봉건적 자본주의 축적 체제의 기둥으로서 대량 예방 접종 프로그램과 건강 여권을 도입하기 위한 것이었다. 따라서 주류의 이야기를 뒤집어야 한다. (2020년 3월) 봉쇄가 부과되어야 했기 때문에 주식 시장이 붕괴된 것이 아니라 금융 시장이 붕괴하고 있었기 때문에 봉쇄가 부과되어야 했다. 코로나-19는 가장 필요한 순간에 배치된 특수 심리전 무기의 명칭이다. 이 조폐대란의 목적은 재난 수준의 유동성 공백을 메우는 것이었다. 이 '마법의 나무 화폐'의 대부분은 여전히 그림자 금융 시스템, 증권거래소 및 다양한 가상 화폐 술책에 동결되어서 소비 및 투자에 사용되지 **않고** 있다. 이들의 기능은 금융 투기를 위한 값싼 대출을 제공하기 위해서만 존재한다. 마르크스는 이를 '허구적 자본'이라고 불렀는데, 이는 지금 지상의 경제 사이클과는 완전히 무관한 궤도 루프에서 계속 확장되고 있다. 결론은 이 모든 현금은 과열되어 하이퍼인플레이션을 유발할 수 있기 때문에, 실물 경제에 넘쳐나는 것을 허용할 수 없다는 것이다.[57]

요컨대 자본주의 질서를 비상 상태로 만든 것은 팬데믹이 아니라 2008년 붕괴보다 훨씬 더 강력한 위기를 피하기 위해 비상 상태가 필요했던 글로벌 자본주의 자체이며, 팬데믹은 비상 상태를 위한 허울좋은 구실로 조작되었다는 것이다. 아감벤이 팬데믹으로 인해 전례 없는 생명 정치가 강화되어 영구적인 비상 상태가 정당되었다는 데 초점을 맞춘 것과 달리, 비기는 자본의 재생산을 내세운다. 신자유주의적 글로벌 자본주의에서 기업의 신봉건적 자본주의로의 이행은 역사적 우발성을 핑계로 삼는 기본적인 과정이며, 비기는 이러한 일련의 핑계에 생태학적 근거에 기반을 둔 봉쇄를 추가하는 일을 두려워하지 않는다. 생태적 위기는 자본주의의 숙명적 한계에 직면하는 것을 넘어 과학적으로 근거한 인구 규율 및 통제 수단으로 사용될 수 있으며, '녹색 자본주의'는 세계 질서의 인도주의적 가면일 뿐만 아니라 거대 기업 자본이 소규모 자본을 통제하기 위한 수단으로도 사용될 수 있다.

비기는 상황의 복잡성을 고려한다. 제약회사의 이해관계, 팬데믹 방지 조치의 근거가 되는 전문가의 '과학적' 통찰이 인구의 행동을 규율하는 새로운 형태의 사회적 통제와 규제를 정당화하는 방식 등을 고려한다. 그의 주장은 많은 명쾌한 통찰력을 담고 있으며, 그의 경제 분석의 기본 전제는 사태에 적중했다. 팬데믹 기간 동안의 경제 성장은 이미 언급한 로더데일 역설의 사례를 제공한다. 그 역설이란 백신뿐만 아니라 마스크, 의료 기기 등 제약 산업의 생산이 엄청나게 증가하여 실제로는 사람들을 더 가난하게 만들지만, 형식적으로는 경제 성장으로 간주되는 현상을 말한다. 그리고 지구 온난화로 인해 이런 식의 '경제 성장'이 더 많이 일어날 것이라고 우리는 확신할 수 있다.

따라서 나는 비기의 작업에 전적으로 감사하지만, 내가 문제가 있다고 생각하는 것은 그의 인과관계가 거꾸로 되어 있다는 점이다. 다음 인용 구절에서 볼 수 있듯이, 그는 팬데믹이 봉쇄 및 기타 의료 조치를 촉발했다는 '공식적인' 이야기 대신, 봉쇄 조치를 정당화하기 위해 팬데믹을 이용하거나 (심지어 그의 어떤 공식에서는, 직접 생산하는) 자본의 필요성을 결정적인 요인으로 삼고 있다. 특히 봉쇄를 정당화하는 요소에 생태학적 위기를 추가할 때는 너무 성급하게 진행한다는 생각이 든다. 팬데믹은 가짜 발명품이나 독감의 위험에 대한 과장된 표현이 아니며, 이 위험은 실재하고 이에 맞서는 조치가 취해져야만 한다. 이를 조사하는 과학은 따옴표 안에 있는 과학이 아니라 실제 과학이다. 물론 과학과 보건 당국이 제안한 조치는 기업의 이익과 사회적 통제와 지배의 이익에 의해 왜곡되어 있지만, 바로 거기에 문제가 놓여 있다. 실제 위협에 맞서 싸워야 할 유일한 행위자들이 기득권 세력에 납치되고 왜곡되어 상황을 매우 비극적으로 만든다. 따라서 현실에서 우리는 협박을 당하고 있다. 그렇다. 강제 조치는 왜곡되어 있지만 우리가 가진 유일한 것이므로 무시할 수 없다. 다시 말해, 자본의 움직임과 이익의 실체에 초점을 맞춘 접근법의 오류는 (공개적으로 드러내지는 않더라도 암묵적으로) 팬데믹의 '명백한' 현실과 그로 인한 고통을 그저 무시해도 되는 겉모습으로 축소한다는 것이다. 그러나 팬데믹이 자본의 이해관계에 의해 발명되고 조작된 것이라 하더라도, 우리가 의료 조치 등의 수준에서 대응해야 할 실제적으로 중대한 결과를 초래한다. 우리가 할 수 없는 것은 바로 비기가 암묵적으로 옹호한 조치, 즉 비상조치를 정당화하는 공식적 서사의 마술에서 벗어나 일상의 규범성으로 돌아가는 일이다.

자본주의의 파국적 부산물인 이러한 사태를 거대한 계획의 한 계기로 인식하는 것은 편집증적 구도에 너무 가깝다. 그것은 중국이 서구와의 모든 지정학적, 경제적 갈등에도 불구하고 어떻게든 동일한 자본주의적 거대 음모의 일부라는 것을 전제로 한다. 이는 여러 국가의 과학이 기존 체제에 의해 쉽게 조작된다는 것을 전제로 한다. 물론 팬데믹에 대한 지배적인 관념을 겨냥한 비기의 비판은 단호하게 편집증적이지 **않다**. 그는 이성적인 추론에 확고하게 머물러 있으며, 단지 위험할 정도로 그 편집증에 근접해 있을 뿐이다.

그렇다면 음모론과 비판적 사고의 차이점은 무엇일까? 둘 다 공식 이데올로기에 대한 불신에서 시작되지만 음모론은 (단지) 사실을 조작한다는 의미에서가 아니라 매우 형식적인 수준에서 운명적인 한 걸음을 더 나아간다. (내가 자주 인용하는) 질투심에 대한 라캉의 주장을 상기해보자. 질투심 많은 남편이 아내에 대해 주장하는 것(아내가 다른 남자와 바람을 피운다는 주장)이 모두 사실이라 해도, 그의 질투는 여전히 병리적 요소이다. 병리적 요소는 남편이 자신의 존엄성과 나아가 정체성을 유지하기 위한 유일한 방법으로 질투를 필요로 한다는 얘기다. 같은 맥락에서 유대인에 대한 나치의 주장이 대부분 사실(독일인을 착취하고 독일 소녀들을 유혹했다 등)이라 하더라도(물론 사실이 아니지만) 나치의 반유대주의는 자신들의 이데올로기적 지위를 유지하기 위해 반유대주의가 필요한 진정한 이유를 억압했기 때문에 여전히 (그리고 그때도) 병리적 현상이라고 말할 수 있다. 나치의 시각에서 사회는 조화로운 협력으로 이루어진 유기적인 전체였기 때문에 분열과 적대감을 설명하기 위해서는 외부 침입자가 필요했다. 오늘날 반이민 포퓰리스트들이 난민이라는 '문제'를 다루는 방식도 마찬가지다. 그들은 유럽의 이슬람화에 대한 두려움, 다가오는 투쟁에 대한 공포 분위기 속에서 접근하면서 일련의 명백한 부조리에 휘말리게 된다. 알렌카 주판치치는[58] 이 공식을 음모론에 예리하게 적용한다. "일부 음모가 실제로 존재하더라도 음모론과 관련된 무언가 병리적 요소도 여전히 존재한다. 즉 이런저런 사실로 환원할 수 없는 잉여투자가 여전히 있다." 그녀는 이 병리 현상의 세 가지 상호 연결된 특징을 파악한다. 첫째, 음모론은 "본질적으로 향유와 연결되어 있으며, 라캉이 주이-상스(향유로서의 주이상스에 대한 말장난), 즉 의미된 유희 혹은 의미의 향유라고 불렀던 것과 연결되어 있다"는 것이다. 코로나-19 회의론자들은 기득권에 봉사하는 전문가와 과학의 독단주의에 맞서 자유로운 토론을 원하고, 모든 의견을 경청한 뒤 스스로 결정할 준비가 되어 있다고 주장한다. 그들은 회의론으로 시작하여 모든 공식 이론을 의심하지만, 하나의 통합된 총체적 설명을 제공함으로써 (거의 마술처럼) 이러한 의심을 없앤다. 총체적 설명, 그 모든 것의 의미를 통한 의심의 극복은 엄청난 잉여향유를 제공한다.

음모론의 모토, "스스로 탐구해 보라!(즉, 당국을 믿지 말고, 스스로 생각하라)"는 사실상 그 정반대의 의미다. "생각하지 마!" 다시 말해, 구체적으로 우리는 어떻게 "스스로 탐구해" 보는가? 공식적인 견해에 대한 불신에서 비롯된 동기가 있기 때문에, '탐구'라는 것은 구글 검색을 의미하며, 당연히 목록 상단에 있는 코로나-19를 부인하는 사이트를 검색하게 된다. "탐구하라!"는 말은 곧 우리가 검증할 수 없는 위치에 있는 음모론에 자신을 노출시킨다는 뜻이다. 칼 포퍼의 유명한 과학 지식의 위조 이론을 떠올려 보자. 과학자들은 이론을 계속 증명하려고 하기보다는 반증하려고 노력해야 한다. 이론을 뒷받침하는 수많은 사례가 있더라도 단 한 번의 반증만 있으면 이론의 허위를 판명할 수 있기 때문이다. 과학 지식은 이론이 틀렸다는 것이 밝혀지고 현상을 더 잘 설명하는 새로운 이론이 도입될 때 발전한다. (포퍼는 구체적인 과학 연구에서는 상황이 더 복잡해진다는 것을 알고 있다.) 음모론은 포퍼주의적인 것처럼 보이며, 음모론을 허위로 판명할 사례를 찾는 듯하지만, 위조를 자신의 진실에 대한 추가적인 증거로 취급한다. 즉, 위조로 보이는 것은 기만하는 대타자의 힘을 증명하는 것일 뿐이다.

이를 통해 두 번째 특징에 이르렀다. 음모론이 각 집단이 자신의 주관적 진리를 내세우는 상대주의적 탈진리 시대의 일부라는 일반적인 인식은 완전히 잘못된 생각이다. 음모론자들은 진리를 광적으로 믿으며, "진리라는 범주를 매우 진지하게 받아들인다. 그들은 진리가 존재한다고 믿으며, 단지 이 진리가 공식적인 진리와 다르거나 그 밖의 것이라고 확신할 뿐이다." 세 번째 특징(음모론을 마르크스주의와 완전히 상충되게 만드는)은 이 진리가 단지 객관적인 사회적 과정이 아니라 우리를 속이는 것이 주된 목표인 능동적인 전능한 주체, 즉 겉으로 보이는 혼돈 뒤에 있는 '우리를 속인다고 가정된 주체'의 음모, 즉 계략이라는 것이다(라캉의 '안다고 가정된 주체' 개념에 또 다른 변형을 가했다). 주판치치가 지적했듯이, 여기에는 일종의 사악한 신의 신학이 작용하고 있다.

우리는 기본적으로 타자가 일반화된 상대주의로 붕괴되는 시대에 대타자의 행위성을 보존하려는 필사적인 시도, 즉 대타자를 악의와 악의 영역으로 이동시키는 대가를 치러야만 성공할 수 있는 시도를 다루고 있는 것은 아닐까? 대타자의 일관성('삭제되지 않음')은 우리를 성공적으로 기만하는 타자 외에는 다른 어떤 것에서도 나타날 수 없다. 일관된 대타자는 오직 대사기꾼(큰 협잡이나 속임수), 사악한 타자일 수밖에 없다. 일관된 신은 사악한 신일 수밖에 없으며, 다른 어떤 것도 합당하지 않다. 하지만 신이 없는 것보다는 사악한 신이 낫다.

(극단적인 스탈린주의 버전에서만 마르크스주의가 이렇게 행동한다. 스탈린주의 숙청의 전제는 스탈린주의 당 노선에 반대하는 모든 사람들을 하나로 묶는 하나의 큰 반동적 음모가 있다는 것이다.) 독일 판사 슈레버의 편집증에 대한 분석에서 프로이트는 우리가 일반적으로 광기라고 생각하는 것(그 주체를 겨냥한 음모라는 편집증적 시나리오)이 사실상 이미 회복을 위한 시도라는 점을 상기시킨다. 완전한 정신병적 붕괴 이후, 편집증적 구성은 주체가 자신의 우주에서 일종의 질서를 다시 확립하려는 시도, 즉 '인식의 지도 그리기'를 획득할 수 있게 하는 참조의 근거라는 얘기다. 오늘날의 음모론의 경우도 마찬가지일까? 음모론은 대타자가 붕괴된 후에

전 지구적 인식의 지도 그리기를 회복하려는 시도이다.

물론 이 건축물에는 즉시 나타나는 균열이 있다. 폐기된 불확실성은 귀환하는데, '독단적인' 음모 이론이 원칙적으로 일관성이 없는 것과 비슷한 방식으로 귀환한다. 그리고 프로이트가 상기시켜 준 빌린 주전자에 대한 농담의 논리 전개 과정과 유사한 방식으로 돌아온다. (1) 나는 당신에게서 주전자를 빌린 적이 없다. (2) 나는 주전자를 깨지 않고 당신에게 돌려주었다. (3) 내가 당신에게서 받았을 때 주전자는 이미 깨져 있었다. 물론 이러한 일관성 없는 주장의 열거는 부정하고자 하는 바, 즉 내가 당신의 주전자를 깨진 채로 돌려주었다는 사실을 부정함으로써 확증된다. 코로나 바이러스 회의론자들의 경우, 일련의 모순된 주장들을 힘들이지 않고 묶어 버린다. 코로나-19 바이러스는 없다, 이 바이러스는 의도적으로 만들어졌다(인구를 줄이고, 사람들에 대한 통제를 강화하고, 자본주의 경제를 활성화하기 위해 등), 언론이 말하는 것보다 훨씬 가벼운 자연 질병이다, 백신이 바이러스보다 더 위험하다 등.

이 이상한 편집증적인 세상에서는, 트럼프는 진리를 말하고 있는 반면 그레타 툰베리는 거대 자본의 대리인이다. 나는 개인적으로 코로나로 사망한 사람들을 알고 있고, 다양한 관점(의학, 통계 등)에서 바이러스를 분석하는 연구자들을 알고 있으며, 그들이 공개적으로 고백하는, 그리고 과학적 접근의 일부인, 그들의 의심과 한계를 알고 있다. 그들에게 과학에 대한 신뢰는 독단적인 정통성과는 정반대로, 끊임없이 발전하는 탐구에 대한 신뢰다.

이러한 모든 이유로 나는 자본에 봉사하는 거대 음모라는 개념이, 팬데믹의 잔인한 현실을 기성 체제가 교묘하게, 하지만 그 자체로 모순되는 방식으로 악용한 우발적 사건이라고 보는 생각보다, 엄청나게 믿음이 덜 간다고 생각한다. 더 큰 협력과 사회적 조정을 동시에 요구하는 팬데믹은 자본의 방어적 반작용을 유발하는데, 이는 두 번째로 오는 반작용이며 피해를 통제하려는 시도이다. 나는 특히 생태적 위협이 신흥 신봉건자본주의를 강화하기 위해 발명된 (또는 적어도 과장된) 유사한 지위를 가지고 있다는 생각이 문제라고 본다. 지구 온난화는 분명히 경제의 사회화를 요구하는 트라우마적인 현실이다. 자본주의 체제의 지배적인 경향은 이 위협을 경시하는 것이고, 이 위협이 세계 질서에 의해 (매우 제한적으로) 기민하게 이용된다는 사실은 제한적인 부차적인 사실일 뿐이다.

우리가 주목해야 할 또 다른 순간은 2020년 초에 코로나-19가 갑자기 미디어의 중심 주제로 폭발적으로 부상하면서 다른 모든 질병과 심지어 정치 뉴스를 덮어 버린 일이다(다른 질병과 불행이 훨씬 더 많은 고통과 사망을 초래하고 있음에도 불구하고). 감염은 여전히 매우 높지만 봉쇄 및 기타 방어 조치는 훨씬 적다. 공공 생활에 대한 모든 규정을 포기하고 개인에게 책임을 전가한 영국이 그 모델이다(이런 식으로 정부는 우리에게 자유를 돌려주는 대가를 요구한다. 모든 감염은 우리 탓이다). 미디어에서는 이를 "코로나-19와 함께 사는 법 배우기"라고 불렀다. (팬데믹의 현실과 분명히 일치하지 않는) 이러한 변화는 봉쇄가 경제적, 사회적 역할을 수행하고 사회적 통제가 잘 이루어지고 있기 때문에 우리가 제한된 일상으로 돌아갈 수 있다고 기성체제가 결정했다는 주장으로 설명할 수 있을까? 지금 우리가 맞이하고 있는 이 이상한 일상성은 군중심리학으로 더 잘 설명될 수 있다. 트라우마적 상황에서, 반작용의 시간성은 현실을 따르지 않고 사람들은 항구적인 비상 상태에 지쳐서, 피곤한 무관심이 우세해지기 시작한다.

하지만 여기서 한 걸음 더 나아가야 한다. 공황 상태와 그 반대인 피로와 무관심은 단순한 심리적 삶의 범주가 아니라 대타자의 지위가 변화하는 사회적 과정의 순간들로만 (오늘날과 같은 형태로) 나타날 수 있다. 1년 반 전 우리는 공유하고 신뢰할 수 있는 대타자의 해체로 인해 공황 상태에 빠졌다. 상황에 대한 전 지구적 인식의 지도 그리기를 제공할 수 있는 기관이 없었기 때문이다. 이러한 차원의 중요성, 상징적 생산양식의 변화가 갖는 중요성을 마르크스는 이미 무시했다. 팬데믹과 지구 온난화에 맞서 싸우기 위해서는 과학과 해방에 기반을 둔 새로운 연대의 공간, 즉 새로운 대타자가 필요하다.

계속되는 투쟁과 갈등 속에서 올바른 선택을 하는 것이 중요하다. 한 시대를 특징짓기 위해 던져야 할 질문은 그 시대를 하나로 묶는 것이 아니라 그 시대를 정의하는 분열, 즉 '차이를 만드는 차이'가 무엇인가 하는 점이다. 계급 투쟁이 끝났다는 생각을 지지하는 사람들은 종종 오늘날의 거대 분열은 자유주의 기득권과 포퓰리즘 저항 사이의 새로운 분열이라고 주장한다. 장 클로드 밀너에게 계급 투쟁을 대체한 분열은 시오니즘과 반유대주의 사이의 분열이며, 적어도 선진국에서는 2021년 말 중요한 분열은 팬데믹 방지 조치의 주창자들과 이에 저항하는 사람들 사이의 분열이었다. 지금 이 시점이야말로 우리가 '최종 심급에서' 전체를 결정하는 요소로서 계급 투쟁의 우선순위를 주장해야 할 때다. 반유대주의는 왜곡된 반자본주의이며, 사회 내부에 적대감을 불러일으키는 외부 침입자인 '유대인'의 모습으로 자본주의적 이윤 추구와 착취를 '자연화'한다는 점에서 이 연결 고리는 분명하다. 하지만 코로나-19를 부정하는 사람들과 회의론자들도 마찬가지라면 어떻게 될까? 코로나-19를 부정하는 음모론은 반유대주의 이론들과, 적어도 반자본주의가 금융—기업—의료계에 봉사하는 과학에 대한 불신으로 치환되는 우파 포퓰리스트 버전에서의 반유대주의 이론들과 느슨하게 닮아 있지 않을까? 두 경우 모두, 근본적인 적대성과 그 이데올로기적 전치를 구분하는 것이 중요하다.

따라서 코로나-19 회의론자와 팬데믹 방지 조치 옹호자 사이의 갈등은 우리의 기본적인 정치적 투쟁으로 직접적으로 해석될 수 없기에, 급진 좌파조차도 선택을 해야 한다. 2021년 9월 9일, 바이든은 코로나바이러스 주사를 거부한 수천만 명의 미국인들에게 "대부분의 연방 공무원에게 코로나-19 예방접종을 의무화하고 대규모 고용주에게 매주 근로자에게 예방접종 또는 검사를 받도록 하는 정책을 발표했습니다. 이러한 새로운 조치는 연방 공무원 전체의 약 3분의 2에 적용될 것입니다. 우리는 인내심을 가지고 있습니다."라고 말했다. "하지만 우리의 인내심은 지쳐 가고 있고, 여러분의 거부로 인해 우리 모두가 대가를 치르고 있습니다."[59] 이것이 개인에 대한 국가의 통제권을 주장하고 거대 자본의 이익을 도모하기 위한 조치일까? 아니다. 나는 이 조치가 수백만 명에게 도움이 될 것이라고 '순진하게' 받아들인다.

여기서 비기는 아감벤의 편을 드는데, 팬데믹에 대한 그의 글 모음집인 『우리는 지금 어디에 있는가?』[60]에 첨부된 인터뷰에서 아감벤은 우파가 했든 좌파가 했든 진리는 진리라는 주장을 하며 봉쇄 조치에 반대하는 바람에 트럼프와 보우소나루와 다름없다는 비판적 언급을 받은 것에 대해 답변했다. 여기서 아감벤은 진리과 지식 사이의 긴장을 무시하고 있다. 즉, 지식 한 조각(특정 사실을 적절히 표현한다는 의미에서의 진리)은 지식 한 조각이지만, 의미의 지평은 이 지식에 완전히 다른 의미를 부여할 수 있다. 1930년경 독일의 미술 비평가들 가운데는 유대인이 많았다. 이 사실을 유대인이 예술에 대한 감수성이 뛰어나다는 확증으로 받아들일지, 아니면 유대인이 우리의 예술 생산을 통제하고 '타락한 예술'의 방향으로 밀어붙인다는 확증으로 받아들일지에 따라 서로 다른 '진리'와 공명한다. 비기는 팬데믹에 대한 조치를 정당화하는 의학적 지식 저변에서 사회적 진실을 파악하기 위해 노력하지만, 팬데믹의 복잡한 사회적, 물질적 배경을 무시하고 있다. 자본주의적 자기재생산의 순환 운동은 세 가지 상호 연결된 수준에서 일어난다. 자본 자체의 투기적 춤, 이 춤의 사회적 함의(부와 빈곤의 분배, 착취, 사회적 연결 고리의 해체), 우리 삶의 세계 전체에 영향을 미치고 지구의 새로운 지질 시대인 '자본세'에서 절정에 이르는 우리 환경의 생산과 착취라는 물질적 과정이 있다. 현실을 무시하는 허구적 자본이 추는 미친 춤의 반대편에는 엄청난 플라스틱 쓰레기 더미, 산불과 지구 온난화, 수억 명의 사람들이 유독성 오염에 시달리고 있는 현실이 있다.

이 세 번째 단계를 완전히 고려하는 순간, 팬데믹과 지구 온난화가 어떻게 글로벌 자본주의 경제의 물질적 산물로 등장했는지 알 수 있다. 그렇다, 자본주의가 팬데믹과 생태계의 위협을 낳은 것은 사실이지만, 이는 스스로의 위기에서 살아남기 위한 잔인한 전략의 일부로써가 아니라 그 내재적 모순의 결과로 산출한다. 따라서 코로나-19 회의론자들을 특징짓는 가장 좋은 공식은 라캉의 "속지 않는 자들이 가장 많이 실수한다"는 말이다.[61] 재앙(팬데믹, 지구 온난화 등)에 대한 대중적 서사를 불신하고 그 안에 더 깊은 음모가 있다고 보는 회의론자들은 재앙을 낳은 실제 과정을 놓치고 가장 큰 실수를 저지른다. 따라서 비기는 너무도 낙관적이다. 전염병과 기후 재앙을 발명할 필요가 없다. 시스템이 그것들을 스스로 만들어 낸다.

도살장으로 가는 양

"속지 않는 자들이 실수한다"는 오늘날 이데올로기가 작동하는 기본 방식, 즉 현재 진행 중인 사회적 붕괴 과정의 이면 또는 오히려 그 과정의 실질적인 결과로 일반화해야 한다. 2021년 10월 19일, 필라델피아에서 한 여성이 펜실베이니아 남동부 교통국 열차에서 강간당하는 사건이 발생했는데, CNN의 질 필리포비치 기자의 보도에 따르면, 구경꾼들은 휴대폰으로 이 사건을 녹화했지만 개입하거나 911에 신고하지 않은 "놀랍도록 끔찍한" 사건이었다. "이 사건은 여성의 안전과 복지에 대한 총체적인 무시뿐만 아니라 사회적 붕괴, 즉 끔찍한 사건을 오락과 충격적 가치라는 렌즈를 통해 여과하려는 불안한 충동, 고통을 스크린을 통해 매개함으로써 비인간화하는 불안한 능력을 시사한다."[62] 원인으로 거론되는 목록은 매우 정확하다. 여성에 대한 무시, 광범위한 사회적 붕괴, 너무 자주 무시되는 핵심 특징인 폭력적인 사건을 스크린을 통해 여과하여 어떻게든 비현실화 및 비인간화하는 것. 기본적 연대의 부재라는 형태의 이러한 사회적 붕괴는 전 세계적인 현상이며, 몇 년 전 중국에서도 이러한 현상이 나타났다. 한 사람이 다른 사람에게 고통을 주는 끔찍한 사건을 목격했을 때, 많은 사람들은 그 사건을 목격하지 않기 위해 도망치거나, 그냥 지나가면서 시선을 피하고 무시하거나, 열심히 관찰하거나, 사건을 기록하는 등 네 가지 방식으로 비도덕적으로 반응한다. 마지막 두 가지 방법은 분명히 그 자체로 잉여향유를 만들어 낸다. 관찰자인 우리를 죄책감이 들게 만드는 것은 (두려움이나 다른 이유로) 아무것도 하지 않는다는 사실뿐만 아니라, 이러한 향유가 우리의 호기심 어린 시선에 체화되어 있다는 사실이기도 하다.

우리 미디어가 여성에 대한 폭력을 보도하는 방식에도 비슷한 일이 벌어지고 있는 것은 아닐까? 재클린 로즈는 다음과 같은 질문을 통해 최근 중요한 지적을 했다. 주류 미디어에서 여성에 대한 폭력을 다루는 이야기가 널리 퍼진다는 것은 실제 생활에서 이러한 폭력이 더 많다는 것을 의미할까, 아니면 페미니스트 인식이 높아지면서 이전에는 정상적인 상황의 일부로 간주되었던 것이 높은 윤리적 기준을 적용해 폭력으로 규정되는 바람에 더 눈에 띄게 된 것일까? 로즈는 이러한 높은 가시성이 근본적으로 애매하다고 지적했다. 페미니스트 인식이 일반 문화에 침투했다는 사실을 의미하기도 하지만, 여성을 겨냥한 폭력의 영향을 중화시켜서 용인 가능하고 표준적인 것으로 만든다. 우리는 주변에서 그것을 보고, 이에 항의하지만, 삶은 계속된다.

상상된 보수주의적 근본주의 통치의 억압적인 분위기를 직접 '비판적으로' 묘사한 경우를 예로 들어 보겠다. 마거릿 애트우드의 『시녀 이야기』의 새로운 TV 버전은 잔인한 가부장적 지배의 세계를 상상하는 이상한 쾌감을 우리에게 선사한다. 물론 그런 악몽 같은 세상에서 살고 싶다는 욕망을 공개적으로 인정하는 사람은 아무도 없지만, 우리가 정말로 그것을 원하지 않는다는 확신으로 인해 우리는 이 세계의 모든 세부 사항을 상상하면서 그것에 대한 환상을 갖는 일을 더욱 즐겁게 만들 수 있다. 그렇다, 우리는 이 쾌락을 경험하는 동안 고통을 느끼지만, 라캉은 이 고통 속의 쾌락을 주이상스라고 명명했다. 그리고 더 일반적인 차원에서 자본주의의 공포에 대한 많은 비판적 (또는 허구적) 보고서도 마찬가지다. 마치 자본주의에 대한 잔인하고 공개적인 비판이 즉시 포섭되어 자본주의적 자기재생산에 포함되는 것과 같다. 넷플릭스가 제작한 전 세계적인 대히트작 〈오징어 게임〉을 예로 들어 보자. 이 작품의 '미묘하지 않은 메시지'는 다음과 같다.

폭주하는 자본주의는 나쁘다고 생각합니다. 아쉽게도 넷플릭스의 경영진이 특별히 신경을 쓰고 있는지는 모르겠습니다. 그들은 〈오징어 게임〉으로 벌어들인 돈을 긁어모으느라 너무 바쁘니까요. 결과적으로 자본주의에 대한 신랄한 비판이 넷플릭스를 1조 달러 규모의 회사로 성장시키는 데 도움이 될 수 있습니다. 〈오징어 게임〉은 9월 중순 출시 이후 넷플릭스 주식의 시장 가치를 190억 달러까지 끌어올렸으며, 넷플릭스가 개별 프로그램의 성과를 평가하는 데 사용하는 지표인 '영향력 가치'에서도 9억 달러의 수익을 창출했습니다. 스트리밍 플랫폼은 뻔뻔하게도 온라인 스토어에서 〈오징어 게임〉 후드티까지 판매하고 있을 정도로 쇼에서 최대한 많은 수익을 창출하기 위해 노력하고 있습니다.[63]

그러나 이러한 즉각적인 포섭은 시리즈가 창출하는 막대한 수익을 훨씬 뛰어넘는 더 깊은 의미를 지니고 있다. 더 중요한 것은 아마도 형식적인 측면일 것이다. 〈오징어 게임〉은 잔인한 자본주의적 착취와 경쟁(시스템 그 자체의 특징)을 숨겨진 기획자가 운영하는 게임으로 치환하여, 관객인 우리가 줄거리의 긴장과 반전을 온전히 즐기는 관찰자가 되게 한다.

그렇다면 개인이 이데올로기를 신뢰하지 않는다는 바로 그 사실을 수용하는 이데올로기에는 어떻게 대응할 수 있을까? 최근 그리스에서 한 가지 가능한 해결책이 나왔는데, 그리스가 우리 문명의 발상지라는 사실을 다시 한번 확인시켜 주는 사례이다. 2021년 10월 그리스 언론은 10만 명 이상의 백신 접종 반대자와 200~300명의 의사와 간호사가 연루된 사기가 적발되었다고 보도했다. "백신 접종 반대자들은 의사들에게 가짜 백신 접종 대가로 400유로를 지불했다. 기본적으로 그들은 백신 대신 일반 수돗물 등을 주사해 달라고 요청했다. 그러나 이 사기에 연루된 의사들은 마지막 순간에 '가짜' 액체를 진짜로 바꿔치기하여 백신 반대자 몰래 진짜 백신을 주사하는 방식으로 속임수를 썼다. (이제는 부패한 동시에 윤리적인) 의사는 여전히 뇌물을 보관할 것이다! 그리고 이제 마지막에 재미있는 반전이 있다. '몰래' 백신을 맞은 백신 반대자는 자연스럽게 백신의 부작용을 알게 되고 다른 사람들에게 설명할 것이지만, 백신 반대자는 여전히 자신이 시스템을 속였다고 믿기 때문에 부작용이 어떻게 그리고 왜 발생하는지 설명할 수 없다."[64] 나는 이 사기에 가담한 의사들을 비난하지만, 그들을 너무 가혹하게 비난할 수는 없다. 백신 접종 반대자에게 백신 접종 확인 서류를 발급했을 때, 그들은 속임수를 쓴 것이 아니라 실제로 백신을 접종한 것이다. 사실상 속임수에 당한 사람은 속임수를 쓰고 싶었던 사람, 즉 예방접종을 받지 않고 예방접종의 혜택을 누리고 싶었던 사람뿐이지만, 그는 진실 자체에 의해 속임수를 당했다. 그가 몰랐던 것은 그가 실제로 자신이 그런 척하려고 했던 (예방접종을 받은) 상태라는 것이다. 그렇다면 의사가 환자에게 거짓말을 했을 뿐만 아니라 (실제로 예방접종을 받지 않을 것이라고 약속) 뇌물(400유로)을 챙긴 것도 문제일까? 여기서도 의사가 뇌물을 받지 않았다면, 환자는 정말 예방접종을 받지 않은 것은 아닌지 의심할 수 있다고 주장할 수 있다. 진정한 윤리적 문제는 환자가 자신의 명시적인 의사에 반하여 백신을 맞았다는 사실에 있다. 이런 상황에서 나는 이것이 경범죄에 해당한다고 생각하는데, 환자의 의도가 속이는 것이었기 때문이다. 즉 백신을 맞지 않으면서도 백신을 맞았다는 공식 문서를 원했기 때문에, 그는 자신뿐 아니라 다른 사람에게도 위협이 되는 셈이다.

　백신 접종을 반대하는 많은 사람들은 의무 예방접종이 개인의 선택의 자유에 대한 공격일 뿐만 아니라 강간과 비견될 만큼 우리 몸에 대한 폭력적인 침입이라고 주장한다. 예방접종을 받으면 공적 의료(에 국한되지 않는) 당국에 의해 강간을 당하는 것이나 마찬가지라는 것이다. 마치 우리 몸이 정말 우리 몸인 것처럼 말이다. 최근 슬로베니아의 병원에서는 아주 늙은 여성이 6~7번의 동시 주사로 생명을 유지한 채 스스로 먹지도 못하고 죽어 가는 사례가 있었다. 백신 접종을 원하느냐는 질문에 그녀는 백신에 무엇이 들어 있는지 모르며 몸에 이물질을 주입하고 싶지 않다고 격렬하게 저항했다. 이것이 우리 모두가 처한 상황은 아닐까? 일부 부유한 유대인들이 우리를 착취하고 있지만 유대인 없이도 우리의 착취가 완전하게 진행되는 것과 같은 방식으로, 우리는 이미 우리가 알지 못하는 방식으로 통제되고 조작되고 있다.

그러나 이 일화의 진정 흥미로운 점은 사실 여부와 상관없이 피에르 바야르가 말하는 의미에서 범례로 기능하며, 우리가 통제되고 조작되는 방식을 사회 현실에서 거의 접할 수 없는 순수한 형태로 표현한다는 것이다. 우리가 공권력을 속인다고 생각하지만, 우리의 속임수는 이미 공권력의 자기재생산 순환에 포함되어 있다는 얘기다. 따라서 우리는 도살장에 끌려가는 양보다 더 나쁜 행동을 하는 셈이다. 우리는 자신의 도살 비용을 열심히 지불하는 양처럼 행동한다. 다시 한번, 라캉의 "속지 않는 자가 실수한다"는 표현을 빌리자면, 자유주의 기득권에 속지 않고 결국 트럼프에게 투표한 백인 하층민과 같은 처지다. 우리는 또한 '도살장으로 가는 양'이라는 논리가 현재 진행 중인 투쟁의 양측에 어떻게 적용되는지 주목해야 한다. 코로나 회의론자들에게 도살장의 양은 백신을 맞기 위해 줄을 서서 기다리거나 백신을 구하기 어려울 때는 뇌물까지 제공한 사람들이다. 그러나 (적어도 당분간은) 도살되는 양의 대부분은 팬데믹 방지 조치를 거부함으로써 자신과 타인의 생명에 위협을 가하는 코로나 거부자들이다.

예방접종 반대 시위는 단순히 반과학적 비합리성을 보여 주는 것이 아니라 일련의 다른 불만(우리 삶에 대한 폭발적인 통제, 의료 및 기타 기업의 힘 등)을 응축하고 있으므로, 경멸로 무시할 것이 아니라 대화를 시작해야 한다는 말을 자주 듣는다. 여기서 내가 보는 문제는 반유대주의(경제적 착취 등에 대한 항의를 표현하는 것)나 여성에 대한 폭력(사회생활에서 굴욕을 당하는 것에 대한 좌절감을 표출하기 위해 여성을 자주 학대하는 남성)에 대해서도 똑같이 말할 수 있다는 것이다. 이 모든 경우에서 그러한 '자비'와 '이해'의 관점을 훼손하는 것은 문제의 운동이 만들어 내는 잉여향유이다. 여성을 잔인하게 대하는 것은 분명히 도착적 즐거움을 가져오고, 반유대주의 학살도 마찬가지이며, 백신 접종 반대 음모론도 그 자체의 즐거움을 만들어 낸다. 따라서 우리는 여기서 라캉의 정신분석 윤리학의 공식인 "우리의 유일한 죄는 자신의 욕망을 양보하는 일이다"를 보완해야 한다. 향유를 가져다주는 것이 외부에서 강요된 것일지라도 우리는 항상 우리의 향유에 죄/책임이 있다.

여기에 이데올로기의 물질적 힘이 놓여 있다. 이데올로기는 우리가 권력을 용인하는 데 그치지 않고 심지어 적극적으로 우리 자신의 복종에 참여하도록 만든다. 이데올로기는 우리가 속지 않도록 경고하는 바로 그 행위를 통해 속인다. 즉 (공공질서와 그 가치에 대한) 우리의 신뢰가 아니라 우리의 불신을 이용하는 것으로서, 그 근원적인 메시지는 다음과 같다. "권력자를 믿지 말라, 당신은 조종당하고 있다, 속지 않는 방법이 여기 있다!"

시대착오의 두 얼굴

아마도 우리가 여기서 다루고 있는 가장 깊은 균열은 과학이 제공하는 현실의 이미지와 우리에게 익숙한 삶의 방식인 상식적 일상성 사이의 균열일 것이다. 우리의 삶이 어떻게 작동하는지에 관한 모든 직관을 포함하는 일상성은 백신 거부자들의 수중에 있다. 그들은 지금 우리가 직면하고 있는 팬데믹, 지구 온난화, 사회 불안 등의 문제가 우리의 삶의 방식을 종식시킬 것이라는 사실을 받아들일 수 없다. 나는 생존을 위해 정기적인 투석이 필요한 사람들과 이야기를 나눈 적이 있는데, 그들은 모두 자신의 생존이 이 보철물에 달려 있다는 사실, 즉 내 눈앞에 커다란 기계가 있고 그 기계의 규칙적인 사용과 원활한 기능에 따라 신체 기능이 좌우된다는 사실을 받아들이는 일이 가장 충격적이라고 말했다. 백신 접종을 앞두고 우리는 똑같은 충격적인 경험에 직면하게 된다. 내 생존이 반복적으로 주사를 맞는 일의 성공 여부에 달려 있다는 얘기다.

포퓰리즘 우파와 자유주의 좌파가 공유하는 것은 경찰 규제, 의료 및 제약 기관, 대기업 및 은행이 유지하는 의료 통제 및 규제 등 공공기관의 전체 영역에 대한 불신이다. 그들은 모두 이러한 압력에 저항하고 자유의 공간을 유지하길 원하는데, 무엇을 위해서 그러는 걸까? 좌파는 (여전히 이 이름을 사용할 자격이 있다면) 여기서 한 걸음 더 나아가야 한다. 좀 더 진정한 존재 방식을 위하여 (우리가 인식하는 것이 무엇이든) 기득권에 저항하는 것만으로는 충분하지 않다. 또한 '비판의 비판'의 메커니즘을 동원하고 우리가 저항하는 것을 대신하여 '진정한' 입장을 문제화해야 한다. 미국에서 백신 접종에 대한 포퓰리즘적 저항이 거친 개인주의, 공공장소 총기 소지, 인종차별 등의 '미국식 삶의 방식'을 방어하는 역할을 한다는 것은 쉽게 인식할 수 있다. 백신 회의론자들을 떠받치는 좌파의 비전은 대체로 권력의 소외된 중심이 없는 투명한 사회에서 살고자 하는 소수집단의 직접 민주주의다. 탈레반 비전의 문제점은 그 자체로 명백하다. 따라서 역설은 외부의 위협(전 지구주의적 지배)을 물리치려면 우리가 위협받는다고 느끼는 것의 핵심을 희생하는 일부터 시작해야 한다는 것이다.

우리는 과학을 신뢰하는 법을 배워야 한다. 과학의 도움을 받아야만 (무엇보다도 권력을 위해 봉사하는 과학으로 인해 발생하는) 문제를 극복할 수 있다. 우리는 공권력을 신뢰하는 법을 배워야 한다. 공권력이 있어야만 전염병이나 환경 재앙과 같은 위험에 맞서 필요한 조치를 취할수 있다. 우리는 기본 가치의 공유 공간인 대타자를 신뢰하는 법을 배워야 한다. 대타자 없이는 연대가 불가능하다. 우리는 다르기 위한 자유를 필요로 하지 않는다. 새로운 방식으로 동일해지는 방법을 선택할 수 있는 자유가 필요하다. 그리고 가장 어려운 일은 우리의 삶의 방식을 형성하는 많은 상식적인 신념과 관행을 버릴 준비가 되어 있어야 한다는 것이다. 오늘날 진정한 보수가 된다는 것, 우리의 전통에서 보존할 가치가 있는 것을 위해 싸우는 일은 급진적인 변화에 동참하는 것을 의미한다. "어떤 것이 변해야 모든 것이 그대로 유지된다"는 오래된 보수적 모토는 새로운 무게를 갖게 되었다. 오늘날 우리가 인간다움을 유지하려면 많은 것이 근본적으로 변해야 한다.

서방이 아프가니스탄에서 실패한 이유는 현지의 특수한 상황과 전통을 무시한 채 민주주의와 자유에 대한 자신의 생각을 그곳에 구현하려 했기 때문이라는 비판이 반복해서 들린다. 그러나 자세히 들여다보면 서방은 현지 조직과의 관계를 구축하려고 노력했고, 그 결과 현지 군벌 등과 협정을 맺는 등의 성과를 낳았다는 것을 알 수 있다. 이러한 시도의 장기적인 효과는 터키에서 볼 수 있듯이 글로벌 자본주의와 지역 민족주의의 결합일 수밖에 없으며, 탈레반이 터키 정부와 좋은 관계를 맺고 있는 것도 당연하다. 수십 년 전 위르겐 하버마스가 근대성이란 미완의 프로젝트이며 탈레반이 그 증거라고 지적한 것처럼, 아프가니스탄은 과도한 근대성을 얻은 것이 아니라 소련의 점령부터 시작해서 근대의 모든 잘못된 것들을 대부분 받았던 곳이다. 따라서 탈레반과 같은 현상을 제대로 이해하려면 시대착오라는 변증법적 개념을 되살려야 한다.[65] 어떤 시스템도 순수하게 동시대적일 수 없으며, 과거의 초기능화된 요소들을 포함해야 한다. 영국이 고도로 발달한 자본주의 국가가 되었음에도 불구하고 영국 귀족이 국가 기관에서 권력을 유지한 이유는 무엇일까? 마르크스는 이 명백한 시대착오에 대해, 부르주아지가 이를 허용한 이유는 귀족이 자본가 계급을 가장 잘 대변하는 존재이며, 자신들에게만 맡겨 두면 자본가 계급은 파벌 투쟁에 빠져들 수 있다는 것을 알고 있었기 때문이라고 설명했다. 탈레반과 같은 근본주의 운동의 부상도 마찬가지다. 탈레반은 단순히 시대착오적인 것이 아니라 존재하지 않았던 전통, 즉 근대화의 파괴적인 결과에 대응하기 위해 재창조된 전통을 표상한다. 탈레반은 실패한 자본주의적 근대성의 결핍을 채운다.

그러나 여기서 현 질서가 헤게모니를 완성할 수 있게 하는 시대착오와 현재의 질서를 파괴하고 대안적인 미래를 지향하는 시대착오를 대립시켜야 한다. 우리는 "노동을 더 유연하게 만들 뿐만 아니라 노동을 개인들이 '인적 자본'을 관리하는 사적인 일로 만들기 위해 집단적 삶의 형태이자 투쟁으로서의 노동의 현실을 없애려는 과정의 한가운데 있다."[66] 이런 상황에서 헤게모니 이데올로기는 노동조합이나 파업 등 계급투쟁이 지속되는 모든 징후를 '시대착오적'으로 일축하려고 필사적으로 노력한다. 영국의 코빈과 미국의 샌더스처럼 더 급진적인 좌파 성향이 등장하는 순간, 그들은 시대에 맞지 않고 새로운 조건을 무시하는 '구

좌파'의 잔재라고 즉각 공격받는다. 물론 진정한 좌파의 관점에서는 여전히 가시적인 계급투쟁에서 우리 각자가 자신의 인적 자본을 관리하는 관리자로 전환되는 과정에서도 계급투쟁은 포괄적인 통일체로 남아 있다. 즉, 대중 담론에서 계급투쟁이 사라진다는 것은 계급투쟁에서 지배 계급의 승리를 가리킨다. 혹은 다름 아닌 워렌 버핏의 말을 인용하자면, "맞다, 계급 전쟁이 일어나고 있다. 하지만 전쟁을 일으키는 것은 내 계급, 부유층이며, 우리가 이기고 있다."[67]는 뜻이기도 하다.

이러한 시대착오의 개념은 내가 유물론적 신학이라고 부르는 것에 근거를 두고 있다. 여기서 신학이란 무엇인가? (유물론적 신학자라고도 할 수 있는) 발터 벤야민은 이에 대한 답을 제시했다. "과학이 '결정'한 것을 기억은 수정할 수 있다. 그러한 마음씀은 불완전한 것(행복)을 완전한 것으로, 완전한 것(고통)을 불완전한 것으로 만들 수 있다. 이것이 바로 신학이다."[68] 과학은 사물을 '결정'하고, 그것들 사이의 완전한 연속적 인과관계를 확립하는 것을 목표로 하며, 이런 식으로 행복은 항상 '불완전'하고 좌절되는 반면 고통은 그것 그대로, 삶의 사실로 남는 현실에 대한 하나의 이미지가 생겨난다. 벤야민이 '신학'이라고 부르는 것은 인과적 시간의 연속성을 깨뜨리는 일이다. 과거, 현재, 미래 사이에 직접적인 초시간적 연결을 설정함으로써 단번에 행복을 '완성'하고 고통을 '불완전'하게 만든다. 현재의 해방 투쟁은 과거의 실패한 투쟁이 공명하고 반복되며, 이 투쟁은 색다른 미래에서 스스로를 열어 가는 것으로 가정된다. 이러한 관점에서 현재, 과거, 미래는 역사적 연속체에 있는 연속적 상태가 아니라 모두 동시대 사건의 서로 다른 지층이다. 벤야민의 표현을 빌리자면, 현재의 투쟁은 과거 자체를 구원하기 위한 투쟁이며, 이는 과거와 미래가 외적인 대립물이 아니라는 뜻이다. 과거 자체에 미래적 차원이 새겨져 있다는 뜻이다.

아르투르 랭보의 유명한 문구 "우리는 절대적으로 현대적이어야 한다"는 오늘날 그 어느 때보다 사실이다. 우리가 처한 곤경이 모든 현실을 객관화하고 지배하려는 근대적 주관성의 최종 결과라고 보는 사람들은 주체에서 인간으로의 전환을 제안하고 싶어 한다. 우리 인류는 모든 현실 위에 우뚝 선 주체가 아니라 인간을 인간답게 하는 주어진 역사적, 환경적 맥락에 뿌리를 둔 인간이다. 우리는 이 생각을 바꿀 용기를 지녀야 한다. 계속되는 위기는 우리에게 인류의 역사적 형태, 현재 우리에게 인간이라는 것이 무엇을 의미하는지의 형태를 희생할 것을, 그리하여 우리 자신을 순수한 심연의 주체로 긍정할 것을 종용한다.

탈레반과 백신 거부자들은 비이성적인 극단주의가 아니라 근대성에 대한 저항의 두 가지 극단적인 표현이다. 이들을 기괴한 부산물로 치부하기는 비교적 쉽지만, 이들이 근거하고 있는 기본적 입장을 문제 삼기는 훨씬 어렵다. 즉 다문화적 세계화된 사회는 (니체의 말처럼) 그 정신이 소진되어서 목숨까지 걸어야 하는 대규모 열정적인 프로젝트에 참여할 수 없는 사회라고 생각한다. 아프가니스탄에서 탈레반의 승리를 떠올려 보자. 좌파 자유주의자들은 탈레반과 싸우려는 열정적인 참여를 옹호하지 않았고, 탈레반 점령 이후 우리 언론이 아프가니스탄에 남아 탈레반 통치에 의해 위협받는 희생자(여성, 서방 협력자 등)의 운명에 집착하게 돼서야 열정을 드러냈다.

좀 더 일반적으로 보면, 오늘날 우리가 인식할 수 있는 유일한 열정은 인종차별, 성차별 등의 편견을 식별해 내고 싸우려는 부정적인 열정이다. 사실상 이 왜곡된 열정에는 가장 극단적인 의심의 해석학, 즉 모든 긍정적인 프로젝트에서 가부장적, 동성애 혐오적, 유럽 중심적 등의 편견을 끌어내기 위한 광적인 노력을 뜻하는 허무주의적 차원이 존재한다. '글로보호모'는 기업 자본주의와 정치적으로 올바른 인격의 이상적인 조합이다. 우리가 두려워해야 할 것은 '개방적인' 민주주의적 서구 세력이 아프가니스탄 대도시의 친서구 주민들이 그랬던 것처럼 민족주의 포퓰리스트의 위협에 맞서 제대로 행동하지 못하는 무능함을 보여 주지나 않을까 하는 점이다. 이미 이런 일이 벌써 일어나고 있지 않은가? 우리는 헝가리 및 폴란드 정부와의 선명한 대결을 끝없이 연기하는 유럽 연합 내 '민주' 세력의 이상한 오락가락 행보를 거듭 목격하고 있다.

이러한 맥락에서, 유럽의 민족주의적 포퓰리스트의 입지는 탄탄해 보이지 않을 수 없다. '글로보호모'의 생명 없는 허무주의에 맞서 지역적 뿌리, 삶의 방식, 공동체에 대한 헌신 등으로 세계주의와 싸우는 것보다 더 정상적인 것이 어디 있을까? 그러나 이미 살펴본 바와 같이, 이는 어떤 대가를 치르더라도 피해야 할 유혹이다. (팬데믹에서 생태계에 이르기까지) 오늘날의 여러 위기는 글로벌 자본주의적 근대성과 완전히 상반되는 전 지구적 헌신을 요구한다. 그리고 이 새로운 헌신적 보편성에 이르는 유일한 길은 훨씬 더 급진적인 허무주의, 즉 자유주의적 보편주의의 공허함을 분명히 인식하는 허무주의로 통하는 길이다. 니체의 용어로 표현하자면, 우리는 수동적 허무주의에서 자기파괴적 부정성의 폭발인 능동적 허무주의, 즉 대중문화에서 조커라는 인물이 표상하는 길로 한 걸음 더 나아가야 한다.

그렇다면 미국인들은 아프가니스탄에서 무엇을 했어야 했을까? 그렇다, 그들은 상황을 엉망으로 만들었지만, 그렇게 한 후에 그들이 만든 혼란에서 도망칠 권리는 없다. 그들은 머물러서 다르게 행동했어야 했다. 어떻게? 욕조에서 더러운 물을 버릴 때 깨끗하고 건강한 아기를 잃지 않도록 조심해야 한다는 비유를 뒤집어 생각해 보자. 가난하고 더러운 제3세계 국가에 인권과 자유를 전파하기 위해 고안된 서구의 개입이 비참하게 실패했다는 사실을 깨달았을 때, 인종차별주의자들이 바로 이런 짓을 했다. 좋다, 그럼 인권과 자유라는 욕조에서 세속적 민주주의에 충분히 성숙하지 못한 제3세계 사람들이라는 더러운 물은 버리고 백인 아기만 계속 키우자. 어쩌면 우리는 정반대로, 백인 아기를 버리고 우리의 동정과 자선이 아니라 진정으로 인권을 누릴 자격이 있는 제3세계의 가난하고 착취당하는 사람들이라는 더러운 물을 잃지 않도록 조심해야 할지도 모른다.

그렇다면 집단적 해방적 참여라는 온전한 형태로 억압받는 사람들이 귀환하는 일을 상상할 수 있을까? 상상할 수 있을 뿐만 아니라 이미 큰 힘으로 우리의 문을 두드리고 있다. 지구 온난화 재앙을 예로 들자면, 이는 우리가 익숙하게 누려 온 많은 즐거움을 희생하면서 순교의 형태를 요구하는 대규모 집단행동을 요청할 것이다. 만약 우리가 우리의 삶의 방식 전체를 바꾸려면 쾌락에 초점을 맞춘 개인주의적 '자기배려'는 대체되어야 한다. 전문 과학만으로는 이 일을 해낼 수 없으며, 가장 깊은 집단적 참여에 뿌리를 둔 과학이어야 한다. 탈레반에 대한 우리의 대답이 **이것이** 되어야 한다. 종교적 근본주의자들보다 훨씬 더 강력한 '주체적 궁핍'이다.

파괴적 허무주의

역사의 연속성에서 급진적인 틈새의 출현으로서의 주체적 궁핍은 나중의 단계에서만 실용적이고 현실적인 새로운 질서 건설로 전환될 수 있는 파괴적인 폭력의 폭발이 아니라는 점에 주목하는 것이 중요하다. 기리는 주체적 궁핍을 새로운 사회 질서의 건설에 참여할 수 있는 태도라고 설명한다. 따라서 혁명적인 주체적 궁핍 그 자체는 자기파괴적인 정치적 허무주의로 나타나는 급진적 부정성의 폭발과 엄격하게 구분되어야 한다. 토드 필립스의 〈조커〉만큼 예술에서 이 주제를 잘 보여 주는 예는 없다. 〈조커〉와 같은 영화를 만들 수 있는 할리우드와 이를 메가블록버스터로 만든 대중에 대해 감탄을 표하지 않을 수 없다.

하지만 이 영화의 인기 비결은 배트맨 신화가 작동하기 위해 보이지 않아야 하는 배트맨 스토리의 어두운 기원을 제공하는 메타픽션적 차원에 있다. 배트맨 신화에 대한 이러한 언급이 없는 〈조커〉를 상상해 보자. 희생당한 소년이 곤경에서 살아남기 위해 광대의 가면을 쓴다는 이야기처럼, 영화는 결코 성공하지 못했을 터이고, 그저 현실주의 드라마에 불과했을 것이다. 《타임 아웃》은 〈조커〉를 "후기자본주의의 악몽 같은 비전"이라고 표현하며, '사회적 공포 영화'로 분류했다. 최근까지만 해도 전혀 이질적인 것으로 인식되는 두 장르, 즉 사회적 비참함에 대한 사실적인 묘사와 환상적인 공포의 결합은 상상할 수 없었을 것이다. 물론 사회 현실이 공포 소설과 같은 차원을 획득할 때만 가능한 조합이다.

우리 언론의 이 영화에 대한 세 가지 주요 입장은 우리 정치 공간의 삼분법적 분열을 완벽하게 반영한다. 보수주의자들은 관객에게 폭력 행위를 유발할 수 있다고 우려한다. 정치적으로 올바른 자유주의자들은 영화에서 인종차별 및 기타 진부한 표현(오프닝 장면에서 아서를 때리는 소년들이 흑인으로 등장) 및 맹목적인 폭력이 주는 애매한 매력을 찾아냈다. 좌파들은 우리 사회에서 폭력이 발생하는 상황을 충실하게 표현했다고 칭송한다. 하지만 과연 〈조커〉가 관객으로 하여금 현실에서 아서의 행동을 모방하도록 선동할까? 단호하게 아니다. 아서-조커를 동일시할 수 있는 인물로 제시하지 않는다는 단순한 이유 때문에 영화 전체는 관객인 우리가 그와 동일시하는 것이 불가능하다는 전제하에 작동한다.[69] 그는 마지막까지 낯선 사람으로 남아 있다.

〈조커〉가 개봉하기 전에 언론은 이 영화가 폭력을 선동할 수 있다고 대중에게 경고했고, 연방수사국은 특히 이 영화가 〈잇〉과 〈조커〉에 나오는 페니와이즈 같은 광대에 집착하는 인셀 하위 집단 '클라운셀'의 폭력을 부추길 수 있다고 경고했다. (이 영화에서 영감을 받은 폭력에 대한 보고는 없었다.) 영화가 개봉된 후 비평가들은 조커를 단순한 오락물(전체 배트맨 시리즈와 마찬가지로)인지, 병리적 폭력의 기원에 대한 심도 있는 연구인지, 또는 사회 비판을 위한 작품인지 어떻게 분류할지 그 방법을 확신하지 못했다.

〈조커〉는 기존 질서에 대한 급진적 반란을 긍정적인 비전 없이 자기파괴적인 폭력의 난동으로 묘사하기 때문에 반좌파적 시각으로 읽을 수도 있다. 타일러 코웬에게 이 영화는 "평등주의적 본능을 일종의 야만적인 폭력적 격세유전론으로 매우 노골적으로 묘사하고, 안티파 및 관련 운동을 문자 그대로 문명의 종말을 상징하는 것으로 보여 준다. 오직 부유한 사람들만이 점잖고 품위 있고 품격 있다."[70] 따라서 이 영화의 교훈은 급진적인 조치 없이 부자들의 자비로운 자선에 기대어 점진적으로 상황을 개선해 나가야 한다는 것이다. 이에 대한 좌파의 대답은, 〈조커〉에 묘사된 자기파괴적 반란은 그렇게 잔인한 분노의 허무주의적 폭발이 우리가 기존 질서의 좌표 안에 머물러 있다는 것을 정확히 알려 주며, 따라서 좀 더 급진적인 정치적 상상력의 전환이 필요하다는 것이다. 급진 좌파의 입장에서 마이클 무어는 〈조커〉를 "시의적절한 사회 비판이자 현재 미국의 사회적 병폐의 결과를 완벽하게 보여 주는 작품"이라고 평가했다. 영화는 어떻게 아서 플렉이 조커가 되는지 그 과정을 탐구하면서 은행가의 역할, 의료 서비스의 붕괴, 빈부 격차 등을 드러냈다. 따라서 무어가 영화의 개봉을 두려워하는 사람들을 조롱한 일은 옳다. "우리나라는 깊은 절망에 빠져 있고, 헌법은 산산조각났으며, 퀸즈 출신의 불량 미치광이가 핵 코드에 접근할 수 있지만, 왠지 모르게 이 영화는 우리가 두려워해야 할 영화다. 이 영화를 보러 가지 않는 일이 사회에 더 큰 위험을 초래할 수 있다. 이 영화는 트럼프에 관한 영화가 아니다. 트럼프를 탄생시킨 미국, 즉 소외되고 가난한 사람들을 도울 필요가 없다고 생각하는 미국에 관한 영화다." 따라서 "조커에 대한 공포와 항의는 계략이다. 그것은 우리 동료 인간들을 찢어 놓는 진짜 폭력을 보지 못하게 주의를 분산시키는 일이다. 의료보험이 없는 미국인 수백만 명이 바로 폭력 행위다. 수백만 명의 학대 받는 여성과 아이들이 두려움 속에 사는 것도 폭력 행위다."

하지만 〈조커〉는 이러한 미국을 묘사할 뿐만 아니라 '당혹스런 질문'을 제기한다. "언젠가 쫓겨난 사람들이 반격하기로 결심하면 어떻게 될까? 나는 투표를 위해 사람들이 등록하는 클립보드를 말하는 것이 아니다. 사람들은 이 영화가 너무 폭력적이지 않을까 걱정하고 있다. 정말로? 우리가 현실에서 겪고 있는 이 모든 것을 고려해도?" 요컨대, 이 영화는 "무고한 사람들이 더 이상 참지 못할 때 조커로 변하는 이유를 이해"하려고 노력한다. 관객은 폭력을 선동한다는 느낌보다 "이 영화를 통해 자신의 목숨을 부지하기 위해 가장 가까운 출구로 달려 나가는 것이 아니라 매일매일 우리가 손에 쥐고 있는 비폭력적인 힘에 신경을 집중하고 맞서서 싸우려는 새로운 욕망과 접속하게 해 준 일에 감사할 것"[71]이다.

하지만 정말 그렇게 작동할까? 무어가 언급한 '새로운 욕망'은 조커의 욕망이 아니다. 이를 이해하기 위해서는 여기서 충동과 욕망의 정신분석학적 구분을 소개해야 한다. 충동은 강박적으로 반복되며, 그 안에서 우리는 같은 지점을 반복해서 돌고 도는 고리에 갇혀 있는 반면, 욕망은 새로운 차원을 여는 단절을 만들어 낸다. 조커는 충동의 존재로 남는다. 영화가 끝날 무렵 조커는 무력한 존재로 남고, 그의 폭력적인 폭발은 무력한 분노의 폭발일 뿐이며, 그의 기본적인 무력함을 상연할 뿐이다. 무어가 말한 욕망이 일어나기 위해서는 한 단계 더 나아가 조커의 폭발에서 "매일매일 손에 쥐고 있는 비폭력적인 힘에 신경을 집중하고 맞서서 싸울 수 있게" 되면, 주관적인 자세의 변화가 이루어질 것이다. 우리가 이 힘을 인식하게 되면 잔인한 신체적 폭력을 거부할 수 있게 된다. 역설적이게도, 물리적 폭력을 포기해야만 (기존 체제에 위협을 가한다는 의미에서) 우리는 진짜 폭력적이 될 수 있다.

그렇다고 조커의 행위가 피해야 할 막다른 골목이라는 뜻은 아니다. 그 행위는 일종의 말레비치적 순간, 즉 최소한의 항의의 참조점인 영점으로 환원되는 순간이다. 말레비치의 유명한 흰 표면 위의 검은 사각형은 그 속에 삼켜지지 않도록 조심해야 할 자기파괴적 심연이 아니라 새로운 시작을 위해 통과해야 할 지점이다. 승화의 공간을 열어 주는 죽음충동의 순간이다. 말레비치가 〈블랙 스퀘어〉와 같은 미니멀리즘 회화에서 그림을 프레임과 배경의 최소한의 대립으로 축소한 것과 마찬가지로, 조커는 항의를 최소한의 내용 없는 자기파괴적인 형태로 축소했다. 충동에서 욕망으로 넘어가고, 자기파괴라는 허무주의적 지점을 뒤로하며, 이 영점을 새로운 시작으로 만들기 위해서는 추가적인 비틀기가 필요하다. 하지만 〈조커〉의 교훈은 기존 질서와 부합하는 환상을 없애기 위해서는 이 영점을 통과해야 한다는 것이다.[72]

이 영점은 한때 프롤레타리아트적 입장이라고 불렸던 것의 오늘날 버전으로서, 잃을 것이 없는 사람들의 경험이다. 또는 영화 속 아서의 대사를 인용하자면, "나는 더 이상 잃을 것이 없다. 더 이상 나를 해칠 수 있는 것은 아무것도 없다. 내 인생은 코미디에 불과하다."는 외침이다. 트럼프가 일종의 조커 같은 권력자라는 생각은 여기서 한계를 드러낸다. 트럼프는 분명 이 영점을 통과하지 못했다. 그는 나름대로 외설적인 광대일지 모르지만 조커의 인물은 아니며, 그를 트럼프와 비교하는 것은 조커에 대한 모욕이다. 영화에서는 아버지 웨인이 권력의 외설성을 보여 준다는 단순한 의미에서 '조커'다.

이제 우리는 M. L. 클라크가 내 철학을 조커의 허무주의적 입장의 한 버전으로 읽을 때 어디가 터무니없이 잘못되었는지 알 수 있다. "지젝의 헤겔 철학과 어설픈 대중과학의 만남은 유일한 객관적 현실이 자신으로부터 무언가를 창조하는 무가 아니라, 오히려 존재를 뒷받침하는 진짜 속 빈 강정과 그 존재에 의미를 부여하려는 우리의 모든 불가피한 시도의 도덕적 타락성 사이의 긴장이라고 가차 없이 단언한다." 요컨대, 나에게 기본적인 존재론적 사실은 궁극적인 무의미한 공백/ 균열과 이 혼란스러운 균열에 어떤 보편적 의미를 부여하려는 우리(인류)의 시도 사이의 긴장이다. 이러한 입장은 특별한 것이 아니라, 우리가 내던져진 세상의 혼돈에 어떤 의미를 부여하려는 영웅적인 노력을 하는 존재로 인간을 인식하는 어떤 실존적 휴머니즘을 재현할 뿐이다. 그러나 클라크에 따르면, 나는 여기서 조커가 걸어간 방향으로 한 걸음 더 나아간다. 원초적 혼돈의 공백에 의미를 부여하려는 모든 시도는 이 공백을 보이지 않게 만들고 따라서 위선적이기 때문에, 즉 존재의 기본적 무의미에서 벗어나는 것이기 때문에, 도덕적 타락의 행위이다. 또는 극단적으로 말하면, 도덕성 자체(현실에 보편적 의미를 부여하려는 시도)가 도덕적 타락의 한 형태이다. 따라서 결과적으로 유일한 도덕적 입장은 완전한 허무주의, 즉 우리의 혼란스러운 삶에 도덕적 질서를 강요하려는 모든 시도의 폭력적 파괴를 기꺼이 지지하고, 우리의 불화를 극복할 수 있게 해 줄 모든 보편적 인본주의 프로젝트를 포기하는 것이다.

> 우리가 공유하는 인간성이 순간적인 불화와 지속적인 개별적 차이보다 더 강하다고 우리가 아무리 주장하고 싶어도, 조커와 지젝은 결코 설득되지 않을 것이다. 그들 각자의 이데올로기적 틀은 그들로 하여금 남아 있는 사회적 긴장을 계속 지적하도록 촉구한다. 우리의 집단적 압력의 일부로 항상 지속될 혼돈은 더 잘 종합된 사회 전체를 향한다.[73]

물론 나는 이러한 급진적 허무주의의 입장이 나의 분명한 정치적 참여와 완전히 상충될 뿐만 아니라 자기모순적이라고 생각한다. 허무주의적 파괴와 위선의 가면 벗기기로 스스로를 주장하기 위해서는 허위의 도덕적 상대가 필요하다. 여기에 비극을 승리의 희극으로 바꾸려는 모든 필사적인 시도의 한계가 있다. 이 희극은 인셀, 클라운셀, 조커 자신이 실행하는데, 조커는 TV 진행자인 머레이를 쏘기 직전 그에게 이렇게 말한다. "밖에 있는 게 어떤 건지 보셨나, 머레이? 실제로 스튜디오를 나가 본 적 있어? 모두가 서로에게 소리를 지르고 비명을 질러. 아무도 더 이상 예의 바르게 행동하지 않아! 아무도 상대방이 어떤 사람인지 생각하지 않아. 토마스 웨인 같은 인물이 나 같은 사람이 되면 어떨지 생각해 본 적 있을까? 자신이 아닌 다른 사람이 되어 본 적이 있을까? 그들은 생각하지 않아. 그들은 우리가 그냥 앉아서 착하고 어린애처럼 받아들일 거라고 생각해! 우리가 늑대인간이 되어 거칠게 굴지는 않을 거라고 말이야!" 즐거운 파괴라는 주장은 이 불평에 기생하고 있다. 조커는 기존 질서를 파괴하는 일에 '너무 멀리'까지 가지는 않고, 헤겔이 말한 '추상적 부정성'에 갇혀 그것의 구체적인 부정을 제안하지 못한다.

이러한 부정성에 대한 프로이트의 이름이 죽음충동인 한, 우리는 탄핵 시도에 맞선 도널드 트럼프의 자기파괴적 방어를 죽음충동의 발현이라고 규정하지 않도록 조심해야 한다.[74] 그렇다, 트럼프는 자신에 대한 기소를 거부하는 동시에 자신이 기소당한 바로 그 범죄를 확인(심지어 자랑)하고 자신을 변호하는 과정에서 법을 위반한다. 그런데 이를 통해 그는 법의 지배를 구성하는 역설, 즉 법 적용을 규제하는 기관이 법의 지배로부터 스스로를 면제해야만 한다는 사실을 (평소보다 더 공개적으로, 사실대로) 실행하지 않는가? 따라서 맞다, 트럼프는 행동하는 방식에서 외설적이다. 하지만 이런 식으로 그는 법 자체의 이면인 외설성을 드러낼 뿐이며, 그의 행위의 '부정성'은 그의 야망과 안녕에 (대한 그의 인식에) 완전히 종속되어 있으며, 조커가 실행하는 기존 질서의 자기파괴와는 거리가 멀다. 트럼프가 규칙을 어기는 것에 대해 자랑하는 행위에는 자살적인 측면이 없다. 이는 그저 자신이 부패한 엘리트에 시달리고 해외에서 미국의 위상을 높이는 터프가이 대통령이며, 규칙을 깨는 사람만이 워싱턴 늪의 권력을 무너뜨릴 수 있기 때문에 그의 범법이 필요하다는 자기 메시지의 일부일 뿐이다. 이 잘 계획되고 매우 이성적인 전략을 죽음충동의 측면에서 읽는 일은 정말 자살적 임무를 수행하고 있는 것이 어떻게 좌파 자유주의자들인지 보여 주는 또 다른 사례이다. 대통령은 국가를 위해 좋은 일을 하고 있는데 그들은 관료적-법적 헛소리나 하고 있다는 인상을 불러일으킨다.

크리스토퍼 놀란 감독의 〈다크 나이트〉에서 조커는 유일한 진실의 인물이다. 고담시를 향한 그의 테러 공격의 목표는 분명해서, 배트맨이 가면을 벗고 정체를 드러내면 테러를 멈출 것이다. 그렇다면 가면 뒤에 감춰진 진실을 밝히고자 하는 조커는 어떤 존재인가, 그 폭로가 사회 질서를 파괴할 것이라고 확신하는 것일까? 그는 가면이 없는 사람이 아니라 반대로 가면과 완전히 동일시되는 사람, **가면인** 사람으로서, 그 가면 아래에는 아무것도, 그 어떤 '평범한 인물'도 없다. 그렇기 때문에 조커는 배경 스토리도 없고 명확한 동기부여도 없는데, 그는 자신의 상처에 대해 사람마다 다른 이야기를 들려주며 자신을 추동하는 뿌리 깊은 트라우마가 있을 거라는 생각을 조롱한다. 〈조커〉는 조커를 그의 지금의 모습으로 만든 트라우마적 사건을 묘사하면서 일종의 조커의 사회 심리적 기원을 제공하는 일을 정확하게 목표로 삼는 것처럼 보일 수 있다.[75] 문제는 파탄 난 가정에서 자랐고 또래들로부터 괴롭힘을 당한 수천 명의 어린 소년들이 같은 운명을 겪었지만 단 한 사람만이 이 상황을 '종합'하여 조커라는 독특한 인물로 만들어졌다는 점이다. 즉, 조커는 일련의 병적인 상황의 결과가 맞지만, 이러한 상황은 조커가 이미 존재하고 나서 소급해서만 이 독특한 인물의 원인으로 설명될 수 있다. 한니발 렉터에 관한 초기 소설 중 하나에서 렉터의 괴물성이 불행한 상황의 결과라는 주장은 일축된다. "**그에게는** 아무 일도 생겨나지 않았다. **그가** 생겨났다."

그러나 〈조커〉를 반대 의미로 읽을 (읽어야 할) 수도 있고, 주인공을 '조커'로 구성하는 행위는 자율적 행위로, 이를 통해 그가 자신이 처한 상황의 객관적 여건을 뛰어넘는다고 주장할 수도 있다. 그는 자신을 자신의 운명과 동일시하지만, 이러한 동일시는 자유로운 행위이며, 그 안에서 그는 자신을 독특한 주체성을 지닌 인물로 자리매김한다.[76] 우리는 이 반전을 영화에서 주인공이 이렇게 말하는 바로 그 순간에서 찾을 수 있다. "무엇이 나를 정말 웃게 만드는지 알아요? 전에는 내 인생이 비극이라고 생각했어요. 하지만 지금은 그게 빌어먹을 코미디라는 걸 깨달았어요." 아서가 이 말을 하는 정확한 순간을 주목해야 한다. 그는 어머니의 침대 옆에 서서 베개를 가져다가 어머니를 질식시켜 죽인다. 그렇다면 그의 어머니는 누구일까? 아서가 어머니의 존재를 설명하는 방식은 다음과 같다. "그녀는 항상 내게 웃고 행복한 표정을 지으라고 말해요. 그녀는 내가 기쁨과 웃음을 전파하기 위해 여기에 있다고 말합니다." 이것이 가장 순수한 모성적 초자아가 아닐까? 그녀가 그를 아서가 아닌 해피라고 부르는 것도 놀랍지 않다. 그는 웃으라는 어머니의 명령과 완전히 동일시함으로써 (어머니를 죽임으로써) 어머니의 손아귀에서 벗어난다.

하지만 그렇다고 해서 조커가 모성애적 세계에 살고 있다는 얘기는 아니다. 그의 어머니는 가부장적 폭력으로 반쯤 죽은 무기력한 희생자이며, 부유한 웨인을 아이의 아버지로 집착하고 그가 자신과 아서를 도와주기를 끝까지 희망한다.[77] (영화는 웨인이 아서의 아버지인지 아닌지 하는 문제를 세련되게 방치해 둔다.) 따라서 아서의 슬픈 운명은 지나치게 강한 모성애의 결과물이 아니다. 죄를 짓기는커녕 그의 어머니 역시 극단적인 남성 폭력의 희생자다. 웨인 외에도 영화에는 또 다른 가부장적 인물이 등장한다. 아서를 자신의 인기 TV쇼에 초대해 사회에 융화되고 대중의 인정을 받을 수 있는 기회를 제공하는 코미디언 머레이가 있다. 웨인과 머레이의 이중성이 '나쁜' 아버지와 '좋은' 아버지(이 경우 아서를 무시하는 아버지와 그를 인정하는 아버지)의 대립을 형상화한다고 말하고 싶은 유혹을 느낄 수도 있겠지만, 융화가 실패한 뒤 아서는 머레이의 위선을 꿰뚫어 보고 TV 쇼 도중 그를 총으로 쏴 죽인다. 바로 여기서, 이렇게 가부장적 인물의 공개 살인과 어머니 살해행위를 반복한 후에야 그는 완전히 조커가 된다(또 다른 세련된 행동을 통해, 아서는 자신의 아버지로 추정되는 웨인을 직접 죽이지 않고, 조커의 새로운 부족의 일원인 광대 가면을 쓴 익명의 남자에게 맡긴다. 따라서 아서의 아버지가 누구인가라는 오이디푸스적 수수께끼와 누가 친부 살해를 실행했는지에 대한 의문은 모두 어둠 속에 남겨진다).

자신의 행위로 인해 조커는 도덕적이지 않을 수 있지만, 분명히 윤리적이다. 도덕은 우리가 공유하는 공동선과 관련하여 다른 사람들과 관계를 맺는 방식을 규제하는 반면, 윤리는 우리의 욕망을 정의하는 대의에 대한 충실성, 즉 쾌원리를 넘어서는 충실성에 관한 것이다. 기본적인 의미에서의 도덕은 사회적 관습에 반대되는 것이 아니라, 고대 그리스에서 공동체의 조화로운 안녕을 뜻했던 에우모니아eumonia, 즉 공동체의 조화로운 안녕에 관한 문제다. 여기서 우리는 〈안티고네〉의 시작 부분에서 누군가가 크레온의 금령을 어기고 폴리네이케스의 시신에 장례식을 치렀다는 소식에 코러스가 어떻게 반응하는지 기억해야 한다. 즉 극의 마지막 대사에서 완전히 재천명되듯이, 국가의 에우모니아를 방해하는 과도한 악마적 행위를 해서 '도시 없는 추방자'로 암묵적으로 거세당한 사람은 안티고네 자신이다.

> 행복의 가장 중요한 부분은 / 그러므로 지혜다 / 신들에게 불경스럽게 행동하지 말 것, / 오만한 사람들의 뻐김은 / 큰 형벌의 타격을 가져오리니 / 나이 들어야 사람들은 지혜를 발견할 수 있다.

에우모니아의 관점에서 볼 때 안티고네는 분명 악마적이고 기이한 존재다. 그녀의 반항적인 행위는 도시의 '아름다운 질서'를 교란하는 제어되지 않은 과도한 고집의 태도를 표현하고, 그녀의 무조건적인 윤리는 폴리스의 조화를 깨뜨리며 그 자체로 '인간의 경계를 넘어'선다. 아이러니한 점은 안티고네가 자신을 인간 질서를 지탱하는 불멸의 율법의 수호자로 내세우면서도 기괴하고 무자비하며 혐오스러운 존재로 행동한다는 점인데, 따뜻하고 인간적인 여동생 이스메네와의 대비에서 드러나듯 그녀에게는 분명 차갑고 괴물스러운 무언가가 존재한다. 안티고네를 폴리네이케스의 장례식 실행으로 이끈 태도를 파악하고 싶다면, 우리는 불문율에 대해 지나치게 많이 인용된 대사에서 벗어나 그녀가 나중의 발언에서 자신이 지키지 않을 수 없는 법이 무엇을 의미하는지 구체적으로 설명하는 부분으로 넘어가야 한다. 표준 번역은 다음과 같다.

절대 하지 않았을 것이야,
내 자식들을 위해서라면, 그들의 엄마로서도,
썩어 가는 죽은 남편을 위해서도,
아니야, 시민들을 무시해서도 아니야.
어떤 법에 호소해야, 이런 주장을 할 수 있을까?
남편이 죽으면 또 다른 남편이 있을 테고,
아이를 잃으면 또 다른 아이가 있을 테지.
다른 남자와 다른 아이를 가질 수 있겠지.
하지만 내 아버지와 어머니 역시
하데스의 집에 숨어 있으니,
내겐 다른 살아 있는 형제가 없을 거야.
그게 내가 오빠를 기리기 위해 의탁했던 법이야.

이 대사는 수세기 동안 스캔들을 일으켰고, 많은 해석가들은 이 대사가 나중에 삽입된 것이 틀림없다고 주장했다. 첫 문장의 번역도 다양하다. 다음과 같이 의미를 완전히 뒤집는 번역도 있다. "아이의 엄마로든 아내로든, 난 언제나 이 투쟁에 나서 도시의 법을 어길 테다." 시체가 썩는다는 잔인한 언급을 삭제하고 안티고네가 죽은 남편이나 자식을 위해 공법을 위반하지 않겠다고 말하는 번역도 있다. 그리고 위에 인용한 번역처럼, 시체가 썩는다는 언급이 있지만 이를 안티고네가 주관적으로 가정한 것이 아니라 그냥 사실로만 언급하는 번역도 있다. 하지만 여기에 안티고네의 주관적 입장을 온전히 표현한 데이비드 펠드슈의 번역을 추가해야 한다. 비록 원작에 충실하지는 않지만 어떤 의미에서는 원작보다 더 나은, 원작의 억압된 메시지에 더 충실한 번역이라고 할 수 있다. "크레온의 법에, 머리를 조아릴 것이다 / 만일 내 남편이나 아들이 죽었다면. 그들의 시신이 / 희뿌연 먼지 속에 묻히지 않고 홀로 썩게 내버려 둘 것이다."[78] 알렌카 주판치치가 〈안티고네〉에 대한 획기적인 연구에서 지적한 것처럼, "나는 그들의 시신이 썩게 내버려 둘 것이다"는 단순히 묻지 않은 시신이 공개적으로 썩고 있다는 사실에 대한 진술이 아니라, 시신을 썩게 하겠다는 적극적인 자세의 표현이라고 할 수 있다.[79]

이 구절을 보면 안티고네가 죽은 오빠에게 죽은 자를 존중하는 일반적인 불문율의 원초적 규칙을 적용하는 것과는 정반대의 입장에 서 있다는 것을 알 수 있다. 여기에 〈안티고네〉의 지배적인 해석의 근거가 있다. 안티고네가 모든 사회적, 정치적 규정보다 더 깊은 보편적 규범을 상연한다는 얘기다. (이 규범은 예외를 허용하지 않아야 하지만, 히틀러도 제대로 된 장례식을 치러야 하는가 하는 극단적인 악의 사례와 맞닥뜨리면 주창자들도 흔들리는 경우가 많다. 코넬 웨스트는 자기 글의 대상이 되는 사람들을 '형제'라고 부르길 좋아하는데, 체호프에 관한 강의에서 그는 항상 그를 '안톤 형제'

라고 불렀다. 그가 이렇게 말하는 것을 듣고 나는 히틀러에 대해서도 '아돌프 형제'라고 부를 것인지 물어보고 싶었다.) 주디스 버틀러는 여기서 대체할 수 없는 형제에 대한 언급이 애매하다는 점을 능숙하게 지적함으로써 궁지에 빠지지 않으려고 애쓴다. 오이디푸스 자신이 그녀의 아버지이자 그녀의 형제다(그들의 어머니는 같다). 하지만 나는 우리가 이런 열린 관점을 공동체의 공공질서에서 배제된 모든 주변인들에 대한 존중이라는 새로운 보편성 속으로 외삽할 수 없다고 생각한다. 궁지에 빠지지 않는 또 다른 방법은 누구든 죽는 사람은 안티고네가 정의한 바 예외적인 위치에 있는 다른 누군가를 위해 죽는다고 주장하는 것이다. 히틀러에게조차 그가 대체할 수 없는 누군가가 있었을 것이 틀림없다(테베 시민들에게 폴리네이케스는 범죄자**였다**는 사실을 잊지 말자).[80] 이런 식으로 우리는 안티고네의 '예외'('오빠를 위해서라면 공법을 어길 준비가 되어 있다')가 정말 보편적이라고 주장할 수 있다. 우리가 죽음에 직면했을 때, 죽은 자는 항상 예외의 위치에 있다.

그러나 그러한 읽기는 역설을 피하지 못한다. 안티고네는 테베 전투에서 사망한 (적어도) 수백 명이 폴리네이케스와 같은 경우에 해당한다는 것을 알고 있었음에 틀림없다. 게다가 그녀의 추론은 매우 이상하다. 남편이나 자식이 죽게 되면, 그들을 대체할 수 있기 때문에 썩게 내버려 두겠다는 말 말이다. 왜 죽은 자에 대한 존중은 대체할 수 없는 사람들에게만 무조건적이어야 하는가? 그녀가 환기하는 대체 과정(다른 남편을 찾고 다른 아이를 낳을 수 있음)이 이상하게도 각 사람의 특이성을 무시하는 것은 아닐까? 그만의 특이점에서 사랑한 남편을 왜 다른 남편이 대체할 수 있어야 할까? 캐서린 H. 로젠필드는 안티고네의 예외가 그녀의 독특한 가족 상황에 어떻게 근거를 두고 있는지 자세히 설명했다. 형제에 대한 그녀의 특권화는 오직 오이디푸스 가족에게 닥친 모든 불행을 배경으로 해서만 의미가 있다.[81] 그녀의 행위는 가족에 대한 전적인 헌신을 표현하는 단순한 윤리적 행위가 아니라, 모호한 리비도적 투자와 열정으로 관통되어 있다. 이런 관점에서만이 그녀의 예외를 정당화하는 기묘한 기계적 추론(오빠는 대체할 수 없다)을 설명할 수 있다. 그녀의 추론은 더 깊은 열정을 가리는 표면의 가면이다.

안티고네가 하는 행동이 뭔가 매우 독특하다는 사실은 그대로 남는다. 그녀의 보편적인 법칙은 "시체는 썩게 내버려 두라"는 것이며, 자신의 특별한 경우를 제외하고는 이 법칙을 완전히 준수한다. 그녀가 폴리네이케스를 제대로 매장할 때 따르는 법칙은 예외의 법칙이며, 이 법은 인간적인 화해와는 거리가 먼 매우 잔인한 법이다. 이는 우리를 다시 사례와 범례의 차이로 복귀시킨다. 안티고네의 괴물 같은 행위는 어떤 것의 사례가 아니며 보편적 법칙을 명백히 위반한다. 그렇지만 그럼에도 이 법칙에 대한 예외로 기능할 뿐만 아니라 **이 예외 자체를 그 자체의 법칙으로 전환시키는** 범례이다. 따라서 안티고네는 법, 사례, 범례의 삼위일체에서 헤겔적인 한 걸음을 더 나아간다. 사례와 범례를 구분하는 간극을 다시 법 자체의 보편적 영역으로 전치시킨다. 그녀는 보편적 법의 결과적 실현이 어떻게 그 반대의 법으로 전환되어야 하는지를 보여 준다. 그녀는 순수한 법(죽은 자에 대한 존중)을 사실적 위반(우리는 종종 그들을 썩게 내버려 둔다)에 대립시키는 대신, 이러한 위반 자체를 보편적 법으로 승격시키고(모두 썩게 둔다), 죽은 자를 존중하는 법을 예외로 승격시킨다. 따라서 안티고네의 입장은 일단의 기본 공리를 중심으로 모든 특정 세계관을 넘어 모든 인류를 통합해야 하는 새로운 세계 윤리 프로젝트와는 양립할 수 없다. 살인하지 않기, 죽은 자를 존중하기, 황금률 준수하기(다른 사람이 나에게 하지 않기를 바라는 것을 남에게 하지 않기) 등의 윤리 말이다. 이 방향으로 가장 정교한 프로젝트는 스위스 신학자 한스 쿵의 사상에서 비롯된 〈글로벌 윤리 프로젝트〉다.

> 문화, 종교, 국가가 서로 다른 사람들이 건설적인 방식으로 함께 살아가기 위해서는 우리 모두를 연결해 주는 공통의 기본 가치가 필요하다. 이는 가족이라는 작은 구조에서뿐만 아니라 학교, 회사, 그리고 사회 전체에서도 마찬가지다. 문화, 종교, 국적에 관계 없는 통합적 가치와 규범은 인터넷 시대, 글로벌 정치와 경제, 갈수록 다문화적인 사회에서 점점 더 중요해지고 있다.[82]

〈안티고네〉의 주요 번역 중에서 프리드리히 휠덜린의 번역본은 독특하다는 찬사를 받는데, 그녀의 예외(오빠의 장례식을 제대로 치를 준비가 된 것)가 휠덜린 후기 시의 특수한 면모에 비추면 어떻게 읽힐 수 있는지 주목할 수밖에 없다. 먼저 사태의 상황을 묘사한 다음 예외("그러나")를 언급하는 대신, 그는 찬가 「안덴켄」의 유명한 시구처럼 예외로 인해 방해받는 '정상' 상태를 표시하지 않고 독일어 '아버aber(그러나)'로 직접 문장을 시작하는 경우가 많다. "그러나 남아 있는 것을, 시인이 설립한다", "그러나 시인은 남아 있는 것을 설립한다." 물론 사건 이후 시인은 성숙한 관점에서, 즉 사건의 역사적 의미가 분명해졌을 때 안전한 거리에서 상황을 인식할 수 있다는 것이 표준적인 해석이긴 하다. 그렇지만 '그러나' 앞에는 아무것도 없고 이름 없는 혼돈, 그리고 혼돈의 공백을 교란하는 행위로서 시인이 만들어 낸 세계가 '그러나'로 등장한다면 어떻게 될까? 만약 처음에 '그러나'가 있다면 어떻게 봐야 할까? 그래서 우리가 휠덜린의 시구를 문자 그대로 읽으면 어떻게 될까? "그러나 시인은 남은 것을 설립한다." 시인은 시의 첫 행인 '스트로페strophe'를 기부/창조/설립하는데, 도대체 무엇 다음에 남은 것이란 말인가? 전존재론적 간극/단절이라는 파국 다음이다.

이런 의미에서 (오빠를 택하는) 안티고네의 선택은 원초적인 윤리적 행위다. 그것은 이전의 보편적 윤리 법칙을 방해하는 것이 아니라 "그들을 썩게 내버려 두는" 전前윤리적 혼돈을 방해할 뿐이다. 전윤리적 혼돈은 "그러나 **내 오빠는**⋯"에 의해 단절된다. 하지만 안티고네의 행위가 문제적인 까닭은 기존의 관습 질서를 **어지럽히기** 때문이 아닐까? 여기서 도출할 수 있는 결론은 단 하나이다. 안티고네는 자신의 행위, 자신의 '그러나'를 통해 기존의 관습 질서를 평가절하하고 그것을 혼돈이나 썩어 가는 시체로 환원한다. 행위는 단순히 혼돈에 질서를 도입하는 것만이 아니라 동시에 이전의 질서를 절멸시키고 혼돈의 거짓 가면이라고 비난한다. '윤리'가 가장 기본적인 차원에서 우리의 공동체적 삶을 규제하는 관습의 네트워크라는 점에서, 그리고 안티고네의 행위가 공동의 윤리적 실체를 중지시키는 한에서, 이 행위는 정치적인 것의 윤리적 중지(정치적 결정이 기본 윤리적 원칙을 위반할 때 윤리를 주장하는 일)가 아니라, 반대로 **윤리적인 것의 정치적 중지**의 순간으로 특징지을 수 있다. 정치적인 것은 가장 기본적인 윤리적 실체를 정지시키는 것이다. 오늘날 우리는 그 어느 때보다 그러한 행위가 필요하다. 안티고네의 행위는 보편성에 대한 예외가 아니라 그 자체가 보편성으로 승화된 예외이며, 그렇기 때문에 그녀의 입장은 남성적(라캉의 성차 공식에 따르면 예외에 근거한 보편성)이 아니라 여성적(예외들만 있기 때문에 보편성은 비-전체다)이다.

따라서 안티고네는 조커와 같은 의미에서 윤리적이지만 도덕적이지는 않다. 또한 독일어로 얼룩/반점이라는 뜻을 가진 아서의 성姓 플렉Fleck에 주목할 필요가 있다. 아서는 사회 구조에서 부조화스러운 얼룩, 즉 제자리를 찾지 못한 존재다. 그러나 그를 얼룩으로 만드는 것은 그의 비참한 주변적 존재가 아니라 주로 그의 주체성, 즉 강박적이고 통제할 수 없는 웃음을 터뜨리는 성향 때문이다. 이 웃음의 지위는 역설적이다. 말 그대로 (라캉의 신조어를 사용하자면) 외밀ex-timate한, 즉 내밀하며 외적이다. 아서는 웃음이 자신의 주체성의 핵심을 형성한다고 주장한다. "내 웃음이 병이라고, 내게 뭔가 문제가 있다고 말씀하셨던 거 기억하시죠? 그렇지 않아요. 그게 진짜 나예요." 그러나 바로 그렇기 때문에, 웃음은 그에게, 그의 인격에 외적이며, 그가 통제할 수 없고 결국 완전히 동일시하게 되는 자율화된 부분 대상으로 경험된다. 이는 라캉이 '증상과의 동일시' 또는 오히려 '생톰sinthome(즉 의미의 담지자, 무의식의 암호화된 메시지의 담지자가 아니라 향유의 암호, 주체의 향유의 기본 공식)'이라고 부른 것의 명확한 사례라고 할 수 있다. 여기서 역설은 표준화된 오이디푸스 시나리오에서는 개인이 모성적 욕망의 손아귀에서 벗어날 수 있게 해 주는 것이 아버지의-이름이지만, 조커의 경우는 부성적 기능이 보이지 않기 때문에 주체는 어머니의 초자아적 명령과 과도하게 동일시해야만 어머니를 능가할 수 있다는 점이다.

이 영화는 조커의 사회 심리적 기원을 제공할 뿐만 아니라, 대항하는 행위가 조커가 이끄는 새로운 부족의 형태를 취할 수밖에 없는 사회에 대한 비난도 암시한다. 이 조커의 움직임에는 주체적인 행위가 있지만, 이를 통해서는 아무런 새로운 정치적 주체성도 등장하지 않는다. 영화 말미에 조커가 새로운 부족의 지도자로 등장하지만, 정치적인 프로그램은 없고 부정성의 폭발만 존재한다. 머레이와의 대화에서 아서는 자신의 행동이 정치적이지 않다고 두 번이나 강조한다. 머레이는 그의 광대 분장을 언급하며 이렇게 묻는다. "얼굴이 왜 그래? 시위에라도 참가하는 건가?"라고 묻는다. 아서의 대답은, "아니요, 그런 건 하나도 안 믿어요. 전 아무것도 믿지 않아요. 그냥 제 연기에 도움이 될 것 같아서요." 그리고 나중에 다시 덧붙인다. "저는 정치적이지 않아요. 사람들을 웃기려는 것뿐입니다."

정치적이지 않다고? 2017년에 제작된 4분이 넘는 길이의 유명한 하이네켄(표지에 빨간 별이 그려진 녹색 병에 담긴 네덜란드 맥주) 홍보 광고에서는 서로 반대되는 견해를 가진 사람들이 만나(가부장적인 남성이 트랜스젠더를 반대하는 등) 하이네켄 한 병을 나누며 이야기를 건네고 우정을 확인한다.[83] 이 현장에서는 복잡한 수준의 연극이 펼쳐지지만 (배우들이 배역을 벗어난 연기를 하는 등), 기본 메시지는 선명하다. 정치적, 이념적으로 반대하더라도 표면적인 갈등의 이면에서는 모두가 같은 따뜻한 인간이며, 아무리 어려운 문제라도 좋은 맥주를 나누면서 토론할 수 있다. 덧붙일 필요도 없이, 공유된 인간성이라는 개념은 가장 순수한 이데올로기이다. 자세히 살펴보면 공유된 '인간성'은 항상 특정 정치적 방향(이 경우에는 정치적으로 올바른 조합주의적 의미에서 좌파적 자유주의의 경향인데, 우호적 관계를 구체화하고 공고히 하는 것은 상품, 즉 맥주 한 병이다)으로 왜곡되어 있다. 알렌카 주판치치의 말처럼,[84] 이데올로기 비판의 첫 번째 단계는 해방정치에 참여하는 일뿐만 아니라 **정치를 해방하는 것**, 즉 올바른 정치 투쟁 그 자체의 해방이다. 최근 슬로베니아에서 팬데믹 규제에 반대하는 한 시위자는 TV 인터뷰에서 자신은 정치에 관심이 없고 단지 자유를 지키고 자신의 신체를 통제하고 싶을 뿐이라고 주장했다. 무슨 자유, 무슨 정치? 우리의 기본 권리와 자유는 정치적 투쟁의 결과이며, 정치적 투쟁에 대한 무지는 항상 기득권에 봉사한다.

오늘날의 패권주의 이데올로기는 정치가 부패, 속임수, 거짓말 등의 공간이며 정치는 멀리하는 것이 최선이라는 생각을 쉽게 용인할 수 있다. 그것이 참을 수 없어 하는 것은 모든 정치가 같지는 않다는 생각, 상충하는 의견들의 난장판이 아니라 진실의 정치라고 부를 수밖에 없는 무언가가 있다는 생각이다. 여기서 또 다른 질문을 추가해야 한다. 막역한 친구들이 완전히 취할 때까지 계속 마신다면 어떤 일이 벌어질까? 브레히트의 〈푼틸라 씨와 그의 부하 마티〉의 공식(펀틸라는 술에 취하면 따뜻하고 친절하며 사랑스럽지만 술에 취하지 않으면 차갑고 냉소적이며 돈에 집착하는데, 찰리 채플린의 〈시티 라이트〉에서 부랑자와 백만장자의 관계와 유사하다)을 따르거나, 두 사람이 완전히 취하면 억압된 잔인한 성차별주의적, 인종차별주의적 등등의 편견이 더 이상 예의라는 규칙에 얽매이지 않고 날것 그대로 돌아옴으로써 상황이 정말 험악해질 수 있다.

조커의 농담과 일상적으로 흔히 하는 농담의 차이점이 여기 있다. 그리고 모든 변증론자가 자신의 이론을 농담 속에 감싸는 것을 좋아하는 이유도 여기 있다. 왜 나는 그렇게 강박적으로 텍스트에 농담을 넣어야 할까? 현재 웹에서 유포되고 있는 한 밈이 정확한 힌트를 제공한다. 토요일 저녁에 집에 앉아 있던 오크힐 부부의 이야기로, 남자가 아내에게 농담을 하는데 위층에서 웃음소리가 들리자 그들은 집에 도둑이 있다는 사실을 알게 된다.[85] 따라서 요점은 단순히 대중을 즐겁게 하는 것이 아니라 그들 중 '도둑'(이데올로기적 적수)이 자신의 웃음으로 배신하게 만드는 일이다. 적은 농담을 이해하지 못하는 어리석은 사람이 아니라, 농담을 이해한 후 자신의 성차별주의적, 인종차별주의적 등등의 편견을 재확인하기 위해 잘못된 이유로 적절한 순간에 웃는 사람이다. 요컨대, 적들은 다른 사람들을 비웃는다. 조커는 바닥 상태로 내려가서 그냥 웃는 반면, 변증론자는 궁극적으로 스스로를 비웃는다.

따라서 《뉴욕 타임스》의 A. O. 스콧이 〈조커〉를 "아무것도 아닌 이야기"라고 일축한 것은 요점을 놓친 것이다. "화면과 사운드는 진중함과 깊이를 암시하지만, 영화는 무게가 없고 얕다." 조커의 마지막 태도에는 사실상 '진중함과 깊이'가 없고, 그의 반란은 '무게가 없고 얕은' 것이며, 이것이 이 영화의 완전히 안타까운 지점이다. 영화 속 세계에는 전투적인 좌파는 존재하지 않으며, 전 지구화된 폭력과 부패가 만연한 평평한 세계일 뿐이다. 자선 행사는 있는 그대로 묘사된다. 만약 테레사 수녀 같은 분이 있다면 웨인이 주최하는 자선 행사에 분명 참여했을 터인데, 이는 특권층 부자들의 인도주의적 여가일 뿐이다. 모든 진정한 좌파는 침대나 테이블 위 벽에 오스카 와일드의 『사회주의하의 인간의 영혼』의 첫 문장을 붙여야 하는데, 이 글에서 와일드는 "사유에 동조하는 것보다 고통에 공감하는 것이 훨씬 더 쉽다"고 지적한다.

사람들은 끔찍한 가난, 끔찍한 추함, 끔찍한 굶주림에 둘러싸인 자신들을 발견한다. 그들이 이 모든 것에 강하게 감동받는 것은 불가피하다. 따라서 비록 감탄스럽지만 잘못된 의도를 가지고, 그들은 매우 진지하고 매우 감상적으로 자신들이 보는 악을 고치는 일에 착수했다. 그러나 그들의 치료법은 질병을 치료하는 것이 아니라 단지 질병을 연장시킬 뿐이다. 사실 그들의 치료법은 질병의 일부다. 올바른 목표는 빈곤이 불가능할 정도로 사회를 재건하기 위해 시도하는 일이다. 그리고 이타적 미덕은 실제로 이러한 목표가 달성되지 못하게 막았다. 사유재산 제도로 인해 발생하는 끔찍한 악을 완화하기 위해 사유재산을 이용하는 것은 부도덕하다.

마지막 문장은 빌과 멜린다 게이츠 재단의 문제점에 대한 간결한 정식을 제공한다. 게이츠 부부의 자선 단체가 잔인한 비즈니스 관행에 기반을 두고 있다는 점을 지적하는 것만으로는 충분하지 않다.[86] 한 걸음 더 나아가, 게이츠 자선 단체의 이념적 기반, 즉 범인도주의의 공허함을 비난해야 한다. 사마 나아미의 에세이집 제목,『존중의 거부: 외국 문화와 우리 자신의 문화도 존중해서는 안 되는 이유』는 정곡을 찌른다. 이 책은 동일한 공식의 다른 세 가지 변형과 관련해 유일하게 진정성 있는 입장이다. 게이츠 자선 단체는 당신과 타인들의 모든 문화를 존중해야 한다는 공식을 내포하고 있다. 우파 민족주의의 정식은, '자신의 문화를 존중하고 열등한 다른 문화를 경멸한다'이다. 정치적으로 올바른 공식은, '다른 문화를 존중하되 인종주의적이고 식민주의적인 자신의 문화는 경멸한다'(정치적으로 올바른 경각문화woke culture가 항상 반유럽중심적인 이유이다)이다. 올바른 좌파의 입장은, '자기 문화의 숨겨진 적대성을 끌어내어 다른 문화의 적대성과 연결한 다음, 우리 문화에서 작동하는 억압과 지배에 맞서 여기서 싸우는 사람들과 다른 문화에서 같은 일을 하는 사람들의 공동 투쟁에 참여한다'이다.

이것이 의미하는 바가 충격적으로 들릴 수도 있지만, 우리는 이렇게 주장해야만 한다. "이민자를 존중하거나 사랑할 필요는 없다." 우리의 할 일은 이민자가 현재와 같이 될 필요가 없도록 상황을 바꾸는 것이다. 더 적은 이민자를 원하기에 이를 위한 행동에 나서서 이민자들 대부분이 좋아하지도 않는 이곳에 오지 않아도 되도록 만들려는 선진국의 시민들은 이민자 출신 국가를 파멸로 이끄는 경제적, 정치적 관행에 묵묵히 참여하면서도 이민자들에 대한 열린 태도를 설교하는 인도주의자보다 훨씬 낫다.

하지만 조커의 반란에 대한 긍정적인 대안을 제시하지 못한다는 비난보다 영화 〈조커〉에 대한 더 어리석은 비판을 상상하기는 어렵다. 이런 노선을 따라 만들어진 영화가 있다고 가정해 보자. 의료보험 혜택을 받지 못하는 빈곤층과 실업자, 그리고 거리 갱단과 경찰의 폭력 등에 희생된 사람들이 어떻게 비폭력 시위와 파업을 조직하여 여론을 결집하는지에 대한 교훈적인 이야기 말이다. 이 영화는 마틴 루터 킹 목사의 새로운 비인종차별적 버전이 될 터이고, 관객에게 아주 매력적으로 다가갈 조커의 미친 과잉이 없는 극도로 지루한 영화일 것이다.

여기서 우리는 문제의 핵심을 건드리고 있다. 좌파에게는 그러한 비폭력 시위와 파업만이 행동할 수 있는 유일한 길, 즉 권력자에게 효율적인 압력을 가할 수 있는 유일한 방법이라는 것이 명백해 보이기 때문에, 우리는 여기서 다루는 문제가 정치적 논리와 서사적 효율성 사이의 단순한 차이인가(솔직히 말해서 조커와 같은 잔인한 폭발은 정치적으로는 교착 상태이지만 이야기는 흥미롭게 만든다), 아니면 조커가 구현한 자기파괴적 태도에 내재적인 정치적 필요성이라도 있는 것일까 묻게 된다. 내 가설은 조커가 표방하는 자기파괴적 영점, 즉 실제로는 아니지만 위협으로서, 가능성으로서 그 영점을 경험해야 한다는 것이다. 그래야만 기존 시스템의 좌표에서 벗어나 정말 새로운 것을 상상할 수 있다. 조커의 입장은 막다른 골목, 완전한 교착 상태로서 불필요하고 비생산적이지만, 역설적이게도 그것을 통과해야만 그 불필요한 성격을 인식할 수 있다. 즉 기존의 불행에서 건설적인 극복으로 직접 향할 수 있는 길은 없다. 또는 조커가 분명히 일종의 광인인 한, 우리는 여기서 광기를 인간 정신의 우연한 일탈, 왜곡, '질병'이 아니라 개별 정신의 기본 존재론적 구성에 새겨져 있는 그 무엇으로 보는 헤겔을 상기해야 한다. 인간이 된다는 것은 잠재적으로 광인이 되는 일이다.

> 영혼의 발달에서 필연적으로 발생하는 형태 또는 단계로서의 광기에 대한 이러한 해석은 모든 인물, 모든 영혼이 반드시 이 극도의 광란의 단계를 거쳐야 한다고 주장하는 것으로 이해해서는 안 된다. 이러한 주장은 『법철학』에서 범죄가 인간 의지의 필수적인 표현으로 간주되기 때문에 범죄를 저지르는 것은 **모든** 개인에게 불가피하게 필수적이라고 가정하는 것만큼이나 터무니없는 주장일 것이다. 범죄와 광기는 **일반적으로** 인간의 정신이 자신의 발달 과정에서 극복해야 하는 **극단**이다.[87]

광기는 실제적 필연성은 아니지만 인간 정신을 구성하는 형식적 가능성이다. 우리가 '정상적' 주체로 등장하려면 극복해야 하는 위협이며, 이는 '정상성'이 이 위협을 극복할 때에만 발생할 수 있다는 의미이다. 그렇기 때문에 헤겔이 몇 페이지 뒤에 지적했듯이, "광기는 비록 그 의식을 **전제로** 하고 있지만 건강한 지적 의식 앞에서 논의되어야 하는"[88] 이유가 여기에 있다. 요컨대, 우리 모두가 현실에서 광적일 필요는 없지만 광기는 우리의 심리적 삶의 현실이며, 우리의 심리적 삶이 스스로 '정상'이라고 주장하기 위해 반드시 참조하는 지점이다. 조커도 마찬가지다. 현실에서 우리 모두가 조커는 아니지만, 조커의 위치는 **일반적으로** 인간의 정신이 발달하는 과정에서 극복해야 하는 그 무엇이다. 〈조커〉의 근사함은 새로운 긍정적인 정치적 비전을 표현하기 위해 우리가 실제로 조커가 될 필요는 없다는 점이다. 영화가 우리를 위해 그 일을 해 준다. 영화는 광기를 무대에 올려, 우리와 대면시키며, 이를 통해 우리가 광기를 극복할 수 있게 한다.

사라진 중재자의 귀환

이 광기는 프레드릭 제임슨이 낡은 것과 새로운 것 사이의 '사라지는 매개자'라고 부르는 것의 모범적인 사례가 아닐까? '사라지는 매개자'는 구질서에서 새로운 질서로 넘어가는 과정에서 나타나는 특정한 특징을 가리키는데, 구질서가 붕괴할 때 그람시가 언급한 공포뿐만 아니라 밝은 유토피아적 프로젝트와 실천 등 예기치 못한 일들이 일어난다는 얘기다. 새로운 질서가 확립되면 새로운 내러티브가 발생하고, 이 새로운 이데올로기적 공간 내에서 매개자는 시야에서 사라진다.[89] 동유럽의 사회주의에서 자본주의로의 이행을 살펴보는 것으로 족하다. 1980년대 동유럽에서 공산주의 정권에 반대하는 시위가 일어났을 때, 대다수의 사람들이 염두에 둔 것은 자본주의가 아니었다. 그들이 바란 것은 사회 보장, 연대, 대략적인 형태의 정의, 국가의 통제에서 벗어나 자유롭게 모여서 원하는 대로 이야기할 수 있는 자유, 원시적인 이념적 세뇌와 냉소적인 위선으로부터 해방된 단순한 정직과 성실의 삶이었다. 요컨대 시위대를 이끌었던 막연한 이상은 거의 대부분 사회주의 이념 자체에서 가져온 것이었다. 그리고 프로이트에게 배운 바대로, 억압된 것은 왜곡된 형태로 되돌아온다. 유럽에서는 반체제적 상상계 속에서 억압된 사회주의가 우파 포퓰리즘의 모습으로 돌아왔다.

실질적인 내용을 놓고 보면 비록 공산주의 정권은 실패했지만, 동시에 특정한 공간, 무엇보다도 우리가 실제로 존재하는 사회주의 자체의 실패를 측정할 수 있게 해 준 유토피아적 기대의 공간을 열어 주었다. 바츨라프 하벨 같은 반체제 인사가 진정한 인간 연대를 대표하여 기존 공산주의 체제를 비난할 때, 그들은 (대부분 무의식적으로) 공산주의 자체가 열어 놓은 공간 내에서 말했다. 그렇기 때문에 그들은 '실제로 존재하는 자본주의'가 자신들의 반공 투쟁의 높은 기대에 부응하지 못할 때 크게 실망하는 경향이 있다. 최근 폴란드에서 열린 한 리셉션에서 한 신흥 부유층 자본가는 아담 미치닉이 이중으로 성공한 자본가(사회주의 파괴를 도왔고 수익성이 높은 출판 제국을 이끌고 있다)라고 축하를 보냈다. 몹시 당황한 미치닉은 이렇게 대답했다. "저는 자본가가 아닙니다. 사회주의가 작동하지 못하고 실패한 것을 용서할 수 없는 사회주의자입니다."[90]

왜 오늘날 이 사라진 매개체를 언급하는 걸까? 그것이 단지 무의미한 유토피아적 희망의 폭발이었다는 것이 분명하지 않나? 동유럽 공산주의의 몰락에 대한 해석에서 위르겐 하버마스는, 기존의 자유민주주의 질서가 최선의 질서이며, 우리는 그것을 더 정의롭게 만들기 위해 노력해야 하는 반면, 그 기본 전제에 도전해서는 안 된다는 점을 은연중에 받아들임으로써 궁극적인 좌파 후쿠야마주의자임을 증명했다. 그렇기 때문에 그는 많은 좌파들이 동유럽 반공 시위의 가장 큰 결점으로 지적한 것, 즉 공산주의 이후의 미래에 대한 새로운 비전으로 동기부여되지 않았다는 바로 그 점을 환영했다. 그의 말대로, 중부 유럽과 동유럽의 혁명은 '조정형' 또는 '추적형' 혁명이었으며, 그 목표는 서유럽이 이미 가지고 있던 것을 그 사회도 얻을 수 있게 하는 것, 즉 서유럽의 정상성에 다시 합류하는 것이었다.

그러나 세계 각지에서 계속되고 있는 시위는 바로 이 프레임에 의문을 제기하는 경향이 있다. 이것이 바로 '조커'와 같은 인물들이 시위에 가담하는 이유이다('흑인의 목숨은 소중하다Black Lives Matter'의 '폭력적 과잉'을 생각해 보자). 운동이 기존 질서의 기본, 즉 규범적 토대에 의문을 제기할 때 폭력적 과잉 없이 평화적인 시위를 이끌어 내는 것은 거의 불가능하다. 오늘날 프랑스의 노란 조끼 시위, 스페인의 시위 및 기타 유사한 시위는 결코 따라잡기 운동이 **아니다**. 그들은 오늘날의 글로벌 상황을 특징짓는 기묘한 반전을 구현한다. '보통 사람들'과 금융 자본주의 엘리트 사이의 오래된 적대감이 복수를 위해 다시 살아났고, '보통 사람들'은 자신들의 고통과 요구에 눈감는다는 비난을 받는 엘리트에 대항해서 항의를 분출하고 있다. 그러나 새로운 점은 포퓰리즘 우파가 좌파보다 이러한 분출을 자신들의 방향으로 이끄는 데 훨씬 더 능숙하다는 것이다. 따라서 알랭 바디우가 노란 조끼 시위대에 대해 말한 바는 충분히 정당했다. "움직이는(소요를 야기하는) 모든 것이 붉은색은 아니다."

바로 여기에 우리가 대면해야 할 역설이 있다. 자유민주주의에 대한 포퓰리스트들의 실망은 1990년 혁명이 단순한 추적형 혁명이 아니었으며, 자유주의적 자본주의의 정상성 이상을 목표로 했다는 증거라는 점이다. 프로이트는 문화 속의 불만 또는 불안, 즉 **'문명 속의 불만'**에 대해 말했는데, 장벽이 무너진 지 30년이 지난 오늘날 진행 중인 새로운 시위는 자유주의적 자본주의 내의 **불만**을 증언하고 있다. 여기서 중요한 질문은 누가 이 불만을 표출할 것인가이다. 민족주의 포퓰리스트들이 이를 악용하도록 내버려 둘 것인가? 여기에 좌파의 큰 과제가 놓여 있다. 이러한 불만은 새로운 것이 아니다. 나는 30여 년 전 1990년에 《뉴 레프트 리뷰》에 실린 "동유럽의 길리어드 공화국"(『시녀 이야기』를 염두에 둔 제목) 이에 대해 썼는데, 졸고를 인용해 보겠다.

따라서 동유럽에서 현재 진행 중인 과정의 어두운 면은 외국인 혐오에서 반유대주의에 이르기까지 모든 통상적인 요소를 갖춘 기업식 국가 포퓰리즘의 성장에 직면한 자유주의적 민주주의 경향의 점진적인 후퇴이다. 이 과정의 신속성은 놀랍다. 오늘날 우리는 반유대주의를 동독(유대인에게는 식량 부족을, 베트남인에게는 자전거 부족을 탓하는)과 헝가리와 루마니아(헝가리 소수민족에 대한 박해는 계속된다)에서 발견할 수 있다. 폴란드에서도 우리는 연대 세력 내 분열의 징후를 감지할 수 있다. 최근에는 정부 조치의 실패를 '박애적 지식인'(구체제에서 유대인을 일컫던 암호)에게 전가하는 민족주의 포퓰리즘 세력이 부상 중이다.[91]

이 어두운 면은 현재 다시 강력하게 부상하고 있으며, 그 영향은 우파의 역사 다시쓰기에서 감지되고 있다. 오늘날 글로벌 자본주의 질서가 다시 위기를 맞고 있는 상황에서 사라진 급진적 유산을 되살려야 하는 것은 바로 이 때문이다. 이 유산은 방대한 유토피아적 희망일 뿐만 아니라 이 희망을 지탱하는 자기파괴적 충동이기도 하다. 파괴적 분노가 새로운 숭고한 형태의 창조를 위한 공간을 확보하는 방식은 죽음충동과 승화 사이의 연계를 주장한 라캉에 의해 명확히 드러났다.[92] 안드레이 플라토노프의 걸작인 『토대 구덩이The Foundation Pit』를 떠올리는 것으로 충분하다. 새로운 공산주의의 건물로 결코 메워지지 않을 거대한 땅속의 구덩이, 생존을 위한 투쟁이나 더 나은 삶을 위한 투쟁에 아무런 역할을 하지 못하는 무의미한 노동력의 소모를 상징하는 이 토대 구덩이는 사회적 범주로서의 죽음충동에 바치는 장엄한 기념비가 아닐까?

여기서 다시 〈조커〉로 돌아온다. 이 영화의 근사함은 자기파괴적 욕구에서 마이클 무어가 해방적 정치 프로젝트에 대한 '새로운 욕망'이라고 부른 것으로의 중요한 전환이 스토리 라인에서는 빠져 있다는 데 있다. 관객인 우리가 이 공백을 채우도록 요청된다. 그렇다면 〈조커〉는 오늘날의 문화와 엔터테인먼트 영역이 가장 '전복적인' 반자본주의 메시지와 관행까지도 쉽게 통합할 수 있다는 또 다른 증거가 되지 않을까?

유럽중심주의나 금융 자본의 만연한 지배, 환경 파괴에 대해 의문을 제기하지 않는 비엔날레 프로그램을 상상해 보라. 스스로를 파괴하는 그림, 썩은 동물의 시체나 오줌에 젖은 신성한 이미지를 전시하여 '우리에게 생각하도록 만드는' 갤러리들과 〈조커〉가 달라야만 하는 이유가 있을까? 어쩌면 그렇게 간단하지 않을 수도 있다. 어쩌면 〈조커〉를 그토록 불편하게 받아들이는 이유는 영화가 정치적 행동을 촉구하는 데 관여하지 않고 우리에게 결정을 맡긴다는 점 때문일지도 모른다. '반자본주의' 예술 공연을 관람하거나 사회적 자선 활동에 참여하는 것은 기분을 좋게 만들지만, 〈조커〉를 관람하는 일은 그렇지 않으며 거기에 우리의 희망이 있다. 조르지오 아감벤이 '희망 없음의 용기'(오늘날의 아프로-비관주의가 그 모범적 사례)라고 불렀던 것을 조커는 실천한다. 즉 그는 주체적 궁핍의 한 버전을 구현한다.

물론 여기서 중요한 질문은 자기파괴적 폭력이 다른 주체적 궁핍, 특히 기리가 설명하는 정치적 빈곤과 어떻게 관련되어 있는가 하는 것이다. 우리는 그 궁핍들을 모종의 유사-헤겔적 삼위일체 같은 어떤 위계적 질서에 배치하는 함정을 피해야 한다. 평화로운 시대의 비참함 속에서 우리는 열반이나 신비적 경험에 의지한다. 위기가 닥치면 자기파괴적 폭력으로 폭발한다. 마지막으로 허무주의를 긍정적 프로젝트에 초점을 맞춘 혁명적 실천으로 전환한다. 주체적 궁핍의 형상들은 서로에게 메아리치는 환원 불가능한 혼합물을 형성하고, 둘 중 하나가 다른 하나를 지양할 가능성이 전혀 없이 서로에게로 이행한다.

이러한 모든 형태의 궁핍은 정의상 정상적인 일상의 삶(이라고 부를 수밖에 없는 것)과 관련해 보면 예외의 상태다. 이 점이 우리의 분석의 범위를 제한하지는 않을까? 아니다. 왜냐하면 (헤겔이 광기와 관련해 적절하게 지적했듯이) 그러한 예외는 우리가 정상적인 일상생활로 경험하는 것 자체를 구성하는 가능성과 잠재력이기 때문이다. 팬데믹, 생태 위기, 사회 불안의 시대에 그것이 바로 우리가 처한 문제다. 이러한 위기는 우리의 평범한 일상을 위협하고 불안정하게 만든다. 이러한 위협을 부정하는 서로 다른 형식들은 궁극적으로 이러한 평범한 일상을 필사적으로 방어하는 기제일 뿐이며, 오늘날 필요한 것은 예외와 주체적 궁핍이라는 정화의 불꽃을 통과할 수 있는 용기다.

2010년대는 인류 역사상 최고의 10년이었다는 둥, 아시아와 아프리카에서 빈곤이 감소하고 있다는 둥, 오염이 줄어들고 있다는 둥 좋은 소식을 우리에게 쏟아붓는 매트 리들리 같은 이른바 '합리적 낙관주의자'들이야말로 재정상화를 주장하는 주요 목소리다. 사정이 이러하다면, 점점 더 커지는 종말 개벽의 분위기는 어디에서 비롯된 것일까? 불행에 대한 자생적 병리적 욕구의 산물이 아닐까? 합리적 낙관론자들이 우리에게 지나치게 사소한 문제에 두려워하는 것 아니냐고 말하면, 우리의 대답은 그 반대로 우리가 충분히 두려워하지 않는다는 얘기여야 한다. 알렌카 주판치치가 이 역설을 두고 "종말은 이미 시작되었지만, 우리는 여전히 종말의 위협이 우리를 죽을 만큼 겁먹게 하는 것보다 **죽기를 선호하는** 것 같다"고 정식화했다. 2020년 봄, 텍사스주 부지사 댄 패트릭은 자신과 같은 조부모들은 코로나 바이러스 위기 동안 국가 경제를 희생하고 싶지 않다고 말했다. "아무도 저에게 연락해서 '나이 든 시민으로서 자녀와 손주들을 위해 모두가 사랑하는 미국을 지키는 대가로 생존 상황에서 기꺼이 희생할 용의가 있느냐'고 묻지 않았습니다."

패트릭이 말했다. "그게 대가라면 저는 모두 걸겠습니다."[93] 설사 그것이 진심이었다고 해도, 그러한 자기희생의 제스처는 진정 용기 있는 행동이 아니라 비겁한 행동이며, 주판치치의 말에 정확히 일치한다. 패트릭은 재앙의 위협에 용감하게 맞서기보다는 차라리 죽는 것을 선호한다. 오늘날 우리는 생존을 위한 일종의 전쟁을 치르고 있기 때문에 용기의 역설에 대한 G. K. 체스터턴의 설명으로 결론을 내릴 수 있겠다.

> 적에게 포위된 병사가 탈출하려면 삶에 대한 강한 열망과 죽음에 대한 묘한 무관심함을 겸비해야 한다. 단순히 삶에 집착해서는 안 된다. 그러면 겁쟁이가 되어 탈출하지 못할 것이기 때문이다. 그는 죽음을 기다리기만 해서는 안 된다. 그러면 그는 자살할 것이고 탈출하지 못할 것이기 때문이다. 그는 삶에 대한 맹렬한 무관심의 정신으로 자신의 삶을 추구해야 하며, 물처럼 삶을 갈망하면서도 포도주처럼 죽음을 마셔야 한다.[94]

자신의 삶에 대한 맹렬한 무관심 속에서 자신의 삶을 찾는 것, 이것이 바로 주체적 궁핍이 작동하는 방식이다. 때로는 그러한 격렬한 무관심을 통과하는 길만이 새롭고 살 만한 일상성을 성취할 수 있다. 이 과정 없이는 일상성 자체가 무너진다.

도착倒錯과 궁핍窮乏의 정치성

2022년에 출판된 슬라보예 지젝의『잉여향유』는 팬데믹으로 잠시 중단되었던 저자의 이론적 개입이 다시 시작되었음을 알린다. 지난 몇 년간 지젝은『팬데믹 패닉』(2021),『잃어버린 시간의 연대기』(2022),『천하대혼돈』(2022)을 잇달아 펴내며, 팬데믹 위기의 긴급한 사안들에 적극적으로 개입해 왔다. 그런 의미에서『잉여향유』는 지젝의 복귀작이다. 이 책에 뒤이어,『프리덤: 치료법 없는 질병』이 2023년에,『기독교 무신론: 진짜 유물론자가 되는 법』이 2024년에 출간되었다.『잉여향유』가 저자의 이론적 기반인 헤겔과 정신분석의 문제의식을 최근의 논의들에 대한 비판을 통해 재확인하는 작업이라면, 나머지 두 책은 각각, 현재의 전지구적 정치 지형에서 가장 화두가 될 수 있는 두 가지 논쟁적 개념—자유와 신학—을 정면으로 돌파한다. 3권의 책 모두 서구 학계에서 현재 쟁점이 되고 있는 이론적 경향과 그 주요 텍스트와의 정면 대결을 다시 한번 펼쳐 보이고, 독자들의 사유를 촉발할 요량으로 등장하는 지젝 특유의 역(逆)직관적 읽기가 여전히 빛을 발한다.

『잉여향유』는 라캉의 유명한 성차 공식 중 '여성적 주이상스' 개념에 밀착되어 있으며, 동시에 헤겔의 변증법에 대한 지젝만의 독특한 해석을 밑바탕에 깔고 있다. (책을 읽다 보면 차츰 깨닫게 되겠지만, 라캉과 헤겔 뒤에는 사실 마르크스와 프로이트의 존재가 엄연하다.) 사실 지젝이 이 책에서 펼치고 있는 이론적 논의의 근거가 완전히 새롭다고 보기는 어렵다. 멀리는 헤겔적 라캉을 과감하게 펼쳐 보인『이데올로기라는 숭고한 대상』(1989)에서부터 가깝게는 신유물론 및 최근의 실재론과 대결하는 『불일치』(2016)에 이르기까지, 이는 저자가 거듭해서 강조해 온 자본주의와 욕망/충동의 정치성에 관한 사유의 과정에서 줄곧 핵심으로 등장했던 문제이다. 유례없는 팬데믹 상황에서 긴급한 정치적 의제를 놓고 잠시 실천적 사안들과 씨름했던 저자가 이론적 대결의 장으로 돌아와 『잉여향유』에서 펼쳐 놓는 새로움은 크게 두 차원이다.

하나는 이론적 문제의식의 변화이다. 라캉의 오래된 '잉여향유' 개념을 통해 현대 정치학의 새로운 지형을 모색하는 시도 자체는 새로울 것이 없지만, 이와 관련해서 그가 이 책에서 던지는 핵심 물음은 낯익으면서도 낯설다. "우리는 왜 억압 자체를 즐기는가?" 여기서 지젝의 독창성은 이 물음을 섹슈얼리티와 연관된 정신분석적 차원의 도착적 윤리에 국한하지 않는 데 있다. 이 물음에 대한 프로이트의 답은 죽음충동과 근원적 마조히즘 개념이었다. 궁극적 소멸과 극단적 수동성을 향한 거의 생물학적인 지향성이 인간의 정신을 지배한다는 생각이다. 라캉은 이를 '잉여향유'라는 개념에 담아서, 인간의 섹슈얼리티 자체의 과잉, 그 도착적 양상을 이론화했다. 지젝은 잉여향유를 폭압과 수탈과 감시가 아니라 주체의 자발적 포기와 단념과 고통의 수용에 의해 유지되는 권력의 작동과 연결 짓고, 나아가 이 과잉 향유의 메커니즘을 핵심 작동기제로 삼는 자본주의 체제에 대한 분석으로 고양시킨다.

폭압에 맞서기보다 체념하고 그 억압을 내면화하여 받아들이는 일은 더할 나위 없이 굴욕적이고 수치를 유발한다. 그런데 자본주의 체제에서 이 억압의 내면화는 거부하기 힘든 보상과 함께 주어진다. 다시 말해, 포기와 내면화의 수치를 상쇄할 만큼의 쾌의 존재, 향유의 가능성이 동반된다. 그런데 이 잉여향유는 억압을 받아들인 주체에게 수치의 대가로, 덤으로 주어지는 그 어떤 것이 아니다. 만일 상실과 굴욕에 대한 보상으로 향유가 주어졌다면, 이는 필시 어느 순간 '억압된 트라우마'로 복귀할 것이기 때문이다. 현대 자본주의가 소비 주체로서의 개인에게 부과하는 정언, 즉 "즐기라는 명령injunction to enjoy"은 수치를 상쇄하는 당의정을 삼키라는 사이렌의 유혹이 아니다. 굴욕과 수치는 오히려 이 향유의 명령을 따르지 못하는 경우에 생겨난다. 궁극적 쾌가 보장되지는 않지만 우리는 쉼없이 즐겨야만 하고, 이 반복되는 향유가 주는 쾌는 행위의 수행 자체, 그 반복성에서 나온다.

잉여향유가 섹슈얼리티의 예외적 발현이 아니라 그 자체로 본질적 계기이며 자본주의는 바로 이 잉여향유의 논리를 극단적으로 활용하여 작동하는 체제라면, 저자가 '잉여향유'를 통해 펼쳐 내려는 정치성의 면모는 과연 무엇일까? 지젝의 『잉여향유』가 지닌 두 번째 새로움은 잉여향유를 '주체적 궁핍'과 연결 짓는 작업에서 나온다. 즉 잉여향유는 대타자가 사라진 시대에 즐기라는 초자아의 내면적 명령으로 나타나는데, 이때 모든 것이 '허용'되는 것처럼 보이는 사회에서 온전히 즐길 수 없는 주체는 우울증에 빠질 수밖에 없다. 이 우울증은 억압의 증상이 아니라 모든 욕구가 허용되고 장려되는 와중에 진짜 욕망이 질식되어 사라졌음을 나타내는 결핍의 증상이다. 욕망의 대상이자 원인이 되는 그 무엇(오브제 아)은 결핍되고, 잉여향유는 잉여가치를 담은 상품에 대한 물신적 욕구로 대체된다. 지젝에게 이 전도된 상황은 자본주의를 사는 주체의 질곡에 그치는 것이 아니라 새로운 저항의 양상을 벼릴 역설적 계기이기도 하다. 그는 주체적 궁핍에서 잉여향유의 도착적 정치성을 사유할 가능성을 집요하게 추적한다.

『잉여향유』는 또한 동시대 정치적 사유의 쟁점을 다루는 새로운 사상들과의 대결이자 협업의 과정을 자세하게 그려 낸다. 마르크스주의 관점에서 생태학의 문제를 접근하는 사이토 코헤이의 『마르크스의 생태사회주의』(2017)에 나타난 좌파 생태론 사유에 대한 긴요한 평가와 비판, 가브리엘 투피남바의 『정신분석의 욕망』(2021)에 담긴 라캉 비판의 함의를 밝히고 이에 대해 행하는 상세한 '비판의 비판'이 처음 두 장에서 펼쳐진다. 이 책의 핵심을 담은 3장은 헤겔과 라캉의 논의를 저변에 깔고, 당대의 주요 논점을 다루는 사상가들의 개념에 비판적으로 의거하여 '억압을 즐기는 역설'에 대한 본격적 이론화 작업을 펼친다. 피날레에서는 뜻밖에 맹활약하는 영화 〈조커〉와 아서 플렉이라는 우리 시대 '언더독'의 이야기를 자못 흥미롭게 감상할 수 있다.

사이토 코헤이와 그의 마르크스주의적 생태학을 거론하는 이유는 크게 두 가지다. 하나는 현재 인류가 처한 다양한 위기 중 가장 핵심을 차지하는 생태 위기에 대한 의미 있는 마르크스주의의 입장을 설정하려는 욕망이다. 따라서 사이토 코헤이의 논의는 현대 좌파 정치학의 난감한 현주소를 살펴보기 위한 일종의 반면교사이자 리트머스 시험지다. 다른 하나는 하나의 이론이 자기 이론의 대상이 아닌 주제나 사안을 다룰 때의 윤리 내지는 이론적 정직성을 문제 삼기 위해서다. 이 경우에도 사이토 코헤이의 저작은 매우 시사적인데, 지젝은 그의 논의의 문제가 생태 위기라는 새로운 이론적 대상을 잘못 소화해서가 아니라, 마르크스의 저작에 대한 안일한 읽기에서 비롯된다고 본다.

사이토 코헤이는 마르크스주의적 입장과 이론이 생태 위기의 문제에 있어서도 궁극적인 지침과 정치성의 근거가 된다는 신념을 설파하기 위해, 자본주의를 자연과 문화의 급진적 단절을 만들어 낸 사악한 힘으로 단죄하며, 훼손된 자연의 회복을 향한 탈자본주의적 전망을 전자본주의적 문화 형태들에서 찾는 오류를 빚어낸다. 여기서 지젝의 입장은 단호하다. "자본주의는 세상의 비대칭과 불균형의 근원이 아니며, 따라서 우리의 목표는 '자연스러운' 균형과 대칭을 회복하는 일이 아니어야 한다." 섹슈얼리티의 경우와 마찬가지로 자연적인 것은 본유적으로 자기훼손적이며 대사적 균열로 가득 차 있다. 코헤이처럼 상징적인 것과 결부되지 않은 본유적 자연을 상정하는 것은 그 반자본주의적 역사성을 사 줄 수는 있겠지만, 좋게 보아 낭만적이며 최악의 경우 신화적 퇴행으로 향할 수도 있다.

가브리엘 투피남바에 대한 지젝의 평가 역시 코헤이를 평가할 때와 동일한 차원에서 행해진다. 투피남바는 라캉의 정신분석이 지나치게 철학적이며 주체 외부의 객관적 현실 또는 실재를 심리적 차원의 실재성으로 환원하기에 문제적이라고 본다. 투피남바에 따르면 라캉의 정신분석은 타자에 대한 보편적 진리를 자처하기보다 자기 담론 바깥의 급진성 외부성을 받아들임으로써 효과적인 이론이 될 수 있었음에도 불구하고, 기표 바깥의 존재를 담론 내부에 포섭하여 분석 담론의 특권을 주장한다. 지젝은 예의 역직관적 반박을 통해 사태를 정리한다. 투피남바의 비판과 달리 라캉의 진짜 문제는 실재의 과도한 상징화가 아니라, 오히려 후기로 갈수록 상상/상징계의 외부로 간주되는 '실재 그 자체'의 내재적 부정성과 거리를 둔다는 점이라는 것이다.

　　이러한 지젝의 논박은 무엇보다도 (후기) 라캉의 불철저한 철학적 입장에 대한 비판이자 정신분석의 특권화를 추구한 밀레르와의 거리 두기이지만, 투피남바가 대표하는 유물론적 반정신분석주의의 실체론을 표적으로 삼는 더 심층의 이론적 대결이기도 하다. 이들에 따르면 라캉은 섹슈얼리티와 상징계의 기표 논리 속에 투피남바가 '실제적 무한성'이라고 부른 것을 환원하는 정신분석 담론의 '구조적 변증법'의 한계를 노정한다. 지젝은 투피남바의 '실제적 무한성' 개념에서 상징계의 부정적 공백에 가까운 라캉의 '실재'와 전혀 다른 외부성의 개념화를 목격하며, 이는 사이토 코헤이가 자본주의 이전의 자연을 실체화하는 논리와도 상통하는 태도이다. 이쯤에 이르면, 우리는 비로소 왜 지젝이 이 두 사상가와의 대결을 의미 있는 이론적 논쟁으로 보았는지 깨닫게 된다. 지젝은 소외된 사회적 구조—그것이 자본주의든 섹슈얼리티의 장이든—의 바깥, 그 외부성에 대한 철학적 긍정이 갖는 정치적 태도를 현재의 전 지구적 정세에 비추어 문제 삼고 싶은 것이다. 지젝에게는 우리가 자본주의를 넘어 도달해야 할 정치적 과정에서 바탕으로 삼아야 할 근원적 자연이나 외적 실재는 없고 이들은 단지 환상의 산물일 뿐이다.

따라서 지젝이 이 책에서 긴 이론적 논쟁을 통해 수행하고자 하는 정치적 비판의 진정한 대상이 무엇인지 이제는 더 분명해졌다. 한편에는 점점 더 전 지구적 위기의 상황을 아전인수격으로 전유하고 탈정치적 제스처를 가장하여 자신들의 지극히 정치적인 목적을 달성하려는 넓은 의미의 '우파 포퓰리즘' 세력들이 엄존한다. 파시즘적 반유대주의, 우파 민족주의, 성차별주의, 인종차별주의가 그 어느 때보다도 개인의 '자유'를 앞세우고 자유주의 세력의 자가당착—이른바 PC 권위주의—을 이용하여 외설에 가까운 정치 세력화를 꾀한다. 지젝이 비근하게 예로 드는 이 외설성의 사례는 물론 도널드 트럼프지만, 가장 최근의 대표적 본보기는 바로 국가, 즉 억압적 대타자에 의한 생명 정치와 자유의 억제에 저항한 백신 거부자의 논리다. 백신 거부론에는 신체의 자기결정권이라는 인권의 논리도 더해진다.

이들 못지않게 지젝의 비판적 대결의 대상이 되는 세력은 이른바 '좌파 자유주의'로 불리는 '진보적' 정치 진영이다. 지젝은 우파 포퓰리즘에 맞선 이들의 정치적 오류가 윤리적 불철저함이나 도덕적 결함에 있다기보다 바로 그 정치적 급진성의 태도에 있다고 본다. 좌파 진영의 정치적으로 급진적 태도가 문제라니 이건 무슨 얘기인가? '사소한' 규칙들의 엄격한 준수에 집착하는 이른바 'PC주의자'를 비롯해 전 지구적 의제에서 우파와 대비된 선명한 좌파의 입장을 주창하는 세력들이 자신들의 정치적 우월성을 과신하는 낯익은 이분법적 틀에 결박되어 있고, 그 철학적 존재론에서는 놀랍게도 우파 포퓰리즘과 매우 유사하다는 것이다.

가장 극적인 사례는 바로 '대타자'에 대한 이들의 부정적 태도이다. 이들은 국가의 개입이 개인의 자유와 자율선택권에 대한 억압이라고 주장하는 백신 거부론과 정치적으로는 거리를 두지만, 대타자의 권위를 우리 삶의 필수적 부분으로 받아들이는 태도 일체를 전체주의로 매도함에 있어서는 우파 포퓰리스트와 공명한다. 지젝이 프로이트의 초자아와 자아이상 개념의 차이를 예로 들어 자세히 논파하듯, 도착성과 마찬가지로 '대타자'는 남성적 '예외'의 보편화에 그치는 것이 아니라 예외가 불가능한 여성적 비전체의 근거이자 도착의 정치성이 가능하기 위한 바탕이기도 하다. 내 욕망과 충동의 근거로서의 대타자 없이는 어떤 정치도 윤리도 가능하지 않다. 지젝에게 대타자의 권위와 권위주의적 대타자는 다르며, 이를 구별하고 이 차이를 정치적으로 실천하는 것이야말로 모든 '진보적' 이론의 책무이자 좌파 정치학의 과제이다.

이러한 흐름을 따라가다 보면 전 지구적 위기의 시대인 오늘날 왜 지젝이 상상하는 정치적 주체의 윤곽이 〈조커〉의 아서와 같은 인물에 수렴되는지 짐작하기 어렵지 않다. 지젝이 〈오징어 게임〉에 관한 짧막한 분석에서 언급하듯, 오늘날의 문화적 상황은 개인들이 더 이상 이데올로기를 믿지 않는다는 사실 자체를 자기설득 논리의 일부로 포섭한 한층 고차원의 이데올로기가 지배하는 시대이다. 예컨대 오늘날의 자본주의는 착취의 현실을 정당한 경쟁이자 자유로운 선택이라고 믿게 만들어 은폐하는 이데올로기의 방식으로 작동하지 않는다. 자본주의는 주어진 현실이 본질적으로 자유로운 선택과 정당한 경쟁의 방식으로 작동하지 않는 불공정한 게임—'기울어진 운동장'—이라는 점을 적나라하게 공언하고 당사자들은 이를 당연하게 받아들인다. 따라서 참가자들에게 게임의 규칙 자체의 공정성을 두고 시비가 벌어질 수 있을지는 몰라도, 기울어진 운동장을 바로잡거나 게임 자체를 거부하는 일은 좀처럼 생겨나지 않는다. 지젝이 힘주어 강조하듯, "우리의 다문화적으로 글로벌화된 사회는 그 정신이 소진되어 버려서 누군가 목숨을 걸 만한 대규모의 열정적 프로젝트를 도모하기 힘들다."

영화 〈조커〉는 바로 이러한 상황에서 과연 어떠한 저항의 형식이 가능한지 사유하려는 노력의 일환으로 소환된다. 만일 불리한 조건에 놓인 박탈당한 사람들이 어느 날 맞서 싸우기로 한다면 어떤 일이 벌어질까? 이는 마르크스주의가 꿈꿨던 역사적 필연이 도래하는 순간이겠지만, 이제는 순전한 상황적 우연성의 폭발적 계기로만 상상할 수 있을 뿐이다. 게다가 무엇과, 누구와 싸울 것인가? 물론 돌이켜 보면, 월스트리트 점령에서부터 프랑스의 노란 조끼 시위에 이르기까지, 반자본주의적인 열정적 집단 프로젝트가 '우연적으로' 가동되었던 때가 있긴 했다. 그러나 좌파의 기대와 달리, 엄청난 파급력이 있었던 이 프로젝트들의 반자본주의 충동에서 적대의 표출은 높았지만 '계급투쟁'의 차원은 분명치 않았다. (물론 꼭 그래야만 하는 것은 아니다.)

그렇다면 왜 하필 조커인가? 지젝에게 조커는 '주체적 궁핍'이 죽음 충동에 의거해 '잉여향유'의 폭발을 보여 준 사례라도 되는 것일까? 조커가 이 영화에서 분명한 주체적 행위, 그것도 집단적 성격을 갖는 행위를 촉발하는 것은 사실이지만, 그가 전통적 의미에서 저항적 주체를 일컬어 온 다양한 개념들에 딱히 부합하지 않는 존재라는 점이 먼저 고려되어야 한다. 우연히 형성된 반자본주의적 해방 공간에서 새로운 집단을 이끄는 존재로 부상하지만, 조커에게는 정치적 프로젝트가 없고 파괴적 부정성이 지배적이다. 특유의 냉소적 태도로, "난 정치적이지 않아. 그냥 사람들을 웃게 만들려는 거야"라고 일갈할 때의 조커는 반어적이기보다 즉자적이다. 그는 마치 여러 계기들의 우연한 조합 덕분에 불리한 게임에서 느닷없이 승리하게 된 우리 시대의 대표적 언더독처럼 보인다. 그의 승리가 얼마나 지속될지, 그리고 과연 승리로 기록될 수 있을지는 그를 따르는 사람들의 미래만큼이나 불투명하다.

지젝은 〈조커〉의 근사함이 오늘날과 같은 전 지구적 위기의 시대를 살기 위해 관객으로 하여금 스스로 조커와 같은 정치적 주체가 될 필요는 없다고 말하는 데 있다고 본다. 어쩌면 오늘날의 주체는 라캉의 지적처럼 더 이상 이데올로기에 속지 않지만, 바로 그렇기 때문에 더욱 길을 잃고 실수를 저지를 가능성이 높다. 조커는 주체적 궁핍의 담지자가, 잉여향유를 넘어선 주체가 더 이상 프롤레타리아트, 노동자, 서발턴, 비체, 호모 사케르와 같은 명칭으로 환유되거나 대체될 수 없다는 사실을 웅변한다. 그가 보여 주는 자기파괴적 행위에는 그 어떤 영웅주의도 없고 해방적 정치성의 흔적도 부재한다. 그는 자신이 원치 않는 불리한 게임에 내몰린 언더독으로서, 우연히 얻게 된 승리의 가능성을 통해 기울어진 운동장을 파괴적 유희의 공간으로 만드는 일종의 궁핍한 전위예술가다. 그에게는 연기가 곧 정치다.

영화 〈조커〉와 조커의 형상을 통해 지젝이 우회적으로 보여 주는 우리 시대 정치성의 사유는 어쩌면 2세기 전 뉴욕 월스트리트의 심장부에서 "내키지 않아요 I would prefer not to"와 "유별나지 않아요 I am not particular"를 되뇌이던 필경사 바틀비의 운명을 닮았다. 삶과 죽음에 대한 격렬한 무관심과 도착적 무위無爲의 태도. 거대한 게임의 한가운데 내몰렸으나 초연히 게임의 진행을 방해하는 우리 시대의 언더독. 자본이 권장하고 대중들이 환호하는 비극적 영웅 서사의 주인공이길 단호히 거부하는 그 형상에서 지젝이 발견하는 것은 바로 주체적 궁핍의 가능성, 다시 말해 속지 않되 방황하거나 실수하지 않으며, 세상의 한복판에서 끈질기고 맷집 좋게 버티는 도착적 주체의 형상이다.

『잉여향유』를 번역하는 동안 많은 일이 있었다. 연구 학기를 맞아 한 걸음 쉬어가는 참이길 바랐으나, 돌이킬 수 없는 상실과 공백의 시간이었다. 돌아가신 아버지의 영전에, 꿋꿋하게 버텨 주신 어머니에게 다시 한번 머리를 조아린다. 번역의 고통을 함께한 아내에게 동지애를 전한다. 늦어지는 원고를 기다려 준 편집부의 인내심과 배려에도 감사드린다. 울퉁불퉁할 글밭을 헤매실 독자들의 너그러운 혜량과 단호한 질정을 부탁드린다.

2024년 가을 봉산골에서

주

| 한국어판 서문 | 욕하는 개

1. *The Journals of Kierkegaard*, New York: Harper and Brothers 1959. 98쪽.

2. Aaron Schuster, *How to Research Like a Dog*, Cambridge: MIT Press 2014. 139쪽.

3. Slavoj Žižek, *The Year of Dreaming Dangerously*, London: Verso Books 2012의 8장을 볼 것.

4. *The Wire. Reconstitution collective*, ed. by Bourdeau and Vieillescazes, Paris: Capricci 2011의 1장에 실린 Emmanuel Burdeau의 자세한 분석을 참조할 것.

5. Schuster, 같은 책. 151쪽.

| 서곡 | 뒤죽박죽 세상에서 살아가기

1. 이런 맥락에서 Thomas Carlyle은 *History of Friedrich II of Prussia*에서 "계획의 갑작스런 망가짐"에 대해 썼다.

2. "Not-Mother: On Freud's Verneinung" Journal #33, March 2012, e-flux (e-flux.com)

3. "The Dark Side of Wellness: The Overlap Between Spiritual Thinking and Far-right Conspiracies", *The Guardian*, October 17, 2021.

4. www.e-flux.com/journal/97/251199/apocalypse-without-kingdom/

5. 이 개념에 대한 자세한 설명으로는 졸저 "The Varieties of Surplus" in my *Incontinence of the Void*, Cambridge: MIT Press 2017. 참조.

6. 그럼에도 불구하고 윤리적 진보라는 개념을 부정해서는 안 된다. TV 시리즈 〈바이킹스〉는 무분별한 살인과 끔찍한 고문('피의 독수리' 등)으로 그 시대(8세기)의 잔혹함을 직접적으로 묘사했다는 점에서 찬사를 받을 만하다. (이 극단적인 고문은 잔인한 행위가 아니라 어떤 의미에서는 희생자를 기리는 신성한 의식으로 행해졌다는 점에 주목해야 한다.) 이러한 장면에서 우리가 (또는 적어도 대부분이) 불안감을 느낀다는 사실 자체가 일종의 윤리적 진보를 보여 주는 것이다. 바이킹에 관한 다른 영화에서는 조용히 지나쳤던 행위를 모두가 주기적으로 저지르기 때문에 이 잔인한 세계에서는 '착한 인물들'과도 완전히 동일시하기가 어렵다.

7. "Goodluck, Mr. Gorsky" true or false? *Parkes Champion-Post*, Parkes, NSW (parkes-championpost.com.au)

8. Roger Scruton, *Fools, Frauds and Firebrands—The Thinkers of The New Left*, London:

Bloomsbury 2019, p. 260.

9. Eduardo Cadava and Sara Nadal-Melsio, *Politically Red*, Cambridge: MIT Press 2022.

10. www.haujournal.org/index.php/hau/article/view/hau7.2.021/2980

11. 이뿐만 아니라 나는 때때로 "자기표절"로 비난받는다. (말 나온 김에 덧붙이면, 이는 자위를 자기강간이라고 부르는 만큼의 의미가 있을 뿐이다.) 내가 가끔 새 글에 이전에 출판된 글의 짧은 구절을 포함시키는 것은 사실이지만, 주의 깊은 독자는 이 작업의 폭력성을 항상 알아차릴 수 있다. 나는 원래의 맥락에서 조각을 떼어 내어 새로운 맥락에 삽입하는데, 이는 그 조각에 새로운 읽기, 때로는 "원본"과 반대되는 새로운 독해를 요구한다.

12. 생물학적 성이 진짜라는 캐나다 교수의 의견은 *The College Fix* (thecollegefix.com)를 참조.

13. www.wsws.org/en/articles/2021/10/11/she1-o11.html

|1장| 균열은 어디에 있나? 마르크스, 자본주의, 생태학

1. Kohei Saito, *Karl Marx's Ecosocialism*, New York: Monthly Review Press 2017.

2. Fernando CastrillÓn and Thomas Marchevsky ed. *Coronavirus, Psychoanalysis, and Philosophy*, London: Routledge 2021, pp. 153-4.

3. 일론 머스크 재산의 2%만 있으면 세계 기아를 해결할 수 있다고 유엔 식량부족기구 책임자가 말했다. *CNN* 보도.

4. "페이스북 내부 고발자 프란시스 하우겐이 긴급한 외부의 규제를 촉구하다" *The Guardian*.

5. 개인적 교류.

6. Peter Sloterdijk, *Was geschah im 20. Jahrhundert?*, Frankfurt: Suhrkamp 2016.

7. https://edition.cnn.com/2019/10/21/

8. "America Against America" 〈DOKUMEN.PUB〉

9. Carlo Ginzburg, "The Bond of Shame," *New Left Review* 120 (November/ December 2019), pp. 35-44.

10. Immanuel Kant, "What is Enlightenment?," Isaac Kramnick, *The Portable Enlightenment Reader*, New York: Penguin Books 1995, p. 5.

11. V. I. Lenin, "Better Few, But Better" (1923). 〈marxists.org〉에서 재인용.

12. www.marxists.org/archive/lenin/works/1922/feb/x01.htm

13. "알바로 가르시아 리네라 전 볼리비아 부통령의 사회주의자가 승리하는 방법" ⟨jacobinmag.com⟩

14. 이 아이디어는 Robin Dolar에게 신세졌다.

15. "재난 가부장제: 팬데믹이 여성에 대한 전쟁을 촉발한 방법" *The Guardian*.

16. 그럼에도 불구하고 우리는 "변증법적 유물론"을 옹호하는 한 가지 주장이 자연을 지구적 법칙을 가진 자율적 영역으로 취급하기 때문에 서구 헤겔주의적 마르크스주의보다 생태학이라는 주제와 더 적합하며, 따라서 젊은 루카치가 말한 것처럼 자연을 사회적 범주로 축소하는 헤겔-마르크스주의 함정을 피할 수 있다는 점을 추가해야 한다. 알튀세르의 경우, 후기 저술에서 "주체 없는 과정"이라는 마르크스주의 개념을 위한 요소들을 이미 헤겔에서 보았다는 점을 덧붙여야 한다.

17. www.academia.edu/3035436/John_Rosenthal

18. www.marxists.org/archive/marx/works/1867-c1/appendix.htm

19. Gerard Lebrun, *L'envers de la dialectique*. Paris: Editions du Seuil 2004, p.311.

20. Rebecca Carson, "Marx's Social Theory of Reproduction" (unpublished manuscript 2021).

21. 또한 여기서 헤겔의 소외 과정과 소외된 실질적 내용의 주관적 매개, 즉 반사적 재전유를 통한 극복, 그리고 프로이트의 억압 과정과 환자가 무의식의 기이한 형성으로 보이는 것에서 무의식의 내용을 인식하게 되는 분석 과정을 통한 억압의 극복 사이의 상동성에 주목해야 한다. (이 상동성에 대한 가장 체계적인 두 가지 표현은 Habermas의 *Interest and Human Knowledge*와 Helmut Dahmer의 *Libido und Gesellschaft*에서 찾을 수 있다.) 헤겔적 성찰과 마찬가지로 정신분석은 중립적-객관적 지식이 아니라 주체적으로 담보될 때 그 보유자를 근본적으로 변화시키는 "실제적" 지식을 생성한다. 그리고 라캉이 "프로이트로의 복귀"에서 한 일은 "주체가 실체를 전유한다"는 패러다임 밖에서 우리가 헤겔을 새롭게 읽으려 하는 것과 같은 방식으로 정신분석의 기본 좌표를 재정식화했다는 점을 덧붙여야 한다.

22. G. W. F. Hegel, *Phenomenology of Spirit*, New York: Oxford University Press 1977, pp. 18-19.

23. www.marxists.org/archive/marx/works/1867-c1/ch07.htm

24. 전근대 사회의 균열을 보여 주는 대표적인 사례는 아이슬란드다. 8세기 노르웨이 사람들이 아이슬란드에 도착했을 당시에는 숲이 우거졌지만 얼마 지나지 않아 완전히 벌채되었다.

25. Jason Moore, *Capitalism in the Web of Life*, London: Verso Books 2015.

26. Etienne Balibar "Towards a New Critique of Political Economy: From Generalized Surplus-value to Total Subsumption," in *Capitalism: Concept, Idea, Image*, Kingston:

CRMEP Books 2019.

27. Balibar, 같은 책 p. 51.

28. Balibar, 같은 책 p. 53.

29. Balibar, 같은 책 p. 57.

30. Timothy Morton's *Ecology Without Nature*, Cambridge: Harvard University Press 2007.

31. Morton, 같은 책 p. 35.

32. 나는 이 주제를 『잃어버린 대의를 찾아서』의 「자연의 불만」 장에서 더 자세히 다루었다. *In Defense of Lost Causes*, London: Verso Books, 2008.

33. Jacques Lacan, *Écrits*, New York: Norton 1997, p. 738.

34. www.marxists.org/archive/marx/works/1857/grundrisse/ch01.htm

35. Marx, 같은 곳.

36. David Harvey, *A Companion to Marx's* Capital, London: Verso Books 2010, p. 29.

37. Anson Rabinbach, "From Emancipation to the Science of Work: The Labor Power Dilemma." (manuscript).

38. 같은 곳.

39. www.marxists.org/archive/marx/works/1867-c1/ch07.htm

40. 같은 곳.

41. www.youtube.com/watch?v=MS4hoppZPG0

42. Rebecca Carson, "Marx's Social Theory of Reproduction" (unpublished manuscript 2021).

43. www.marxists.org/archive/marx/works/1867-c1/ch01.htm#S4

44. Karl Marx, *Grundrisse* ⟨www.marxists.org⟩

45. Marx, 같은 곳.

46. Marx, 같은 곳.

47. Aaron Bastani, *Fully Automated Luxury Communism*, London: Verso Books, 2019.

48. "Fully Automated Luxury Communism" ⟨nytimes.com⟩

49. www.marxists.org/archive/marx/works/1868/letters/index.htm

50. 그런데 시장 경쟁에서도 마찬가지다. 참가자는 최적의 결정을 내릴 수 있는 수요와 공급에 대한 완전한 데이터에 접근할 수 없으며, 이러한 불완전성(개인이 완전한 정보 없이 결정을 내릴 수밖에 없다는 사실)은 단순한 경험적 복잡성이 아니라 (헤겔식으로 말하면) 시장 경쟁이라는 개념의 일부라고 할 수 있다.

51. Pierre Bayard, *Comment parler des faits qui ne se sont pas produits?*, Paris: Les editions de

Minuit 2020.

52. 바야르의 마지막 사례는 라디오 쇼로 공연한 오손 웰스의 『세계대전』이 야기한 대규모 패닉 상태로, 여기에서도 현실(수백만 명이 라디오의 허구를 진실로 받아들이고 고향을 떠났다)은 진실과는 거리가 멀다.

53. *Economic Manuscripts*와 *Capital* 1권 6장 〈marxists.org〉.

54. "The Logic of Capital" 〈www.academia.edu〉.

55. Rebecca Carson, "Time and Schemas of Reproduction" (manuscript).

56. "월스트리트벳 내부 풍경, 월스트리트를 뒤흔드는 레딧 군단" *CNN*.

57. Alexandria Ocasio-Cortez on Twitter.

58. "진단: 헤지 펀드가 레딧에 대해 불평하는 것이 서글프다" *CNN*.

59. 같은 곳.

60. Robert Brandom, *The Spirit of Trust*, Cambridge: Harvard University Press 2019, p. 501.

61. 같은 책, p. 506.

62. 트럼프나 모디 같은 일부 정치인의 발언에 충격을 받으면 우리는 엄청난 분노를 폭발시킨다. "어떻게 이런 일이 가능하지? 도저히 용납할 수 없고 터무니없네!"라고 말한다. 그러나 이런 식으로 반응함으로써 우리는 요점을 놓친다. 대타자(우리가 상대하고 의지하는 도덕적 권위)는 더 이상 여기에 없으며, 우리의 불만은 무의미하고, 아무도 경청하는 사람이 없다. 보스니아에서 거의 30년 전에 전쟁이 있었을 때 나는 강간당한 여성들의 자살에 대한 보도를 기억한다. 그들은 강간을 당하고도 살아남았고, 그 여성들이 살아남은 이유는 자신의 이야기를 지역사회에 전해야 한다는 신념 때문이었다. 하지만 지역사회에서는 아무도 그들의 이야기를 들어줄 자세가 되어 있지 않았고, 의심의 눈초리를 받으며 굴욕에 동참해서 공동의 책임이 있는 것으로 취급당했다. 이러한 경험으로 인해 그들은 자살로 내몰렸다. 오늘날의 정치적 외설성에 분노를 폭발시키는 사람들에게도 비슷한 상황이 기다리고 있다.

63. Victoria Fareld and Hannes Kuch, *From Marx to Hegel and Back*, London: Bloomsbury, 2020, p. 13.

64. www.marxists.org/archive/marx/works/1867-c1/ch01.htm#S3.

65. "뭔가 매우 잘못되었다': 외계인 같은 점액이 터키 해역에 침입하다" (cnn.com).

66. 이런 사유에 대해서는 주관치치를 따른다.

67. "The Logic of Capital" 〈www.academia.edu〉.

68. Lebrun, 같은 곳, p. 311.

69. Frank Ruda, *Abolishing Freedom*, Winnipeg: Bison Books 2016.

70. "Fight Fire with Fire" ⟨www.spectator.co.uk⟩

71. https://bible.org/seriespage/

72. www.raystedman.org/new-testament/john/gods-strange-ways.

73. "Siberia Wildfire" ⟨www.theguardian.com/world/2021/aug/09/⟩

74. "기후변화가 전례 없는 폭염으로 북반구를 달구다" ⟨*CNN*⟩.

75. "열돔으로 인해 캐나다 해안에서 10억 마리의 해양 동물이 죽었을 것" *The Guardian*.

76. "Chile Mega-drought" ⟨https://edition.cnn.com/2021/08/26/world/⟩

77. "Gulf Stream Collapse" ⟨www.theguardian.com/environment/2021/aug/05/⟩

78. "⟨기후변화에 관한 정부간 협의체⟩(IPCC) 보고서: 사회를 변화시키는 것만으로는 재앙을 피할 수 없다" Patrick Vallance, *The Guardian*.

79. Alain Badiou, "Prefazione all'edizione italiana," in *Metapolitica*, Napoli: Cronopio 2002, p. 14.

80. Andreas Malm, *How to Blow Up a Pipeline*, London: Verso Books 2021.

81. Herbert H. Haines, "Radical Flank Effects," in *The Wiley-Blackwell Encyclopedia of Social and Political Movements*, Hoboken: Blackwell Publishing 2013.

82. Joanna Lumley는 전시 형태의 배급이 기후 위기 해결에 도움이 될 수 있다고 말한다. *The Guardian*.

|2장| 탈이분법적 차이? 정신분석학, 정치학, 철학

1. "미국 역사를 백색화하기 위한 싸움: 독약 한 방울이면 충분하다" *The Guardian*.

2. Jean-Pierre Dupuy, *La Catastrophe ou la vie—Pensées par temps de pandémie*, Paris: Editions du Seuil 2021, p. 16.

3. "Suicide Crisis of Attawapiskat" ⟨www.theguardian.com/world/2016/apr/16/⟩

4. 같은 곳.

5. "캐나다 원주민 아이들을 수용했던 또 다른 학교 근처에서 무연고 무덤이 더 발견됨" *CBS News*.

6. "프랑스 가톨릭 교회의 아동 학대 스캔들: 216,000명의 미성년자 성적으로 학대당함" *CNN*.

7. *In Search of Common Ground: Conversations with Erik H. Erikson and Huey P. Newton*, New York: Norton 1973, p. 69.

8. Theodor Herzl and the trajectory of Zionism, open Democracy에서 재인용.

9.   Gabriel Tupinamba, *The Desire of Psychoanalysis* (Northwestern University Press). 투피남바 글의 모든 인용은 이 출처에서 가져온 것이다.

10. 비판적 발언을 통해 나는 (내가 보기에) 투피남바 논증의 단순화된 핵심을 지적하는데, 종종 그 복잡성과 그가 자신의 입장을 정교하게 설명하기 위해 사용하는 그 래프와 공식을 무시한다. 게다가 나는 이러한 발언을 현재 진행 중인 대화의 일부라고 생각한다. 그의 책에서 투피남바는 그가 비판적으로 '구조적 변증법'이라고 부르는 것의 암묵적인 표적이 나라고 생각하기 때문에 나를 매우 정중하게, 심지어 너무 정중하게 대하는데, 따라서 나는 우리의 차이를 공개적으로 드러내고 싶다.

11. "Docile to Trans" *The Lacanian Review* (thelacanianreviews.com)

12. 이 모든 데이터는 〈위키피디아〉에서 가져옴.

13. Claude Levi-Strauss, "Do Dual Organizations Exist?," *Structural Anthropology* (New York: Basic Books 1963), pp. 131-63. 그림은 133-4 참조.

14. 고문, 강간 또는 이와 유사한 트라우마의 피해자에게 자신의 경험에 대해 보고하도록 요청하면, 그들의 보고는 항상 불확실하고 모호하며 심지어 자기모순적이라는 잘 알려진 사실이 또 다른 예가 될 수 있다. 그러나 이러한 부정확성, 객관적 사실과의 부분적인 불일치는 그 자체로 보고서가 진실됨을 뒷받침할 수 있는 주장이다. 일어난 사건에 대해 측정되고 정확한 보고가 있다면 훨씬 더 의심스러울 것이다.

15. Işık Barış Fidaner, 〈https://zizekanalysis.wordpress.com/2019/07/06/〉 따라서 프롤레타리아트 투쟁의 대변자로 어떤 집단을 선택할 것인가는 전략적 결정의 문제다. 칠레 록 밴드 로스 프리지오네로스가 수십 년 동안 칠레 사회의 시위에서 일종의 국가로 부른 〈배제된 자들의 춤〉은 사회 구조에서 제대로 설 곳이 없는 사회적 집단인 '배제된 자들'의 입장, 즉 프롤레타리아트 입장을 대변하는 사람들의 현명한 선택으로 두드러진다. 임금노동자도 아니고 일반적인 실업자도 아니며, 공부를 마쳤지만 일자리를 구할 수 없어서 그냥 취업 게시물을 찾아 돌아다니며 길거리에서 돌멩이를 차는 사람들이다. 하루 일과를 마친 저녁에 목적 없이 돌아다니는 이 방황은 마술처럼 집단적 춤으로 조율되는 음악의 차원인데, 심미화의 의미(춤추는 리듬의 집단적 무아지경 속에서 고민을 잊는다)가 아니라 개인의 절망에서 집단을 만들어 내는 엄밀히 말해 정치적 제스처다. 이 선택은 **정치적으로 옳다.** '남은 자'로 구성된 많은 집단 중에서 오늘날 글로벌 자본주의의 위기를 가장 잘 나타내는 집단을 선택한 셈이다. 따라서 우리는 '정치적 올바름'이라는 용어를 주어진 상황에서 올바른 정치적 결정이라는 좀 더 문자 그대로의 단순한 의미로 재활시켜야 한다. 이런 의미로 보면, 대부분의 정치적 올바름은 해방 투쟁의 효과를 방해하기 때문에 정치적으로 올바르지 않다.

16. Michel Foucault, "Truth and Power," in *Power/ Knowledge: Selected Interviews and*

Other Writings, New York: Random House 1980, p. 118.

17. Peter Sloterdijk, *Den Himmel zum Sprechen bringen: Über Theopoesie*, Frankfurt: Suhrkamp 2020.

18. Jacques Lacan, *Écrits*, p. 872.

19. 같은 책, p. 874.

20. "그다지 맛있지 않다: 몬트리올 레스토랑의 잔인할 정도로 정직한 메뉴가 고객을 끌어모으다" *The Guardian*.

21. Lacan, 같은 곳, p. 869.

22. *Dialectical and Historical Materialism*에서 인용(marxists.org)

23. Lacan, 같은 곳, p. 738.

24. "Couple Norm" 〈www.theguardian.com/commentisfree/2020/nov/14/〉

25. Laura Kipnis, *Against Love*, New York: Random House 2005.

26. "They Identify Suzanne Moore." 〈www.theguardian.com/commentisfree/2020/mar/10/〉

27. 게다가 알렌카 주판치치가 지적한 것처럼 성에서 젠더로 향하는 그와 유사한 전환이 오늘날 많은 사회 이론에서 나타난다. 이는 정치에서 권력으로의 전환, 즉 정치적 적대성이라는 주제가 대부분 비정치적 파워 게임이라는 개념으로 대체되고 있는 것이다.

28. Katherine Angel, *Tomorrow Sex Will Be Good Again*, London: Verso Books, 2021.

29. www.versobooks.com/books/3743-tomorrow-sex-will- be-good-again. 나의 강조.

30. "인정되지 못한 강간: 자신에게도 트라우마를 숨기는 성폭행 생존자" *The Guardian*.

31. "탈레반, 아프간 여성들에게 집에 있으라고 말하다" *CNN*.

32. "Bill Podlich Photography" 〈www.boredpanda.com〉

33. 물론 이것은 그러한 일상 의식에 해방적인 잠재력이 없다는 것을 의미하지는 않는다. 〈유네스코〉가 세계 문화유산의 일부로 선포한 목록에서 내가 좋아하는 유일한 것은 나폴리 피자, 낙타 경주 및 핀란드 사우나와 같이 과거의 '큰' 기념물(대성당 등)의 범주에 속하지 **않는** 것들이다. 스페인 남부에 위치한 인구 약 1,400명의 도시 알가르는 고유의 문화적 전통을 이 목록에 추가하고자 한다. 거의 매일 저녁 해가 진 후 이웃과 가족들이 집밖 좁은 길에 앉아 하루의 이야기를 나누는 전통, 즉 '신선한 공기 수다(charlas al fresco)'가 있다(www.npr.org 참조). 나는 이것이 진정한 문화, 즉 일상 속에 녹아 있는 작은 의례라고 생각하며, 이 차원에서 우리의 삶의 방식을 보존해야 한다는 데 동의한다.

34. 또한 이 영화의 플롯이 사회를 운영하는 애브니게이션을 축출하기 위해 돈트리스

(용감한 자들)를 이용해 쿠데타를 일으켜 권력을 장악하려는 에루다이트(지식인)의 시도, 즉 라캉식으로 말하면 대학 담론이 주인 담론을 대체하려는 시도에 초점을 맞추고 있다는 점에 주목해야 한다. 이 플롯의 이면에는 대학 담론이 어떻게 주인의 통치보다 더 억압적인지에 대한 정확한 통찰이 숨어 있다. '전체주의'는 대학 담론의 구조를 가지고 있다.

35. Sigmund Freud, *Three Essays on the Theory of Sexuality*, New York: Basic Books 1962, p. 155.

36. Jean Laplanche, "Sexuality and Attachment in Metapsychology," in *Infantile Sexuality and Attachment*, edited by D. Widlöcher, New York: Other Press 2002, p. 49.

37. 영화의 영역에서는 〈질다〉(1946)를 떠올려 보자. '퀴어' 사디스트와 동성애적 성애의 색조로 가득한 복잡한 줄거리는 모든 도착성이 마술처럼 사라지는 설득력 없는 해피엔딩으로 마무리된다. 진짜 퀴어한 것은 바로 이 리비도적으로 납득할 수 없는 결말이다.

38. *Resident Alien*, created by Chris Sheridan (main writer), produced by Jocko Productions, Universal Content Productions, Dark Horse Entertainment, and Amblin Television. Original network: Syfy (2021).

39. 내 지식이 미치지 못하기에 이 주제를 여기서 다룰 수 없다.

40. 하지만 이 항구화된 초자아가 기독교의 궁극적인 진리일까? 내가 기독교 무신론/유물론이라고 부르는 것을 정의하는 또 다른 대안이 있다. 십자가에서 그리스도의 죽음을 의도적인 희생 행위가 아니라 자신의 죽음과 무능력을 인정하는 행위라고 상상한다면 어떻게 될까? 그리스도의 죽음은 우리에게서 모든 초월적인 도움을 박탈하고, 우리의 고통에 동정만을 제공할 수 있을 뿐인 나약하고 무력한 신 앞에 우리를 내어 놓기 때문에, 우리를 자유롭게 한다.

41. Gazi Shamsher Ahmad, *The Night of the Iguana*, (Academia.edu)에서 인용.

42. Roger Boyes, "Final forgiveness for spy who betrayed his wife to the Stasi," *The Times*, January 6 2007.

43. "쇼러너가 설명하는 홈랜드 시리즈 피날레 엔딩"(collider.com).

44. Alain Badiou, *La vraie vie*, Paris: Fayard, 2016.

45. 그럼에도 불구하고 여기서 제기해야 할 질문은 독일 관념론자들이 처음으로 명확하게 제기한 오래된 질문이다. 인간 이전의 '외부 현실'이 어떻게 구조화되어야 그 안에서 자기좌절적인 순환 구조를 가진 상징적 질서와 같은 것이 나타날 수 있을까? 이 주제에 관한 나의 자세한 분석은, 졸저 *Sex and the Failed Absolute* (London: Bloomsbury 2019) 참조.

46. Jacques Lacan, *The Four Fundamental Concepts of Psychoanalysis*, New York: Norton,

1998, p. 103.

47. Chapter 4 of *Like a Thief in Broad Daylight*, London: Penguin Books 2018.

48. 슬라브어에서 '쿠르크'라는 용어를 사용할 때 또 다른 이상한 일이 벌어진다. 세르비아어에는 "볼리 미 쿠락!"이라는 저속한 표현이 있는데, 문자 그대로 "거시기가 아파요!"라는 뜻으로, 누군가 "그래도 뭔가 해야죠, 도와주세요!"라고 말했을 때 내가 "볼리 미 쿠락!"이라고 대답하면 무관심을 표시한다. "꺼져, 난 상관 안 해!"라는 뜻이다. 일상 언어에서 이 말은 젠더 중립적인 표현으로 남성과 여성이 모두 사용한다. 그래서 여성이 이 말을 하는 것을 들으면 자동적으로 거세를 거부하는 허깨비 사지 감각을 지녀서, 마치 (여전히) 성기가 있는 것처럼 구는 것이기에 우리는 꾸짖게 된다. (물론 엄밀한 라캉적 관점에서 보면 이러한 독해는 잘못된 것이다. 남근은 그 자체로 그 움직임을 통제할 수 없는 일종의 허깨비 사지와 같다.) 덧붙여서, 슬로베니아 페미니스트들은 이제 이 용어를 자신들만의 버전으로 사용하고 있다. "푸카 미 무카!(내 보지가 터질 것 같아!)"라고 말한다.

49. "Nothings Really Worth Worrying About." ⟨www.mamamia.com.au⟩

50. Jacques Lacan, *Four Fundamental Concepts of Psycho-Analysis*, New York: Norton 1998, p. 95.

51. 스티븐 호킹의 병은 이러한 특수한 발기의 상태를 확증한다. 그는 루게릭병(근위축성 측색 경화증)으로 완전히 무력화되었지만, 성행위/기관이 부교감 신경계에 의해 제어되는 동안 루게릭병은 운동 신경세포에 영향을 미치기 때문에 발기가 가능했다. 루게릭병 환자(그리고 일반적으로 많은 사지 마비 환자)는 대체로 성관계를 가질 수 있다.

52. Anouilh'*Antigone* ⟨www.bpi.edu/ourpages/auto/2014/11/11/40818641/⟩

53. Alenka Zupančič, "Oedipus or the Excrement of the Signifier," in *Ojdip v Kolonu* (in Slovene), Ljubljana: Analecta 2018.

54. 같은 책, p. 171.

55. https://nosubject.com/Oedipus_at_Colonus

56. Terry Eagleton, *Trouble with Strangers*, Oxford: Wiley-Blackwell 2008, p. 201.

57. https://lyricstranslate.com/en/lo-eterno-eternal-one.html

58. www.slate.com/id/2107100

59. https://en.wikipedia.org/wiki/Here%27s_to_You_(song)

60. Wolfram Hogrebe, *Die Wirklichkeit des Denkens*, Heidelberg: Winter Verlag 2007, pp. 64-72.

61. Maximilien Robespierre, *Virtue and Terror*, London: Verso Books 2007, Robespierre, p. 129.

|3장| 잉여향유, 혹은 왜 우리는 억압을 즐기는가?

1. https://screenrant.com/vikings-season-4-ragnar-death-revenge-explained/

2. 1989년 폴란드에서 군사 정부가 연대노조와 협상할 때도 비슷한 일이 일어나지 않았나? 뜻밖에도 정부의 수장이었던 야루젤스키 장군과 주요 반체제 인사 중 하나였던 아담 미치닉은 개인적인 친구가 되었다. 두 사람의 가족은 야루젤스키가 죽을 때까지 정기적으로 만났다. (임종 당시에는 다름 아닌 레흐 바웬사만이 그를 방문했다.) 오늘날 야로슬라프 카친스키가 집권한 상황에서 이러한 우정은 상상할 수 없는 일이다. 요컨대, 우리에게는 권력자들의 외설적인 잔인성과는 선명하게 대조되는 예의 바른 혁명가들도 있다.

3. 시즌 5에서 라그나르와 아델스탄의 강렬한 관계, 라그나르의 잔인한 정신병자 아들인 뼈 없는 이바르와 광신적 친예수회 인물인 후아문트 주교 사이의 상호 매혹된 관계의 도착적인 반복을 나는 여기서 무시해야 한다. 그 주교는 아델스탄과 마찬가지로 죽임을 당하지 않고 이바르에게 납치되어 노르웨이로 돌아오게 된다.

4. 이드-기계의 또 다른 버전으로는 Barry Levinson's *Sphere* (1998) 참조.

5. 여기서는 나의 〈솔라리스〉 해석을 참조했다. 〈www.lacan.com/zizekthing.htm.〉

6. Stanislaw Lem, *Solaris*, New York: Harcourt, Brace & Company 1978, p. 30.

7. Tonya Howe(University of Michigan, Ann Arbor)의 훌륭한 세미나 논문인, "*Solaris and the Obscenity of Presence*"에서 도움을 얻었다.

8. Jacques-Alain Miller, "Des semblants dans la relation entre les sexes," in *La Cause freudienne 36*, Paris 1997, pp. 7-15.

9. Antoine de Vaecque, *Andrei Tarkovski, Cahiers du Cinema* 1989, p.108.

10. 감독과 제작은 Baltasar Kormákur and Sigurjón Kjartansson, (Netflix 2021). 그 이야기는 〈카틀라〉 "Katla"에 대한 넷플릭스 리뷰, "Stream It or Skip It?" (decider.com)에 요약되어 있고, 결말과 민담의 기원에 대해서는 "'KATLA' Ending, & Folklore Origins Explained," DMT(dmtalkies.com)를 참조할 것.

11. Jacques Ranciere, "Anachronism and the Conflict of Times," in *Diacritics* Vol. 48(2, 2020), p. 121.

12. 이러한 전망에 대해서 나는 Slavoj Žižek, *Hegel in a Wired Brain*, London: Bloomsbury 2020에서 자세하게 다루었다.

13. 졸저 *Hegel in a Wired Brain* 참조.

14. Sigmund Freud, "The Ego and the Id," 〈www.sigmundfreud.net〉

15. Freud, 같은 곳.

16. Étienne Balibar, "The Invention of the Superego: Freud and Kelsen, 1922," in *Citizen*

Subject, New York: Fordham University Press 2016, pp. 227-55.

17. Jacques Lacan, *Ethics of Psychoanalysis*, p. 310.

18. 이 특징들을 발전시킨 나의 논의는 *How to Read Lacan*, London: Granta, 2006. 참조.

19. 여기서 칸트와 헤겔 사이에는 차이가 있다. 칸트(그리고 신칸트주의자인 켈젠)에게 경험적 도착성은 부차적인 것이지만, 헤겔에게 도착성은 개념 자체의 내재적 긴장에서 생겨난다. 즉 절대적 자유는 필연적으로 공포로 변하고, 대의를 의인화한 스승을 섬기는 명예는 (레닌에서 스탈린으로의 이행에서처럼) 위선적 아첨으로 변한다.

20. 이 주제에 관한 자세한 분석은 Jamadier Esteban Uribe Muñoz and PabloJohnson, "El pasaje al acto de Telémaco: psicoanálisis y política ante el 18de octubre chileno," in *Política y Sociedad* (Madrid)를 볼 것.

21. Adrian Johnston, "Divine Ignorance: Jacques Lacan and Christian Atheism" (unpublished manuscript).

22. Johnston, 같은 책.

23. Jacques-Alain Miller, "La psychanalyse, la cité, les communautés," *La cause freudienne* 68 (February 2008), p. 109.

24. Nicolas Fleury, *Le réel insensé: Introduction àla pensée de Jacques-Alain Miller*, Paris: Germina 2010, p. 96.

25. Fleury, *Le réel insensé*, p. 95 (Miller, 같은 곳에서 재인용).

26. Charles Baudelaire, *Journaux intimes*. Paris: Les Éditions G. Cres et Cie 1920, p. 3.

27. Hannah Arendt, "The Crisis of Education," in *Between Past and Future*, New York: Viking Press 1961, p. 191.

28. Gerard Miller, *Les Pousse-au-jouir du Marechal Petain*, Paris: Points 2004.

29. Documentation Center of Cambodia (DC-Cam).

30. 정신병적 폐제(Verwerfung)에 가까운 또 다른 형태의 전면적 금지는 어떤 단어를 언급할 수 없게 될 때 발생한다. 예를 들어, 오늘날의 공적 담론에서 N-단어(흑인을 뜻하는 Nigger의 머리글자—역주)가 언급될 수 없다는 사실, 즉 인종차별에 대한 비판적 해석의 일부로서도 그 사용이 정당화될 수 없다는 사실은 그 단어의 지위가 실재라는 것을 분명하게 나타낸다. 그 안에서 상징은 실재로 추락하며 어떤 상징적 매개에도 영향을 받지 않는다.

31. Duane Rousselle과의 개인적 교류.

32. Ben Burgis, *Canceling Comedians While the World Burns: A Critique of the Contemporary Left*, London: Zero Books 2021.

33. Saroj Giri, "Introduction. From the October Revolution to the Naxalbari Movement: Understanding Political Subjectivity," in K. Murali, ed. *Of Concepts and Methods*, Keralam: Kanal Publication Center 2020, p. 29.

34. "캘리포니아 주, 새로운 깨어있는 수학 프로그램 공개" *USA News*.

35. Herbert Marcuse, *Eros and Civilization*, Boston: Beacon Press 1974.

36. Sigmund Freud and Josef Breuer, *Studies in Hysteria*, in *Standard Edition*, Vol. II, London: Vintage Press 1999, p. 305.

37. Martin Hägglund, *This Life: Why Mortality Makes Us Free*, London: Profile Books 2019.

38. "Kevin Bacon Interview" 〈www.msn.com/en-gb/entertainment/movies/〉

39. Matthew Flisfeder, "Renewing Humanism Against the Anthropocene: Towards a Theory of the Hysterical Sublime." (manuscript).

40. Mladen Dolar, "Oedipus at Colonus," *Ojdipv Kolonu* (in Slovene), Ljubljana: Analecta, 2018.

41. Pinkard's Translation of "Self-Consciousness" in 〈www.marxists.org/〉

42. Yanis Varoufakis, *Another Now. Dispatches from an Alternative Present*, London: The Bodley Head 2020. 괄호 속의 숫자는 본문의 쪽수를 가리킴.

43. Jean-Pierre Dupuy, *Avions-nous oublie le mal? Penser la politique après le 11 septembre*, Paris: Bayard 2002.

44. John Rawls, *A Theory of Justice*, Cambridge (Ma): Harvard University Press, 1971 (revised edition 1999).

45. www.marxists.org/reference/archive/hegel/help/findlay4.htm.

46. Aaron Schuster, "Beyond Satire," in William Mozzarella, Eric Santner, Aaron Schuster, ed. *Sovereignty Inc. Three Inquiries in Politics and Enjoyment*, Chicago: The University of Chicago Press 2020.

47. Jacques Lacan, *Écrits*, New York: Norton, 2006, p. 699.

48. 〈lyricstranslate.com〉에서 인용.

49. 원작은 〈www.youtube.com〉에서 볼 수 있다.

50. Russell Sbriglia와의 개인적 교류.

51. Will Bunch, "An insurrection of upper-middle class white people" 〈inquirer.com〉.

52. Todd MacGowan, *Capitalism and Desire*, Cambridge UP 2016.

53. Hegel, *Philosophy of Mind*, 315.

54. Jacques Lacan, *The Four Fundamental Concepts of Psycho-Analysis*, New York: Norton

1998, p. 275.

55. Hannah Arendt, "The Concentration Camps," *Partisan Review*, July 1948.

56. Adrian Johnston, "The Self-Cleaning Fetish: Repression Under the Shadow of Fictitious Capital," (manuscript).

57. Frank Ruda, *Abolishing Freedom*, Lincoln and London: University of Nebraska Press 2016.

58. Robert Pippin, *Fatalism in American Film Noir*, Charlottesville: University of Virginia Press 2012, pp. 48-9.

59. 같은 책, p. 97.

60. 생태학자들은 특정 생명 세계에 외래종이 유입되면 그 지역의 동물 종을 잡아먹는 새로운 포식자가 전체 생명 순환을 교란한다고 즐겨 지적한다. 새로운 식물이 다른 식물을 질식시켜 전체 먹이사슬을 파괴하는 등 생명 세계를 치명적으로 불안정하게 만들 수 있다는 것이다. 그들이 종종 언급하길 잊어버리는 것은 폭발적인 성장으로 생명계를 황폐화시키는 주요 침입자가 우리 인간, 인간 종이라는 사실이며, 이로 인해 자연은 새로운 취약한 생태 균형을 확립해야 한다는 것이다.

61. 여기서 옹호되는 입장의 올바른 명칭은 기독교 무신론이 아니라 무신론적 기독교이다. 기독교 무신론은 '기독교'를 무신론의 가능한 술어/버전 중 하나로 축소하는 반면, '무신론적 기독교'는 기독교가 본질적으로 무신론적이라는, 즉 이것이 기독교를 다른 종교와 구별짓는다는 더 강력한 주장을 내포하고 있다.

62. Meister Eckhart, *The Poor Man* ⟨www.stillnessspeaks.com⟩

63. 같은 책.

64. 같은 책.

65. G. K. Chesterton, *Orthodoxy*, San Francisco: Ignatius Press 1995, p. 139.

66. 같은 책, p. 145.

67. 같은 곳.

68. Catherine Malabou, *Le plaisir efface. Clitoris et pensee*, Paris: Bibliotheque Rivages 2020.

69. "나비 효과" ⟨Wikipedia⟩.

| 피날레 | 정치적 범주로서의 주체적 궁핍

1. Martin Heidegger, *Logic as the Question Concerning the Essence of Language*, Albany: SUNY Press 2009, p. 73.

2. Grant Farred, *Martin Heidegger Saved My Life*, Minneapolis: University of Minnesota

Press 2015.

3. "Living with the ghost of Martin Heidegger." University of Minnesota Press Blog (uminnpressblog.com).

4. "글로벌 위기 속 한 가지 위안은 우주의 아름다움" *The Guardian*.

5. 후기 프리드리히 엥겔스도 『자연 변증법』 원고에서 비슷한 발언을 했다.

6. Martin Heidegger, "The End of Philosophy and the Task of Thinking," *On Time and Being*, New York: Harper and Row 1972.

7. Huw Price, "Naturalism without Representationalism," *PhilPapers*.

8. 마찬가지로 1917년 10월 혁명 이후 소련 철학은 헤겔을 변증법적 사고의 모델로 삼은 아브람 데보린이 이끄는 '변증법파'와 철학자 류보프 악셀로드(니콜라이 부하린도 그 일원으로 간주됨)를 중심으로 마르크스주의 유물론을 자연과학에서 모델로 삼는 '기계론파'로 나뉘었다. 그러나 두 경향 모두 철학을 현실에 대한 일반적인 관점으로, 존재하는 모든 것의 보편적 구조를 제공하는 것으로 생각했다. 데보린은 죄르지 루카치와 칼 코르쉬가 주장한 초월적 전환도 거부했다.

9. Karen Barad, *Meeting the Universe Halfway: Quantum Physics and the Entanglement of Matter and Meaning*, Durham: Duke University Press 2007, p. 25.

10. Jürgen Habermas, "The Language Game of Responsible Agency and the Problem of Free Will: How Can Epistemic Dualism be Reconciled with Ontological Monism?," *Philosophical Explorations* 10, No. 1 (March 2007), p. 31.

11. Martin Heidegger, *Identity and Difference*, New York: Torchbooks 1975, p. 72.

12. Jürgen Habermas, *Between Naturalism and Religion*, Cambridge: Polity 2008.

13. Martin Heidegger, *Beitraege zur Philosophie*, in *Gesamtausgabe*, Frankfurt: Vittorio Klostermann 1975 ff., Vol. 65, p. 338.

14. Martin Heidegger, "Hölderlin's Hymne, 'Der Ister,'" *Gesamtausgabe 53*, Frankfurt: Vittorio Klostermann 1984, p. 94.

15. Martin Heidegger, *Heraclitus Seminar* (with Eugen Fink), Tuscaloosa: University of Alabama Press 1979, p. 146.

16. Martin Heidegger, *Zollikoner Seminare*, Frankfurt: Vittorio Klostermann 2017, p. 260.

17. www.youtube.com/watch?v=yHoK6ohqNo4.

18. 1931년 10월 11일 자 편지. *Martin Heidegger—Elisabeth Blochmann. Briefwechsel 1918–1969*, Marbach: Deutsches Literatur-Archiv 1990, p. 44.

19. Martin Heidegger, *The Fundamental Concepts of Metaphysics*, Bloomington: Indiana

University Press 1995, p. 271.

20. www.marxists.org/archive/marx/works/1857/grundrisse/ch01.htm#3.

21. Pierre Bayard, *Le plagiat par anticipation*, Paris: Editions de Minuit 2009.

22. Alenka Zupančič, *What IS Sex?* Cambridge: MIT Press 2017.

23. 이와 마찬가지로 클래식 음악에서도 중심 모티프가 단순히 제시되지 않는 경우들이 있다. 마치 보컬의 혼란에서 벗어나기 위해 몸부림치는 것처럼 여러 소리의 혼합물 속에서 서서히 모티프가 드러난다. 모티프에서 시작하여 변주곡으로 나아가는 대신, 모티프는 긴 고통스러운 과정의 정점으로서 마지막에 나온다.

24. 여기서 피히테의 입장은 미묘하게 애매하다. 그가 비아(非我)를 긍정하는 절대적 나에 대해 이야기할 때에도, 그는 절대적 나가 직접적인 인과적 의미에서 대상을 창조한다고 주장하지 않는다. 주체가 생성하는 유일한 것은 주체가 현실을 '긍정'하도록 밀어붙이는 신비한 '자극'이며, 이 자극은 라캉이 오브제 a라고 부르는 것의 피히테적 버전이다.

25. 람슈타인의 〈달라이 라마〉에 대해서는 졸저 *Heaven in Disorder*, New York: OR Books 2021. 참조.

26. Fernando Castrillón and Thomas Marchevsky. ed. *Coronavirus, Psychoanalysis, and Philosophy*, London: Routledge 2021, p. 2.

27. 같은 책, p. 60.

28. "Woodward Kushner" 〈https://edition.cnn.com/2020/10/28/politics/〉.

29. *Coronavirus, Psychoanalysis, and Philosophy*, p. 95.

30. 이 평행논리에 대해서 나는 졸저 *Less Than Nothing*, London: Verso Books 2013의 9장에서 다루었다.

31. Mark Wigglesworth, "Mark's notes on Shostakovich Symphony No. 14."

32. 같은 곳.

33. 같은 곳.

34. AJ0378.pdf (chandos.net).

35. "자포로지안 코사크의 대답" 〈Wikipedia〉.

36. "쇼스타코비치 교향곡 15번" 〈Wikipedia〉.

37. "쇼스타코비치 교향곡 15번에 대한 소개"(classical-music.com).

38. 이러한 냉소적 입장은 새로운 우파 포퓰리스트들을 외설, 아이러니, 난잡함을 참지 못하는 원시적 근본주의자들로 일축해서는 안 된다는 것을 의미한다. 새로운 우파는 "나는 정치에 신경 쓰지 않고 평화롭게 내 일을 하고 싶다!"는 기본 입장을 가진 많은 '중립적인' 전문가, 경영자, 언론인, 예술가들과 위험한 계약을 맺었다. 그러나

이들의 '중립성'은 1945년 이후 일부 독일 보수 예술가들의 태도와 동일하다. 그들은 좌파가 주최하는 행사에 초청을 받으면 정치에 관여하고 싶지 않다며 거절하고, 우파가 주최하는 행사에 초청을 받으면 정치에 관심이 없고 공연만 하고 싶다는 똑같은 이유로 수락했다.

39. Saroj Giri, "Introduction," in K. Murali, ed. *Of Concepts and Methods*, Keralam: Kanal Publishing Center 2021. 괄호 속의 숫자는 쪽수를 말함.

40. Saroj Giri, "The Buddhist Ineffable Self and a Possible Indian Political Subject," *Political Theology*, 19:8 (2018), pp. 734-50.

41. Peter Hallward, ed., *Think Again: Alain Badiou and the Future of Philosophy*, London: Continuum 2004, p. 257.

42. "Timothy Morton's Hyper-Pandemic," *The New Yorker*.

43. 같은 곳.

44. https://en.wikipedia.org/wiki/Four_Pests_campaign.

45. 레닌에 대해 가끔 비판적인 발언을 하긴 하지만, 나에게 유일하게 나쁜 레닌은 줄리안 어산지를 영국 경찰에 넘긴 에콰도르의 대통령 레닌 모레노뿐이라는 점을 강조하고 싶다.

46. https://journals.sagepub.com/doi/full/10.1177/0191453718794751#

47. Michel Foucault, "Society Must Be Defended," in *Lectures at the Collège de France 1975–1976*, New York: Picador 2003, p. 52.

48. https://jacobinmag.com/2011/07/the-power-of-nonsense.

49. 여러 개가 있지만 그중 볼 수 있는 것으로는 〈Martin Heidegger: Ein Interview 1/2〉 *YouTube.com*

50. 야니스 바루파키스의 트위터.

51. https://twitter.com/yanisvaroufakis/status/1427210155767353348.

52. "Far Right on Taliban Takeover" 〈https://edition.cnn.com/2021/09/01/politics/〉

53. Heinz Hoehne, *The Order of the Death's Head: The Story of Hitler's SS*, London: Penguin, 2000, p. 333.

54. 다음 책에 실린 내 글에서 이 점을 좀더 자세하게 다루었다. John Millbank and Slavoj Zizek, *The Monstrosity of Christ*. Cambridge (Ma): MIT Press 2009.

55. Angela Nagle, *Kill All Normies*, New York: Zero Books 2017.

56. 대타자의 새로운 형상에 관해 나는 졸저 *Pandemic 2: Chronicles of a Time Lost*, Cambridge: Polity Press 2021. 에서 다루었다.

57. "A Self-Fulfilling Prophecy: Systemic Collapse and Pandemic Simulation" *The*

Philosophical Salon.

58. Alenka Zupančič, "A Short Essay on Conspiracy Theories" (manuscript).

59. "백신 반대 운동을 공격하는 바이든, 코로나 백신 주사 및 검사를 의무화" *Reuters.*

60. Giorgio Agamben, *Where are We Now?*, London: Eris 2021.

61. 나는 라캉의 이 공식을 사용하여 코로나 회의론자들을 특징짓는 아이디어를 낸 러셀 스브리글리아와의 사적인 대화에서 영감을 얻었다.

62. "한 여성이 강간당하고 구경꾼이 이를 녹화하다" *CNN.*

63. Arwa Mahdawi, "넷플릭스의 〈오징어 게임〉은 돈에 집착하는 우리 사회를 야만적으로 풍자하지만, 진정한 승자는 자본주의다", *The Guardian*

64. Nikitas Fessas와의 사적인 대화. 이 이야기를 알린 기자는 Vasilis G. Lampropoulos이다.

65. Jacques Ranciere, "Anachronism and the Conflict of Times," in *Diacritics* Vol. 48 (2, 2020).

66. Jacques Ranciere, "Anachronism and the Conflict of Times," p. 123.

67. Ben Stein, "In class warfare, guess which class is winning," *New York Times*, November 26, 2006.

68. Walter Benjamin, *The Arcades Project,* Cambridge: Harvard University Press 1999, p. 471.

69. 우리는 영화가 조커를 통해 관객인 우리가 행동하도록 부추긴다고 주장할 수 있다. 조커는 우리를 위해 행동하고, 사회 질서에 대한 우리의 잔인한 분노를 실현하며, 그를 통해 좌절감을 분출했기 때문에 우리는 평소처럼 살아갈 수 있다.

70. https://marginalrevolution.com/marginalrevolution/2019/10/the-joker.html

71. "Michael Moore on Joker" 〈www.good.is/〉

72. 이미 인용한 파농의 "흑인은 비존재의 영역, 지극히 황폐하고 건조한 지역, 완전히 쇠퇴하는 경사로"라는 주장을 상기해 보자. 오늘날의 '아프로-비관주의'의 근거가 되는 경험도 비슷한 것이 아닐까? 흑인의 종속이 다른 소외된 집단(아시아인, 성소수자, 여성 등)의 종속보다 훨씬 더 근본적이라는 아프로-비관론자들의 주장, 즉 흑인을 다른 형태의 '식민지화'와 같은 계열에 넣어서는 안 된다는 주장은 자신이 그러한 '비존재의 영역'에 속한다고 가정하는 행위에 근거를 두고 있지 않은가? 이것이 말콤 엑스의 이름에 있는 'X'의 궁극적인 의미가 아닐까? 반흑인 인종주의를 고려하지 않고는 미국의 계급투쟁을 이해할 수 없다고 주장한 프레드릭 제임슨이 옳은 이유가 여기에 있다. 백인과 흑인 프롤레타리아트를 동등하게 보는 모든 논의는 가짜다.

73. "Zizek on Joker" 〈www.patheos.com/blogs/anotherwhiteatheistincolom-

bia/2019/10/〉

74. https://www.lrb.co.uk/v41/n20/judith-butler/genius-or-suicide

75. 영화를 보고 그에 대한 비판적 반응들을 인식하기 전에는 영화가 조커라는 인물의 사회적 기원을 제공할 것이라고 생각했다. 영화를 본 지금, 공산주의적 자기비판의 정신으로 내가 틀렸다는 것을 인정해야 한다. 수동적인 희생자에서 새로운 형태의 주체성으로의 이행이 이 영화의 중추적인 순간이다.

76. 클라운셀은 또한 자신이 처한 환경에 의해서만 결정되는 것이 아니다. 일반적인 인셀보다 더 자신의 고통을 향유의 형태로 바꾸는 상징적인 제스처를 연기한다. 그들은 불행한 상황의 피해자만이 아니라 분명히 자신의 곤경을 즐기고 자랑스럽게 과시하며, 따라서 그 곤경에 대한 책임이 있다.

77. Matthew Flisfeder와의 개인적 대화.

78. Antigone book (bcscschools.org).

79. 안티고네에 대한 대단한 연구서인 주판치치의 『그들을 썩게 두라(Let Them Rot)』 (New York: Fordham University Press 2022)를 참고했다. 그녀의 이 책은 진정한 게임 체인저다. 이 책이 나온 후 방대한 〈안티고네〉 연구 분야에서는 그 어떤 것도 전과 동일하게 유지되지 않을 것이다.

80. 안티고네를 길들이는 또 다른 길은 폴리네이케스가 동족의 반역자라는 사실을 무시하는 것이다. 몇 년 전 팔레스타인 서안지구의 독립 극장인 제닌 자유극장은 현대판 안티고네를 무대에 올렸다. 안티고네는 반이스라엘 저항에 참여했다가 이스라엘 군인에게 살해당한 오빠가 있는 팔레스타인 대가족의 딸이다. 이스라엘 점령 당국은 그의 장례를 금지하고 안티고네는 이 금지를 거부한다는 내용이다. 나는 이 무대에 대한 논쟁에 개입하여 그 유사성이 잘못이며 오해의 소지가 있다고 지적했다. 〈안티고네〉는 가족 갈등을 무대에 올리고, 폴리네이케스는 외국 침략군과 함께 테베를 공격한다. 이에 따르자면, 오늘날 점령된 팔레스타인에서 크레온은 이스라엘 국가 당국이 아니라 안티고네 집안의 가장이다. 폴리네이케스는 이스라엘 점령군과 협력하는 바람에 가족들로부터 반역자로 몰려 죽임을 당하고, 안티고네는 가족의 뜻에 반하여 그를 제대로 묻어 주고 싶어 하는 상황이어야 한다는 얘기다. 나는 이에 대해서 『안티고네』(London: Bloomsbury Press 2015)에서 더 자세하게 다루었다.

81. Kathrin H. Rosenfield, "Getting into Sophocles's Mind Through HÖlderlin's *Antigone*," 〈ufrgs.br〉.

82. "Global Ethic—Global Ethic" (global-ethic.org)에서 인용.

83. www.youtube.com/watch?v=etIqln7vT4w. Douane Rousselle과의 사적 대화

84. 사적인 대화

85. https://knowyourmeme.com/photos/1079755-funny-news-headlines.

86. Paul Vallely's "How philanthropy benefits the super-rich," *The Guardian*.

87. Hegel, *Encyclopaedia*, Para. 408, Addition. "The Subjective Spirit" (marxists.org)에서 재인용.

88. 같은 곳.

89. 이 개념에 대해 나는 다음 졸저에서 자세히 다루었다. *For They Not Know What They Do*, London: Verso Books 2008.

90. 이 일화는 Adam Chmielewski에게 들었는데, 그는 그때 거기 있었다.

91. Slavoj Žižek, "Eastern Europe's Republics of Gilead," *NLR* I/183, September-October 1990. (newleftreview.org).

92. Jacques Lacan, *Seminar VII: The Ethics of Psychoanalysis*, London: Routledge 2007.

93. "텍사스 관리, 노인들에게 경제를 위한 희생을 제안하다" (usatoday.com).

94. Gilbert Keith Chesterton, *Orthodoxy*, San Francisco: Ignatius Press 1999, p. 99.

찾아보기